実務者のための
地籍調査作業規程準則逐条解説

國見利夫・猪木幹雄・宮原邦弘 ── 編著

日本加除出版株式会社

はしがき

　地籍調査は，地籍の明確化を図ることを目的に，一筆ごとの土地について，所有者，地番，地目，境界及び面積を調査・測量し，地籍図及び地籍簿に取りまとめる事業です。

　地籍調査を実施するために必要となる作業規程は，国が定めた地籍調査作業規程準則（以下「準則」という。）に基づいて，実施主体である市町村が作成することとなりますが，作業規程作成に当たっては準則の各条文を適切に理解しておく必要があります。また，地籍調査の実務を担当する市町村職員や測量技術者は，作業を適切かつ円滑に進めるために準則の内容を正しく解釈する必要があります。

　現行の準則は，平成22年から始まった第6次国土調査事業十箇年計画を着実に実施するため，平成22年10月12日（運用基準は同年11月29日）に改正されたものです。主な改正点は，次のとおりです。

- 所在不明者等による筆界確認が困難な場合の調査手法
- 新しい測量手法（ネットワーク型RTK-GPS法，単点観測法など）の導入
- 新しい測量機器（デジタル方位距離計，DGPS測量機）の導入
- 地籍図根多角点に標高を付与
- 点検測量の実施
- 設置状況写真による図根点の管理

　本書は，準則改正を契機に，初めて地籍調査の作業を担当する都道府県や市町村職員，測量技術者などの実務の参考になるように執筆したもので，準則の各条文ごとにその解釈や専門用語の解説を行っています。また，準則の運用に必要な参考となる通達等とともに，実務的な運用方法などが理解しやすいようにQ&A形式による解説を加えています。

　本書が皆様の学習や業務に一層役立つものとなれば幸いです。

　なお，本書の執筆に当たっては，国土交通省土地・建設産業局地籍整備課の山口智也主査及び赤間聡係長に確認していただき，ご指導，ご意見を賜りました。また，本書の出版は，日本加除出版株式会社の宮崎貴之氏の強い熱意と協力によって実現したものです。ここに深く感謝の意を表します。

　平成25年4月　　　　　　　　　　　　　　　　　　　　　　著　者

参 考 文 献

- 地籍調査必携（地籍調査研究会：地球社）
- 地籍調査のすすめ（地球社）
- 測量学事典（日本測量協会）
- 地籍調査作業規程準則逐条解説（渡辺秀喜：地球社）
- 地籍調査における一筆地調査概論（全国国土調査協会）
- 地籍測量の手引（全国国土調査協会）
- 地籍測量及び地積測定における作業の記録及び成果の記載例（日本国土調査測量協会）
- 写真測量（篠邦彦：山海堂）
- 地籍測量（國見利夫：日本加除出版）
- 絵で見る地籍測量（國見利夫，米渓武次，宮口誠司：日本加除出版）
- 絵で見る基準点測量（中堀義郎，國見利夫：日本加除出版）

実務者のための
地籍調査作業規程準則逐条解説

目　次

〔國見利夫　猪木幹雄〕

第1章　総　則 …… 1

- 第一条　目　的 …… 1
- （運用基準）第1条　目　的 …… 2
- 第二条　趣旨の普及 …… 2
- 第三条　地籍調査の作業 …… 3
- 第四条　計量単位 …… 4
- 第五条　管理及び検査 …… 4
- （運用基準）第2条　管理及び検査 …… 5
- 第六条　記録等の保管 …… 37
- 第七条　作業班の編成 …… 37
- 第八条　省令に定めのない方法 …… 38
- （運用基準）第3条　省令に定めのない方法 …… 39

〔國見利夫　猪木幹雄〕

第2章　計　画 …… 41

- 第九条　地籍調査の実施に関する計画 …… 41
- 第十条　調査地域の決定の基準 …… 42
- （運用基準）第4条　調査地域の決定 …… 44
- 第十一条　精度及び縮尺の区分 …… 47
- （運用基準）第5条　精度及び縮尺の区分 …… 50
- 第十二条　作業計画 …… 51
- （運用基準）第6条　作業計画 …… 53

〔國見利夫　猪木幹雄　宮原邦弘〕

第3章　一筆地調査

第1節　準備作業

第十三条　作業進行予定表の作成 …………………………………… 55
第十四条　単位区域界の調査 ………………………………………… 56
第十五条　調査図素図等の作成 ……………………………………… 57
（運用基準）第7条　関係機関との協力 …………………………… 58
第十六条　調査図素図の作成 ………………………………………… 75
（運用基準）第8条　調査図素図の作成 …………………………… 78
第十七条　調査図一覧図の作成 ……………………………………… 94
（運用基準）第9条　調査図一覧図の作成 ………………………… 95
第十八条　地籍調査票の作成 ………………………………………… 96
（運用基準）第10条　地籍調査票の作成 …………………………… 97
第二十条　現地調査の通知 …………………………………………… 108
（運用基準）第10条の2　現地調査の通知時における筆界案の送付 ……… 109
第二十一条　標札等の設置 …………………………………………… 110
（運用基準）第11条　筆界基準杭等 ………………………………… 111
第二十二条　市町村の境界の調査 …………………………………… 112

第2節　現地調査

第二十三条　現地調査の実施 ………………………………………… 114
（運用基準）第12条　私有地以外の土地の調査 …………………… 117
第二十四条　分割があつたものとしての調査 ……………………… 145
第二十五条　合併があつたものとしての調査 ……………………… 147
第二十六条　一部合併があつたものとしての調査 ………………… 151
第二十七条　代位登記の申請 ………………………………………… 153
（運用基準）第13条　代位登記の申請 ……………………………… 154
第二十八条　長狭物の調査 …………………………………………… 163
（運用基準）第14条　長狭物の調査 ………………………………… 165
第二十九条　地目の調査 ……………………………………………… 167
（運用基準）第15条　地目の調査 …………………………………… 168

第三十条　筆界の調査	173
（運用基準）第15条の2　筆界の調査	179
第三十一条　地番が明らかでない場合等の処理	185
（運用基準）第16条　仮地番の設定	185
第三十二条　分割があつたものとして調査する場合の処理	189
第三十三条　合併があつたものとして調査する場合の処理	190
第三十四条　新たに土地の表題登記をすべき土地を発見した場合の処理	190
第三十五条　滅失した土地等がある場合の処理	192
第三十六条　地番の変更を必要とし又は適当とする場合の処理	197
（運用基準）第17条　地番の変更	198

〔國見利夫　猪木幹雄〕

第4章　地籍測量 ……201

第1節　総則 ……201

第三十七条　地籍測量の方式	201
（運用基準）第18条　器械及び器材	203
（運用基準）第19条　記録及び成果	216
第三十八条　測量の基礎とする点	219
（運用基準）第19条の2　同等以上の精度を有する基準点	221
（運用基準）第19条の3　基準点の精度	222
第三十九条　位置及び方向角の表示の方法	224
第四十条　地籍図の図郭	228
第四十一条　原図	230

第2節　地上法 ……232

第1款　総則 ……232

第四十二条　作業の順序	232
第四十三条　地籍図根点	234
（運用基準）第20条　節点等	235
第四十四条　地籍図根点の配置	240
（運用基準）第21条　地籍図根点等の密度	241

第四十五条　地籍図根測量の方法 …………………………………………… 243
　（運用基準）第21条の2　地籍図根測量の方法 ………………………… 248
　第四十六条　地籍細部測量の基礎とする点 ……………………………… 248
第2款　地籍図根三角測量 ……………………………………………………… 250
　第四十八条　地籍図根三角点の選定 ……………………………………… 250
　第四十九条　多角路線の選定 ……………………………………………… 251
　（運用基準）第22条　多角路線 …………………………………………… 252
　第五十条　選点図 …………………………………………………………… 257
　（運用基準）第23条　縮　尺 ……………………………………………… 259
　第五十一条　標　識 ………………………………………………………… 260
　（運用基準）第24条　標識の規格 ………………………………………… 263
　第五十二条　観測，測定及び計算 ………………………………………… 267
　（運用基準）第25条　観測，測定及び計算 ……………………………… 283
第3款　地籍図根多角測量 ……………………………………………………… 299
　第五十三条　地籍図根多角点の選定 ……………………………………… 299
　（運用基準）第26条　地籍図根多角本点の選定 ………………………… 299
　第五十四条　多角路線の選定 ……………………………………………… 300
　（運用基準）第27条　多角路線 …………………………………………… 301
　第五十五条　地籍図根多角交会点の選定 ………………………………… 308
　（運用基準）第28条　地籍図根多角交会点の選定 ……………………… 309
　第五十六条　選点図 ………………………………………………………… 310
　（運用基準）第29条　縮　尺 ……………………………………………… 310
　第五十七条　標　識 ………………………………………………………… 311
　（運用基準）第30条　標識の規格 ………………………………………… 312
　第五十八条　観測，測定及び計算 ………………………………………… 317
　（運用基準）第31条　観測，測定及び計算 ……………………………… 318
第4款　細部図根測量 …………………………………………………………… 330
　第五十九条　細部図根測量の方法 ………………………………………… 330
　（運用基準）第32条　細部図根測量の方法 ……………………………… 331
　第六十条　細部図根点 ……………………………………………………… 333

第六十一条　細部図根点の選定 ……………………………………… 333
（運用基準）第 33 条　細部図根点等の密度 ………………………… 334
第六十二条　標　識 ……………………………………………………… 335
第六十三条　多角測量法による細部図根測量 ………………………… 336
（運用基準）第 34 条　多角測量法による細部図根測量 …………… 337
第六十四条　放射法による細部図根測量 ……………………………… 346
（運用基準）第 35 条　放射法による細部図根測量 ………………… 348
第六十七条　観測，測定及び計算 ……………………………………… 358
（運用基準）第 36 条　縮　尺 ………………………………………… 359

第5款　一筆地測量 …………………………………………………… 360

第六十八条　一筆地測量の基礎とする点 ……………………………… 360
第七十条　一筆地測量の方法 …………………………………………… 360
（運用基準）第 37 条　一筆地測量の方法 …………………………… 362
第七十条の二　放射法による一筆地測量 ……………………………… 363
（運用基準）第 38 条　放射法による一筆地測量 …………………… 364
第七十条の三　多角測量法による一筆地測量 ………………………… 369
（運用基準）第 39 条　多角測量法による一筆地測量 ……………… 370
第七十条の四　交点計算法による一筆地測量 ………………………… 376
（運用基準）第 40 条　交点計算法による一筆地測量 ……………… 376
第七十条の五　単点観測法による一筆地測量 ………………………… 377
（運用基準）第 41 条　単点観測法による一筆地測量 ……………… 378
第七十一条　次数の制限 ………………………………………………… 383
第七十二条　筆界点の位置の点検 ……………………………………… 384
（運用基準）第 42 条　筆界点の位置の点検 ………………………… 385
第七十四条　原図の作成 ………………………………………………… 386
（運用基準）第 43 条　原図の作成 …………………………………… 389
第七十五条　地籍明細図 ………………………………………………… 395
（運用基準）第 44 条　地籍明細図 …………………………………… 396

第3節　航測法 …………………………………………………………… 398

第七十六条　作業の順序 ………………………………………………… 398

第七十七条　標定点及び航測図根点の選定 …………………… 402
（運用基準）第 45 条　標定点及び航測図根点 …………… 404
（運用基準）第 46 条　標　　　識 ………………………… 407
第七十八条　対空標識の設置 ……………………………………… 409
（運用基準）第 47 条　対空標識 …………………………… 409
第七十九条　空中写真撮影 ………………………………………… 411
（運用基準）第 48 条　撮影縮尺 …………………………… 413
第八十条　標定点測量 ……………………………………………… 413
第八十一条　空中三角測量 ………………………………………… 414
（運用基準）第 49 条　パスポイント及びタイポイントの選定 ……… 414
（運用基準）第 50 条　測定及び調整 ……………………… 415
（運用基準）第 51 条　多項式法 …………………………… 416
（運用基準）第 52 条　独立モデル法 ……………………… 418
（運用基準）第 53 条　バンドル法 ………………………… 419
（運用基準）第 54 条　内部標定等の制限値 ……………… 420
（運用基準）第 55 条　航測図根点の点検 ………………… 421
第八十二条　補備測量等 …………………………………………… 422
第八十三条　航測図根点配置図等 ………………………………… 424
第八十四条　原図の作成 …………………………………………… 424

〔國見利夫〕
第 5 章　地積測定 ……………………………………………… 425
第八十五条　地積測定の方法 ……………………………………… 425
（運用基準）第 56 条　記録及び成果 ……………………… 426
（運用基準）第 57 条　地積測定の方法 …………………… 429
第八十六条　点　　　検 …………………………………………… 431
第八十七条　地積測定成果簿 ……………………………………… 433

〔國見利夫　猪木幹雄〕
第 6 章　地籍図及び地籍簿の作成 ……………………………………… 435
第八十八条　地籍簿案 ……………………………………………………… 435
（運用基準）第 58 条　地籍簿案の作成 ………………………………… 437
第八十九条　地籍図及び地籍簿 ………………………………………… 448
（運用基準）第 59 条　法第 17 条の規定による手続き等 …………… 449
第九十条　地籍図写 ……………………………………………………… 455
（運用基準）第 60 条　複製方法 ………………………………………… 456

著者略歴 …………………………………………………………………… 457

〔國見利夫　猪木幹雄〕

第1章

総　　則

> **目的**
> 第一条　国土調査法（昭和二十六年法律第百八十号。以下「法」という。）第二条第一項第三号の地籍調査（以下「地籍調査」という。）に関する作業規程の準則は，この省令の定めるところによる。

解説

　準則は，標準的な作業方法等を定め，その規格を統一するとともに，必要な精度を確保すること等を目的に作成されるものです。

　国土調査に関する作業規程の準則は，国土調査法（以下，「法」という。）第三条第2項に「国土交通省令で定める。」とあり，市町村又は土地改良区等が地籍調査を行う場合は，法第六条第2項により，国土交通省が定めた作業規程の準則に基づいて，作業規程を作成し，都道府県知事に届け出なければならないとされています。

　本条は，準則の位置付けを定めたもので，法第二条第1項第三号で定義された地籍調査に関する作業規程の準則を国土交通省令で定めたことを示したものです。

【参考】
○国土調査法
　（定義）
第二条　この法律において「国土調査」とは，左の各号に掲げる調査をいう。
　一～二　（略）
　三　地方公共団体又は土地改良区その他の政令で定める者（以下「土地改良区等」という。）が行う土地分類調査又は水調査で第五条第四項又は第六条第三

項の規定による指定を受けたもの及び地方公共団体又は土地改良区等が行う地籍調査で第五条第四項若しくは第六条第三項の規定による指定を受けたもの又は第六条の三第二項の規定により定められた事業計画に基くもの
(基礎計画及び作業規程の準則)
第三条　1　(略)
2　国土調査の作業規程の準則は，国土交通省令で定める。
(市町村又は土地改良区等が行う国土調査の指定)
第六条　1　(略)
2　市町村又は土地改良区等は，第三条第二項の作業規程の準則に基いて，前項の規定による届出をした計画に係る調査の作業規程を作成して，これを都道府県知事に届け出なければならない。

(運用基準)

目的

第1条　地籍調査作業規程準則（昭和32年総理府令第71号。以下「準則」という。）の運用については，この運用基準に定めるところによる。

解説

本条は，準則の運用について定めたもので，運用は運用基準に定めるところによるとしています。

趣旨の普及

第二条　地籍調査を行う者は，あらかじめ地籍調査の意義及び作業の内容を一般に周知させ，その実施について土地の所有者その他の者の協力を得るように努めるものとする。

解説

地籍調査は，毎筆の土地について，その所有者，地番及び地目の調査ならびに境界及び地積に関する測量を行うものですので，土地の立ち入りとともに土地の所有者等の確認を得る調査等を行う必要があります。このため，円

滑な地籍調査を実施するためには，調査の実施に先立ち，地籍調査の意義や内容を土地所有者等に周知し，理解と協力を得ておくことが不可欠となります。一般的には，市町村等の広報誌への掲載，パンフレットの配布，住民説明会の開催等によって周知が行われています。

本条は，地籍調査の趣旨の普及について定めたもので，地籍調査の実施に当たっては，あらかじめ地籍調査の意義及び作業の内容を一般に周知させ，その実施について土地の所有者その他の者の協力を得るように努めるものとしています。

地籍調査の作業

第三条 地籍調査の作業は，次の各号に掲げるとおりとする。
 一 毎筆の土地についてのその所有者，地番，地目及び境界の調査（以下「一筆地調査」という。）
 二 一筆地調査に基いて行う毎筆の土地の境界（以下「筆界」という。）の測量（以下「地籍測量」という。）
 三 地籍測量に基いて行う毎筆の土地の面積の測定（以下「地積測定」という。）
 四 地籍図及び地籍簿の作成

解説

本条は，地籍調査の作業の内容及び手順を定めたもので，地籍調査の作業は，①一筆地調査，②地籍測量，③地積測定，④地籍図及び地籍簿の作成としており，基本的にはこの工程順に作業を進めます。

```
一筆地調査 ┐
           ├→ 地積測定 →  地籍図及び
地籍測量　 ┘              地籍簿の作成
```

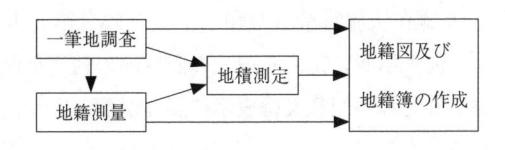

一筆地調査とは，毎筆の土地についてその所有者，地番，地目及び境界の調査，地籍測量とは，一筆地調査に基づいて行う毎筆の土地の境界（以下

「筆界」という。）の測量，地積測定とは，地籍測量に基づいて行う毎筆の土地の面積の測定，地籍図及び地籍簿の作成とは，調査及び測量の結果の取りまとめをいいます。

計量単位
第四条 地籍測量及び地積測定における計量単位は，計量法（平成四年法律第五十一号）第八条第一項に規定する法定計量単位（同法附則第三条及び第四条の規定により法定計量単位とみなされる計量単位を含む。）によるものとする。

解説
本条は，地籍測量及び地積測定における計量単位を定めたもので，計量単位は，計量法第八条第1項に規定する法定計量単位によるものとしており，長さはメートル，角度は度分秒，面積は平方メートルで表示します。

【参考】
○計量法
（非法定計量単位の使用の禁止）
第八条　第三条から第五条までに規定する計量単位（以下「法定計量単位」という。）以外の計量単位（以下「非法定計量単位」という。）は，第二条第一項第一号に掲げる物象の状態の量について，取引又は証明に用いてはならない。

管理及び検査
第五条 地籍調査を行う者又は当該地籍調査について認証を行う者は，当該調査が国土調査法施行令（昭和二十七年政令第五十九号。以下「令」という。）別表第四に定める誤差の限度内の精度を保ち，かつ，当該調査に関する記録の記載又は表示に誤りがないように管理し及び検査を行うものとする。

> 【解説】

　地籍調査は，面的広がりをもった作業を伴うため，関係者も多く，調整を図らなければならないことが多くあります。このため各工程の一つひとつの作業を確実に，しかも所要の精度，正確さをもって遂行していかなければ所要の経費の範囲内で計画どおりに作業を進めることができません。そこで，地籍調査を行う者（実施主体）に地籍調査を適正かつ円滑な実施を行うよう管理させるとともに，認証を行う者に認証の前提条件となる当該成果の検査を行わせる必要があります。

　本条は，地籍調査の管理及び検査について定めたもので，令別表第四に定める誤差の限度内の精度を保ち，かつ，当該調査に関する記録の記載又は表示に誤りがないように管理し及び検査を行うこととしています。

（運用基準）

> 【管理及び検査】
>
> 第2条　地籍調査の管理及び検査は，「地籍調査事業工程管理及び検査規程」（平成14年3月14日付け国土国第591号国土交通省土地・水資源局長通知）に基づいて行うものとする。

> 【解説】

　本条は，地籍調査の管理及び検査について定めたもので，地籍調査事業工程管理及び検査規程に基づいて行うこととしています。

　なお，法第十条第2項の規定に基づき，都道府県又は市町村が国土調査の実施を委託（以下「2項委託」という。）する場合においては，2項委託に係る地籍調査事業工程管理及び検査規程に基づいて行うこととしています。

> 【参考】
>
> 　　　　地籍調査事業工程管理及び検査規程
> 　　　　　　　　　　（平成23年6月27日付け国土国第24号
> 　　　　　　　　　　　国土交通省土地・水資源局長通知）

1 目的
　地籍調査作業規程準則（昭和32年総理府令第71号。以下「準則」という。）第5条に規定する管理及び検査の実施については，この規程の定めるところによる。

2 定義
　この規程において，次に掲げる用語の意義は，次のとおりとする。
　ア　直営
　　地籍調査を実施する者（国土調査法（昭和26年法律第180号。以下「法」という。）第10条第2項の規定により国土調査の実施の委託をされた法人を除く。以下「実施者」という。）自らが地籍調査の各工程の作業を実施すること。
　イ　外注
　　実施者と民間等の専門技術者（法人又は個人）が契約を締結し，契約に基づき当該専門技術者が地籍調査の各工程の作業（工程管理及び検査を除く。）を実施すること。
　ウ　工程管理者
　　地籍調査について実際に作業を行うもの（以下「作業者」という。）に対して，地籍調査の各工程の作業をこの規程に定める順序に従って適切に行わせる者。
　エ　検査者
　　地籍調査の成果及び中間成果が国土調査法施行令（昭和27年政令第59号。）及び準則等の規格に適合しているか否かを調査し，当該規格に適合していることを証明する者。
　オ　班長
　　準則第7条に規定する作業班の責任者。
　カ　監督者
　　地籍調査の作業が外注された場合において，発注者の命により当該作業を監督する者。
　キ　主任技術者
　　地籍調査の作業が外注された場合，当該作業を受注した者（以下「請負者」という。）において，当該契約の履行に関し，作業全般の管理及び統括，作業現場の運営，取締りを行う者。
　ク　実地確認
　　地籍図根三角測量，地籍図根多角測量，細部図根測量における点検測量の工程管理として実施する要目の1つをいい，工程管理者が点検測量実施箇所の立会並びに点検測量に関する観測諸簿，精度管理表及びその他資料の点検を行うこと。

3 総則
(1) この規程による各工程の検査に合格しない地籍調査の成果は，国土調査法（昭和26年法律第180号。以下「法」という。）第19条第1項に規定する認証の請求の対象とならないものとする。
(2) 地籍調査の作業者は，実施した作業のすべてについて，その作業内容及び成

果に誤りがないかを点検しなければならない。
  (3) 工程管理者及び検査者は，地籍調査に関係する法令の趣旨を理解し，地籍調査の各個別作業及び作業体系並びに工程管理技術に精通した者でなければならない。
  (4) 工程管理及び検査は，別表－1の「工程管理及び検査の要目一覧表」（以下「一覧表」という。）に従って行うものとする。
4　工程管理
  (1) 工程管理は，実施者が行うものとする。
  (2) 工程管理者は，原則として，直営作業にあっては班長，外注作業にあっては監督者とする。
  (3) 工程管理者は，地籍調査を適正かつ円滑に実施するために，作業の進捗状況を確実に把握して，工程管理表に従い作業を進行させるとともに，一覧表に規定する点検を行うものとする。
　　　地籍調査の作業が外注された場合は，工程管理者は主任技術者に作業の進捗状況について適宜報告を行わせるものとする。
  (4) 工程管理者は，必要に応じて，作業体制，作業方式等の変更を適時適切に指示するものとする。
　　　地籍調査の作業が外注された場合においては，請負者に対する指示は原則として主任技術者を通じて行うこととする。
5　検査
  (1) 検査は，実施者及び地籍調査の成果について認証を行う者（以下「認証者」という。）が行うものとする。
  (2) 検査者は，作業者，班長及び監督者以外の者とする。
  (3) 検査者は，一覧表に規定する検査を，原則として工程大分類ごとに実施するものとする。
  (4) 検査者は，検査を終えたときは，別表－2の「検査成績表様式」により検査成績表を作成するものとする。
6　抽出の方法
　　抽出法による検査又は点検は，原則として無作為抽出によるものとし，一覧表のE工程及びH工程において，抽出数が10未満となる場合には，当該規定にかかわらず，抽出数を10以上とする。
7　検査・点検における再調査等
　　抽出検査，抽出点検又は実地確認において，合格しないものが検査数又は点検数の10％以上の場合には，直ちに再調査又は再測量を行わせ，合格しないものが検査数又は点検数の10％未満の場合には，合格しないものを修正させた上，当該検査又は点検と同一の抽出率により再検査又は再点検を行うものとする。この場合において，再検査又は再点検に合格しないものがある場合には，直ちに再調査又は再測量を行わせるものとする。

(別表-1) 工程管理及び検査の要目一覧表
地籍調査事業工程順大分類

工程大分類番号頭字	工程大分類名称	備考
A	地籍調査事業計画・事務手続	
B	地籍調査事業準備	
C	地籍図根三角測量	
D	地籍図根多角測量	
E	一筆地調査	
FⅠ	細部図根測量	
FⅡ	一筆地測量	
G	地積測定	
H	地籍図及び地籍簿の作成	標定点及び航測図根点の選定を含む。
PA	対空標識の設置	
PB	空中写真撮影	
PC	標定点測量	補備測量を含む。
PD	航測法の空中三角測量	補備測量を含む。
PE	併用法の空中三角測量	
PF	図化	

地籍測量を地上法により行う場合にはA，B，C，D，E，FⅠ，FⅡ，G及びHの，航測法により行う場合にはA，B，E，PA，PB，PC，PD，PF，G及びHの，併用法により行う場合にはA，B，PA，PB，PC，PE，E，FⅠ，FⅡ，G及びHの工程を実施するものとする。
ただし，地上法により行う場合で地籍調査作業規定準則第42条に基づき作業（地籍図根三角測量，地籍図根多角測量，細部図根測量）の全部又は一部を省略した場合は，その省略した作業にかかる工程（C，D又はFⅠ）は省略して実施するものとする。

A工程（地籍調査事業計画・事務手続）

工程小分類番号	工程小分類名称	準則等の適用	工程管理及び検査の要目		備考
A	地籍調査事業計画・事務手続				
A1	全体計画の作成		管理	実施組織との整合性	
A2	関係機関との調整		管理	協力体制の確立	
A3	事業計画の策定・公示	法6条の3	管理	計画書の照合と公示の確認	任意方式の場合は不要
A4	実施に関する計画の作成	法6条の4，準則9～12条	管理	会計年度内施行の確実性	任意方式の場合は法6条
A5	作業規程の作成	法6条の4	管理	準則準用外規定の検討	任意方式の場合は法6条
A6	国土調査の指定の公示	法6条	管理	公示の確認	計画方式の場合は不要
A7	国土調査の実施の公示	法7条	管理	公示の確認	

注：工程管理及び検査の要目欄における「管理」は工程管理者が行うものを，「検査」は検査者が行うものを示す。（以下同じ。）

第 1 章 総　　則

B工程（地籍調査事業準備）

工程小分類番号	工程小分類名称	準則等の適用	工程管理及び検査の要目		備考
B	地籍調査事業準備				
B1	実施組織の確立		管理	専任職員の確保，計画的研修，関係課の協力体制	
B2	補助申請	地籍調査費負担金交付要綱	管理	必要事業費の確保	任意方式の場合は不要
B3	作業班の編成又は外注先の選定	準則7条	管理	実施に関する計画との整合性，適正な外注先の選定	
B4	推進委員会の設置	国土調査事業事務取扱要領	管理	意義及び作業内容の徹底	
B5	趣旨の普及	準則2条	管理	周知徹底と協力体制の確立	

C工程（地籍図根三角測量）

工程小分類番号	工程小分類名称	準則等の適用	工程管理及び検査の要目		備考
C	地籍図根三角測量				
C1	作業の準備	準則7，37，43，45条	管理	作業体制及び作業工程の適切性	
C2	選点	準則38，44，48～50条	管理	網構成の適切性	
C3	標識の設置	準則51条	管理	1点以上の現地立会点検 設置状況写真の全数点検	
C4	観測及び測定	準則52条	管理	1%以上の観測簿点検	
C5	計算	準則52条	管理	1%以上の計算簿点検 精度管理表の全数点検	
C6	点検測量	準則52条	管理	実地確認	
C7	取りまとめ	準則6，52条	管理	網図の全数点検 5%以上の成果簿の点検	
C8	実施者検査		検査	精度管理表の全数検査 成果品の出来映え検査 工程管理の記録の全数検査	
C9	認証者検査		検査	精度管理表の全数検査 成果品の出来映え検査 工程管理の記録及び実施者検査の記録の全数検査	

注：選点における網構成の適切性の検討に当たっては，当分の間，認証者の検査者の指導を受けるものとする。（以下同じ。）

D工程（地籍図根多角測量）

工程小分類番号	工程小分類名称	準則等の適用	工程管理及び検査の要目	備考
D	地籍図根多角測量			

工程小分類番号	工程小分類名称	準則等の適用		工程管理及び検査の要目
D1	作業の準備	準則7, 37, 45条	管理	作業体制及び作業工程の適切性
D2	選点	準則38, 44, 53～56条	管理	網構成の適切性
D3	標識の設置	準則57条	管理	1点以上の現地立会点検 設置状況写真の全数点検
D4	観測及び測定	準則58条	管理	1%以上の観測簿点検
D5	計算	準則58条	管理	1%以上の計算簿点検 精度管理表の全数点検
D6	点検測量	準則58条	管理	実地確認
D7	取りまとめ	準則6, 58条	管理	網図の全数点検 5%以上の成果簿の点検
D8	実施者検査		検査	精度管理表の全数検査 成果品の出来映え検査 工程管理の記録の全数検査
D9	認証者検査		検査	精度管理表の全数検査 成果品の出来映え検査 工程管理の記録及び実施者検査の記録の全数検査

E 工程（一筆地調査）

工程小分類番号	工程小分類名称	準則等の適用		工程管理及び検査の要目	備考
E	一筆地調査				
E1	作業の準備	準則7条	管理	作業体制の適切性 関係土地所有者等への浸透度	
E2	作業進行予定表の作成	準則13条	管理	作業工程の適切性	
E3	単位区域界の調査	準則14条	管理	調査地域の現況把握	
E4	調査図素図等の作成	準則15～18条	管理	5%以上の照合点検	
E5	現地調査の通知	準則20条	管理	現地調査時期の適正性 所有者及び利害関係人の適切性 住所不明所有者等処理の適切性	
E6	標札等の設置	準則21条	管理	5%以上の標札等照合点検	
E7	市町村の境界の調査	準則22条	管理	隣接市町村の同意の確認	
E8	現地調査	準則23～36条	管理	準則30条第3項, 31条, 34条及び35条による処理の全数点検	
E9	取りまとめ	準則6条	管理	5%以上の照合点検 地目変更された筆の現地点検	

番号	名称			内容
E10	実施者検査		検査	1%以上の照合検査 地目変更された筆の現地検査 成果品の出来映え検査 地籍調査票の署名・押印の全数検査 工程管理の記録の全数検査
E11	認証者検査		検査	1%以上の照合検査 地目変更された筆の現地検査 成果品の出来映え検査 地籍調査票の署名・押印の全数検査 工程管理の記録及び実施者検査の記録の全数検査

FⅠ工程（細部図根測量）

工程小分類番号	工程小分類名称	準則等の適用		工程管理及び検査の要目	備考
FⅠ	細部図根測量				
FⅠ1	作業の準備	準則7, 37, 59条	管理	作業体制及び作業工程の適切性	
FⅠ2	選点及び標識の設置	準則46, 60〜62条	管理	選定位置等の適切性 5%以上の現地点検	
FⅠ3	観測及び測定	準則63, 64, 67条	管理	1%以上の観測簿点検 放射法における距離測定観測簿の全数点検	＊1
FⅠ4	計算	準則63, 64, 67条	管理	1%以上の計算簿点検 精度管理表の全数点検	
FⅠ5	点検測量	準則67条	管理	実地確認	
FⅠ6	取りまとめ	準則6, 67条	管理	配置図の全数点検	
FⅠ7	実施者検査		検査	5%以上の成果簿の点検 精度管理表の全数検査 成果品の出来映え検査 工程管理の記録の全数検査	
FⅠ8	認証者検査		検査	精度管理表の全数検査 成果品の出来映え検査 工程管理の記録及び実施者検査の記録の全数検査	

＊1 TS法により放射法を実施した場合に適用

FⅡ工程（一筆地測量）

工程小分類番号	工程小分類名称	準則等の適用		工程管理及び検査の要目	備考
FⅡ	一筆地測量				
FⅡ1	作業の準備	準則7, 37, 70条	管理	作業体制及び作業工程の適切性	

工程小分類番号	工程小分類名称	準則等の適用		工程管理及び検査の要目	備考
FⅡ2	観測及び測定	準則68,70～72条	管理	1%以上の観測簿点検 放射法における距離測定観測簿の全数点検 単点観測法における整合性の確認のための比較計算の全数点検	*1 *2
FⅡ3	計算及び筆界点の点検	準則70～72条	管理	精度管理表の全数点検 1%以上の辺長点検 単点観測法における整合処理の適切性の点検	*3
FⅡ4	原図の作成	準則6,74,75条	管理	原図の仕上がりの全数点検 1%以上の照合点検	
FⅡ5	実施者検査		検査	精度管理表の全数点検 1%以上の辺長検査 成果品の出来映え全数検査 工程管理の記録の全数検査	
FⅡ6	認証者検査		検査	精度管理表の全数検査 0.5%以上の辺長検査 成果品の出来映え全数検査 工程管理の記録及び実施者検査の記録の全数検査	

*1 TS法により放射法を実施した場合に適用
*2 単点観測法により実施した場合に適用
*3 ネットワーク型RTK-GPS法により単点観測法を実施し、かつ、水平位置の整合処理を実施した場合に適用

G工程（地積測定）

工程小分類番号	工程小分類名称	準則等の適用		工程管理及び検査の要目	備考
G	地積測定				
G1	作業の準備	準則7,85条	管理	作業体制及び作業工程の適切性	
G2	測定,計算及び点検	準則85,86条	管理	精度管理表の全数点検 0.2%以上の現地点検	
G3	取りまとめ	準則6,87条	管理	5%以上の照合点検	
G4	実施者検査		検査	0.2%以上の現地検査 1%以上の照合検査 精度管理表の全数検査 成果品の出来映え検査 工程管理の記録の全数検査	
G5	認証者検査		検査	精度管理表の全数検査 成果品の出来映え検査 工程管理の記録及び実施者検査の記録の全数検査	

H工程（地籍図及び地籍簿の作成）

工程小分類番号	工程小分類名称	準則等の適用	工程管理及び検査の要目		備考
H	地籍図及び地籍簿の作成				
H1	地籍調査票の整理	準則6条	管理	5%以上の照合点検	
H2	地籍図原図の整理	準則6条	管理	1%以上の照合点検	
H3	地籍簿案の作成	準則88条	管理	5%以上の照合点検	
H4	数値情報化	準則89条	管理	地籍調査成果の数値情報化実施要領による	
H5	実施者検査（閲覧前）		検査	1%以上の照合検査 成果品の出来映え検査	
H6	閲覧	法17，準則89条	管理	閲覧に当たっての所要措置	
H7	誤り等訂正	法17，準則89条	管理	誤り等訂正の全数点検	
H8	認証申請関係書類の整理	法18，19条	管理	不立会地，不存在地等の経過確認，手続きの迅速性	
H9	実施者検査（閲覧後）		検査	誤り等訂正の照合検査 認証申請関係書類の検査 工程管理の記録の全数検査	
H10	認証者検査	法19条	検査	誤り等訂正の照合検査 1%以上の照合検査 成果品の出来映え検査 工程管理の記録及び実施者検査の記録の全数検査	

PA工程（対空標識の設置）

工程小分類番号	工程小分類名称	準則等の適用	工程管理及び検査の要目		備考
PA	対空標識の設置				
PA1	作業の準備	準則7，37条	管理	作業体制及び作業工程の適切性	
PA2	選点	準則77条	管理	選点の適切性	
PA3	標識及び対空標識の設置	準則77，78条	管理	1点以上の標識設置現地立会点検並びに1%以上の対空標識現地点検 設置状況写真の全数点検	
PA4	実施者検査		検査	成果品の出来映え検査 工程管理の記録の全数検査	
PA5	認証者検査		検査	成果品の出来映え検査 工程管理の記録及び実施者検査の記録の全数検査	

PB工程（空中写真撮影）

工程小分類番号	工程小分類名称	準則等の適用	工程管理及び検査の要目		備考
PB	空中写真撮影				
PB1	作業の準備	準則7，37条	管理	作業計画の適切性	

PB2	撮影実施	準則79条	管理	気象条件等の適切性
PB3	整理	準則79条	管理	撮影条件の全数点検
PB4	対空標識の確認	準則79条	管理	5%以上の照合点検
PB5	実施者検査		検査	5%以上の撮影条件検査 成果品の出来映え検査 工程管理の記録の全数検査
PB6	認証者検査		検査	1%以上の撮影条件検査 成果品の出来映え検査 工程管理の記録及び実施者検査の記録の全数検査

PC工程（標定点測量）

工程小分類番号	工程小分類名称	準則等の適用	工程管理及び検査の要目		備考
PC	標定点測量	準則80条			
PC1	作業の準備	準則7, 37, 43, 45条	管理	作業体制及び作業工程の適切性	
PC2	観測及び測定		管理	1%以上の観測簿点検	
PC3	計算	準則52条	管理	精度管理表の全数点検	
PC4	点検測量	準則52条	管理	実地確認	
PC5	取りまとめ	準則52条 準則6, 80条	管理	網図及び成果簿の点検	
PC6	実施者検査		検査	精度管理表の全数検査 成果品の出来映え検査 工程管理の記録の全数検査	
PC7	認証者検査		検査	精度管理表の全数検査 成果品の出来映え検査 工程管理の記録及び実施者検査の記録の全数検査	

PD工程（航測法の空中三角測量）

工程小分類番号	工程小分類名称	準則等の適用	工程管理及び検査の要目		備考
PD	航測法の空中三角測量				
PD1	作業の準備	準則7, 37条	管理	作業体制及び作業工程の適切性	
PD2	測定	準則81条	管理	パスポイント及びタイポイントの適切性	
PD3	調整計算	準則81条	管理	精度管理表の全数点検	
PD4	航測図根点の点検	準則81条	管理	2%以上の辺長点検	
PD5	補備測量等	準則82条 （地上法の準用）	管理	地上法の工程管理の適用	点検測量を含む。
PD6	取りまとめ	準則6, 83条	管理	1%以上の辺長点検	
PD7	実施者検査		検査	1%以上の辺長検査 成果品の出来映え検査 工程管理の記録の全数検査	

工程小分類番号	工程小分類名称	準則等の適用	工程管理及び検査の要目		備考
PD8	認証者検査		検査	0.5%以上の辺長検査 成果品の出来映え検査 工程管理の記録及び実施者検査の記録の全数検査	

PE 工程（併用法の空中三角測量）

工程小分類番号	工程小分類名称	準則等の適用	工程管理及び検査の要目		備考
PE	併用法の空中三角測量				
PE1	作業の準備	準則 7, 37 条	管理	作業体制及び作業工程の適切性	
PE2	測定	準則 81 条	管理	パスポイント及びタイポイントの適切性	
PE3	調整計算	準則 81 条	管理	精度管理表の全数点検	
PE4	航測図根点の点検	準則 81 条	管理	2%以上の辺長点検	点検測量を含む。
PE5	補備測量等	準則 82 条 （地上法の準用）	管理	地上法の工程管理の適用	
PE6	取りまとめ	準則 6, 83 条	管理	配置図及び成果簿の点検	
PE7	実施者検査		検査	1%以上の辺長検査 成果品の出来映え検査 工程管理の記録の全数検査	
PE8	認証者検査		検査	精度管理表の全数検査 成果品の出来映え検査 工程管理の記録及び実施者検査の記録の全数検査	

PF 工程（図化）

工程小分類番号	工程小分類名称	準則等の適用	工程管理及び検査の要目		備考
PF	図化				
PF1	作業の準備	準則 7, 37 条	管理	作業体制及び作業工程の適切性	
PF2	原図の作成	準則 6, 84 条 準則 74, 75 条	管理	原図の仕上りの全数点検 5%以上の照合点検	
PF3	実施者検査		検査	1%以上の照合検査 原図の仕上りの全数検査 工程管理の記録の全数検査	
PF4	認証者検査		検査	0.2%以上の照合検査 成果品の出来映え検査 工程管理の記録及び実施者検査の記録の全数検査	

地籍調査事業工程管理及び検査規程細則
(平成23年6月30日付け国土国第28号
国土交通省土地・水資源局国土調査課長通知)

1. 総則
 (1) 目的
　　この細則は，地籍調査事業工程管理及び検査規程(平成14年3月14日付け国土国第591号国土交通省土地・水資源局長通知)(以下「工程管理・検査規程」という。)に基づく管理及び検査の実施に際して，その基準を統一して，必要な精度又は正確さを確保することを目的とする。
 (2) 工程管理及び検査の時期
　　地籍調査を実施する者(国土調査法(昭和26年法律第180号。以下「法」という。)第10条第2項の規定により国土調査の実施を委託された法人を除く。以下「実施者」という。)が行う工程管理及び検査は，原則として工程管理にあっては各工程小分類の作業の終了後，検査にあっては各工程の作業の終了後速やかに実施するものとする。ただし，認証を行う者(以下「認証者」という。)の検査については，連続する工程大分類をまとめて実施することができる。
　　また，やむを得ない事由により，管理又は検査の終了を待たずに後続作業を行う場合は，工程管理者又は検査者の承認を得なければならない。
 (3) 工程管理又は検査の記録
　　工程管理又は検査を実施する場合は，A工程及びB工程を除き工程管理の記録又は検査の記録を作成するものとする。
 (4) 自己点検等の徹底
　　自己点検は，地籍調査の成果が所定の精度を保ち，かつ，記録の記載又は表示の誤り等を防止するために行うものである。したがって，作業者は，工程小分類等の作業を終えたときは，速やかにその記録及び成果の全数点検を行うものとし，作業者は鉛筆による検符，点検者は赤インクによる検符を行うものとする。
　　また，外注作業にあっては，作業者の自己点検(鉛筆による検符)から工程管理の点検までの間に，主任技術者等が自社点検(赤インクによる検符)を行うものとする。
2. 工程管理
 (1) 工程管理者
　　工程管理者は，原則として作業者と兼ねることはできない。
 (2) 作業体制，作業方式等の変更
　　工程管理者は，地籍調査作業規程準則(以下「準則」という。)及び同運用基準(以下「運用基準」という。)の規定の範囲内において，作業体制，作業方式等の変更を作業者等に指示できるものとする。ただし，その変更が準則に定めのない方法による場合には，当該指示の前に準則第8条の規定による承認を受けるものとする。

(3) 工程管理者の点検
　　　工程管理者は，観測手簿や精度管理表等の成果品の数値の点検や個々の記載内容の照合，確認を行うものとする。なお，電磁的記録を除き点検箇所には検符を付すものとする。
 (4) 実地確認
　　　点検測量実施点数のうちの概ね30％の点数について点検測量に立会うとともに，点検測量に関する観測簿，計算簿及び精度管理表の全数について点検を実施する。
　　　点検測量の立会いは，点検測量が概ね70％終了した後に行うことを標準とする。ただし，現地の作業進捗状況等を勘案して工程管理者の判断により，点検測量の進捗状況に関わらず立会を行うことができる。この場合，立会の実施後に行われる点検測量に関する観測簿，計算簿及び精度管理表の全数点検を実施したことをもって実地確認が完了したものとする。
　　　外注により実施する場合は，やむを得ない場合を除き主任技術者を同行させるものとする。
3．検査
 (1) 検査の内容
　　　外注作業に係る実施者の検査は，原則として納品検査と一体的に行うものとする。
　　　精度管理表等の成果品の数値の検査を行ったときは，電磁的記録を除き検符を付すものとする。なお，電子納品された成果品は，地籍調査電子納品要領（平成17年4月6日付け国土国第12号国土交通省土地・水資源局長通知）に基づき検査を行うものとする。
　　　電子媒体に格納された成果の配置・格納については，地籍調査成果電子納品チェッカー等により検査することができるものとする。
 (2) 検査の委託
　　　検査の業務については，地籍調査に経験の深い者等に委託することを妨げないものとする。ただし，外注作業の検査にあっては，当該外注先及び当該外注先と利害関係のある機関に委託してはならない。
4．抽出の方法
 (1) 抽出の方法
　　　抽出は，可能な限り同一地域に集中しないように平均的に行うものとする。
 (2) 抽出数
　　　抽出数は，小数点以下を切り上げて算出するものとする。
　　　なお，E，H工程においては，全数の一定割合による抽出数が10未満の場合は，抽出数を10以上とする。ただし，全数が10未満の場合は，全数を対象とする。
 (3) 再点検又は再検査における抽出
　　　再点検又は再検査における抽出は，原則として当初の点検又は検査で抽出したものを除くものとする。
　　　ただし，点検又は検査に合格しなかったものについては，必ず，再点検又は

再検査を行うものとする。
5. 第三者機関による地籍調査成果品の検定

　　地籍調査の成果品については，検定に関し，技術的能力を有し，組織としての体制が確立され，かつ公平性を確保できる機関として国土地理院に登録されている第三者機関による検定を受けることができる。

　　なお，検定を受けた場合は，実施者が行う工程管理又は検査における下記の要目に代えて，第三者機関の発行する当該成果品の検定証明書及び検定記録書の記載内容の確認を行うものとする。これらの場合にあっても，測量作業全体の精度の把握を行うため精度管理表の確認を行うことが望ましい。

(1) C，D 及び PC 工程
　　① 観測及び測定（C4，D4 及び PC2）
　　　　1％以上の観測簿の点検
　　② 計算（C5，D5 及び PC3）
　　　　1％以上の計算簿の点検
　　　　精度管理表の全数点検
　　③ 取りまとめ（C7，D7 及び PC5）
　　　　網図の全数点検
　　　　5％以上の成果簿の点検
　　④ 実施者検査（C8，D8，PC6）
　　　　精度管理表の全数点検

(2) FⅠ工程
　　① 観測及び測定（FⅠ3）
　　　　1％以上の観測簿の点検
　　　　放射法における距離測定観測簿の全数点検
　　② 計算（FⅠ4）
　　　　1％以上の計算簿の点検
　　　　精度管理表の全数点検
　　③ 取りまとめ（FⅠ6）
　　　　配置図の点検
　　　　5％以上の成果簿の点検
　　④ 実施者検査（FⅠ7）
　　　　精度管理表の全数点検

(3) FⅡ工程
　　① 観測及び測定（FⅡ2）
　　　　1％以上の観測簿点検
　　　　放射法における距離測定観測簿の全数点検
　　　　単点観測法における整合性の確認のための比較計算の全数点検
　　② 計算及び筆界点の点検（FⅡ3）
　　　　精度管理表の全数点検
　　　　単点観測法における整合処理の適切性の点検

6. 工程管理及び検査の実施要領

(1) A工程

全体計画の作成（A1）及び関係機関との調整（A2）においては，管轄登記所及び公物管理者との十分な事前協議並びに国土調査法第19条第5項指定対象事業との調整に特に留意するものとする。（なお，括弧内の番号は，工程管理・検査規程別表－1工程管理及び検査の要目一覧表に示す工程小分類番号である。以下同じ。）

(2) B工程

実施組織の確立（B1）においては，「地籍調査室」等を設置して，適応の専任職員を確保するとともに，研修の機会を設ける等して専任職員の養成に努めるものとする。

外注先の選定（B3）においては，外注先として選定した者が仕様書等の契約関係図書（以下「契約関係図書等」という。）に記載した要件を満たしているかを確認する。

趣旨の普及（B5）においては，準則第2条の規定に照らして，地元説明会，市町村広報，パンフレットの配布等を十分に行うことにより，あらかじめ地籍調査の意義及び作業の内容等を一般に周知させ，その実施について土地の所有者，その他の者の協力が十分に得られるように努めるものとする。

(3) C工程，D工程及びPC工程

① 作業の準備（C1，D1及びPC1）

所定の期間内において効率的かつ確実に必要な作業を実施できるよう，工程管理者が中心となって工程計画を練り上げ，それをわかりやすい工程管理表に取りまとめるとともに，当該工程計画の円滑かつ適正な実施を確保するため，必要十分な作業体制の確保，適正な外注先の選定及び関係機関との事前調整等に努めるものとする。

外注作業の場合は，外注先として選定した者から業務計画書等を提出させ，作業体制，業務計画表及び測量機器等について工程管理表，運用基準別表第4及びその他契約関係図書等に照らして適切であるかどうかを点検する。

② 選点（C2及びD2）

地籍図根三角点選点図又は地籍図根多角点選点図（以下「選点図」という。）は，地籍図根三角点選点手簿又は地籍図根多角点選点手簿を資料として，新点及び多角路線の配置が運用基準に照らして適正であるかどうかを点検する。特に，新点の設置位置については，標識の永久的な保全及び管理が可能な場所であるかどうかを点検し，不適当なものについては再作業を行わせる。

地籍図根三角測量平均図又は地籍図根多角測量平均図（以下「平均図」という。）は，選点図及び選点手簿等を資料として，網の構成が運用基準に照らして適正であるかどうかを点検し，場合によっては再作成を行わせる。なお，選点図及び平均図は，標識の設置立会に併せて確認することが望ましい。

平均図の点検終了後に変更協議があった場合は，良否を確認したうえ承諾する。

③ 標識の設置（C3及びD3）

当該測量の新点1点以上について，新点の標識の設置が適切に実施されているかどうかを現地において立会の上，点検する。なお，設置する標識の規格の確認を兼ねて設置作業当初において本立会を実施することが望ましい。

また，設置状況を記録した写真については標識の構造，写り具合等について全数点検する。

④ 観測及び測定（C4，D4及びPC2）

当該測量の観測手簿及び観測記簿（以下「観測簿」という。）の頁数の1％以上を抽出して，その観測及び測定に使用した測量器機が運用基準別表第4及び業務実施計画書等に照らして適正であるかどうか，観測簿の記載内容に誤記，誤読，誤算，脱落，観測又は測定値の訂正，検符漏れ等がないか，観測及び測定結果が運用基準別表に規定する制限内であるかどうかを点検する。また，地籍測量及び地積測定における作業の記録及び成果の記載例（平成20年10月8日付け国土国第267号国土交通省土地・水資源局国土調査課長通知。以下「記載例」という。）に照らして適正であるかどうかを点検する。

⑤ 計算（C5，D5及びPC3）

当該測量の計算簿の頁数の1％以上を抽出して，その計算結果について運用基準別表等に照らして適正であるかどうかを点検するとともに，精度管理表の全数について，誤記，誤算，脱落，検符漏れ等がないか，その記載内容が記載例及び運用基準別表等に照らして適正であるかどうかを点検する。なお，計算簿の計算結果の点検は実地確認における点検と併せて実施することができるものとする。

⑥ 点検測量（C6，D6，PC4）

当該測量の点検測量の概ね30％の点数について現地に立会うとともに，点検測量に関する観測簿等についてC4等に準じて点検し，点検測量値と採用値の比較結果を点検する。

さらに，点検測量に関する精度管理表の全数について，C5等に準じて点検する。

⑦ 取りまとめ（C7，D7及びPC5）

当該測量の網図の全数について，多角網の路線を示す辺及びその次数を示す辺の色，与点，新点及び既設の図根点等の記号，名称並びにそれらの表示位置について，平均図と対照しながら，その記載内容が記載例等に照らして適正であるかどうかを点検する。また，成果簿の総頁数の5％以上を抽出して，網図及び計算簿と対照しながら，誤記，脱落，検符漏れ等がないかどうか点検するとともに，その記載内容が記載例及び運用基準別表等に照らして適正であるかどうかを点検する。

⑧ 実施者検査（C8，D8及びPC6）

当該測量の精度管理表（点検測量を含む。）の全数について，誤記，誤算，脱落，検符漏れ等がないか，その記載内容が記載例及び運用基準別表等に照らして適正かどうかを検査する。

また，当該測量の成果品（網図，成果簿等）の出来映えが，記載例及び運

用基準別表等に照らして適正であるかどうかを検査する。
　　さらに，工程管理の記録の全数について適正に実施されているかどうかを検査する。
　⑨　認証者検査（C9, D9及びPC7）
　　当該測量の精度管理表（点検測量を含む。）の全数について，誤記，誤算，脱落，検符漏れ等がないか，その記載内容が記載例及び運用基準別表等に照らして適正かどうかを検査する。
　　また，当該測量の成果品（網図，成果簿等）の出来映えが，記載例及び運用基準別表等に照らして適正であるかどうかを検査する。
　　さらに，工程管理の記録及び実施者検査の記録の全数について適正に実施されているかどうかを検査する。
(4) E工程
　①　作業の準備（E1）
　　測量機器についての点検を除き，C1等と同じ。
　②　作業進行予定表の作成（E2）
　　C工程等の作業の準備において示した「工程管理表」を「作業進行予定表」として作成するものとする。なお，この予定表の作成に当たっては，地籍調査推進委員会等の助言を参考にして，作業計画の適切性の確保に努める。
　③　単位区域界の調査（E3），市町村境界の調査（E7）
　　作業者による現地踏査の結果を勘案しながら，登記所地図等と地形図とを対照することにより，単位区域界及び市町村境界が適正に確認されているかどうかを点検するとともに，不明確な箇所がある場合には，現地踏査，地元精通者の助言等によりその適正な確認に努めるものとする。なお，市町村境界の調査は，原則として単位区域界の調査と同時に行うとともに，工程管理者は，関係市町村及び土地所有者等の立会及び同意の状況を点検するものとする。
　④　調査図素図等の作成（E4）
　　調査前筆数の5%以上を抽出して，準則第16条，運用基準第8条等に照らして適正かどうか，あわせて，登記所地図，土地登記簿，調査図素図，地籍調査票等を照合し，調査図素図等における当該筆の所有者，地番，地目，地積，境界，位置等の記載及び表示に誤りがないかどうかを点検する
　　また，調査図一覧図の記載が，準則第17条，運用基準第9条等に照らして適正かどうかを点検する。
　⑤　現地調査の通知（E5）
　　現地調査の通知文書の発送前に，現地調査の時期及び土地所有者，利害関係人等の把握の適切性を点検する。
　　また，住所不明所有者等の調査，処理の適切性を点検する。
　⑥　標札等の設置（E6）
　　筆界標示杭は，毎筆の土地の筆界点に隣接土地所有者等と協議の上，現地調査の着手までに設置するものであるが，その設置に当たっては，事前に土地所有者等に対してその趣旨，作業の内容等を十分説明し，これらの者の協

力が得られるように努めるものとする。
　実施者が，土地の表示等を記載した標札を設置する場合には，その5％以上を抽出して，地籍調査票と照合し，当該標札の記載に誤りがないかどうかを点検する。
　なお，標札の設置に代えて書面を交付する場合においても同様とする。
⑦　現地調査（E8）
　現地調査における準則第30条第3項（土地所有者等の所在が明らかでない場合），準則第31条（地番が明らかでない場合等），第34条（新たに土地の表題登記をすべき土地を発見した場合）及び第35条（滅失した土地等がある場合）に基づく処理については，その全数について調査図，地籍調査票等と照合して，現地調査の適切性を点検する。
⑧　取りまとめ（E9）
　調査前筆数の5％以上を抽出（E4の点検において抽出した筆は除く。）して，当該筆の調査図及び地籍調査票を登記所地図及び土地登記簿等と照合（地番対照表を作成している場合はこれを地籍調査票と照合）し，その記載に誤りがないかどうか，あわせて，現地調査による訂正等が適正に行われているかどうかを点検する。
　抽出した筆のうち地目変更がされている筆について，適正に地目認定がされているかどうかを現地において点検する。
⑨　実施者検査（E10）
　調査前筆数の1％以上を抽出（E9の点検において抽出した筆は除く。）して，当該筆の調査図及び地籍調査票を登記所地図及び土地登記簿等と照合し，その記載に誤りがないかどうか，あわせて，現地調査による訂正等が適正に行われているかどうかを検査する。
　抽出した筆のうち地目変更がされている筆について，適正に地目認定がされているかどうかを現地において検査する。
　また，一筆地調査の成果品（調査図，地籍調査票等）の出来映えが，準則等に照らして適正かどうかを検査するとともに，地籍調査票の署名及び押印の有無について，その全数を検査する。
　さらに，工程管理の記録の全数について適正に実施されているかどうかを検査する。
⑩　認証者検査（E11）
　調査前筆数の1％以上を抽出して，当該筆の調査図及び地籍調査票を登記所地図及び土地登記簿等と照合し，その記載に誤りがないかどうか，あわせて，現地調査による訂正等が適正に行われているかどうかを検査する。
　抽出した筆のうち地目変更がされている筆について，適正に地目認定がされているかどうかを現地において検査する。
　また，一筆地調査の成果品（調査図，地籍調査票等）の出来映えが，準則等に照らして適正かどうかを検査するとともに，地籍調査票の署名及び押印の有無については，その全数を検査する。
　さらに，工程管理の記録及び実施者検査の記録の全数について適正に実施

されているかどうかを検査する。
(5) ＦⅠ工程
　① 作業の準備（ＦⅠ１）
　　　Ｃ１等と同じ。
　② 選点及び標識の設置（ＦⅠ２）
　　　細部図根点の選点位置及び密度が運用基準別表等に照らして適切かどうかを点検する。
　　　多角測量法による場合は，Ｃ２等に準じて平均図を点検する。
　　　ＴＳ法により放射法を実施する場合は，特に準則第64条に照らして適切かどうかを点検する。
　　　新点数の５％以上を抽出して，細部図根点の標識が適切に設置されているか現地点検を行う。
　　　なお，平均図の承諾後に変更協議があった場合は，良否を確認したうえ承諾する。
　③ 観測及び測定（ＦⅠ３）
　　　Ｃ４等と同じ。
　　　ＴＳ法により放射法を実施した場合は，距離測定観測簿の全数について，準則第64条に照らして適正に実施されているかどうかを点検する。
　④ 計算（ＦⅠ４）
　　　Ｃ５等と同じ。
　⑤ 点検測量（ＦⅠ５）
　　　Ｃ６等と同じ。
　⑥ 取りまとめ（ＦⅠ６）
　　　Ｃ７等に準じて，細部図根点配置図及び細部図根点成果簿の点検を行う。
　⑦ 実施者検査（ＦⅠ７）
　　　Ｃ８等に準じて，精度管理表の全数検査及び成果品の出来映え検査を行うとともに，工程管理の記録の全数検査を行う。
　⑧ 認証者検査（ＦⅠ８）
　　　Ｃ９等に準じて，精度管理表の全数検査及び成果品の出来映え検査を行うとともに，工程管理の記録及び実施者検査の記録について全数検査を行う。
(6) ＦⅡ工程
　① 作業の準備（ＦⅡ１）
　　　Ｃ１等と同じ。
　② 観測及び測定（ＦⅡ２）
　　　Ｃ４等と同じ。
　　　ＴＳ法により放射法を実施した場合は，距離測定観測簿の全数について，準則第70条の２に照らして適正に実施されているかどうかを点検する。
　　　ネットワーク型RTK-GPS法により単点観測法を実施した場合は，Ｃ４等に準じて，観測簿を点検するとともに，整合性の確認のための比較計算を全数点検する。
　③ 計算及び筆界点の点検（ＦⅡ３）

C5等に準じて，精度管理表の全数を点検するとともに，準則第72条に規定する筆界点の点検（作業者によるもの）が適正に実施されているかどうかを点検する。

調査後筆数の1％以上を抽出し，当該筆に係るすべての辺について座標計算による距離とTS等による実測距離との較差が国土調査法施行令（昭和27年政令第59号。以下「令」という。）別表第4に規定する公差（aの項は除く）の範囲内にあるかどうかを点検する。ただし，視通条件等により一部の辺長の測定が困難な場合には，測定できない辺数と同数の辺数を隣接地域から選定して辺長点検を行うことができる。

なお，抽出した筆の辺数が10以上ある場合は，点検辺を10以上とすることができる。

ネットワーク型RTK-GPS法により単点観測法を実施した場合にあって，水平位置の整合処理がなされた場合は，その処理の方法について，運用基準第41条に照らして適正に実施されているかどうかを点検する。

④ 原図の作成（FⅡ4）

一筆地測量の成果としての原図の仕上がりが，地籍図の様式を定める省令等に照らして適正かどうかを全数点検する。

なお，同時に調査後筆数の1％以上を抽出し，当該筆に係る原図の記載に誤りがないかどうかを，調査図，地籍調査票等と照合して点検するものとする。

⑤ 実施者検査（FⅡ5）

C5等に準じて，精度管理表の全数を点検するとともに，準則第72条に規定する筆界点の点検（作業者によるもの）が適正に実施されているかどうかを検査する。

筆界点成果簿より調査後筆数の1％以上について抽出（FⅡ3の点検において抽出した筆は除く。）し，当該筆に係るすべての辺について座標計算による距離とTS等による実測距離との較差が令別表第4に規定する公差（aの項は除く）の範囲内にあるかどうかを検査する。ただし，視通条件等により一部の辺長の測定が困難な場合には，測定できない辺数と同数の辺数を隣接地域から選定して辺長検査を行うことができる。

なお，抽出した筆の辺数が5以上ある場合は，検査辺を5以上とすることができる。

さらに，一筆地測量の成果としての原図の仕上がりが，地籍図の様式を定める省令（昭和61年総理府令第54号）等に照らして適正かどうかを全数検査するとともに，工程管理の記録の全数について適正に実施されているかどうかを検査する。

辺長検査は，原図の作成の前に実施することができるものとする。

⑥ 認証者検査（FⅡ6）

C5等に準じて，精度管理表の全数を点検するとともに，準則第72条に規定する筆界点の点検（作業者によるもの）が適正に実施されているかどうかを検査する。

第1章 総　　則　　　25

筆界点成果簿より調査後筆数の0.5％以上を抽出（FⅡ3の点検及びFⅡ5の検査において抽出した筆は除く。）し，当該筆に係るすべての辺について座標計算による距離とTS等による実測距離との較差が令別表第4に規定する公差（aの項は除く）の範囲内にあるかどうかを検査する。ただし，視通条件等により一部の辺長の測定が困難な場合には，測定できない辺数と同数の辺数を隣接地域から選定して辺長検査を行うことができる。

　なお，抽出した筆の辺数が5以上ある場合は，検査辺を5以上とすることができる。

　さらに，一筆地測量の成果品（原図，地籍図一覧図等）の出来映えが，準則，地籍図の様式を定める省令に照らして適正かどうかを全数検査するとともに，工程管理の記録及び実施者検査の記録の全数について適正に実施されているかどうかを検査する。

　実施者検査における辺長検査が原図の作成の前に実施される場合には，認証者検査における辺長検査を原図の作成の前に実施することができるものとする。

(7) G工程
　① 作業の準備（G1）
　　C1等と同じ。
　② 測定，計算及び点検（G2）
　　地積測定の精度管理表の全数について，誤記，誤算，脱落，検符漏れ等がないかどうか，その記載内容が運用基準別表等に照らして適切かどうかを点検する。

　　また，調査後筆数の0.2％以上を抽出し，当該筆に係るすべての筆界点で構成する多角形の地積測定計算簿の地積と現地距離法又は現地座標法による地積との較差が令別表第4に規定する公差の範囲内にあるかどうかを点検する。ただし，視通条件等により当該筆の地積測定が困難な場合には，隣接地域の筆を選定して現地点検を行うことができる。

　　なお，抽出した筆界点数が5以上ある場合は，点検点を5以上（主要筆界分岐点を含めるものとする）とすることができる。
　③ 取りまとめ（G3）
　　調査後筆数の5％以上を抽出した上，当該筆に係る地積測定成果簿の記載に誤りがないかどうかを，地籍調査票，原図等と照合して点検するものとする。
　④ 実施者検査（G4）
　　調査後筆数の0.2％以上を抽出（G2の点検において抽出した筆は除く。）し，当該筆に係るすべての筆界点で構成する多角形の地積測定計算簿の地積と現地距離法又は現地座標法による地積との較差が令別表第4に規定する公差の範囲内にあるかどうかを検査する。ただし，視通条件等により当該筆の地積測定が困難な場合には，隣接地域の筆を選定して現地検査を行うことができる。

　　なお，抽出した筆界点数が5以上ある場合は，検査点を5以上（主要筆界

分岐点を含めるものとする）とすることができる。
　　　また，調査後筆数の1%以上を抽出（G3の点検において抽出した筆は除く。）した上，当該筆に係る地積測定成果簿の記載に誤りがないかどうかを，地籍調査票，原図等と照合して検査するものとする。
　　　さらに，C8等に準じて，精度管理表の全数及び成果品の出来映え検査を行うとともに，工程管理の記録の全数について適正に実施されているかどうかを検査する。
　⑤　認証者検査（G5）
　　　C9等に準じて，精度管理表の全数及び成果品の出来映え検査を行うとともに，工程管理の記録及び実施者検査の記録の全数について適正に実施されているかどうかを検査する。
(8) H工程
　①　地籍調査票の整理（H1）
　　　調査前筆数の5%以上を抽出した上，当該筆に係る地籍調査票の記載に誤り及び遺漏がないかどうかを，調査図，原図，地積測定成果簿等と照合して点検するものとする。
　②　地籍図原図の整理（H2）
　　　調査後筆数の1%以上を抽出した上，当該筆に係る原図の記載に誤りがないかどうかを，調査図，地籍調査票等と照合して点検するものとする。
　③　地籍簿案の作成（H3）
　　　調査前筆数の5%以上を抽出した上，当該筆に係る地籍簿案の記載に誤りがないかどうかを，地籍調査票，原図等と照合して点検するものとする。
　④　数値情報化（H4）
　　　数値情報化を実施する場合における工程管理及び検査は，地籍調査成果の数値情報化実施要領（平成14年3月14日付け国土国第594号国土交通省土地・水資源局国土調査課長通知）によるものとする。
　⑤　実施者検査（閲覧前）（H5）
　　　調査前筆数の1%以上を抽出した上，当該筆に係る原図及び地籍簿案の記載に誤りがないかどうかを，調査図，地籍調査票等と照合して検査するものとする。
　　　また，FⅡ6に準じて，成果品の出来映え検査を行う。
　⑥　閲覧（H6）
　　　閲覧の実施に当たっては，調査成果の確認が得られるよう所要の措置をするものとする。
　⑦　誤り等訂正（H7）
　　　国土調査法第17条第2項の規定による申出があった場合には，当該申出に係る全数についてその処理が適正かどうかを点検する。
　⑧　認証申請関係書類の整理（H8）
　　　「地籍調査の成果の認証の請求及び認証の承認申請に係る添付書類の作成要領」（以下「添付書類作成要領」という。）の規定による不存在地等調書，不立会地調書，住所不明所有者等調書及び協議実施結果報告書については，

当該調書に係る処理の経過を確認するとともに，処理等が適正かどうかを点検する。
　なお，閲覧終了後速やかに認証の申請を行えるよう，手続の迅速化に努めるものとする。
⑨　実施者検査（閲覧後）（H9）
　国土調査法第17条第2項の規定による申出があった場合には，当該申出に係る全件についてその処理が適正かどうかを検査する。ただし，当該申出件数が100件を超える場合には，100件以上の抽出検査とすることができる。
　また，認証申請書類が，国土調査事業事務取扱要領，添付書類作成要領等に照らして適正かどうかを検査するとともに，工程管理の記録の全数について適正に実施されているかを検査する。
⑩　認証者検査（H10）
　国土調査法第17条第2項の規定による申出があった場合には，当該申出に係る全件についてその処理が適正かどうかを検査する。ただし，当該申し出件数が50件を超える場合には，50件以上の抽出検査とすることができる。
　また，認証に係る調査前筆数の1%以上を抽出した上，当該筆に係る地籍図及び地籍簿の記載に誤りがないかどうかを，調査図，地籍調査票等と照合して検査するものとする。
　さらに，FⅡ6に準じて，成果品の出来映え検査を行うとともに，工程管理の記録及び実施者検査の記録の全数について適正に実施されているかどうかを検査する。
　なお，この検査は，認証に係る内部決裁と一体的に行うことができるものとする。
(9)　PA工程
　①　作業の準備（PA1）
　　C1等と同じ。
　②　選点（PA2）
　　C2等と同じ。
　③　標識及び対空標識の設置（PA3）
　　新設の標定点及び航測図根点数の1点以上並びに調査前筆数の1%以上を抽出して，当該新点並びに当該筆に係る各1筆界点の標識及び対空標識が適切に設置されているかどうかを現地点検する。なお，設置する標識及び対空標識の規格の確認を兼ねて設置作業当初において本立会を実施することが望ましい。
　　設置状況を記録した写真については，標識の構造，写り具合等について全数点検する。
　④　実施者検査（PA4）
　　C8等に準じて，成果品の出来映え検査を行うとともに，工程管理の記録の全数について適正に実施されているかを検査する。
　⑤　認証者検査（PA5）
　　C9等に準じて，成果品の出来映え検査を行うとともに工程管理の記録及

び実施者検査の記録の全数について適正に実施されているかどうかを検査する。
(10) PB 工程
　① 作業の準備（PB1）
　　C1 等と同じ。
　② 撮影実施（PB2）
　　空中写真撮影の実施に先立ち、撮影に最適な時期であるかどうかを点検するとともに、撮影後においては、撮影時の気象条件等が適切かどうかを点検する。
　③ 整理（PB3）
　　空中写真の密着写真等の作成・整理の終了後速やかに、当該密着写真の全数が、準則第79条第1項の撮影条件に適合しているかどうかを点検する。
　④ 対空標識の確認（PB4）
　　新設の標定点及び航測図根点の5%以上並びに調査前筆数の1%以上を抽出して、当該新点並びに当該筆に係る各1筆界点の対空標識の確認が適正に行われているかどうかを、引き伸ばした空中写真、選点図、調査図等を対照して点検する。
　⑤ 実施者検査（PB5）
　　密着写真の5%以上を抽出して、準則第79条第1項の撮影条件に適合しているかどうかを検査するとともに、C8 等に準じて、成果品の出来映え検査を行うとともに、工程管理の記録の全数について適正に実施されているかどうかを検査する。
　⑥ 認証者検査（PB6）
　　密着写真の1%以上を抽出して、準則第79条第1項の撮影条件に適合しているかどうかを検査するとともに、C9 等に準じて、成果品の出来映え検査を行うとともに工程管理の記録及び実施者検査の記録の全数について適正に実施されているかどうかを検査する。
(11) PD 工程
　① 作業の準備（PD1）
　　C1 等と同じ。
　② 測定（PD2）
　　相互接続標定計算簿により接続標定の較差（残存縦視差）が運用基準別表の制限内であるかどうか点検する。（PE2 において同じ。）
　③ 調整計算（PD3）
　　空中三角測量の精度管理表の全数について、誤記、誤算、脱落、検符漏れ等がないか、その記載内容が記載例及び運用基準別表等に照らして適正かどうかを点検する。（PE3 において同じ。）
　④ 航測図根点の点検（PD4）
　　運用基準第55条に規定する航測図根点の点検（作業者によるもの）が適正に実施されているかを精度管理表の全数を PD3 に準じて点検する。
　　新設の航測図根点数の2%以上を抽出し、当該新点と当該新点からの視通

条件が良い他の航測図根点等との間について，座標計算による距離とTS等による実測距離との較差が運用基準別表第11に規定する座標の閉合差の範囲内にあるかどうかを点検する。ただし，2点以上の抽出による方向角及び距離の点検とすることができる。（PE4において同じ。）

⑤ 補備測量等（PD5）
当該するC，D，F工程の実施要領を準用する。

⑥ 取りまとめ（PD6）
調査後筆数の1％以上を抽出し，当該筆に係るすべての辺長について座標計算による距離とTS等による実測距離との較差が令別表第4に規定する公差（aの項は除く）の範囲内にあるかどうかを点検する。ただし，視通条件等により一部の辺長の測定が困難な場合には，測定できない辺数と同数の辺数を隣接地域から選定して辺長点検を行うことができる。

なお，抽出した筆の辺数が10以上ある場合は，点検辺を10以上とすることができる。

⑦ 実施者検査（PD7）
調査後筆数の1％以上を抽出（PD6の点検において抽出した筆は除く。）し，当該筆に係るすべての辺長について座標計算による距離とTS等による実測距離との較差が令別表第4に規定する公差（aの項は除く）の範囲内にあるかどうかを検査する。ただし，視通条件等により一部の辺長の測定が困難な場合には，測定できない辺数と同数の辺数を隣接地域から選定して辺長検査を行うことができる。

なお，抽出した筆の辺数が5以上ある場合は，検査辺を5以上とすることができる。

また，C8等に準じて，成果品の出来映え検査を行うとともに工程管理の記録の全数について適正に実施されているかどうかを検査する。

⑧ 認証者検査（PD8）
調査後筆数の0.5％以上を抽出（PD6の点検及びPD7の検査において抽出した筆は除く。）し，当該筆に係るすべての辺長について座標計算による距離とTS等による実測距離との較差が令別表第4に規定する公差（aの項は除く）の範囲内にあるかどうかを検査する。ただし，視通条件等により一部の辺長の測定が困難な場合には，測定できない辺数と同数の辺数を隣接地域から選定して辺長検査を行うことができる。

なお，抽出した筆の辺数が5以上ある場合は，検査辺を5以上とすることができる。

また，C9等に準じて，成果品の出来映え検査を行うとともに工程管理の記録及び実施者検査の記録について適正に実施されているかどうかを検査する。

(12) PE工程
① 作業の準備（PE1）
C1等と同じ。
② 測定（PE2）

PD2と同じ。
③ 調整計算（PE3）
PD3と同じ。
④ 航測図根点の点検（PE4）
PD4と同じ。
⑤ 補備測量等（PE5）
当該するC，D，F工程の実施要領を準用する。
⑥ 取りまとめ（PE6）
C7等に準じて，航測図根点配置図及び航測図根点成果簿の点検を行う。
⑦ 実施者検査（PE7）
C8等に準じて，新点の1％以上を抽出（PE4において抽出した筆は除く。）して辺長検査を行うとともに，成果品の出来映え検査を行う。
さらに工程管理の記録の全数について適正に実施されているかどうかを検査する。
⑧ 認証者検査（PE8）
C9等に準じて，精度管理表の全数検査を行うとともに，成果品の出来映え検査を行う。
さらに工程管理の記録及び実施者検査の記録について適正に実施されているかどうかを検査する。

(13) PF工程
① 作業の準備（PF1）
C1等と同じ。
② 原図の作成（PF2）
FⅡ4に準じて，原図の仕上りの全数点検を行う。
また，同時に調査後筆数の5％以上を抽出して，当該筆に係る原図の記載に誤りがないかどうかを，調査図及び地籍調査票等と照合して点検するものとする。
③ 実施者検査（PF3）
PF2に準じて，調査後筆数の1％以上を抽出（PF2の点検において抽出した筆は除く。）して，当該筆に係る原図の記載に誤りがないかどうかを，調査図及び地籍調査票等と照合して検査を行うとともに，原図の仕上りの全数検査を行う。
さらに，工程管理の記録の全数について適正に実施されているかどうかを検査する。
④ 認証者検査（PF4）
PF2に準じて，調査後筆数の0.2％以上を抽出（PF2の点検及びPF3の検査において抽出した筆は除く。）して，当該筆に係る原図の記載に誤りがないかどうかを，調査図及び地籍調査票等と照合して検査を行うとともに，成果品の出来映え検査を行う。
さらに工程管理の記録及び実施者検査の記録について適正に実施されているかどうかを検査する。

7. 地籍調査工程検査成績表の記載について
（1）市町村合併があった場合の「地籍調査工程検査総括表（兼成績証明書）」について（例1）
　ア 「市郡区名」欄等の記載について
　　　法第17条第1項の公告前に市町村合併があった場合，「市郡区名」欄，「町村（区）名」欄，「単位区域名」欄及び「機関名」欄等については，合併前と合併後の名称等を二段書きで記載するか，合併前の名称等を括弧書きで併記する。
　　　また，「備考」欄に，合併の年月日及び合併したすべての市町村名を記載するものとする。
　イ 「代表者名」欄等の記載について
　　　代表者，工程管理者，検査者等について，調査期間の途中で変更が生じた場合には，「代表者名」欄，「工程管理者名又は主任技術者名」欄及び「認証者検査者名」欄等へ二段書きで記載するか，「備考」欄に変更の経緯等を記載するものとする。
　　　なお，地籍調査工程検査成績表の別葉についても同様とする。
　ウ 「地籍調査の着手年度」欄の記載について
　　　法第17条第1項の公告前に市町村合併があった場合は，最も早く地籍調査に着手した旧市村の着手年度を記載する。
　　　なお，合併した市町村の中に休止した市町村があった場合には，「備考」欄に，合併の年月日及び合併したすべての市町村名を記載するとともに，「旧○○町は，○○年度から○○年度休止」と記載する。
　エ 「全体計画面積」欄及び「前回までの認証済面積」欄について
　　　法第17条第1項の公告前に市町村合併があった場合は，合併した市町村の各面積を合計して記載する。
　オ 「備考」欄について
　　　「備考」欄に記載する内容が多い場合には，「備考」欄に「別紙のとおり」と記載するとともに，別紙を添付する。
（2）市町村合併があった場合の「地籍調査工程検査成績表の別葉」について（例2）
　ア 市町村合併前に検査が終了している場合は，合併前の「調査を行った者の名称」で作成するものとする。
　　　なお，工程の途中で市町村合併が行われた場合は，前記2（1）アと同様に，「市郡区名」欄，「町村（区）名」欄，「単位区域名」欄及び「機関名」欄等は，合併前と合併後の名称を二段書きで記載するか，合併前の名称等を括弧書きで併記するものとする。
　イ 「検査者署名」欄については，「署名」又は「記名押印」するものとする。なお，認証請求又は承認申請に添付する添付書類については，原本の写しの添付で差し支えない。
　ウ 点検又は検査を行っていない工程欄は，「－」を記載するか，斜線を引くものとする。
　　　特に，「市町村境界調査（E7）」欄については，調査区域が市町村境界に接

していない場合には,「工程管理者名又は検査者名」欄及び「合否」欄に「－」を記載するか,斜線を引くものとする。
　エ　工程大分類ごとに検査を行い検査成績表を作成するに当たり,後続の工程作業時に,調査前後の筆数等の増減が生じた場合には,変更が生じた工程の検査成績表の「備考」欄等に,変更事項,その理由及び増減数が明らかになるよう記載する。
　オ　検査成績表別葉 H 中の「認証書類の整理（H8）」欄には,不存在地等調書の筆数（「2. 現地確認不能地（長狭物敷地内）」を除く欄（1, 3 ないし 7）の筆数を合算したもの）と,不立会地調書の「不立会地の総筆数」及び住所不明所有者等調書の「住所不明所有者等に係る土地の総筆数」を合算した筆数を記載する。

　なお,「認証書類の整理（H8）」欄に記載する筆数は,各調書に係る処理等が適正か否かを確認するためのものであるので,住所不明所有者等調書の筆数も必ず合算する。
(3) 第三者機関による成果検定を受け,実施者が行う工程管理又は検査における観測及び測定等の要目に代えて,当該成果品の検定証明書及び検定記録書の記載内容を確認を行った場合は,「観測及び測定（C4）」等の「抽出数等」欄には,「－」を記載するか,斜線を引くものとし,「備考」欄に検定証明書及び検定記録によると記載する。（例 3）

(例1)

(二段書きの場合)
1. 地籍調査工程検査成績総括表（兼成績証明書）－地上法の場合

都道府県名	市郡区名	町村(区)名	単位区域名	調査年度
○○県	コクドコウツウシ 国土交通市 コクドグン 国土郡	コクドチョウ 国土町	コクドチョウコクドチョウサ 国土町国土調査の一部 大字国土調査の一部	平成23～24年度

<table>
<tr><th colspan="2">作業別機関</th><th>機関名</th><th>代表者名</th><th>工程管理者名又
は主任技術者名</th><th>左の者の所属</th></tr>
<tr><td rowspan="8">実施機関</td><td colspan="1">責任機関</td><td>国土郡国土町</td><td>甲 野 太 郎</td><td>千代田 四郎</td><td>国 土 調 査 係</td></tr>
<tr><td></td><td>国土交通市</td><td>乙 山 次 郎</td><td>桜田 五郎</td><td>国 土 調 査 室</td></tr>
<tr><td rowspan="6">実行機関</td><td>地籍図根三角測量</td><td>土地水測量（株）</td><td>丙 川 三 郎</td><td>丸の内 六郎</td><td>測 量 部</td></tr>
<tr><td>地籍図根多角測量</td><td>土地水測量（株）</td><td>丙 川 三 郎</td><td>丸の内 六郎</td><td>測 量 部</td></tr>
<tr><td>一筆地調査</td><td>国土郡国土町</td><td>甲 野 太 郎</td><td>千代田 四郎</td><td>国 土 調 査 係</td></tr>
<tr><td>細部図根測量</td><td>土地水測量（株）</td><td>丙 川 三 郎</td><td>丸の内 六郎</td><td>測 量 部</td></tr>
<tr><td>一筆地測量</td><td>土地水測量（株）</td><td>丙 川 三 郎</td><td>丸の内 六郎</td><td>測 量 部</td></tr>
<tr><td>地積測定</td><td>土地水測量（株）</td><td>丙 川 三 郎</td><td>丸の内 六郎</td><td>測 量 部</td></tr>
</table>

<table>
<tr><th colspan="2">工程大分類別</th><th colspan="2">認証者検査者名</th><th>実施者検査者名</th><th>記 事</th></tr>
<tr><td rowspan="7">検査終了証明</td><td>地籍図根三角測量</td><td>C</td><td>霞ヶ関 七郎</td><td>日比谷 八郎</td><td>別葉Cによる</td></tr>
<tr><td>地籍図根多角測量</td><td>D</td><td>霞ヶ関 七郎</td><td>日比谷 八郎</td><td>別葉Dによる</td></tr>
<tr><td>一筆地調査</td><td>E</td><td>霞ヶ関 七郎</td><td>日比谷 八郎</td><td>別葉Eによる</td></tr>
<tr><td>細部図根測量</td><td>FⅠ</td><td>霞ヶ関 七郎</td><td>日比谷 八郎</td><td>別葉FⅠによる</td></tr>
<tr><td>一筆地測量</td><td>FⅡ</td><td>霞ヶ関 七郎</td><td>日比谷 八郎</td><td>別葉FⅡによる</td></tr>
<tr><td>地積測定</td><td>G</td><td>霞ヶ関 七郎</td><td>日比谷 八郎</td><td>別葉Gによる</td></tr>
<tr><td>地籍図及び地籍簿の作成</td><td>H</td><td>霞ヶ関 七郎</td><td>日比谷 八郎
有楽 九郎</td><td>別葉Hによる</td></tr>
</table>

<table>
<tr><th rowspan="14">成果件数</th><th>地籍図根
三角測量</th><th>新点数</th><th colspan="2">3</th><th>点</th><th colspan="3">地 籍 図 （ 原 図 ）数</th></tr>
<tr><td>成果簿</td><td>1</td><td>冊</td><td>3</td><td>枚</td><td>精度区分</td><td>縮尺区分</td><td>図郭数</td></tr>
<tr><td rowspan="2">地籍図根
多角測量</td><td>新点数</td><td colspan="2">327</td><td>点</td><td rowspan="5">甲3</td><td>1/250</td><td>面</td></tr>
<tr><td>成果簿</td><td>1</td><td>冊 33</td><td>枚</td><td>1/500</td><td>19　面</td></tr>
<tr><td rowspan="2">細部図根測量</td><td>新点数</td><td colspan="2">45</td><td>点</td><td>1/1,000</td><td>面</td></tr>
<tr><td>成果簿</td><td>1</td><td>冊 5</td><td>枚</td><td>1/2,500</td><td>面</td></tr>
<tr><td>一筆地測量</td><td>成果簿</td><td>1</td><td>冊 178</td><td>枚</td><td>1/5,000</td><td>面</td></tr>
<tr><td>地積測定</td><td>成果簿</td><td>1</td><td>冊 4</td><td>枚</td><td colspan="2">計</td><td>19</td></tr>
<tr><td colspan="2">地籍調査票</td><td>2</td><td>冊 630</td><td>枚</td><td colspan="2">総筆数</td><td>614　筆</td></tr>
<tr><td colspan="2">地 籍 簿</td><td>2</td><td>冊 111</td><td>枚</td><td colspan="2">総面積</td><td>1.19　km²</td></tr>
<tr><td colspan="2">調 査 図</td><td colspan="3">5　枚</td><td colspan="3" rowspan="2">地籍調査の着手年度　昭和60年度</td></tr>
<tr><td colspan="2">全体計画面積</td><td colspan="2">596.30</td><td>km²</td></tr>
<tr><td colspan="2">前回までの認証済面積</td><td colspan="2">464.90</td><td>km²</td><td colspan="2">地区コード</td><td>12345678901</td></tr>
</table>

備考	平成24年1月1日、国土町、運輸町、建設町が合併し、国土交通市となる。 旧運輸町は、昭和63年度から平成5年度まで休止

※　H工程時（国土調査法第17条第1項の閲覧に関する公告前）に、市町村合併した例

(括弧書きの場合)
1. 地籍調査工程検査成績総括表（兼成績証明書）－地上法の場合

都道府県名	市郡区名	町村（区）名	単位区域名	調査年度
○○県	コクドコウツウシ 国土交通市 [コクドグン 国土郡]	[コクドチョウ 国土町]	コクドチョウコクドチョウサ 国土町国土調査の一部 [コクドチョウサ 大字国土調査の一部]	平成23～24年度

	作業別機関	機関名	代表者名	工程管理者名又は主任技術者名	左の者の所属
実施機関	責任機関	国土交通市 (国土郡国土町)	乙山次郎 (甲野太郎)	桜田五郎 (千代田四郎)	国土調査室 (国土調査係)
実施機関／実行機関	地籍図根三角測量	土地水測量(株)	丙川三郎	丸の内六郎	測量部
	地籍図根多角測量	土地水測量(株)	丙川三郎	丸の内六郎	測量部
	一筆地調査	国土郡国土町	甲野太郎	千代田四郎	国土調査係
	細部図根測量	土地水測量(株)	丙川三郎	丸の内六郎	測量部
	一筆地測量	土地水測量(株)	丙川三郎	丸の内六郎	測量部
	地積測定	土地水測量(株)	丙川三郎	丸の内六郎	測量部

	工程大分類別		認証者検査者名	実施者検査者名	記事
検査終了証明	地籍図根三角測量	C	霞ヶ関七郎	日比谷八郎	別葉Cによる
	地籍図根多角測量	D	霞ヶ関七郎	日比谷八郎	別葉Dによる
	一筆地調査	E	霞ヶ関七郎	日比谷八郎	別葉Eによる
	細部図根測量	FⅠ	霞ヶ関七郎	日比谷八郎	別葉FⅠによる
	一筆地測量	FⅡ	霞ヶ関七郎	日比谷八郎	別葉FⅡによる
	地積測定	G	霞ヶ関七郎	日比谷八郎	別葉Gによる
	地籍図及び地籍簿の作成	H	霞ヶ関七郎	日比谷八郎 有楽九郎	別葉Hによる

成果件数	地籍図根三角測量	新点数		3 点	地籍図（原図）数	
		成果簿	1 冊	3 枚	精度区分　縮尺区分	図郭数
	地籍図根多角測量	新点数		327 点		1/250	面
		成果簿	1 冊	33 枚	甲3	1/500	19 面
	細部図根測量	新点数		45 点		1/1,000	面
		成果簿	1 冊	5 枚		1/2,500	面
	一筆地測量	成果簿	1 冊	178 枚		1/5,000	面
	地積測定	成果簿	1 冊	4 枚	計	19 面
	地籍調査票		2 冊	630 枚	総筆数	614 筆
	地籍簿		1 冊	59 枚	総面積	1.19 km²
	調査図		5 枚		地籍調査の着手年度	昭和60年度
	全体計画面積		596.30	km²		
	前回までの認証済面積		464.90	km²	地区コード	12345678901

備考	平成24年1月1日、国土町、運輸町、建設町が合併し、国土交通市となる。 旧運輸町は、昭和63年度から平成5年度まで休止

第1章 総　則

(例2)

10．別葉H　地籍図及び地籍簿の作成工程検査成績表（兼成績証明書）

都道府県名	市郡区名	町村（区）名	単位区域名	調査期間
○○県	コクドコウツウシ 国土交通市 コクドグン 国土郡	コクドチョウ 国土町	コクドチョウコクドチョウサ 国土町国土調査の一部 コクドチョウサ 大字国土調査の一部	平成23年9月～ 24年5月

	実施機関	機関名	代表者名	工程管理者名又は主任技術者名	左の者の所属
	責任機関	国土郡国土町	甲野太郎	千代田四郎	国土調査係
		国土交通市	乙山次郎	桜田五郎	国土調査室
	実行機関	土地水測量（株）	丙川三郎	丸の内六郎	測量部

検査終了証明	検査の種別	検査者の所属	検査者氏名	合否	検査年月日
	認証者検査	地域振興課	霞ヶ関七郎	合	平成24年4月13日
	実施者検査	国土調査係	日比谷八郎	合(H5)	平成23年12月22日
		国土調査室	有楽九郎	合(H9)	平成24年4月6日

管理及び検査の概要	工程小分類別		工程管理者名又は検査者名	合否	点検又は検査対象	抽出数等	記事
	地籍調査票整理	H1	千代田四郎	合	859筆	43筆	（地籍調査票）
	地籍図原図整理	H2	千代田四郎	合	614筆	10筆	（地籍図原図）
	地籍簿案の作成	H3	千代田四郎	合	859筆	43筆	（地籍簿案）
	数値情報化	H4	―	―	―	―	数値情報化検査成績表
	市町村検査	H5	日比谷八郎	合	859筆 成果品	10筆 全数	（原図・簿案） （原図・簿案）
	閲覧	H6	桜田五郎	合	―	―	
	誤り等訂正	H7	桜田五郎	合	6筆	全数	（誤り等訂正）
	認証書類の整理	H8	桜田五郎	合	16筆	全数	（不存在地等）
	実施者検査	H9	有楽九郎	合	6筆 認証書類 工程管理記録	全数 全数 全数	（誤り等訂正）
	認証者検査	H10	霞ヶ関七郎	合	6筆 859筆 成果品 工程管理記録 検査記録	全数 10筆 全数 全数 全数	（誤り等訂正） （地籍図・簿） （原図・簿）

成果件数	地籍簿（案）	2冊 111枚		地籍図（原図数）		
				精度区分	縮尺区分	図郭数
	調査前筆数	859	筆	甲3	1/500	19 面
	調査後筆数	614	筆			面
	調査前面積	0.93	km²			面
	調査後面積	1.19	km²	計		19 面
	法17条の公告日	平成23年11月10日		閲覧期間	平成23年11月11日～11月30日	

備考	平成24年1月1日、国土町、運輸町、建設町が合併し、国土交通市となる。 数値情報化実施中

35

(例3)

4．別葉C　地籍図根三角測量工程検査成績表（兼成績証明書）

都道府県名	市郡区名	町村（区）名	単位区域名	調査期間
○○県	コクドコウツウシ 国土交通市		コクドチョウコクドチョウサ 国土町国土調査の一部	平成23年6月～23年9月

実施機関	機関名	代表者名	工程管理者名又は主任技術者名	左の者の所属
責任機関	国土交通市	乙山　次郎	桜田　五郎	国土調査室
実行機関	土地水測量(株)	西川　三郎	丸の内　六郎	測　量　部

検査終了証明	検査の種別	検査者の所属	検査者署名	合否	検査年月日
	認証者検査	地域振興課	霞ヶ関　七郎	合	平成23年9月28日
	実施者検査	国土調査室	日比谷　八郎	合	平成23年9月21日

管理及び検査の概要	工程小分類別	工程管理者名又は検査者名	合否	点検又は検査対象	抽出数等	記　事
	作業の準備	C1	合	業務計画書等	全数	
	選点	C2	合	1 枚 1 枚	全数 全数	(選点図) (平均図)
	標識の設置	C3	桜田　五郎	合	3 点	1 点 全数	(現地立会) (設置状況写真)
	観測及び測定	C4	桜田　五郎	合	6 頁	―	(観測簿)
	計算	C5	桜田　五郎	合	15 枚 2 枚	― ―	(計算簿) (精度管理表)
	点検測量	C6	桜田　五郎	合	1 点 1 枚	1 点 全数	(現地立会) (精度管理表)
	取りまとめ	C7	桜田　五郎	合	1 枚 3 頁	― ―	(網図) (成果簿)
	実施者検査	C8	日比谷　八郎	合	3 枚 成果品 工程管理記録	― 全数 全数	(精度管理表) (網図、成果簿等)
	認証者検査	C9	霞ヶ関　七郎	合	3 枚 成果品 工程管理記録 検査記録	全数 全数 全数 全数	(精度管理表) (網図、成果簿等)

成果件数	地籍図根三角測量	新点数	一次	3	点	測量手法等	GPS法（スタティック法）
			二次	―	点	測量手法等	―
			三次	―	点	測量手法等	―
	与点	既設の一～四等三角点		3	点	網　図	1 枚
		既設の地籍図根三角点		0	点	網図の縮尺	1/25,000
		既設の公共基準点等		0	点	成果簿	1 冊　3 枚
	計画面積			1.19	km²	精度管理表	3 枚

備考	検定証明書及び検定記録書による

> **記録等の保管**
> 第六条　地籍調査を行う者は，調査図，地籍調査票，測量記録その他地籍調査に関する記録を保管しなければならない。

解説

　地籍調査においては，その調査の過程で調査図，地籍調査票，測量記録等様々な資料を作成します。これらの調査資料は，最終成果である地籍図及び地籍簿作成の根拠となったものですので，将来において当該成果に関して問題等が発生した場合に調査成果の精度，正確さの証拠資料となるものです。

　本条は，調査資料の扱いについて定めたもので，地籍調査を行う者は，調査図，地籍調査票，測量記録その他地籍調査に関する記録を保管しなければならないとしています。

> **作業班の編成**
> 第七条　地籍調査を実施する者は，単位区域及び単位作業を考慮して作業班を編成し，その責任者を定めるものとする。
> 2　前項の責任者は，担当する作業を計画的に管理しなければならない。

解説

　地籍調査の実施に当たっては，実施主体の組織内部において事業を担当する部局を決定するとともに，事業を具体的に実施する作業従事者を配置する必要があります。

　作業班とは，作業に従事する者で構成する組織をいい，調査地域の面積，当該年度の作業量，調査の難易度など諸般の事情を考慮して適正な人員，人材をもって編成します。

　一筆地調査においては，関係機関との協議，土地所有者等との連絡調整などの作業があり，実施面積，作業の難易度に応じて調査員を配置します。

　地籍測量においては，測量を計画し，班を管理する測量技師，観測等に従

事する測量技師補，測量の補助業務を担当する測量助手を配置します。さらに，各班を統括する責任者（班長及び主任技術者等）を定めて，全体の意思統一と行動の一体化を図ります。

第1項は，作業班の編成方法について定めたもので，地籍調査の実施主体に対し，単位区域及び単位作業を考慮して作業班を編成するとともに，その責任者を定めることとしています。

第2項は，責任者の役割を定めたもので，責任者は，担当する作業を計画的に管理しなければならないとしています。

> **省令に定めのない方法**
> 第八条　地籍調査を行う者は，地形の状況等によりこの省令に定める方法によりがたい場合には，国土交通大臣の承認を受けて，この省令に定めのない方法により地籍調査を実施することができる。

解説

地籍測量においては，この省令により測量の方法が定められていますが，地形の状況等によりその方法によりがたい場合があります。例えば，山間部の谷間においては，GPS衛星からの電波を受信することが困難なため，GPS法による測量ができない場合があります。このような場合に，基本測量や公共測量等で認めているGNSS測量を採用することにより測量が可能となる場合があります。また，RTK法が導入されていなかった当時に本条を適用して，RTK法による地籍測量を実施したことがあります。その実績を踏まえ，平成14年の準則改正の際にRTK法が導入された事例があります。

このように，新たな測量技術を活用することにより，効率的に所定の精度の測量が可能となり，地籍調査の促進を図ることができます。

本条は，地形の状況等によりこの省令に定める方法によりがたい場合の扱いについて定めたもので，事前に国土交通大臣の承認を受けることにより省令に定めのない新たな測量手法又は調査手法により地籍調査を実施することができることとしています。

(運用基準)

省令に定めのない方法

第3条 準則第8条の規定に基づき省令に定めのない方法により地籍調査を実施する場合の承認申請は，別記様式によるものとする。

解説

本条は，省令に定めのない方法により地籍調査を実施する場合の承認申請の書式を定めたもので，別記様式によるものとしています。

(別記様式)

```
                                              番　　号
                                              年月日
   国土交通大臣殿
                                         市町村長等
              地籍調査の実施に関する承認申請書

   地籍調査作業規程準則第8条の規定に基づき，下記のとおり同準則に定め
 のない方法により地籍調査を実施したいので，承認されたく申請する。
                        記
   1.  調査地域及び調査面積
   2.  調査地域区域図
   3.  調査期間
   4.  精度及び縮尺の区分
   5.  準則に定めのない方法の内容
   6.  理由

                                                以上
```

〔國見利夫　猪木幹雄〕

第2章

計　　画

> **地籍調査の実施に関する計画**
> 第九条　地籍調査を行う者は，当該地籍調査の開始前に，次の各号に掲げる事項について地籍調査の実施に関する計画を作成するものとする。
> 一　調査地域及び調査面積
> 二　調査期間
> 三　精度及び縮尺の区分
> 四　地籍測量の方式
> 五　作業計画
> 2　地籍調査が法第六条の三第五項の規定により公示された事業計画に基くものである場合には，前項の計画は，当該事業計画に従って作成しなければならない。

解説

　地籍調査事業は，国土調査促進特別措置法による国土調査事業十箇年計画に基づいて都道府県計画が定められ，これに基づいて都道府県は，あらかじめ国土交通大臣の承認を得て，関係市町村等と協議の上で，毎年度当該年度における事業計画を策定します。市町村は，都道府県の事業計画に基づいて当該年度の実施計画を策定することになります。

　したがって，実施計画の内容は，事業計画の内容と同じものになりますので，都道府県が事業計画について市町村と協議する段階では，市町村の実施計画も十分詰めておく必要があります。

　第1項は，地籍調査の実施に関する計画について定めたもので，①調査地

域及び調査面積，②調査期間，③精度及び縮尺の区分，④地籍測量の方式，⑤作業計画について作成することとしています。

　第2項は，都道府県計画に基づいて事業計画が定められている場合の計画について定めたもので，地籍調査が法第六条の三第5項の規定により公示された事業計画に基づくものである場合には，都道府県が公示した事業計画に従って当該事業計画を作成しなければならないとしています。

【参考】

> ○国土調査法
> 　（地籍調査に関する都道府県計画等）
> 第六条の三
> 1～4　略
> 5　第二項の事業計画が定められた場合においては，都道府県知事は，遅滞なく，政令で定めるところにより公示するとともに，関係市町村又は土地改良区等に通知しなければならない。

> ### 調査地域の決定の基準
> 第十条　前条第一項第一号の調査地域は，原則として市町村の区域をその地域とするものとする。ただし，前条第二項の場合には，市町村の区域のうち一会計年度において地籍調査を実施しようとする区域をその地域とする。
> 2　調査地域は，二以上の市町村の区域にわたる区域をその区域とする令第一条各号に掲げる者が地籍調査を行う場合には，前項の規定にかかわらず，二以上の市町村の区域にわたる区域をその地域とすることができる。
> 3　前二項の調査地域は，不動産登記法（平成十六年法律第百二十三号）第三十五条の地番を付すべき区域（以下「地番区域」という。）をその区域とする単位区域に区分するものとする。ただし，地番区域が狭少な場合又は過大な場合その他必要な場合には，二以上の地番区域を一単位区域とし，又は地番区域の一部を一単位区域とすることができる。

解説

　地籍調査を実施するためには，その対象となる地域を決定する必要があります。本条は調査地域の決定方法の基準を定めたものです。

　第1項は，調査地域決定の基準を定めたもので，原則として市町村の範囲内で決定することとしています。ただし，地籍調査が法第六条の三第5項の規定により公示された事業計画に基づくものである場合には，市町村の区域のうち一会計年度において地籍調査を実施しようとする区域をその地域とすることとしています。

　第2項は，施行令第一条に掲げる者（土地改良区，土地区画整理組合，森林組合など）が，二以上の市町村にまたがって設立されている場合の調査地域決定の基準について定めたもので，その者が地籍調査を実施するときは，二以上の市町村の区域にわたる区域をその地域とすることができることとしています。

　第3項は，調査地域の区分について定めたもので，一筆地調査においては調査の脱落を防止する観点から地番の順序に従って調査する（準則第二十三条）こととしていることから，第1項又は第2項により決定された調査地域について，不動産登記法に基づく地番区域をその区域とする単位区域（調査を単年度で実施する区域）に区分するものとしています。ただし，地番区域が狭少な場合又は過大な場合等で地番区域を単位区域とすることが相当でない場合は，二以上の地番区域を一単位区域とし，又は地番区域の一部を一単位区域とすることができることとしています。

【参考】

○不動産登記法
（地番）
第三十五条　登記所は，法務省令で定めるところにより，地番を付すべき区域（第三十九条第二項及び第四十一条第二号において「地番区域」という。）を定め，一筆の土地ごとに地番を付さなければならない。

(運用基準)

> 調査地域の決定
>
> 第4条　調査地域の決定に当たっては，「換地を伴う土地改良事業及び土地区画整理事業と地籍調査との調整等について」(昭和56年5月26日付け56国土国第198号国土庁土地局長通達)に基づき，土地改良事業等の工事施工区域との調整を図るものとする。
> 2　単位区域の設定に当たっては，必要に応じて，「地番区域としての字又は大字の区域の調整について」(昭和29年10月26日付け審計土第158号経済審議庁計画部長通達)に基づく調整を行うものとする。

解説

　調査地域の決定に当たっては，法第十九条第5項の指定対象となるような事業と調査地域が重複しないよう事業者側と調整が必要となります。また，土地台帳の規定による地番区域は，字又は大字の区域であるのが一般的ですが，区域相互間の境界が著しい変動のため字限図上表示と現況が全く一致しないもの，一地番区域が数個の地区に分散し互いに飛地状に入り乱れているもの，形状が極めて不整形なもの等があり，地番区域としては不適正なものがある場合があります。このような場合，地方自治法第二百六十条に基づき，地番区域を調整する必要があります。

　第1項は，調査地域決定に当たっての留意点を定めたもので，通達に基づき，換地を伴う土地改良事業及び土地区画整理事業の工事施工区域との調整を図ることとしています。

　第2項は，単位区域決定に当たっての留意点を定めたもので，地番区域の設定に当たっては，必要に応じて昭和29年に出された経済審議庁計画部長通知に基づく調整を行うこととしています。

【参考】
> ○地方自治法
> 第二百六十条　市町村長は，政令で特別の定めをする場合を除くほか，市町村の区域内の町若しくは字の区域を新たに画し若しくはこれを廃止し，又は町若しくは

字の区域若しくはその名称を変更しようとするときは，当該市町村の議会の議決を経て定めなければならない。
2 前項の規定による処分をしたときは，市町村長は，これを告示しなければならない。
3 第一項の規定による処分は，政令で特別の定めをする場合を除くほか，前項の規定による告示によりその効力を生ずる。

○換地を伴う土地改良事業及び土地区画整理事業と地籍調査との調整等について
(昭和56年5月26日付け56国土国第198号国土庁土地局長通達)

　換地を伴う土地改良事業と地籍調査との調整については，昭和47年5月1日付け経企第30号経済企画庁総合開発局長通達により指導してきたところであるが，今般これに関係する換地を伴う土地改良事業の確定測量に係る農林水産省の通達が廃止され，新たに「換地を伴う土地改良事業の確定測量の実施について」(昭和56年1月5日付け55構改B第1845号農林水産省構造改善局長通達)及び「国土調査法第19条第5項の成果の認証に準ずる指定の申請に係る事務取扱い等について」(昭和56年1月5日付け55構改B第1847号農林水産省構造改善局長通達。以下「法第19条第5項関係通達」という。別添資料1)が通達された。このうち，法第19条第5項関係通達により①換地を伴う土地改良事業の事業地区の面積が100ha以上の場合　②事業地区の面積が100ha未満であって事業地区の全部若しくは一部について既に地籍調査が実施された場合若しくは事業地区の存する市町村について地籍調査の計画が策定されている場合には，その確定測量の成果について，極力国土調査法第19条第5項の認証申請を行うこととされた。
　また，土地区画整理事業のうち日本住宅公団の行う土地区画整理事業に係る確定測量成果については，既に「国土調査法第19条第5項の成果の指定について」(昭和51年10月8日付け建設省計発第86号建設省計画局長通達。別添資料2)により原則として国土調査法第19条第5項の指定を受けることとされていたが，さらに今般「土地区画整理事業の測量成果の国土調査法第19条第5項の指定等について」(昭和55年8月11日付け建設省都市局土地区画整理課長通達。別添資料3)により，一般の土地区画整理事業の確定測量の成果についても，国土調査法第19条第5項の指定を受けるよう努めるものとされ，特に①地籍調査実施済の地区において土地区画整理事業が実施された場合　②土地区画整理事業の事業主体が基準点の設置を要請し，国土地理院により基準点が設置された場合の確定測量の成果は，原則として国土調査法第19条第5項の指定を受けることとされた。
　については，前記通達の内容による確定測量が実施されるに当たっては，貴関係所管部局におかれても地籍明確化の総合的推進を図る観点から，国土調査法第19条第5項の成果の指定の促進及びこれに必要な支援に配慮しその推進に努めるとともに，今後における地籍調査事業計画の作成及び実施に当たっては，下記事項に留意のうえ地籍調査事業の効率的実施が図られるよう関係市町村の指導に当たられたい。
　なお，本通達により「換地を伴う土地改良事業と地籍調査の調整について」(昭

和47年5月1日付け経企土第30号経済企画庁総合開発局長通達)は廃止する。
記
1　地籍調査の実施機関及び都道府県の関係所管部局（以下「地籍調査関係機関」という。）は換地を伴う土地改良事業及び土地区画整理事業（以下「土地改良事業等」という。）の施行者並びに都道府県及び国の機関の関係所管部局（以下「土地改良事業等関係機関」という。）との連絡を密にして，土地改良事業等の実施予定及び進捗状況等の把握に努めること。
2　地籍調査関係機関は，地籍調査が計画されている地域において土地改良事業等が行われ，その確定測量の成果について，国土調査法第19条第5項の指定がなされた場合においては，当該工事施工区域の周辺地域等の地籍調査の効率的，かつ，適切な実施が図られるよう努めること。
3　地籍調査実施中の地区において，当該地区を工事施行区域の一部又は全部とする土地改良事業等が実施されることとなった場合には，地籍調査関係機関はその工事着手までに，地籍調査を完了させ，その成果については速やかに国土調査法第19条第2項の規定による認証を受け，同法第20条第1項の規定による成果の写しの登記所への送付を必ず完了すること。
4　土地改良事業等の確定測量を兼ねた地籍調査は，原則として行わないものとし，止むを得ず実施する場合は，当局国土調査課と協議すること。

〇地番区域としての字又は大字（これから準ずるものを含む。）の区域の調整について
(昭和29年10月26日付け審計土第158号経済審議庁計画部長通達)

　土地台帳法の規定（第6条）による地番区域は，字又は大字の区域である場合が一般的であるが，これらの区域は，土地改良法又は都市計画法等による区画整理が行われる場合の外，多くは従来のまま推移している実情である。
　国土調査法に基く地籍調査が行われた実績から見ると，これらの区域相互間の境界が著しい変動のため現況が明確でなく，字限図上の表示と現況とが全く一致しないもの，面積が狭小で，且つ，十数筆乃至三十筆ぐらいしか存しない小字ごとが一地番区域となっているため一市町村が数十の地番区域に分かれているもの，一地番区域が数個の地区に分散し，互に飛地状に入り乱れているもの，数千乃至一万筆を超える広大な地区を一地番区域としているもの，形状が極めて不整形なもの等があり，土地の管理，利用その他一般行政上不便とされているものが多い。
　かように地番区域としては適正でないものがある場合，従前の区域に基き地籍調査を行うときは，単に計画又は作業上繁雑，且つ，不便で，従って経費が増大し，予算の範囲内での事業の実施が一層困難となるばかりでなく，上記の不利不便を依然地籍図，地籍簿によって将来に残すことは，好ましくないと考えられる。
　よって，今後貴管内で地籍調査を行おうとする場合，地番区域で上記のように適正でないものがあるときは，計画実施を容易にし，且つ，将来における土地利用上の不便を除く等の趣旨から，これを機とし，地方自治法第260条に基き，あわせて

第 2 章 計　　画

> 地番区域の調整も考慮するものとし，この場合は下記によるよう関係市町村を指導されたい。
> 　なお，本件については，自治庁及び法務省とも協議済みであるから念のため申し添える。
>
> 記
>
> 1　地番区域の調整が一筆地調査着手後地籍調査の作業期間中に行われる場合は，地方自治法第260条第2項の規定による公示に基き登記所が土地台帳の訂正を行うので，既成の一筆地調査図，地籍調査票その他作業工程の進度によっては地籍図原図等をも相当訂正しなければならないことになるので，かような煩鎖をさけるため，地番区域の調整をしようとするときはなるべく一筆地調査着手前に，地番区域の調整に伴う土地台帳の訂正がなされているよう考慮すること。
> 2　やむをえない事由により地籍調査の実施期間中に地番区域の調整を行おうとするときは，上記の煩鎖をさけるため，地方自治法第260条第1項の議会の議決には，その効力の発生は，この調整の結果表示に変更を生ずべき土地につき行われる国土調査法第19条第2項の認証の日とする旨の留保条件を附帯させること。
> 3　前号の場合においては地番区域の調整があったものとして調査の上，一筆地調査図を作成し，地籍調査票は別紙記載例（この例は，地区編入の場合を示す。その他の場合もこれに準ずること。）を参照して作成すること。

Q.　調査地域（単位区域）の設定について，同一の単位区域で調査エリアが大きく2つに分かれてしまうことに規定上の問題はありませんか。

A.　調査エリアを2つに分けて実施することは，規定上特に問題はないと思います。なお，積算にあたっては，精度区分や視通条件，傾斜区分等も異なる場合は，考慮する必要がありますので留意願います。

精度及び縮尺の区分

第十一条　第九条第一項第三号の精度及び縮尺の区分は，令第二条第一項第九号及び令別表第四に定める区分によって定めるものとする。

解説

本条は，地籍調査の実施に関する計画において定める精度及び縮尺の区分の方法を定めたもので，縮尺区分は，令第二条第1項第九号に基づき決定し，精度区分は，施行令別表第四に定める「一筆地測量及び地積測定の誤差の限度」の区分によるものとしています。

【参考】

○施行令
（地図及び簿冊の様式）
第二条　法第二条第六項の規定による地図及び簿冊の様式は，次に定めるところによらなければならない。
　一～八　略
九　法第二条第五項に規定する地図（以下「地籍図」という。）の縮尺は，次のとおりとする。
主として宅地が占める地域及びその周辺の地域
　　五百分の一（国土交通大臣が特に必要があると認める場合には，二百五十分の一）
主として田，畑又は塩田が占める地域及びその周辺の地域
　　一千分の一（国土交通大臣が特に必要があると認める場合には，五百分の一又は二千五百分の一）
主として山林，牧場又は原野が占める地域及びその周辺の地域
　　二千五百分の一又は五千分の一

別表第四　一筆地測量及び地積測定の誤差の限度（第六条関係）

精度区分	筆界点の位置誤差		筆界点間の図上距離又は計算距離と直接測定による距離との差異の公差	地積測定の公差
	平均二乗誤差	公差		
甲一	2cm	6cm	$0.020m + 0.003\sqrt{Sm} + a$ mm	$(0.025 + 0.003\sqrt[4]{F})\sqrt{F}m^2$
甲二	7cm	20cm	$0.04m + 0.01\sqrt{Sm} + a$ mm	$(0.05 + 0.01\sqrt[4]{F})\sqrt{F}m^2$
甲三	15cm	45cm	$0.08m + 0.02\sqrt{Sm} + a$ mm	$(0.10 + 0.02\sqrt[4]{F})\sqrt{F}m^2$
乙一	25cm	75cm	$0.13m + 0.04\sqrt{Sm} + a$ mm	$(0.10 + 0.04\sqrt[4]{F})\sqrt{F}m^2$
乙二	50cm	150cm	$0.25m + 0.07\sqrt{Sm} + a$ mm	$(0.25 + 0.07\sqrt[4]{F})\sqrt{F}m^2$
乙三	100cm	300cm	$0.50m + 0.14\sqrt{Sm} + a$ mm	$(0.50 + 0.14\sqrt[4]{F})\sqrt{F}m^2$

備考
一　精度区分とは，誤差の限度の区分をいい，その適用の基準は，国土交通大臣が定める。
二　筆界点の位置誤差とは，当該筆界点のこれを決定した与点に対する位置誤差をいう。
三　Sは，筆界点間の距離をメートル単位で示した数とする。
四　aは，図解法を用いる場合において，図解作業の級が，A級であるときは〇・二に，その他であるときは〇・三に当該地籍図の縮尺の分母の数を乗じて得た数とする。図解作業のA級とは，図解法による与点のプロットの誤差が〇・一ミリメートル以内である級をいう。
五　Fは，一筆地の地積を平方メートル単位で示した数とする。
六　mはメートル，cmはセンチメートル，mmはミリメートル，m²は平方メートルの略字とする。

第2章 計　画

（解説）
　施行令別表第四に示されている精度区分は，市街地，農用地，山林など調査地域の土地利用状況に応じて，甲一，甲二，甲三，乙一，乙二および乙三の6段階の精度に区分されています。それぞれの精度区分ごとに，筆界点の位置の平均二乗誤差と公差，筆界点間の図上距離と直接測定による距離との差異の公差，地積測定の公差が定められています。

・筆界点の位置誤差
　筆界点の位置誤差とは，当該筆界点のこれを決定した与点に対する位置誤差をいいます。地籍調査が現地復元能力を有する地図の作成を主眼とすることからこれを定めています。

・平均二乗誤差
　平均二乗誤差（標準偏差ともいう。）は，測定値と真値との差の二乗の相加平均の正の平方根をとることにより求められるもので，測定値のバラツキ具合を数量的に表します。平均二乗誤差が小さいほど，その測定精度が高いといいます。精度区分に示された数値は，筆界点位置の平均二乗誤差の限度の目安を表します。平板測量が主流だった当時の地籍調査では，平均二乗誤差を次式で求めていました。

$$m = \sqrt{[\sigma^2]/(n-1)}$$

　　　　ただし，σ：較差
　　　　　　　　n：筆界点数

・公　　差
　公差とは，地籍測量によって求められた地点の位置誤差の許容限度（最大値）を示すものです。公差を超える測定値は，異常なものとして扱い採用できません。正規分布で表した誤差は，その約68％が平均二乗誤差の範囲内に，99％が平均二乗誤差の3倍までに収まるという性質をもっています。地籍調査においては，平均二乗誤差の3倍の数値を公差としています。

・筆界点間の図上距離（または計算距離）と直接測定による距離との差異の公差
　筆界点の位置精度の検証は，地籍測量により得られた座標値を用いて求めた「筆界点間の計算距離」と現地において光波測距儀等で測定した「直接測定による距離」との差異を求めて，これが公差の範囲内であるかどうかを確認（これを「辺長検査」という。）して行います。座標値から求めた辺長（s）と現地で測定した辺長との差（ds）は，一般に次式で表されます。地籍調査では，この式に基づき精度区分に応じた公差が定められています。

$$ds = C + \beta\sqrt{s}$$

　　　　ただし，C：与点のもつ位置誤差（甲一は平均二乗誤差の値，その他は平均二乗誤差の1/2）
　　　　　　　　β：現地で測定した辺長の偶然誤差（平均二乗誤差×$\sqrt{2/10}$）

・地積測定の公差
　地積測定に伴う誤差（dF）は，一般に次式で表され，地籍調査では，この式に基づき精度区分に応じた公差が定められています。

$$dF = (\alpha + \beta^4\sqrt{F})\sqrt{F}$$

> ただし，F：一筆地の測定した面積（m²）
> 　　　　a：地図の縮尺によって定まる定数
> 　　　　$β$：筆界点間の距離の誤差式で与えられる定数

（運用基準）

精度及び縮尺の区分

第5条　精度の区分は，原則として次によるものとする。

　大都市の市街地区域　甲一

　中都市の市街地区域　甲二

　右記以外の市街地及び村落並びに整形された農用地区域　甲三

　農用地及びその周辺の区域　乙一

　山林及び原野（次に掲げる区域を除く。）並びにその周辺の区域　乙二

　山林及び原野のうち特段の開発が見込まれない区域　乙三

2　縮尺の区分は，調査を実施する単位区域ごとの各筆の面積の中央値に従い原則として次によるものとする。

　250平方メートル未満の場合　250分の1

　250平方メートル以上千平方メートル未満の場合　500分の1

　千平方メートル以上4千平方メートル未満の場合　1千分の1

　4千平方メートル以上2万5千平方メートル未満の場合　2千5百分の1

　2万5千平方メートル以上の場合　5千分の1

解説

　地籍調査では，調査を効率的・効果的に行うために，土地の利用状況に応じて必要な精度・縮尺で実施することとしています。

　精度区分については，土地が細分され，地価が高い都市部においては測量の精度が高い区分を，農用地や山村部においては測量精度が低い区分を適用します。

　縮尺区分については，原則として令第二条第1項第九号に基づき，調査地

域の土地の利用状況に応じて決定しますが，調査地域によっては，各筆の面積が大きい場合や，逆に小さい場合があります。各筆の面積が大きいと当該縮尺では地籍図に筆界線のみの表示となる場合があり，逆に小さいと筆が表現できなくなる場合があります。こうしたことから，土地の利用状況とともに筆の大きさを考慮した縮尺を採用することが必要です。

　第1項は，土地の利用状況に応じた精度区分を定めたもので，原則として，大都市の市街地区域は甲一，中都市の市街地区域は甲二，それ以外の市街地及び村落並びに整形された農用地区域は甲三，農用地及びその周辺の区域は乙一，山林及び原野（乙三区域を除く。）並びにその周辺の区域は乙二，山林及び原野のうち特段の開発が見込まれない区域は乙三としています。

　第2項は，縮尺区分の決定方法について定めたもので，調査を実施する単位区域ごとの各筆の面積の中央値が，250m^2 未満の場合は1／250，250平方m^2 以上千m^2 未満の場合は1／500，千m^2 以上4千m^2 未満の場合は1／1000，4千m^2 以上2万5千m^2 未満の場合は1／2500，2万5千m^2 以上の場合は1／5000とすることとしています。なお，面積の中央値とは，各筆の面積を小さい土地から各筆の面積の大きい土地へ順に並べたときに，ちょうど中央に位置する面積をいいます。

作業計画

第十二条　第九条第一項第五号の作業計画は，単位区域ごとに，かつ，単位作業別に定めるものとする。

2　前項の単位作業とは，一筆地調査，地籍測量，地積測定並びに地籍図及び地籍簿の作成の各作業をいい，地籍測量は，第四十二条及び第七十六条に定める地籍測量の順序に従って区分することができる。

3　第一項の規定により作業計画を作成するに当たっては，作業の経済的運用，単位作業間の相互の関連及び進度並びに他の単位区域における作業との関連を考慮するものとする。この場合において，地上法による地籍測量における一筆地測量又は航測法による地籍測量における空中写真撮影の時期と現地について行う一筆地調査の時期との間隔を

できるだけ少なくするように特に考慮するものとする。

解説

　地籍調査を円滑かつ迅速に実施するために適正な作業計画を作成する必要があります。

　作業計画は，作業中に問題が発生した場合に問題の拡大や波及を最小限に抑え，かつ早期に解消するために，適当な区域ごとに作成します。

　また，調査作業の手戻りや重複などがなく，円滑かつ迅速な調査を行うため，単位作業（一筆地調査，地籍測量，地積測定，地籍図及び地籍簿の作成）ごとに作成します。

　第1項は，作業計画作成について定めたもので，作業計画は，不動産登記法に基づく地番区域をその区域とする単位区域（調査を単年度で実施する区域）ごとに，かつ単位作業ごとに作成することとしています。

　第2項は，前項の単位作業の定義を定めたもので，単位作業とは，一筆地調査，地籍測量，地積測定並びに地籍図及び地籍簿の作成の各作業をいうとしています。また，地籍測量については，第四十二条及び第七十六条に定める地籍測量の順序に従って，地籍図根三角測量，地籍図根多角測量，細部図根測量，一筆地測量に区分することができるとしています。

　第3項は，作業計画作成に当たっての留意点を定めたもので，調査作業の手戻りや重複などがなく，円滑かつ迅速な調査を行うため，作業計画の作成に当たっては，作業の経済的運用，単位作業間の相互の関連及び進度並びに他の単位区域における作業との関連を考慮することとしています。また，一筆地調査の結果，設置される筆界標示杭や航測法による対空標識については，設置後，時間の経緯とともに滅失や破損等が生じる場合が想定されることから，これらの標識の設置の時期と測量の時期との間隔をできるだけ少なくするよう特に考慮することとしています。

（運用基準）

> ◯作業計画
> 第6条　航測法による地籍測量の作業計画の作成に当たっては，調査地域の気象条件，植生条件等を十分勘案して，最適な時期に空中写真撮影を行えるように考慮するものとする。
> 2　一筆地調査及び地籍測量の作業計画の作成に当たっては，会計年度内における作業期間を十分勘案して，一筆地調査と地籍測量との実施時期の整合を図るものとする。

◯解説

　第1項は，航測法による地籍測量の作業計画作成に当たっての留意点を定めたもので，航測法では，航空機から地上の写真（空中写真）を撮影して測量しますが，雲や積雪等で地表面が撮影できないような時期は避けるなど，調査地域の気象条件，植生条件等を十分勘案して，最適な時期に空中写真撮影を行えるように考慮して計画することとしています。

　第2項は，一筆地調査及び地籍測量の作業計画の作成に当たっての留意点を定めたもので，地籍測量は，一筆地調査に基づいて行うものですので，会計年度内における作業期間を十分勘案して，一筆地調査と地籍測量との実施時期の整合を図ることとしています。

〔國見利夫　猪木幹雄　宮原邦弘〕

第3章

一筆地調査

第1節　準備作業

> **作業進行予定表の作成**
> 第十三条　一筆地調査は，前条の規定により作成された作業計画に基き，作業進行予定表を作成して行うものとする。

解説

　一筆地調査は，土地の現況（物理的状況）を明らかにするために毎筆の土地について，その所有者，地番，地目を現地について調査し，現地に設置された筆界標示杭に基づき筆界の確認作業を行うもので，後続作業の一筆地測量の基礎となるものです。

　一筆地調査の実施に当たっては，当該区域の面積，包含される土地の筆数，後続する一筆地測量作業との日程等を総合的に勘案して，単位区域界の調査，調査図素図等の作成，標札等の設置，市町村境界の調査，現地調査などの着手時期及び終了時期，担当班等について綿密な作業計画を策定します。

　作業進行予定表は，これらの各作業を円滑に進行させるために作成するもので，立会等の日程調整等を行うための工程管理表としても利用されます。

　本条は，作業進行予定表について定めたもので，一筆地調査を行うに当たっては，第十二条の規定により作成された作業計画に基づき作業進行予定表を作成することとしています。

【参考】

作　業　進　行　予　定　表

◎作業計画を策定する際の目安について
①調査図素図の作成は，字限図1枚に含まれる筆数が200筆程度として謄写整理等の所要日数の平均は，1人3日程度（点検・検査を含む）を目安とします。
②地籍調査票の作成は，1人1日200筆程度（点検・検査を含む）目安とします。
③現地調査は，職員の業務習熟度，地元の協力度，土地所有者の状況，土地の形状等を考慮して基準となる1日の処理筆数を決定します。また，1ヶ月の稼働日数を平均20日程度と推定して計画します。

Q. 調査期間はいつからいつまでとするのが適当ですか。
A. 調査期間とは，当該地番区域内の土地について現地調査に着手した日からその終了の日までとします（昭和35年12月8日付け経済企画庁総合開発局国土調査課長指示）。
　なお，再立会等により終了日以降に立会を行っても，立会期間には含まないという対応が多いです。

単位区域界の調査

第十四条　一筆地調査を行おうとする場合には，あらかじめ単位区域の概略を現地について調査しなければならない。

解説

　単位区域とは，単年度の調査を実施する区域をいい，原則として市・町・村・字又はこれらに準ずる地域をもって定められた不動産登記法に基づく地番区域で区分しています。
　本条は，単位区域の調査について定めたもので，一筆地調査を行おうとす

る場合には，あらかじめ単位区域の概略を現地について調査しなければならないとしています。

　調査は，あらかじめ，地形図上に単位区域界を表示し，縮尺に応じて図郭割したものを作成して，現地において図面上の単位区域の境界線が現地のどこを通っているかを調査し，これに付近の地物や工作物等の概略を記録します。

　なお，不明確な箇所がある場合には，地元精通者の助言等によりその適正な確認に努めます。また，法第十九条第5項指定区域又は不動産登記法第十四条地図が整備済の区域については，調査地区から除外しているか確認します。

調査図素図等の作成

第十五条　一筆地調査は，調査図素図，調査図一覧図及び地籍調査票を作成して着手するものとする。

解説

　一筆地調査を効率的に確実に行うために，着手に当たっては，調査図素図，調査図一覧図及び地籍調査票を作成します。

　調査図素図は，現地調査の際の基礎資料となるもので，単位区域を数地区に区分した区域ごとに，登記所備え付け地図（字限図等）又は市町村が保管する土地課税台帳付属地図等を複写し，これに土地登記簿をもとに一筆ごとに，地目，所有者名など所要の事項を記載して作成します。

　なお，調査図素図作成に当たっては，地区外隣接地についても確認することが必要です。

　調査図一覧図は，数地区に分割された調査図素図の接合関係を表示するために作成するもので，地番区域単位又は市町村単位で1枚にまとめて作成します。調査図一覧図には，単位区域の名称，隣接地番区域の名称，主要な長狭物等の名称を記入します。

地籍調査票は，調査図素図とともに現地調査の際の基礎資料となるもので，現地調査を行う毎筆の土地について，土地登記簿をもとに，一筆ごとに土地の所在，地番，地目，所有者名等を「地籍調査票作成要領」及び様式（第1号～第4号）に基づき記載して作成します。地籍調査票は，土地課税台帳等をもとに作成することもできますが，その場合は，作成後遅滞なく登記簿との照合が必用となります。

　「地籍調査前の土地の表示」欄には，法務局より取得した「登記事項要約書」の記載事項を移記して記載し，入念に照合・点検します。

　なお，登記事項要約書については電子データ（CSVファイル）により取得すれば，記載の移記漏れを防止し，かつ効率的に地籍調査票を作成することができます。ただし，電子データは，外字を使用している場合があるので，所有者名の文字の出力などの注意が必要です。

　本条は，一筆地調査の着手に当たって必要な資料について定めたもので，調査図素図，調査図一覧図及び地籍調査票を作成して着手することとしています。

　これらの資料は，土地登記簿と登記所備え付け地図（字限図など）など公的な資料をもとに作成します。

（運用基準）

（関係機関との協力）

第7条　地籍調査の実施に当たっては，「地籍調査事業の推進について」（昭和54年2月7日付け54国土国第26号国土庁土地局長通達及び昭和54年3月9日付け54国土国第129号国土庁土地局長通達）に基づき，公共物の工事及び管理を所管する国の機関及び都道府県の部局との密接な連絡調整及び相互協力に努めるものとする。

2　調査図素図等の作成に当たっては，管轄登記所と事前に十分協議するものとする。

第3章　一筆地調査

>【解説】

　地籍調査に関係する国，都道府県等の機関は，登記所をはじめ，多岐にわたって存在します。

　登記所については，一筆地調査の基礎となる登記簿及び公図の閲覧や地籍調査成果の不動産登記への反映等のため，地籍調査に対する理解と協力を得る必要があります。

　国土地理院については，地籍測量に必要な基準点の設置，基本三角点の使用及びそれらの利用に当たっての注意事項等の助言を得る必要があります。

　公共物の工事・管理を所管する国土交通省，農林水産省，林野庁，財務省等については，一筆地調査における立会，公共用地の登記，用途廃止処分その他必要な措置についての協力を得る必要があります。

　地籍調査を円滑に実施するためには，これらの関係機関との協力体制の確立が必要不可欠となります。このため，国は「地籍調査事業の推進について」（昭和54年2月7日付け54国土国第26号国土庁土地局長通達及び昭和54年3月9日付け54国土国第129号国土庁土地局長通達）により，建設大臣官房長，建設省都市局長，建設省河川局長，建設省道路局長，農林水産省構造改善局長及び林野庁長官あて地籍調査の実施に当たっての協力を依頼しています。

　第1項は，関係機関との調整等について定めたもので，通達に基づき，公共物の工事及び管理を所管する国の機関及び都道府県の部局との密接な連絡調整及び相互協力に努めることとしています。

　第2項は，登記所との事前協議について定めたもので，一筆地調査の基礎となる土地登記簿及び登記所地図の閲覧や地籍調査成果の不動産登記への反映等を円滑に進めるように，調査図素図等の作成に当たっては，管轄登記所と事前に十分協議することとしています。

【参考】

○地籍調査事業の推進について
　　　　　（昭和54年2月7日付け54国土国第26号国土庁土地局長通達）
　地籍調査事業の推進については，これまでも鋭意努力されてきたところであるが，これの一層円滑かつ適正な推進を図るため，とくに地籍調査の計画策定及び実施準

備を周到に指導するとともに，地籍調査の各作業，とりわけ一筆地調査の実施について各作業の実施状況を的確に把握のうえ，指導，監督に当たられたい。

　また，地籍調査の実施に当たって各筆の境界確認あるいは公共土木事業実施との調整等の面で各都道府県は公共物の工事・管理を所管する国の機関及び都道府県の部局と地籍調査を所管する都道府県の部局との密接な連絡調整及び相互協力に遺漏のないよう，これら関係機関間の定期的な連絡会議を設置する等所要の措置を講ぜられたい。

　なお，本件に関しては，別途国の関係機関に対し，別紙のとおり協力を依頼したところである。

（別紙）

54国土国第28号
昭和54年2月7日

建設大臣官房長　殿

国土庁土地局長

地籍調査の推進について

　地籍調査の実施については，かねてより御協力をたまわり円滑かつ適正な推進に努めてきたところでありますが，今後さらに本事業の推進を図るためには，一筆地調査とくに現地調査における各筆の境界の円滑な確認その他が肝要と認められるので，別紙のとおり都道府県知事あてに通達したところであります。

　ついては，道路法，河川法，海岸法等の特別法の適用のない貴省所管の国有財産の地籍調査における取扱について，関係機関の間で密接な連絡調整及び相互協力が図られるよう，貴管下関係機関に対し，連絡会議の定期的開催その他への協力方よろしく指導をお願いします。

54国土国第29号
昭和54年2月7日

建設省都市局長　殿

国土庁土地局長

地籍調査の推進について

　地籍調査の実施については，かねてより御協力をたまわり，円滑かつ適正な推進に努めてきたところでありますが，今後さらに本事業の推進を図るためには，公共土木事業の実施との調整その他が肝要と認められるので，別紙のとおり都道府県知事あて通達したところであります。

　ついては，地籍調査と都市計画関係諸事業の実施との調整等がさらに円滑に図られるよう，貴管下関係機関に対し，連絡会議の定期的開催その他への協力方よろしく指導をお願いします。

第3章 一筆地調査

54国土国第30号
昭和54年2月7日

建設省河川局長　殿

国土庁土地局長

地籍調査の推進について

　地籍調査の実施については，かねてより御協力をたまわり，円滑かつ適正な推進に努めてきたところでありますが，今後さらに本事業の推進を図るため，一筆地調査とくに現地調査における各筆の境界確認，あるいは，公共土木事業の実施との調整が肝要と認められるので，別紙のとおり，都道府県知事あて通達したところであります。
　については，河川管理関係機関においても上記に関する事項について地籍調査関係機関との密接な連絡調整及び相互協力が行われるよう，貴管下関係機関に対し，連絡会議の定期的開催その他への協力方よろしく指導をお願いします。

54国土国第31号
昭和54年2月7日

建設省道路局長　殿

国土庁土地局長

地籍調査の推進について

　地籍調査の実施については，かねてより御協力をたまわり，円滑かつ適正な推進に努めてきたところでありますが，今後さらに本事業の推進を図るため，一筆地調査とくに現地調査における各筆の境界確認，あるいは，公共土木事業の実施との調整が肝要と認められるので，別紙のとおり，都道府県知事あて通達したところであります。
　については，道路管理関係機関においても上記に関する事項について地籍調査関係機関との密接な連絡調整及び相互協力が行われるよう，貴管下関係機関に対し，連絡会議の定期的開催その他への協力方よろしく指導をお願いします。

54国土国第32号
昭和54年2月7日

農林水産省構造改善局長　殿

国土庁土地局長

地籍調査の推進について

　地籍調査の実施については，かねてより御協力をたまわり，円滑かつ適正な推進に努めてきたところでありますが，今後さらに本事業の推進を図るため，一筆地調査とくに現地調査における各筆の境界確認，あるいは，公共土木事業の実施との調整が肝要と認められるので，別紙のとおり，都道府県知事あて通達したところであります。

ついては，土地改良事業，構造改善事業等の実施並びに土地改良財産管理の関係機関においても上記に関する事項について地籍調査関係機関との密接な連絡調整及び相互協力が行われるよう，貴管下関係機関に対し，連絡会議の定期的開催その他への協力方よろしく指導をお願いします。

54国土国第33号
昭和54年2月7日

林野庁長官　殿

国土庁土地局長

地籍調査の推進について

　国土調査法による地籍調査における国有林野の取扱いについては，国有林野の管理にも資しながら地籍調査が国有林野との関連においても円滑に実施されるよう配慮する趣旨のもとに，昭和33年8月26日付け経企土第96号をもって経済企画庁総合開発局長及び貴職より通達されたところに基づいて運用されてきたところであります。
　ところで今般地籍調査の一層円滑かつ適正な推進を図るため，別紙のとおり都道府県知事あて通達し，さらに，国の関係機関に対し，これによる都道府県地籍調査関係機関と国の関係機関との連絡会議の設置等につき協力を依頼したところであります。
　ついては，上記共同通達の趣旨をさらに実効あるものとするため，国有林野管理関係機関と地籍調査関係機関間の連絡調整を一層緊密なものとすることが，有効と考えられるので，貴管下関係機関に対し連絡会議への出席その他の協力方よろしく指導をお願いします。

○地籍調査事業の推進上留意すべき事項について
　　（昭和54年2月7日付け54国土国第27号国土庁土地局国土調査課長指示）
　地籍調査事業の一層円滑かつ適正な推進については，本日付け国土国第26号をもって土地局長より通達したところであるが，これの実施に当たっては下記事項につき，特に留意して，関係市町村等の指導方然るべく取り計らわれたい。
　おって，下記第1に規定する措置については，本年3月24日までに，前記通達及び本通知に照らして改善を要するものは改善のうえ，その措置状況を当職あて報告されたい。

記

第1　地籍調査事業推進のための連絡，調整体制の強化
　都道府県は，市町村等が実施する地籍調査事業について，かねてよりこれの円滑な実施を指導してきたところであるが，これを更に徹底し，かつ事業実施に当たって必要な都道府県関係部局及び関係官庁との連絡及び調整の円滑化を図ることに努めることとし，必要と認める場合は，次の例により連絡会議を設ける等の措置を講ずるものする。

連絡会議例
§1　運営
1　連絡会議は都道府県の地籍調査事業を所掌する部局の長が主宰する。
2　主宰者は，連絡会議の結果を速やかに関係市町村等に通知し，特に重要な事項については当職へ報告する。
3　主宰者は，連絡会議の運営について当職に対し助言を求めることができる。
§2　構成
4　連絡会議は5の各号に掲げる事項毎に都道府県関係部局の長及び関係官庁の職員で構成する。
§3　所掌事務
5　連絡会議は次に掲げる事項について連絡，調整等に当る。
①　市町村等の実施する地籍調査事業の年度別実施状況及び実施上の問題点の連絡。
②　地籍調査と地籍調査実施地域に係る公共土木事業との間におけるそれぞれの計画及び実施に関する調整。
③　公共物及びその他の国公有財産の現地調査の時期並びに方法その他に関する連絡及び調整。
④　公共土木事業が実施する確定測量を国土調査法（以下「法」という。）第19条第5項の規定により指定することの推進及び地籍調査とかかる確定測量の間の実施上の調整。
⑤　地籍調査の成果の行政上の利活用の検討。
第2　地籍調査事業の実施体制の整備に必要な計画的な研修会の実施
　国及び都道府県はこれまでも地籍調査事業の円滑な実施を図るため，これに従事する地方公共団体等の職員に対して各種研修会を実施してきたところであるが，更に地籍調査実施市町村等において適正な実施体制が整備されるよう都道府県は次に掲げる措置を講ずるものとする。
1　都道府県は，地籍調査実施市町村等が十分な実務又は研修経験を有する職員を確保することができるよう，ブロック別及び都道府県別の研修会の計画的実施に努めるものとする。
2　都道府県は，1の目的を達成するため地籍調査実施市町村等に対し地籍調査を担当する職員の研修歴等に関する報告を求め，研修会の計画的実施の参考とするものとする。
3　都道府県は，次年度又は当年度に新規に地籍調査事業を実施する又は実施した市町村等に対しては重点的に研修会を実施するとともに，都道府県職員又は他の市町村の職員を当該市町村等に派遣して直接指導又は助言を行わせる等の措置を検討するものとする。
第3　筆界確認の確保
　各筆の境界の確認は地籍調査における最も基本的な作業の一つであって，これの確認に不備があったり，確認の得られない事例が多かったりした場合には，地籍調査の成果の利活用に支障を生ぜしめる反面，相当の努力にもかかわらず利害関係人間の紛争のためにその確認が得られない場合にもあくまでもこれの確認に固執することは，他の土地の所有者を始め地籍調査事業に協力した地域住民の期待に反して

事業の進捗を遅らせることになるので，筆界の確認に当たっては特に入念に対処して土地所有者その他の利害関係人の立会の確保を図る等その確認に不備のないようにし，また，相当の努力により得られた資料を基に速やかに処理することに努めるとともに，私人間の紛争に巻き込まれることのないよう注意して対処するものとする。

　都道府県は，地籍調査実施市町村等に対し，現地調査時における関係土地の所有者その他の利害関係人の立会の確保を図るため，一筆地調査工程はもとより地籍調査事業計画工程又は同準備工程においても別紙の措置を講ずるよう指導するものとする。なお都道府県が実施している場合にもこれに準ずるものとする。

(別紙)
　　　　　　　筆界確認の確保のために講ずべき措置
1　地籍調査作業規程準則第20条に規定する通知（以下「現地調査の通知」という。）の趣旨が徹底するよう予め計画又は準備工程において，次に掲げる措置を講じて一筆地調査の円滑な実施を図るものとする。
①　地籍調査を実施する地域内の土地の所有者を当該地域内在住者及び当該地域外在住者に分類し，その結果に基づいて，当該地域における現地調査の実施の難易，時期その他について検討する。
②　地籍調査の趣旨，その実施の時期及び方法並びに立会の方法について当該地域の住民に対する啓蒙に努め，また現地立会の円滑化を図るため住民側の意向及び事情を聴取して現地調査の実施時期を定める。
③　地籍調査の趣旨，その実施の時期及び方法並びに立会の方法について，当該地域外在住所有者に個別に通知し，併せて現地立会の要請及び現地立会の代理人の選任についての照会を行う。
④　公共物を管理する都道府県関係部局及び関係官庁との連絡及び打合せを密にして，現地調査の時期及び方法について打合せ，現地立会を要請する。
2　現地調査の通知の確実な到達を確保するため次に掲げる措置を講ずるものとする。
①　現地調査を実施する地域内の土地の所有者その他の利害関係人（以下「所有者等」という。）を当該地域内の在住者，当該地域外の在住者，季節労働者及び官公署に区分し，この区分及び代理人選任の有無により，それぞれに対する現地調査の通知の時期及び方法を検討する。
②　当該地域外在住の所有者のうち1の③に規定する通知の後に所有権移転登記を経た者については，通知の趣旨が徹底するよう配慮する。
③　現地調査の通知が所有者等又はこれらの者の代理人に到達しなかったときは，その現住所を住民票，除かれた住民票若しくは戸籍の附票等の謄本により，又は当該土地に係る固定資産税の納付者若しくは近隣住民からの事情聴取により調査して再度の現地調査の通知を行う。
④　前号に規定する再度の現地調査の通知が到達しなかった者について，住所不明所有者等調書を別記様式第1により作成して認証請求書に添付させる。
3　所有者等又はこれらの者の代理人の現地立会を確保するため次に掲げる措置を

講ずるものとする。
① 現地調査の実施に当たって公共物を管理する都道府県関係部局及び関係官庁との連絡及び打合せを励行する。
② 現地調査の実施について当該地域内の住民及び当該地域外在住の所有者等又はこれらの者の代理人に対する説明会又は打合会を充実させる。
③ 当該地域外に在住すること又は季節労働その他の事情により現地調査時に現地立会のできない者に対しては，現地立会の代理人の選任を求める。
④ 筆界確認について後日紛争の生ずることのないよう恒久的筆界杭の設置に努める。
⑤ 現地調査を実施する地域内の土地の所有者で自から又はその代理人により現地立会を行わなかった者について不立会地調書を別記様式第2により作成して認証請求書に添付させる。
4 土地の異動が著しいため筆界確認の困難が予想される地域にあっては，かかる地域の土地の事情に精通した者を協力員に嘱託してその意見を参考とすることができる。

別記様式第1

　　　　　　　　　住所不明所有者等調書　　　　　　　都道府県
　　　　　　　　　　　　　　　　　　　　　　　　　　○○市町村
　　　　　　　　　　　　　　　　　　　　　　　　　　土地改良区

1. 調査地域
2. 調査期間
3. 住所不明所有者等の総数
4. 住所不明所有者等に係る土地の総筆数（調査前の総筆数に対する割合％）
5. 住所不明所有者等一覧表〔（注）所有者とその他の利害関係人と別の表にまとめる。〕

氏　名	登記簿上の住所	関係する土地の所在及び地番	住所不明の理由
1			
2			
3			
4			
5			

別記様式第2

不 立 会 地 調 書		都道府県
		○○市町村
		土地改良区

　1．調査地域

　2．調査期間

　3．不立会地の総筆数　　　　　　　　（全体に対する割合　　　％）

　4．不立会所有者の総数　　　　　　　（全体に対する割合　　　％）

　　内訳　市町村内在住所有者数　　（不立会所有者総数に対する割合　％）

　　　　　市町村外在住所有者数　　（不立会所有者総数に対する割合　％）

○地籍調査事業の推進について
　　　　　（昭和54年3月9日付け54国土国第129号国土庁土地局長通達）
　標記の件については，昭和54年2月7日付け54国土国第26号をもって通達し，また，国の関係機関に対しても既に通知したとおり協力の依頼をしたところであるが，今般，別紙のとおり大蔵省理財局長に対しても協力方の依頼をしたので通知する。
（別紙）

　　　　　　　　　　　　　　　　　　　　　　　　　54国土国第128号
　　　　　　　　　　　　　　　　　　　　　　　　　昭和54年3月9日
　大蔵省理財局長　殿
　　　　　　　　　　　　　　　　　　　　　　　　　国土庁土地局長
　　　　　　　　　地籍調査の推進について
　地籍調査実施につきましては，かねてより，御協力を得て，その円滑かつ適正な推進に努めてきたところでありますが，今後さらに本事業の推進を図るためには，一筆地調査とくに現地調査における各筆の境界の円滑な確認等が肝要と認められるので，別紙のとおり都道府県知事あて通達したところであります。
　つきましては，普通財産の地籍調査における取扱について，関係機関間において，一層密接な連絡調整及び相互協力が図られるよう，貴管下関係機関に対して，連絡会議の定期的開催等への協力方よろしく指導をお願いします。

○地籍調査事業推進のための定期的連絡会議の設置について
　　　　（昭和54年5月18日付け54国土国第199号国土庁土地局国土調査課長通知）
　地籍調査を実施するに当たって，公共物その他国公有財産の管理者及び公共土木

事業を所管する関係機関の協力が肝要であることは，従来より都道府県及び市町村等の地籍調査担当者の間で強く主唱されてきたところであり，今般関係省庁の了解も得られたので，本年2月7日付け54国土国第26号土地局長通達及び同日付け54国土国第27号当職通知をもって，標記連絡会議の設置等について指示したものであるが，その後これの実施について関係省庁と協議した結果，国の関係機関の協力を得るうえで各都道府県に一律に連絡会議が設置される必要があるので，貴都道府県において速やかにこれを設置し，関係機関と協議のうえ設置要領を制定されたい。

　なお，標記連絡会議の設置に当たっては，前記当職通知に示す例に則るほか，下記事項を順守願いたい。

　おって，標記連絡会議の設置に当たって障害となる問題があれば随時当職と協議し，設置要領を制定したときは直ちに当職あて報告願いたい。

記

1　標記連絡会議は，毎年少くとも，原則として年度当初に1回開催する。
2　標記連絡会議の所掌事務に対応する国の関係機関は別表のとおりである（なお，法務局及び地方法務局の関係者との連絡会議等は別途打合せ中であり，近く通知する予定である。）。したがって，標記連絡会議は，別表の国の関係機関と都道府県の関係部局とで構成されることとなる。

○地籍調査連絡会議等の設置について
　　　　　　　　（昭和54年7月2日付け54国土国326号国土庁土地局長通達）
　地籍調査事業の一層円滑かつ適正な実施を図るため，別紙要領により都道府県毎に標記会議等を設置して，法務局又は地方法務局との連絡，打合せに遺憾のないよう御取り計らい願いたい。

　なお，標記会議等の設置については，別添（1）のとおり法務省に対して協力方依頼し，またその設置要領についても別添（2）及び（3）のとおり同省と協議済みである。

（別紙）
　　　　　　　　地籍調査連絡会議及び地籍調査事務打合会設置要領
第1章　　　総則
（趣旨）
第1　国土調査法に基づく地籍調査事業の円滑かつ適正な実施に資するため，都道府県，市町村等及び法務局又は地方法務局間の相互理解を図ることを目的として，地籍調査連絡会議（以下「連絡会議」という。）及び地籍調査事務打合会（以下「事務打合会」という。）を設けるものとする。
（構成）
第2　連絡会議及び事務打合会は，都道府県，市町村等及び法務局又は地方法務局で構成する。
（議事の周知）
第3　連絡会議及び事務打合会の結果については，都道府県は関係市町村等に，法

務局又は地方法務局は関係の支局及び出張所に，それぞれ周知するよう努めるものとする。
（運営の細目）
第4　連絡会議及び事務打合会の運営に必要な事項は，この要領に定めるもののほか，都道府県と法務局又は地方法務局との協議により定めることができる。
（事務局）
第5　連絡会議及び事務打合会の運営に関する事務を処理するため，都道府県に事務局を置くものとする。

第2章　地籍調査連絡会議

（所掌事務）
第6　連絡会議においては，地籍調査事業の計画及び実施並びに地籍調査の推進と不動産登記事務とに関する総括的な問題の連絡及び打合せを行う。
　2　前項の連絡及び打合せ事項を例示すると概ね次のとおりである。
① 地籍調査事業の実施計画及び実施状況
② 地籍調査成果（写）の登記所送付の受入に関する基本的事項
③ 登記所備付地図の整備と地籍調査推進についての基本的事項
④ 登記所備付地図の整備状況
（出席者）
第7　連絡会議の出席者は都道府県の職員及び法務局又は地方法務局の職員で別表1に掲げるものとする。
（開催時期）
第8　連絡会議は毎年5月に開催するのを常例とする。
（招集通知等）
第9　都道府県の地籍調査担当の部長又は部長相当職（以下「担当部長等」という。）は関係の法務局の民事行政部長若しくは，民事行政第一部長又は地方法務局の長（以下「民事行政部長等」という。）の意見を聴いて，連絡会議の開催日及び開催地を定め，連絡会議の出席者とされている者に対し招集の通知を発するものとする。
（司会）
第10　連絡会議の司会は都道府県の地籍調査担当の課長又は課長相当職が行う。ただし都道府県と法務局又は地方法務局との協議で別に定めることができる。

第3章　地籍調査事務打合会

（所掌事務）
第11　事務打合会においては，地籍調査事業の計画及び実施並びに地籍調査の実施上の問題で不動産登記事務の処理に関係するものについての連絡及び打合せを行う。
　2　前項の連絡及び打合せ事項を例示すると，概ね次のとおりである。
① 地籍調査事業の実施計画及び実施状況
② 登記所の年間業務計画
③ 地籍調査実施及び同調査成果（写）の登記所受入事務等に関する事項
④ 関連通達等に関する事項

(出席者)
第12　事務打合会の出席者は，都道府県，関係市町村等及び法務局又は地方法務局の職員で別表2に掲げるものとする。
(開催時期)
第13　事務打合会は，毎年4月及び10月に開催するのを常例とするが，都道府県と法務局又は地方法務局との協議により年1回（10月）開催するものとすることができる。
(招集通知等)
第14　都道府県の地籍調査担当の課長又は課長相当職（以下「担当課長等」という。）は，法務局又は地方法務局の不動産登記課長又は登記課長（以下「登記課長等」という。）の意見を聴いて，その事務打合会の開催日及び開催地を定め，事務打合会の出席者とされているものに対し招集の通知を発するものとする。
(司会)
第15　事務打合会の司会は担当課長等又はその指定する当該都道府県の職員が行う。ただし都道府県と法務局又は地方法務局との協議で別に定めることができる。

第4章　雑則

(北海道の特例)
第16　北海道における連絡会議及び事務打合会は法務局又は地方法務局毎に設けることができる。
(随時の打合せ)
第17　都道府県及び法務局又は地方法務局は，地籍調査の実施上の問題で不動産登記事務の具体的処理に関するものについて必要に応じ随時打合せを行うこととする。

別表1（第7関係）

地籍調査連絡会議出席者

都道府県	地籍調査担当の部長又は部長相当職 地籍調査担当の課長又は課長相当職 地籍調査担当の課長補佐又は課長補佐相当職
法務局	民事行政第一部長又は民事行政部長 民事行政調査官 総務課長 不動産登記課長又は登記課長 表示登記専門官
地方法務局	局長 総務課長 登記課長 表示登記専門官

別表2（第12関係）
地籍調査事務打合会出席者

都道府県	地籍調査担当の課長又は課長相当職 地籍調査担当の課長補佐又は課長補佐相当職 地籍調査担当の係長又は係長相当職 その他の地籍調査担当の職員
市町村等	地籍調査担当職員
法務局	不動産登記課長又は登記課長 表示登記専門官 管内関係支局又は出張所の登記官
地方法務局	登記課長 表示登記専門官 管内関係支局又は出張所の登記官

別添（1）

54国土国第191号
昭和54年5月14日

法務省民事局長　殿

国土庁土地局長

地籍調査事業の推進について

　国土調査法による地籍調査については，昭和26年以来6万平方キロメートルを超える地域について調査を実施し，国土の開発及び保全並びにその利用の高度化に資するとともに，併せて地籍の明確化を図ることに努めてまいりましたが，その間，調査成果の登記面への反映等について御配慮をいただき，感謝にたえません。
　今後，地籍調査事業の一層の円滑かつ適正な実施を図るため当局としましては，貴省の御協力を得て都道府県毎に地籍調査連絡会議等を設置したいと考えております。
　つきましては，法務局及び地方法務局の御協力方につきよろしくお取り計らいくださいますようお願いいたします。

別添（2）

54国土国第192号
昭和54年5月14日

法務省民事局第三課長　殿

国土庁土地局国土調査課長

地籍調査連絡会議等の設置について（協議）

　標記の件については，昭和54年5月14日付け54国土国第191号をもって民事局長あてお願いしたところですが，都道府県等関係機関に対する同会議等の設置要領を別紙のとおりとすることについて，貴見をうけたまわりたく御協議します。
　なお，上記設置要領を別紙のとおりとすることについて差し支えない場合は，別紙要領に基づく地籍調査連絡会議等の設置について，法務局及び地方法務局の御協力が得られるようお取り計らい下さいますようお願いいたします。

別添（3）

法務省民三第 3,461 号
昭和 54 年 6 月 18 日

国土庁土地局国土調査課長　殿

法務省民事局第三課長

地籍調査連絡会議等の設置について（回答）

　本年五月十四日付け五四国土国第一九二号をもって協議のあった標記の件については，貴見による要領により実施することに異存はありません。
　おって，別紙のとおり各法務局及び地方法務局に通知したので申し添えます。

（別紙）

法務省民三第 3,462 号
昭和 54 年 6 月 18 日

　法務局民事行政第一部長　殿
　　法務局民事行政部長　殿
　　　地方法務局長　殿

法務省民事局第三課長

地籍調査連絡会議等の設置について（通知）

　標記の件について，国土庁土地局長から当局長あて別紙（一）のとおり依頼及び同庁土地局国土調査課長から当職あて別紙（二）のとおり協議があり，別紙（三）のとおり回答したので通知します。
　なお，標記会議等の設置は，地籍調査事業とそれに伴う登記事務の適正かつ円滑な処理を図る趣旨によるものであるから，関係機関と十分協議の上，会議等の運用に協力されたく申し添えます。

○地籍調査連絡会議等の運営について
　　　（昭和 54 年 7 月 2 日付け 54 国土国 327 号国土庁土地局国土調査課長指示）
　標記会議等の設置については，昭和 54 年 7 月 2 日付け 54 国土国第 326 号をもって土地局長より通達されたところであるが，この運用に当たっては下記事項について留意するとともに，法務局又は地方法務局と随意協議を行う等その運用に遺憾のないように御取り計らいをお願いします。

記

1　標記連絡会議等設置の趣旨は，地籍調査実施市町村等と管轄登記所の間で定期に又は随時に連絡打合せを行うことを否定するものではなく，むしろかかる連絡打合せの行われていることを前提に，その補完，援助及び指導を行うことにあること。
2　従来から法務局又は地方法務局との間に連絡打合せのための会議を設けてきた都道府県にあっては，前記土地局長通達の趣旨にそい，従来の会議を拡充・強化することに努めること。
3　従来法務局又は地方法務局との間に連絡打合せのための会議を設けていない府

県にあっては，前記土地局長通達の趣旨にそい，出席者の範囲，開催時期その他に係る運用上の面で，諸般の情況を勘案して適切に対処すること。
4　標記連絡会議等の開催は，法務局又は地方法務局との協議のうえ，同時期に開催される地籍調査関係の他の会議と合同で開催しても差し支えないが，そのために標記連絡会議等の開催が遅延する等その運営に支障の生じないよう留意すること。
5　標記会議等は，本年度に少なくとも各一回開催するように努めるものとし，その時期は前記土地局長通達の定めにかかわらず，法務局又は地方法務局と協議のうえ適宜の時期で差し支えないが，時機を失することのないよう留意すること。

○地籍調査事業推進のための連絡会議の設置及び開催について
　　　　　　　　　　　　（平成15年1月14日付け国土国第353号国土交通省
　　　　　　　　　　　　土地・水資源局国土調査課長通知）
　地籍調査事業の実施に当たっては，公共用財産の管理者及び公共土木事業を所管する関係機関の協力が肝要であることから，「地籍調査事業の推進について」（昭和54年2月7日付け54国土国第26号国土庁土地局長通達）をもって標記連絡会議の設置・開催について通知しているところである。しかしながら，一部において関係機関との連絡協議が十分でない状況が見受けられるので，貴都道府県において標記連絡会議が設置又は開催されていない場合は，速やかにこれを設置・開催するよう努められたい。

○地籍調査の実施における法務局との協力について
　　　　（平成16年6月30日付け国土国第107号国土交通省土地・水資源局長通知）
　国土調査法（昭和26年法律第180号）に基づく地籍調査事業は，昭和26年度に調査を開始して以来，これまで50年以上にわたり事業を進めてきたところでありますが，全国の進捗率は46％となっており，特に都市部である人口集中地区については，その進捗率は18％と，低位にとどまっている状況にあります。
　このような状況の中，内閣に設置された都市再生本部において，平成15年6月26日に，「民活と各省連携による地籍整備の推進」と題する方針が示され，都市再生の円滑な推進のため，国において，全国の都市部における地籍整備を強力に推進することとされたところです。
　国土交通省としては，地籍を整備していくためには，登記事務や公図，境界などに極めて高い専門性や識見を有する法務局と連携を強化していくことが重要と認識しており，今後都市部における地籍整備を強力に進めていくためにも，法務局との連携の意義は大きいものと考えられることから，地籍調査の実施主体である市区町村において法務局職員の協力を受けつつ調査を実施することが必要であると認識しているところです。
　このため，法務省との間で当該協力の方策の具体的内容について検討した結果，今般下記のとおり法務局職員の協力が得られることとなったので，この旨貴管下部局及び市区町村に周知方お取り計らい願います。

なお，この点に関して法務省民事局長から各法務局長及び地方法務局長あてに別紙のとおり通達されたので，念のため申し添えます。
　また，既に法務局より協力を得ている事項については，地籍調査の円滑な推進のため，引き続き連携をとって進められるようお願いします。

記

1　協力の範囲及び内容
　　地籍調査への協力の範囲及び内容は，次の (1) から (3) までの事項について，各法務局又は地方法務局と協議の上，定めることができるものとする。
　(1) 地元住民に対する説明会への出席
　　　地籍調査を実施するに当たっては，その意義及び作業の内容を周知し，協力を得る目的で地元住民に対して説明会等を開催することとされているが，その際に，法務局職員が不動産登記に関する説明や質問について対応する。
　(2) 現地調査への協力
　　　地籍調査の工程において最も重要かつ困難な作業である現地調査を実施する際に，法務局職員が可能な範囲で協力する。
　(3) 成果案の閲覧への協力
　　　地籍調査の実施によって作成された成果案（地図及び簿冊）は，一般の閲覧に供され，土地の所有者等から誤り等の申出があれば，調査の上，修正手続を行うものとされているが，この場合において，法務局職員が必要な範囲で協力する。
2　対象地域
　　1の地籍調査への法務局職員の協力は，都市部であり，かつ，必要性及び緊急性の高い地域を対象とするが，都市部以外であっても，必要性及び緊急性の高い地域にあっては法務局の実情に応じて協力を受けることができるものとする。
3　関係機関との協議
　　今後，法務局から得ることのできる1の協力については，地籍調査事業とこれに伴う登記事務の適正・円滑な処理を図る趣旨によるものであるから，地籍調査に係る連絡会議その他打合会等において，法務局又は地方法務局と十分に協議を行いつつ，実施することができるものとする。
　　この場合において，特に市区町村においては，具体的に協力を得たい地域や作業内容について打合会等の前に十分に検討・整理した上で，法務局に対し要望を行うことが，当該協力の成果を最大限発揮させるとともに，地籍調査の効果的・効率的な実施に資すると考えられるものであることに留意されたい。

（別紙）

法務省民二第1870号
平成16年6月30日

　法務局長　　殿
　地方法務局長　殿

法務省民事局長

国土調査法に基づく地籍調査への協力について

国土調査法（昭和26年法律第180号）に基づく地籍調査事業は，不動産登記法（明治32年法律第24号）第17条に規定する地図（以下「法17条地図」という。）の最大の供給源となっていますが，都市部における地籍調査事業は，農山村部に比べて立ち遅れている現状にあります。

　このような状況を踏まえて，平成15年6月26日，内閣の都市再生本部において，「民活と各省連携による地籍整備の推進」と題する方針が示され，都市再生の円滑な推進のため，国において，全国の都市部における登記所備付地図の整備事業を強力に推進することとされました。

　この方針に基づき，平成16年度から，法務省と国土交通省とが連携して，地籍整備事業を実施されることとなりましたが，都市部における地籍調査事業の困難性にかんがみ，今後，地籍調査の実施に当たっては，下記のとおり，法務局又は地方法務局の職員（以下「法務局職員」という。）が積極的に協力することとしましたので，下記の点に留意され，遺憾のないよう取り扱い願います。

　なお，この点に関しては，国土交通省と協議済みであり，同省土地・水資源局長から各都道府県知事あてに別添のとおり通知されましたので，念のため申し添えます。

記

1　対象地域

　　地籍調査への法務局職員の協力は，原則として，都市部であり，かつ，必要性及び緊急性の高い地域を対象とする。ただし，都市部以外であっても，必要性及び緊急性の高い地域については，各局の実情に応じて，協力の対象として差し支えない。

2　関係機関との協議

　　地籍調査への法務局職員の協力は，地籍調査連絡会議等（昭和54年6月18日付け民三第3462号民事局第三課長通知参照）及びその他の打合せ会において，関係機関（都道府県，市区町村等）と十分に協議を行いつつ，実施するものとする。

3　協力の範囲及び内容

　　地籍調査への協力の範囲及び内容は，次の（1）から（3）までの事項について，各法務局及び地方法務局の体制を勘案しつつ，関係機関（都道府県，市区町村等）と協議の上，定めるものとする。

（1）地元住民に対する説明会への出席

　　地籍調査を実施するに当たっては，その意義及び作業の内容を周知し，協力を得る目的で，地元住民に対して説明会等を開催することとされているが，その際に，法務局職員が不動産登記に関する説明や質問について対応する。

（2）現地調査への協力

　　地籍調査の工程において最も重要かつ困難な作業である現地調査を実施する際に，法務局職員が可能な範囲で協力する。

（3）成果案の閲覧への協力

　　地籍調査の実施によって作成された成果案（地図及び簿冊）は，一般の閲覧に供され，土地の所有者等から誤り等の申出があれば，調査の上，修正手続を

行うものとされているが，この場合において，法務局職員が必要な範囲で協力する。
 4 地籍調査に協力するための体制の整備
  地籍調査への協力は，当面，法務局若しくは地方法務局若しくはこれらの支局又はこれらの出張所に配置された表示登記専門官が中心となって行うが，法17条地図の整備の重要性にかんがみ，各法務局及び地方法務局においては，総括表示登記専門官を中心として，組織的かつ効果的に協力をするための体制の整備を図るものとする。

○地籍調査事業の推進について
　　　　　　　　（昭和54年3月9日付け54国土国第129号国土庁土地局長通達）
　標記の件については，昭和54年2月7日付け54国土国第26号をもって通達し，また，国の関係機関に対しても既に通知したとおり協力の依頼をしたところであるが，今般，別紙のとおり大蔵省理財局長に対しても協力方の依頼をしたので通知する。
（別紙）

54国土国第128号
昭和54年3月9日

大蔵省理財局長　殿

国土庁土地局長

地籍調査の推進について

　地籍調査実施につきましては，かねてより，御協力を得，その円滑かつ適正な推進に努めてきたところでありますが，今後さらに本事業の推進を図るためには，一筆地調査とくに現地調査における各筆の境界の円滑な確認等が肝要と認められるので，別紙のとおり都道府県知事あて通達したところであります。
　つきましては，普通財産の地籍調査における取扱について，関係機関間において，一層密接な連絡調整及び相互協力が図られるよう，貴管下関係機関に対して，連絡会議の定期的開催等への協力方よろしく指導をお願いします。

調査図素図の作成

第十六条　調査図素図は，調査を行おうとする単位区域を適当に区分し，その区分した部分ごとに，不動産登記法第十四条第一項の地図又は同条第四項の地図に準ずる図面（以下この条において「登記所地図」という。）を透明紙に透き写したもの又は写真複写したものに，次の各号に掲げる事項を表示して作成するものとする。

一　名称
　二　番号
　三　縮尺及び方位
　四　土地の所有者の氏名又は名称
　五　地番
　六　地目
　七　隣接する区域に係る登記所地図の名称又は調査図素図の番号
　八　作成年月日及び作成者の氏名
2　前項第一号，第三号及び第五号に掲げる事項は登記所地図により，同項第四号及び第六号に掲げる事項は登記簿により表示するものとする。
3　調査図素図は，市町村において保管する地方税法（昭和二十五年法律第二百二十六号）第三百四十一条第一項第十号の土地課税台帳（以下「土地課税台帳」という。）及び同法第三百八十条第三項の資料を用いて作成することができる。この場合においては，作成後遅滞なく登記所地図及び登記簿と照合しなければならない。

解説

　調査図素図は，現地調査の際に現地に携行し，一筆一筆を調査する基礎資料となるとともに，現地調査の結果，調査図素図に表示した事項が現地の状況と異なっている場合には，当該表示した内容の修正事項を記録するものです。このため，調査図素図の作成に当たっては，登記所備え付け地図や登記簿等，法的に根拠のある資料に基づいて必要事項を記載する必要があります。

　なお，登記所備え付け地図については，電子データ（法務省フォーマット地図XML形式）で取得し，地理情報システムに入力することにより，調査図素図を効率的に作成することができます。この場合，調査図素図の記載内容を点検するため，登記所備え付け地図の写しも入手しておく必要があります。

第3章　一筆地調査

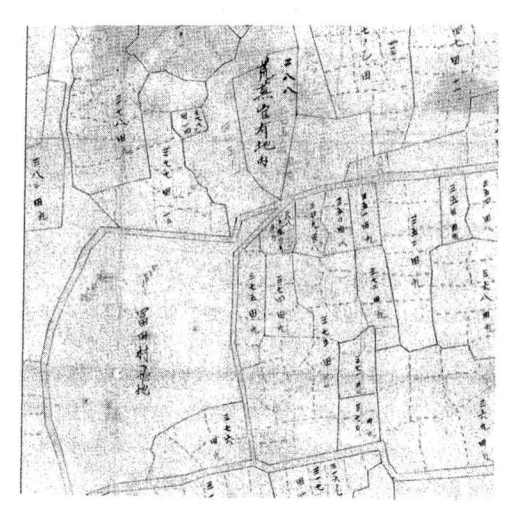

登記所備え付け地図（字限図）の例

調査図素図の例

　第1項は，調査図素図の作成方法を定めたもので，登記所地図を透明紙に透き写したもの又は写真複写したものに，名称，番号，縮尺及び方位，土地の所有者の氏名又は名称，地番，地目，隣接する区域に係る登記所地図の名称又は調査図素図の番号，作成年月日及び作成者の氏名を表示して作成する

こととしています。

　第2項は，調査図素図に記載する事項の根拠となる資料を定めたもので，名称，縮尺及び方位，隣接する区域に係る登記所地図の名称は，登記所地図により，土地の所有者の氏名又は名称及び地番は，登記簿により表示することとしています。

　第3項は，調査図素図に記載する事項の根拠となる資料の例外的な資料について定めたもので，市町村が保管する土地課税台帳を用いて作成することができるとしています。ただし，この場合は，土地課税台帳と登記所地図及び登記簿とに齟齬が生じている可能性もあることから，調査図素図作成後，遅滞なく登記所地図及び登記簿と照合することとしています。

（運用基準）

　調査図素図の作成

　第8条　調査図素図は，現地作業に適した大きさのものとし，一筆の図形内に修正事項が記載できるスペース等を勘案して適宜の大きさに区分して作成するものとする。
　2　登記所地図の全部又は一部が滅失等の場合における調査図素図の作成については，管轄登記所と協議し，登記簿の記載，市町村保存の地図，空中写真その他の資料に基づいて行うものとする。
　3　調査図素図の表示については，「調査図素図表示例」（昭和32年10月24日付け経企土第179号経済企画庁総合開発局長通達）に基づいて行うものとする。

　解説

　第1項は，調査図素図の大きさについて定めたもので，現地調査の際に取り扱いが容易な大きさにするとともに，修正事項を一筆の図形内に記載できるスペース等を勘案して適宜の大きさに区分して作成することとしています。
　第2項は，登記所地図の全部又は一部が滅失等の場合における調査図素図の作成方法について定めたもので，管轄登記所と協議し，登記簿の記載，市

町村保存の地図，空中写真その他の資料に基づいて作成することとしています。

　第3項は，調査図素図に記載する事項の表示方法を定めたもので，「調査図素図表示例」（昭和 32 年 10 月 24 日付け経企土第 179 号経済企画庁総合開発局長通達）に基づいて表示することとしています。

【参考】

○調査図素図表示例
　　　　（昭和 32 年 10 月 24 日付け経企土第 179 号経済企画庁総合開発局長通達）

最終改正：平成 12 年 5 月 23 日 12 国土国第 178 号

　調査図素図及び調査図一覧図の表示並びに調査図素図訂正等については準則に定めるもののほか，次の例によるものとする。

　　目　次

第 1　調査図素図表示の一般例
第 2　調査図素図訂正の一般例
第 3　地番区域を変更する場合の例
第 4　分筆の例
第 5　合筆の例
第 6　地目変換の例
第 7　一部地目変換の例
第 8　一部地目変換の上他の土地に合筆の例
第 9　筆界未定の例
第 10　新規登録の例
第 11　滅失又は不存在の例
第 12　調査図一覧図の例

作成	実行機関名				
	作成年月日・作成者印	年	月	日	印
	点検年月日・点検者印	年	月	日	印
調査	実行機関名				
	調査年月日・調査者印	年	月	日	印
	点検年月日・点検者印	年	月	日	印

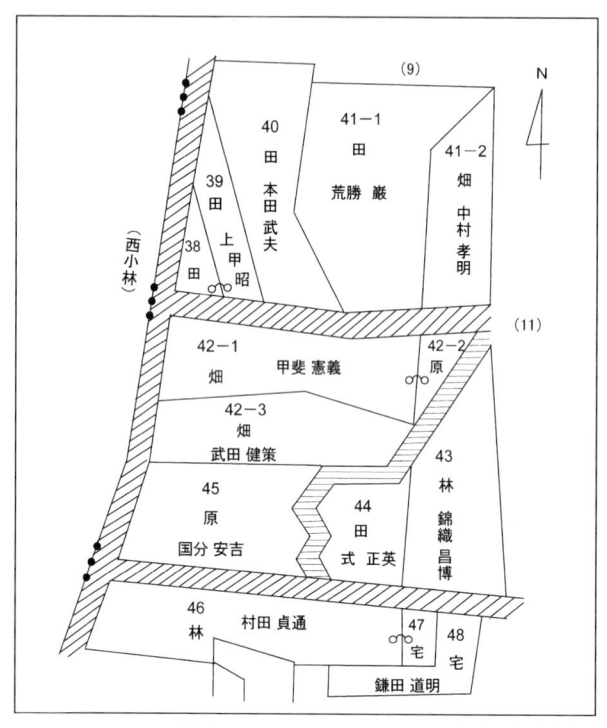

増林村大字増森調査図第5号　　$\frac{1}{600}$

第一　調査図素図表示の一般例

(注) 以下の図例において ▨ は全面淡赤色, ▤ は全面淡青色
○, ⊕, ✳, ⊗等の記号, ×又は‖等のまっ消線及び「未定」の文字は赤色とする。

備　考
1　名称, 番号, 縮尺及び方位は上部余白に表示する。この場合, 方位はなるべく北が上方に向うように統一する。
2　筆界線は, なるべく細線により鮮明に描示する。
3　地番, 地目及び所有者の氏名又は名称はなるべく細字で明瞭に一筆地の図形のおおむね中央に, 地番, 地目, 所有者の氏名又は名称の順に表示する。この場合

において当該一筆地が小さいために，これらをその図形内に表示することが困難であるときは，図形内には地番又は「イ」，「ロ」等の符号を表示し，欄外余白に「イ」，「ロ」等の符号にそえて地番，地目，所有者の氏名又は名称をそれぞれ同じ要領で表示する。

4　所有者の氏名又は名称は，左横書きで表示する。ただし，図形により左横書きとすることが困難である場合には，図形に応じて適宜の方法により表示する。なお，同一所有者の土地が連続している場合は，一筆にはその氏名又は名称を表示し，他の土地にはその表示を省略し，これにかえ筆界線にかけて同一所有者記号「∽」を表示する。

5　地番は，アラビア数字を用い「1256」のように左横書きで表示する。枝番号がある地番は「102-1」のように本地番と枝番号とを「-」でつなぐ。

6　道路用地は，赤色鉛筆で，池沼，溜池，用悪水路，井溝，河川，湖沼，海等の水面敷は青色鉛筆で淡彩色する。

7　地目は，次の略字を用いて表示する。ただし，これらに該当しない地目は，これに準じて適当な略字を用いて（たとえば「公立学校敷地」は「学」とする等）表示する。

　　田は「田」，畑は「畑」，宅地は「宅」，塩田は「塩」，鉱泉地は「泉」，池沼は「池」，山林は「林」，牧場は「牧」，原野は「原」，雑種地は「雑」，墓地は「墓」，公衆用道路は「道」，運河用地は「運」，用悪水路は「水」，溜池は「溜」，堤は「堤」，井溝は「溝」，保安林は「保」，水道用地は「水道」，鉄道用地は「鉄」，軌道用地は「軌」，湖沼は「湖」，河川は「川」。

8　隣図の番号又は隣接字名等は，適当に表示する。なお，地番区域の境界は，地籍図様式で定める記号を用いて表示する。

9　欄外余白の適宜の箇所に，作成の実行機関名並びに作成及び点検の年月日を左横書きで表示し，作成者及び点検者押印する。

10　実行機関名は，外注作業にあっては受注会社名を記入し，直営作業にあっては「直営」と記入することで足りるものとする。

作成	実行機関名				
	作成年月日・作成者印	年	月	日	印
	点検年月日・点検者印	年	月	日	印
調査	実行機関名				
	調査年月日・調査者印	年	月	日	印
	点検年月日・点検者印	年	月	日	印

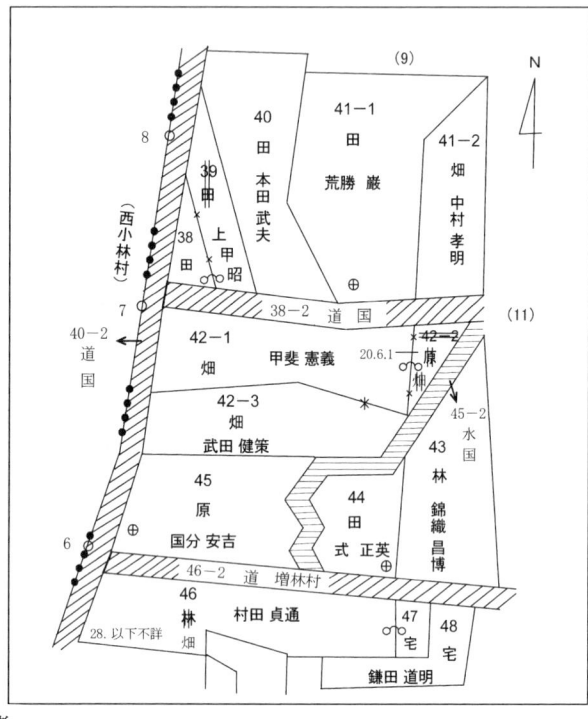

増林村大字増森調査図第5号　　$\frac{1}{600}$

第二　調査図素図訂正の一般例

備　考
1　調査図素図には，次の記号を用い，市町村境界標及び筆界標示杭等の位置を表示する。

区分	記号	色
市町村境界標	○	赤
筆界標示杭	永久的なもの　×	赤
	仮設のもの　○	黒鉛筆
筆界標石	⊗	赤
筆界樹木	※	赤

　市町村境界標の位置の表示には，記号のほか，番号（設置の順序その他一定の順序に従って定めたもの）を附記する。
　なお，市町村境界標には，その上面に「境界」の文字及び隣接のものとの関係方位を「⇔」又は「⇐」のように矢印で表示し，側面に番号及び関係市町村の名称を表示する。
2　筆界線を訂正する場合は，従前の表示を赤色の短交線でまっ消し，新たな筆界線を黒色で表示する。
3　地番，地目，所有者の氏名又は名称を訂正する場合は，従前の表示を二条の赤線でまっ消し，新たなものを黒色で表示する。
4　筆界線又は文字の訂正は，鮮明に行い，異動の経過を明らかに読み得るようにする。
5　調査の実行機関名並びに調査，点検の年月日及び調査者，点検者の押印は，例第一の備考の9に準じて行う。
6　実行機関名は，外注作業にあっては受注会社名を記入し，直営作業にあっては「直営」と記入することで足りるものとする。

作成	実行機関名				
	作成年月日・作成者印	年	月	日	㊞
	点検年月日・点検者印	年	月	日	㊞
調査	実行機関名				
	調査年月日・調査者印	年	月	日	㊞
	点検年月日・点検者印	年	月	日	㊞

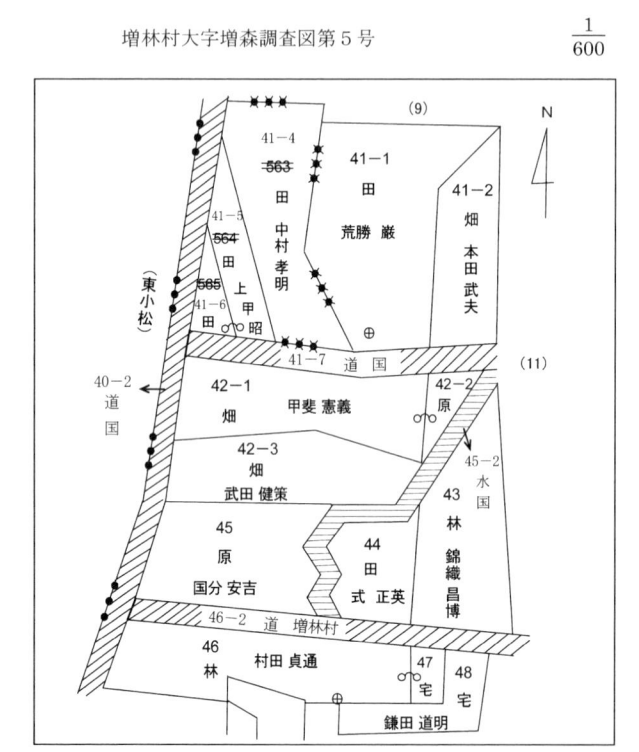

増林村大字増森調査図第5号　　$\frac{1}{600}$

第三　地番区域を変更する場合の例

備　考
1　この例は，大字東小松の一部（563，564，565）が地番区域の変更に伴い，増森に編入された場合を示す。
2　隣接大字名は適当な箇所に改書し，従前の境界記号及び編入された土地の地番をまっ消し，新たな境界記号及び仮地番を表示する。

第3章　一筆地調査

作成	実行機関名	
	作成年月日・作成者印	年　　月　　日　　　　㊞
	点検年月日・点検者印	年　　月　　日　　　　㊞
調査	実行機関名	
	調査年月日・調査者印	年　　月　　日　　　　㊞
	点検年月日・点検者印	年　　月　　日　　　　㊞

増林村大字増森調査図第5号　　　$\frac{1}{600}$

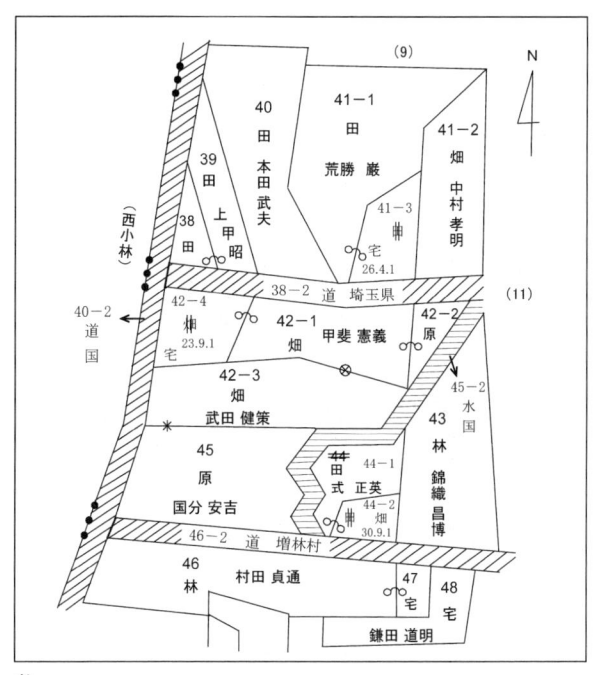

第四　分筆の例

備　考
1　この例は，土地の一部の地目が変更されたため分筆があったものとして調査する場合で，すなわち 41-1 を 41-1, 41-3 に，42-1 を 42-1, 42-4 に，44 を 44-1, 44-2 に分筆があったものとして調査する場合を示す。
2　分筆があったものとして調査する場合には，新たに筆界線を画し，仮地番，地目及び所有者の氏名又は名称を表示する。この場合，従前の地番，地目，所有者の氏名又は名称は，そのまま存置するのが便宜であるものを除き，まっ消する。

作成	実行機関名				
	作成年月日・作成者印	年	月	日	㊞
	点検年月日・点検者印	年	月	日	㊞
調査	実行機関名				
	調査年月日・調査者印	年	月	日	㊞
	点検年月日・点検者印	年	月	日	㊞

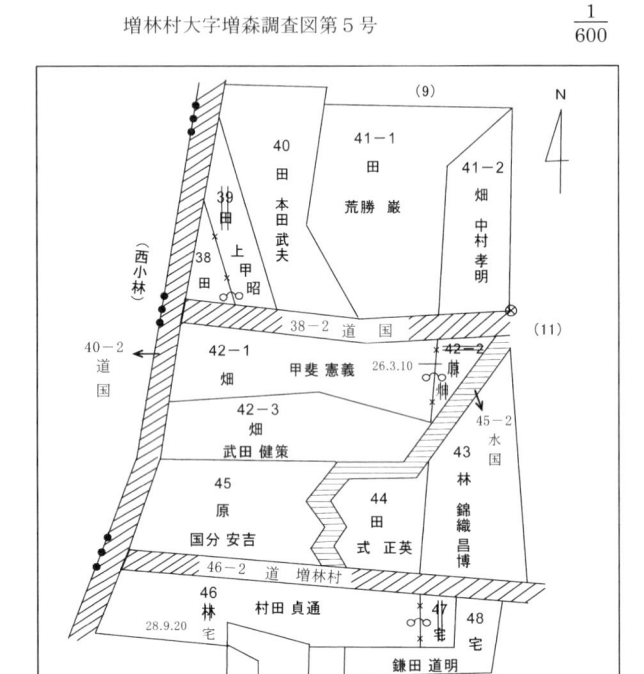

増林村大字増森調査図第5号　　$\frac{1}{600}$

第五　合筆の例

備　考
1　この例は，39が38に，42-2が42-1に，47が46に合筆があったものとして調査する場合を示す。
2　合筆があったものとして調査する場合には，合筆される土地の筆界線中不要になるものをまっ消し，存続の地番，地目及び所有者の氏名又は名称はそのまま存置し，その他の地番，地目及び所有者の氏名又は名称はまっ消する。
3　地目変更の上，合筆があったものとして調査する場合は，あらかじめ「第六」による処理をした上，この例による処理をする。

第3章 一筆地調査

作成	実行機関名				
	作成年月日・作成者印	年	月	日	㊞
	点検年月日・点検者印	年	月	日	㊞
調査	実行機関名				
	調査年月日・調査者印	年	月	日	㊞
	点検年月日・点検者印	年	月	日	㊞

増林村大字増森調査図第5号　　$\frac{1}{600}$

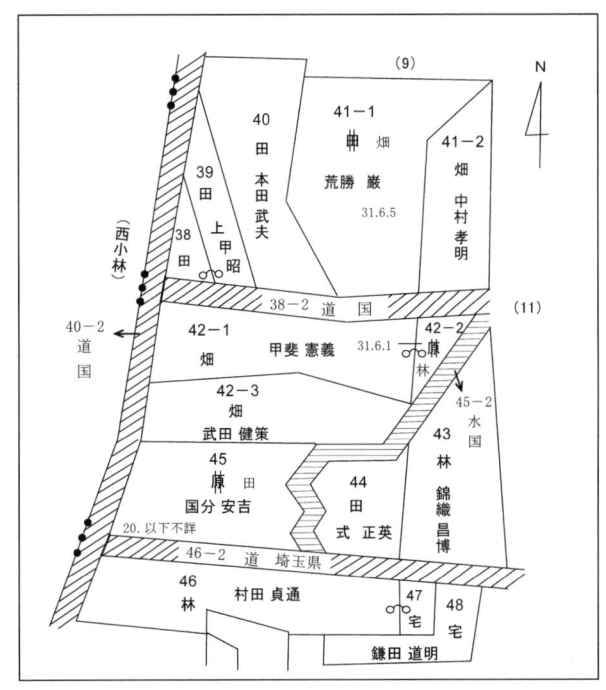

第六　地目変換の例

備　考
1　従前の地目は，二条の赤線でまっ消し，現況地目を所定の略字を用いて表示する。
2　地目変更の年月日を調査し，調査図素図に表示する。この場合年月日が明らかでない場合，たとえば，昭和20年以下不明の場合は「20.以下不詳」のように表示する。

作成	実行機関名	
	作成年月日・作成者印	年　月　日　㊞
	点検年月日・点検者印	年　月　日　㊞
調査	実行機関名	
	調査年月日・調査者印	年　月　日　㊞
	点検年月日・点検者印	年　月　日　㊞

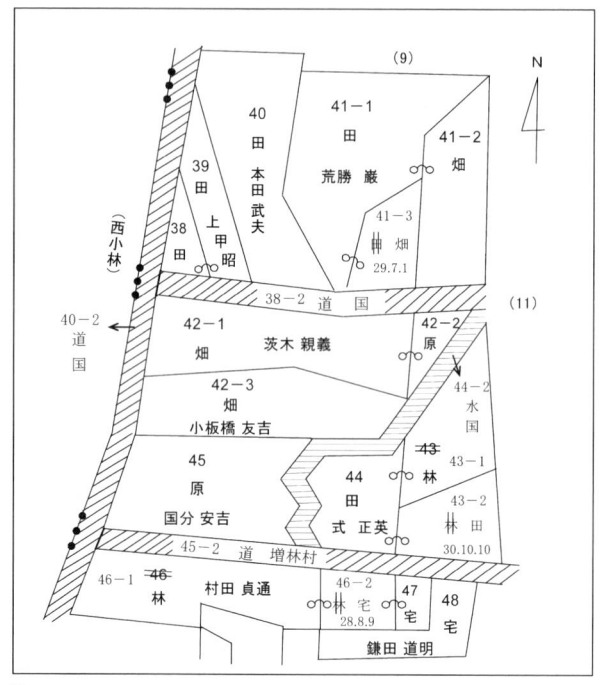

増林村大字増森調査図第5号　　$\frac{1}{600}$

第七　一部地目変換の例

備　考
1　この例は，41-1，43，46の各一部について地目変更のあった場合で，各土地の筆界を現地で確認することができる場合を示す。
2　このような場合は，あらかじめ「第四」によって分筆があったものとしての処理をした上，「第六」による処理をする。

第3章　一筆地調査　　　　　　　　　　　　　　　　　　89

作成	実行機関名	
	作成年月日・作成者印	年　　月　　日　　㊞
	点検年月日・点検者印	年　　月　　日　　㊞
調査	実行機関名	
	調査年月日・調査者印	年　　月　　日　　㊞
	点検年月日・点検者印	年　　月　　日　　㊞

増林村大字増森調査図第5号　　　$\frac{1}{600}$

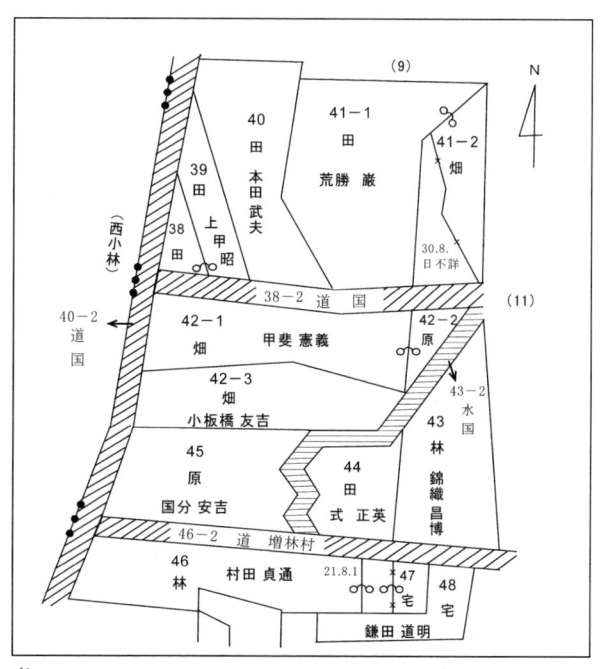

第八　一部地目変換の上他の土地に合筆の例

備　考
1　この例は，41-1及び46の各一部が畑又は宅地に地目変更され，その部分と41-2又は47とは現況が一筆になっており，従前の筆界がいずれも明らかでない場合を示す。
2　このような場合には，分筆があったものとして調査することなく，一部合筆があったものとして取り扱う。すなわち，この例においては，41-1の土地については「何年何月何日一部地目変換，41-2に一部合筆」，41-2の土地については，「何年何月何日一部地目変換，41-1の一部を合筆」のような処理をする。(46, 47についても同様とする。)ので調査図素図は，図形の訂正のみで足りる。

作成	実行機関名	
	作成年月日・作成者印	年　　月　　日　　㊞
	点検年月日・点検者印	年　　月　　日　　㊞
調査	実行機関名	
	調査年月日・調査者印	年　　月　　日　　㊞
	点検年月日・点検者印	年　　月　　日　　㊞

増林村大字増森調査図第5号　　　$\dfrac{1}{600}$

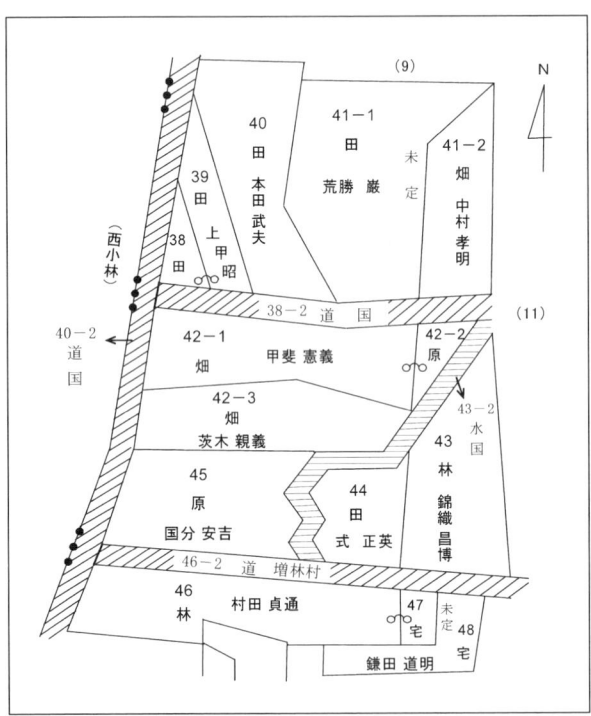

第九　筆界未定の例

備　考
　筆界未定の部分には、「未定」と朱書する。

第3章 一筆地調査

作成	実行機関名				
	作成年月日・作成者印	年	月	日	㊞
	点検年月日・点検者印	年	月	日	㊞
調査	実行機関名				
	調査年月日・調査者印	年	月	日	㊞
	点検年月日・点検者印	年	月	日	㊞

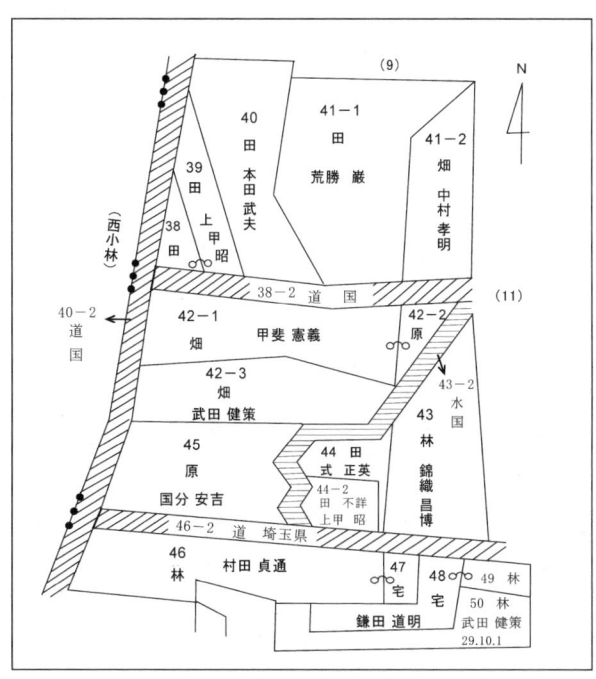

増林村大字増森調査図第5号　　$\frac{1}{600}$

第十　新規登録の例

備　考
1　新規登録地は，隣地との配列関係を考慮して目測でその図形を描示し，これに仮地番，地目，所有者の氏名又は名称及び所有権取得の年月日並びに事由を表示する。
2　この例は，44-2は登録もれ地であり，50は国有地の払下を受けた未登録地で，ともに新規登録地として調査したものである。仮地番44-2は隣地の地番に枝番号をつけ，50は最終地番の次番をつけて定めたものである。

作成	実行機関名	
	作成年月日・作成者印	年　　月　　日　　㊞
	点検年月日・点検者印	年　　月　　日　　㊞
調査	実行機関名	
	調査年月日・調査者印	年　　月　　日　　㊞
	点検年月日・点検者印	年　　月　　日　　㊞

増林村大字増森調査図第5号　　　$\frac{1}{600}$

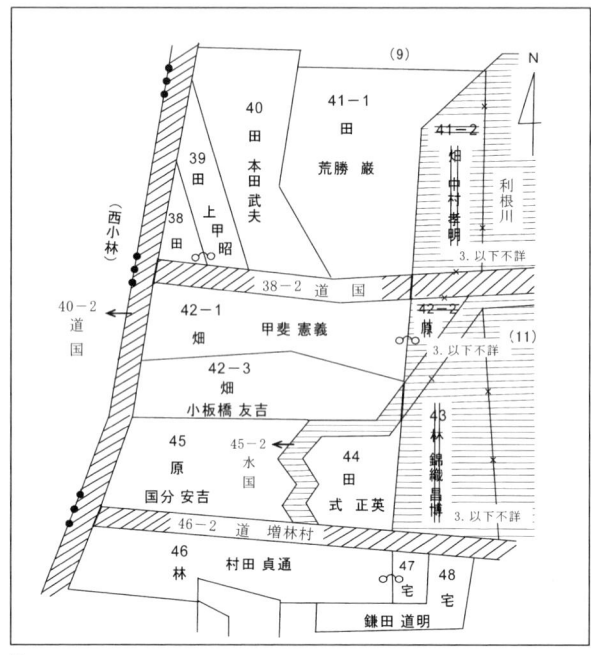

第十一　滅失又は不存在の例

備　考
1　この例は，41-2，42-2，43が河川敷の一部となり，現地について確認することができない土地となった場合を示す。
2　このような土地については，所有者の承認を得た上で筆界線，地番，地目及び所有者の氏名又は名称をまっ消する。
3　一部滅失の場合は，分筆の上滅失の取扱をすることなく，所有者の承認を得た上で「一部滅失」の取扱をし，調査図素図は訂正するのみで足りる。
4　滅失の年月日を調査し，調査図素図に表示する。
5　不存在の土地については，滅失の場合に準じて処理する。

第3章 一筆地調査

作成	実行機関名				
	作成年月日・作成者印	年	月	日	印
	点検年月日・点検者印	年	月	日	印
調査	実行機関名				
	調査年月日・調査者印	年	月	日	印
	点検年月日・点検者印	年	月	日	印

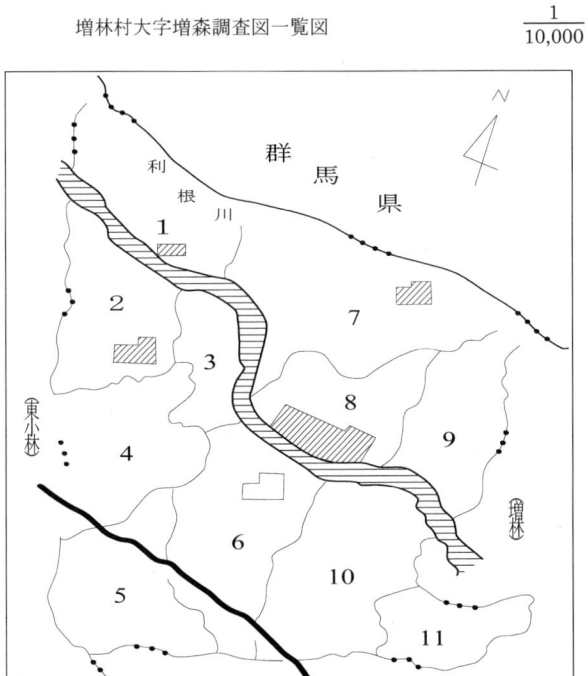

増林村大字増森調査図一覧図　　$\frac{1}{10,000}$

第十二　調査図一覧図の例

備　考
1　調査図一覧図には，調査図素図の輪郭及び番号のほか，部落，主要な長狭物等をも表示する
2　調査図一覧図は，必要に応じ一市町村をまとめて一枚に作成することができる。この場合には，地番区域の境界記号及び名称をも表示する。
3　作成及び調査の実行機関名並びに作成，調査，点検の年月日及び作成者，調査者，点検者の押印は，例第一の備考の9に準じて行う。
4　実行機関名は，外注作業にあっては受注会社名を記入し，直営作業にあっては「直営」と記入することで足りるものとする。

調査図一覧図の作成

第十七条 調査図一覧図は，調査図素図の接合関係を示す図面に次の各号に掲げる事項を表示して，調査を行おうとする単位区域ごとに作成するものとする。

一　名称
二　調査図素図の番号
三　単位区域に隣接する地番区域の名称
四　作成年月日及び作成者の氏名

解説

　調査図一覧図は，単位区域を数地区に区分して作成された調査図素図の接合関係を一覧できるように作成した図面をいいます。

　本条は，調査図素図の作成方法を定めたもので，調査図一覧図は調査を行おうとする単位区域ごとに，名称，調査図素図の番号，単位区域に隣接する地番区域の名称，作成年月日及び作成者の氏名を表示して作成することとしています。

第3章 一筆地調査

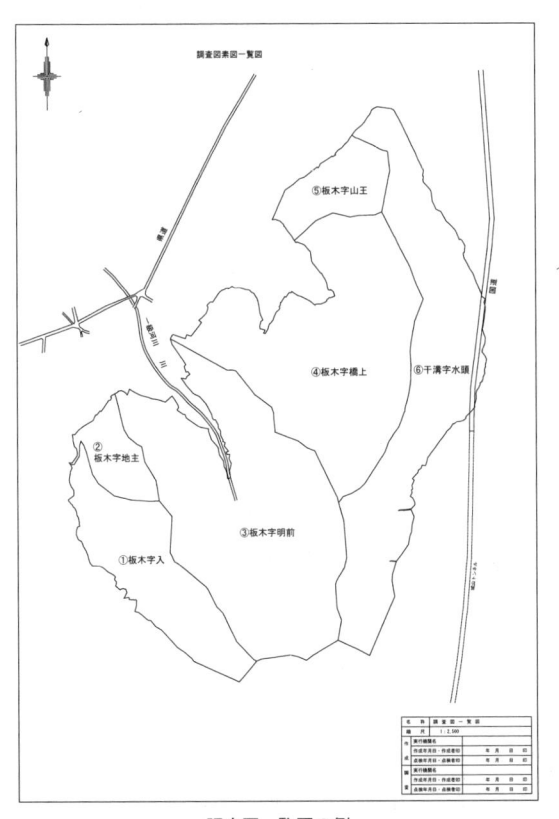

調査図一覧図の例

(運用基準)

┌───┐
│ 調査図一覧図の作成
│ **第9条** 調査図一覧図は，準則第17条に掲げる事項のほか，調査図素
│   図の輪郭，字名，主要な長狭物等を表示するものとする。
│ 2 前条第2項の手続により調査図素図を作成した場合には，その旨調
│   査図一覧図の余白に記載するものとする。
└───┘

解説

第1項は，準則第十七条に掲げる事項のほかに表示する事項を定めたもの

で，調査図素図の輪郭，字名，主要な長狭物等を表示することとしています。

　第2項は，登記所地図の全部又は一部が滅失等している場合に第8条第2項の手続により作成した調査図素図の扱いを定めたもので，調査図一覧図の余白にその旨記載することとしています。

地籍調査票の作成

第十八条　地籍調査票は，毎筆の土地について，登記簿に基づいて作成するものとする。

2　地籍調査票は，土地課税台帳を用いて作成することができる。この場合においては，作成後遅滞なく登記簿と照合しなければならない。

3　地籍調査票は，地番区域ごとに，地番の順序につづり，表紙を付し，これに土地の所在，最初の地番及び最終の地番，簿冊の番号，作成年月日及び作成者氏名を記載するものとする。

解説

　地籍調査票は，地籍簿案作成の原票的な性格の資料となるもので，一筆地調査の結果に基づき，地籍事項を訂正又は修正して作成するものです。

　第1項は，地籍調査票の作成の基本的な方法を定めたもので，毎筆の土地について登記簿に基づいて作成することとしています。

　第2項は，登記所が遠方にあるなどの理由で登記簿を利用すると非効率，不経済な場合の地籍調査票の作成方法を定めたもので，このような場合は土地課税台帳を用いて作成することができるとしています。ただし，土地課税台帳を用いて作成した場合には，作成後遅滞なく登記簿と照合しなければならないとしています。

　第3項は，地籍調査票の綴り方，記載事項等を定めたもので，地籍調査票は，地番区域ごとに，地番の順序につづり，表紙を付し，これに土地の所在，最初の地番及び最終の地番，簿冊の番号，作成年月日及び作成者氏名を記載することとしています。

地籍調査票の例

(運用基準)

┌───┐
│ 地籍調査票の作成
│ 第10条　地籍調査票の作成については，「地籍調査票作成要領」（平成
│　　14年1月16日付け国土国第432号国土交通省土地・水資源局長通
│　　知）に基づいて行うものとする。
└───┘

解説

　本条は，地籍調査票の作成方法を定めたもので，地籍調査票は，平成14年1月16日付けで出された国土交通省土地・水資源局長通知「地籍調査票

作成要領」に基づき作成することとしています。

【参考】

○地籍調査票作成要領について
　　　　（平成14年1月16日付け国土国第432号国土交通省土地・水資源局長通知）

　　　　　　　　　　　　　　　　　　最終改正：平成17年3月7日国土国第423号

　地籍調査票の様式及び作成については，「地籍調査票の様式及び作成要領について」（昭和56年11月10日付け56国土国第441号国土庁土地局長通達）に基づいて取り扱われているところですが，一筆地調査の外注化の導入及び一筆地調査のコンピュータによるデータ処理の進捗に鑑み，今般，別添のとおり定めたので御了知の上，関係市町村等への周知方よろしくお願いします。

（別添）
地籍調査票作成要領

1　地籍調査票
(1)　地籍調査票は，別紙様式第1号及び第2号を使用して作成すること。
(2)　調査図番号，地籍図番号，地番，仮地番，地積，住所及び年月日を記載するにはアラビア数字を用いること。
(3)　「地籍調査前の土地の表示」欄（二線で画されている部分）に記載をするには，土地登記簿に登記されている現在事項のみで足りる。土地登記簿の登記事項で明らかに誤りであると認められるもの，登記もれのもの等があるときは，登記所に連絡しその訂正，補正等が行われるのを待って記載すること。現地調査の着手までに訂正，補正等が行われないときには，現在の登記簿に記載されているとおり記載すること。
(4)　土地の「所在・地番」欄には，大字以下について記載をすること。
(5)　「住所」欄には，地番を除き土地の所在と同一の部分は省略し，異なる部分のみを記載すれば足りる。ただし，地番のみは必ず記載すること。
(6)　既登記（土地の表示の登記のみされている場合を含む。）の共有地については，「氏名又は名称」欄に，「何某（登記簿に記載されている筆頭の者の氏名）外何名」と記載し，他の者は別紙様式第3号の共有者氏名表に記載すること。この場合，「住所」欄には，筆頭の者の住所を記載すること。
(7)　「登記関係表示事項」欄のうち，「所有権」欄には所有権に関する登記の有無により該当事項に○を付し，「その他の登記」欄には所有権以外の権利に関する登記の種類を，例えば地上権については地上，抵当権（根抵当権を含む）は抵，賃借権は賃などのように略記することができる。
(8)　別紙様式第1号の「立会人」欄は，当該土地について現地調査を行った年月日を記入し，土地所有者等の立会人に署名及び押印をさせるものとすることとし，立会人が代理人であるときの署名については，「何某代理人何某」の例により行

わせるものとすること。
　　なお，立会人の署名及び押印は，原則として現地調査当日に行わせるものとする。
(9) 「異動事項」欄については，異動の順序に関係のある事項については□の中にそれぞれアラビア数字によってこれを明らかにし，その他の場合には現地調査による異動事項等を明確にするために該当事項の□をチェックしておくこと。
(10) 新たに表示の登記をすべき土地に関する地籍調査後の「所有者」欄への記載は，所有権の帰属に関する事項のほか住民票等により住所を確認のうえ記載をすることとし，共有地については前記(6)の方法により記載すること。
(11) 「地籍簿への記載事項」欄には，必要に応じ地籍簿案を作成する場合の「原因及びその日付」欄に記載する事項を記載すること。
(12) 「所有者意見」欄には，地籍調査において同意（承認）を得ることとされている該当事項に○印を付すとともに同意（承認）があった年月日を明記し，当該同意（承認）をした土地所有者又は代理人（この場合「何某代理人何某」の旨表示）に署名，押印させること。
　　なお，土地所有者が死亡している場合には，相続人（複数の場合には相続人全員又は相続人のうち選任された代表者）の同意（承認）を求め，同意（承認）があったときはその者に署名，押印をさせること。
(13) 「摘要」欄には，例えば新たに表示の登記をすべき土地として調査した場合の所有者の認定根拠，土地所有者等の立会が得られない場合等における現地調査の経緯，代理人資格の確認，外注作業の場合の実施主体の指示・関与及びその経緯，その他特に必要と思われる事項を付記しておくこと。

2　地籍調査票綴
(1) 単位区域について地籍調査票の作成を終えたときは，地番区域ごとに地番（枝番号を含む。）の順序に編綴し，事後の調査記録の保管に支障のないように別紙様式第4号による表紙を付し地籍調査票綴とすること。
(2) 別紙様式第4号による表紙中，「作成」の項の「点検」欄①には，工程管理として登記簿と地籍調査票との照合点検を行った年月日及び工程管理者の押印を，②には，地籍調査票と調査図素図との照合点検を行った年月日及び工程管理者の押印をすること。「調査」の項の「点検」欄には工程管理として調査図と地籍調査票との照合点検を行った年月日及び工程管理者の押印をすること。「検査」欄①には市町村検査として調査図と地籍調査票との照合点検を行った年月日及び検査者の押印を，②には都道府県検査として調査図と地籍調査票との照合検査を行った年月日及び検査者の押印をすること。
　　なお，実行機関は，外注作業にあっては受注会社名を記入し，直営作業にあっては「直営」と記入するものとする。

3　経過措置
　　従前の様式により既に印刷済の地籍調査票が存する場合，従前の様式により作成された地籍調査票により調査中の区域がある場合，コンピュータ処理が実施されていない場合等，本要領による取り扱いへ直ちに移行することが困難と判断されるときは，地籍調査票の様式及び作成は従前の例によることができる。

(別紙)

(様式第1号)

地籍調査票(現地調査用)

調査図番号			
立会人	現地調査 平成　年　月　日	立会人署名 (代理人)	印

地籍調査前の土地の表示	地籍調査後の土地の表示
所在・地番	仮地番
地目・地積　地目　　　地積　　　m²	地目
所有者　住所	
氏名又は名称	

登記関係表示事項	所有権	その他の登記
	既・未	

異動事項(同意・承認事項)	異動事項
□　　　　に分割 □　　　　から分割 □　　　　を合併 □　　　　に合併 □　　　　番の一部を合併 □　　　　番に一部合併 □　　　　番と地番変更(訂正) □　　年　月　日不詳(一部)滅失 □不存在	□　年　月　日不詳(一部)地目変更 □　年　月　日　　と所在変更 □　年　月　日　　と住所変更(訂正) □　年　月　日　　と氏名変更(訂正) □　年　月　日不詳新たに表題登記をする土地 □　　　　を　　　　と訂正 □　　　　　番との筆界未定 □現地確認不能 □

所有者意見	上記のとおり分割・合併・一部合併・地番変更(訂正)・滅失・不存在について同意(承認)をする。 平成　年　月　日 土地所有者署名 (代理人)　　　　　印

[摘要]

(この用紙の大きさは,日本工業規格A4判とする。)

(様式第2号)

地籍調査票（データ出力用）

調査図番号			地籍図番号	

地籍調査前の土地の表示	地籍調査後の土地の表示
所在・地番	仮地番
地目・地積　地目　　　　地積　　　㎡	地目　　　　地積　　　㎡
所有者　住所	
氏名又は名称	

登記関係表示事項	所有権	その　他　の　登　記
	既・未	

地籍簿への記載事項	

〔摘要〕

（この用紙の大きさは，日本工業規格A4判とする。）

（様式第3号）

共有者氏名表

土地の所在・地番			
共有持分	住　所	氏名又は名称	備考

（この用紙の大きさは，日本工業規格A4判とする。）

（様式第4号）

```
                    郡    町           大字    字
                    市    村

            ─────────────────────────────────

                    地 籍 調 査 票 綴

                         冊の内  第    号
            ─────────────────────────────────

                    番の      から      番の      まで
            ─────────────────────────────────
```

作成	実行機関名			
	作成年月日	平成 年 月 日		㊞
	点検	①	平成 年 月 日	㊞
		②	平成 年 月 日	㊞

調査	実行機関名		
	調査期間	平成 年 月 日から 平成 年 月 日まで	
	点検	平成 年 月 日	㊞

	実施主体名		
検査	①	平成 年 月 日	㊞
	②	平成 年 月 日	㊞
認証年月日番号	平成 年 月 日　　　　第　号		

（この用紙の大きさは，日本工業規格A4判とする。）

○地籍調査票の様式及び作成要領について
　　　　（昭和56年11月10日付け56国土国第441号国土庁土地局長通達）
　　　　　　改正：平成5年4月21日付け5国土国第170号
　　　　　　　　　平成12年5月23日付け12国土国第179号

　一筆地調査の作業をより適正かつ効率的に行うために，新たに地籍調査作業規程準則第18条及び第19条の規定に基づく標記様式及び作成要領を下記のとおり定めたので，今後は準則に定めるもののほかこの方法により取り扱うよう関係市町村等に周知方取り計らわれたい。

なお，従来の様式により既に印刷済の地籍調査票については，適宜必要事項を付記のうえ使用して差し支えない。
　おって，昭和33年10月20日付け経済企画庁総合開発局国土調査課長指示（地籍調査票の作成について）は廃止する。

記

　　地籍調査票作成要領
1　地籍調査票は，別紙様式第2号により土地一筆ごとに一枚を使用して作成すること。
2　調査図番号，地籍図番号，地番，仮地番，地積，住所，年月日を記載するにはアラビア数字を用いること。
3　「地籍調査前の土地の表示」欄（二線で画されている部分）に記載をするには，土地登記簿に登記されている現在事項のみで足りる。土地登記簿の登記事項で明らかに誤りであると認められるもの，登記もれのもの等があるときは，登記所に連絡しその訂正又は補正等が行われるのをまって記載すること。もし，現地調査の着手までに訂正又は補正等が行われないときには，そのままで記載すること。
4　土地の「所在・地番」欄には，大字以下について記載をすること。
5　「住所」欄には，地番を除き土地の所在と同一の部分は省略し，異なる部分のみを記載すれば足りる。ただし，地番のみは必ず記載すること。
6　既登記（土地の表示の登記のみされている場合を含む。）の共有地については，「氏名又は名称」欄に，「何某（登記簿に記載されている筆頭の者の氏名）外何名」と記載し，他の者は別紙様式第3号の共有者氏名表に記載すること。この場合，「住所」欄には，筆頭の者の住所を記載すること。
7　「登記関係表示事項」欄のうち，「所有権」欄には所有権に関する登記の有無により該当事項に〇を付し，「その他の登記」欄には所有権以外の権利に関する登記の種類を，例えば地上権については㊤，抵当権（根抵当権を含む）は㊎，賃借権は㊃などのように略記すること。
　　なお，所有権以外の権利に関する登記が複数の場合には，本文の例により連記すること。
8　「異動事項」欄については，異動の順序に関係のある事項については〇の中にそれぞれアラビア数字によってこれを明らかにし，その他の場合には現地調査による異動事項等を明確にするために該当事項の〇の中に㋹を付しておくこと。
　　なお，「地籍調査後の土地の表示」欄（二線で画されている部分）で，異動のなかった事項については斜線を引いておくこと。
9　新たに表示の登記をすべき土地に関する地籍調査後の「所有者」欄への記載は，所有権の帰属に関する事項のほか住民票等により住所を確認のうえ記載をすることとし，共有地については前記6の方法により記載すること。
10　「地籍簿への記載事項」欄には，必要に応じ地籍簿案を作成する場合の「原因及びその日付」欄に記載する事項を記載すること。
11　「所有者意見」欄には，地籍調査において同意（承認）を得ることとされている該当事項に〇印を付すとともに同意（承認）があった年月日を明記し，当該同意（承認）をした土地所有者又は代理人（この場合「何某代理人何某」の旨表

示）に署名，押印させること。
　なお，土地所有者が死亡している場合には，相続人（複数の場合には相続人全員又は相続人のうち選任された代表者）の同意（承認）を求め，同意（承認）があったときはその者に署名，押印をさせること。
12 「備考」欄には，当該土地について現地調査を行った年月日を記入し，土地所有者等の立会人に署名及び押印させるものとすること。なお，立会人が代理人であるときの署名については，「何某代理人何某」の例により行わせるものとすること。
13 別紙様式第2号裏面の「摘要」欄には，例えば新たに表示の登記をすべき土地として調査した場合の所有者の認定根拠，土地所有者等の立会いが得られない場合等における現地調査の経緯，代理人資格の確認，外注作業の場合の実施機関の指示，関与及びその経緯その他特に必要と思われる事項を付記しておくこと。
14 単位区域について地籍調査票の作成を終えたときは，地番区域ごとに地番（枝番号を含む。）の順序に編綴し，事後の調査記録の保管に支障のないように別紙様式第1号による表紙を付し地籍調査票綴とすること。
15 別紙様式第1号による表紙中，「作成」の項の「点検」欄①には，工程管理として登記簿と地籍調査票との照合点検を行った年月日及び工程管理者の押印を，②には，地籍調査票と調査図素図との照合点検を行った年月日及び工程管理者の押印をすること。「調査」の項の「点検」欄には工程管理として調査図と地籍調査票との照合点検を行った年月日及び工程管理者の押印をすること。「検査」欄①には市町村検査として調査図と地籍調査票との照合検査を行った年月日及び検査者の押印を，②には都道府県検査として調査図と地籍調査票との照合検査を行った年月日及び検査者の押印をすること。
　なお，実行機関は，外注作業にあっては受注会社名を記入し，直営作業にあっては「直営」と記入するものとする。

(別紙)

(様式第一号)

地籍調査票綴

郡　町　　大字　　字
市　村

冊の内　第　号

番の　から　番の　まで

作成
- 実行機関名
- 作成年月日　平成　年　月　日　㊞
- 点検　① 平成　年　月　日　㊞
- 　　　② 平成　年　月　日　㊞

調査
- 実行機関名
- 調査期間　平成　年　月　日から
- 　　　　　平成　年　月　日まで　㊞
- 点検　平成　年　月　日　㊞

実施主体名
- 検査　① 平成　年　月　日　㊞
- 　　　② 平成　年　月　日　㊞

認証年月日番号　平成　年　月　日　第　号

(B6)

(様式第二号・表)

地籍調査票

調査図番号　　　　　　　　　　　　　地籍図番号

地籍調査前の土地の表示	地籍調査後の土地の表示
所在・地番　大字　字　番	大字　字　仮地番　番
地目・地積　地目　　地積　㎡	地目　　地積　㎡

所有者
- 住所
- 氏名又は名称

登記関係表示事項
- 所有権　既・未
- その他の登記

異動事項
- ○　　年　月　日（一部）地目変更
- ○　　に　　から分割　○　　を　　に合併
- ○　　番に一部合併　番の一部を合併
- ○　　番と地番変更
- ○　　年　月　日と所在変更
- ○　　年　月　日不詳新たに表示登記をする土地
- ○　　年　月　日不詳（一部）滅失
- ○　　を　　と訂正
- ○　　番との筆界未定
- ○地積訂正　○不存在　○現地確認不能

地籍簿への記載事項

所有者意見
左記のとおり分割・合併・一部合併・滅失・不存在・地番変更について同意（承認）をする。
平成　年　月　日
土地所有者　　　　　　　　㊞
（代理人）

備考
現地調査　平成　年　月　日
立会人署名　　　　　　　　㊞

(B6)

〔 摘 要 欄 〕

(様式第二号・裏)

B6

共 有 者 氏 名 表

土地の所在	大字　　　　字	地番	
共有持分	住　　　　所	氏名又は名称	備　考

(様式第三号)

B6

(注)　様式第1号から第3号までについては，必要に応じB5判により作成して差し支えない。

第十九条　削除

> **現地調査の通知**
>
> 第二十条　地籍調査を実施する者（法第十条第二項の規定により国土調査の実施を委託された法人が国土調査を実施する場合にあっては，その実施を委託した都道府県又は市町村。以下この条及び次条において同じ。）は，調査図素図，調査図一覧図及び地籍調査票の作成の終了時期が明らかとなったとき又はその作成を終了したときは，現地について行う一筆地調査（以下「現地調査」という。）に着手する時期を決定し，現地調査を実施する地域内の土地の所有者その他の利害関係人又はこれらの者の代理人（以下「所有者等」という。）に，実施する地域及び時期並びに調査に立ち会うべき旨を通知するものとする。

解説

　現地調査とは，調査を行う者が調査地域内に立ち入り，調査図素図や地籍調査票等の資料に基づいて，概ねの土地の配列の順序に従って，一筆地ごとにもれなく，土地の所有者，地番，地目，筆界を直接現地で土地の所有者等の立会のもとに調査し，調査図を作成する作業をいいます。

　現地調査では，土地の所有者等の立会のもとに行うことから，その実施時期が決定したときは，実施地域内の土地の所有者等に実施する地域及び時期などを示し，調査への協力を得る必要があります。

　なお，土地所有者等とは，土地の所有者，その他の利害関係人又はこれらの者の代理人をいい，土地の所有者とは，あくまでも登記簿上の登記名義人であり，土地の実質的所有者を意味するものではありません。登記名義人が死亡し相続人が複数存在する場合や，登記名義人が複数存在する場合には，その全員が「土地の所有者」の対象となります。その他の利害関係人とは，正当な占有権限に基づいて他人所有の土地を占有して使用収益をあげている者（用益権者：地上権者，地益権者，貸借権者，永小作権者）をいいます。これらの者の代理人とは，土地の所有者又はその他の利害関係人の代理権限を有する者をいいます。例えば，単なる別荘の管理人は，通常は建物等の維持管理までしか委任されていないことから，筆界の調査に関する代理権限を

有する者とはいえません。

　本条は，現地調査の実施時期等に関する通知について定めたもので，地籍調査を実施する市町村等は，調査図素図，調査図一覧図及び地籍調査票の作成の終了時期が明らかとなったとき又はその作成を終了したときは，現地調査を実施する地域内の土地の所有者等に，実施する地域及び時期並びに調査に立ち会うべき旨を通知することとしています。

（運用基準）

> 現地調査の通知時における筆界案の送付
> 第10条の2　境界標又は恒久的地物により土地の筆界点の位置が明確な土地について，第15条の2第1項第1号又は第2号に掲げる客観的な資料が既に存在する場合は，現地調査の通知において，同資料により作成した筆界案を送付し，筆界の確認を求めることができる。この場合において，現地調査の時期までに筆界案を承認する旨の返答がなされ，かつ，調査に支障がないと認められる場合には，現地調査への立会を要しないこととすることができる。

解説

　現地調査では，土地の所有者等の立会のもとに行うことが原則ですが，遠方居住者等，何らかの事情で現地に出向くことができない所有者等がいます。

　このような場合に，土地境界に関する基礎資料から作成した「筆界案」を用いて書面により筆界の確認を行う手法があります。

　本条は，現地調査の通知時における筆界案の送付について定めたもので，境界標又は恒久的地物により土地の筆界点の位置が明確な土地について，客観的な資料が既に存在する場合は，現地調査時に筆界案を送付し，筆界の確認を求めることができるとし，現地調査の時期までに筆界案を承認する旨の返答があり，かつ，調査に支障がないと認められる場合には，現地調査への立会を要しないとすることができるとしています。

> **標札等の設置**
>
> 第二十一条　地籍調査を実施する者は，土地の所有者等の協力を求め，現地調査に着手する日までに（やむを得ない理由がある場合にあっては，現地調査時に），毎筆の土地について，その所有者の氏名又は名称，地番及び地目を記載した標札並びに筆界標示杭を設置するものとする。ただし，土地所有者の求めがあるときは，標札の設置に代えて，標札に記載すべき事項を記載した書面を土地の所有者等に送付することができる。
>
> 2　前項の筆界標示杭は，筆界を標示するために必要な位置に設置するものとする。
>
> 3　後続の作業及び筆界の明確化に資するため，数筆の土地の筆界標示杭のうち周辺の土地の特定に有効なものを筆界基準杭とし，永続性のある標識を設置するものとする。

解説

　現地調査では，土地の所有者等の立会を求めますが，土地の所有者等が立会時に土地の所在や境界を探し始めるのでは非効率です。このため，現地調査に入る前に土地の所有者等の協力を得て，現地調査を行う毎筆の土地に標札を設置するとともに，分岐点や屈曲点など土地の主要な地点に筆界標示杭を設置します。なお，筆界標示杭の全てについて永久性のある材質のものを用いると経費等の面から必ずしも実際的でないことから，筆界標示杭のうち，後続の一筆地測量や周辺の土地の特定に有効なものを筆界基準杭として永久性のある材質の杭を設置します。

　第1項は，標札及び筆界標示杭の設置について定めたもので，①土地の所有者等の協力を求め，②現地調査に着手する日までに（やむを得ない理由がある場合にあっては，現地調査時に），③毎筆の土地について，その所有者の氏名又は名称，地番及び地目を記載した標札並びに筆界標示杭を設置することとしています。ただし，個人情報保護の観点から，土地所有者の求めがあるときは，標札の設置に代えて，標札に記載すべき事項を記載した書面を

土地の所有者等に送付することができるとしています。

　第2項は，筆界標示杭設置の留意点を定めたもので，設置位置の間違いがないように筆界を標示するために必要な位置に設置するよう注意を喚起しています。

　第3項は，筆界基準杭の設置について定めたもので，後続の一筆地測量及び筆界の明確化に資するため，数筆の土地の筆界標示杭のうち周辺の土地の特定に有効なものを筆界基準杭とし，永続性のある標識を設置することとしています。

(運用基準)

> 筆界基準杭等
> 第11条　筆界標示杭は，永久的な標識を設置するように努めるものとする。
> 2　筆界基準杭の密度の標準は，別表第1に定めるところによるものとする。
> 3　筆界基準杭の規格は，別表第2に定めるところによるものとする。
> 4　筆界基準杭は，細部図根点等又は航測図根点等として活用するように努めるものとする。

解説

　第1項は，筆界標示杭の材質について定めたもので，具体的な材質，規格等についての定めではありませんが，後続の作業や地籍の明確化を図る観点から永久的な標識を設置するものとしています。

　第2項は，筆界基準杭の密度について定めたもので，別表第1の(2)に1図郭当たりの密度の標準点数を縮尺1／250で2〜3点，1／500で3〜6点，1／1000，1／2500又は1／5000で8〜12点としています。

　第3項は，筆界基準杭の規格を定めたもので，別表第2の(3)に寸法及び形状を7cm×7cm×60cm角柱又はこれと同等以上（山林部では4.5cm×4.5cm×45cm角柱でも可），材質をプラスチック（難燃性でありJIS規

格のものを標準），鉄鋼入りコンクリート又は石（空洞のものは除く），中心標示の方法を直径3mm以下としています。

　第4項は，筆界基準杭の活用について定めたもので，筆界基準杭の保存の観点からも細部図根点等又は航測図根点等として活用するよう努めることとしています。

> **市町村の境界の調査**
> 第二十二条　地籍調査を行う者は，現地調査に着手する前に，当該現地調査に関係のある市町村の境界を調査するものとする。
> 2　前項の規定による調査を行うに当たっては，関係市町村の関係職員の立会いを求めるとともに境界に接する土地の所有者等を立ち会わせ，それらの者の同意を得て，分岐点，屈曲点その他必要な地点に境界標を設置するものとする。
> 3　前項の規定による境界標の設置ができないときは，調査図素図の当該部分に「境界未定」と朱書するものとする。

解説

　地籍調査の調査地域は，第十条に基づき，原則として市町村の区域をその地域とすることから，市町村境界を明らかにしないまま現地調査を実施すると，調査に重複や漏れが生じたり，あるいは調査地域以外の土地を調査して無関係の者に立会をさせたりするおそれがあります。このため，単位区域内に市町村境界がある場合は，現地調査に先立って市町村境界を確認します。

　市町村境界の調査は，関係者の立会，確認を得た場合は，後日トラブルが生じないよう関係者の同意書を取り交わすとともに，立会及び同意の状況を記録しておくことが必要です。なお，市町村境界の調査は，原則として単位区域界の調査と同時に行います。

　第1項は，市町村境界の調査の実施時期を定めたもので，現地調査に着手する前に実施することとし，その対象は当該現地調査に関係のある市町村の境界を調査するとしています。

第2項は，調査の方法と境界標の設置について定めたもので，調査は関係市町村の関係職員の立会いを求めるとともに，境界に接する土地の所有者等を立ち会わせて行うこととしています。また，立会者の同意を得た場合は，分岐点，屈曲点その他必要な地点に境界標を設置することとしています。

　第3項は，市町村境界を確認できなかった場合の扱いを定めたもので，確認できず境界標の設置ができないときは，調査図素図の当該部分に「境界未定」と朱書することとしています。

第2節　現地調査

> **現地調査の実施**
> 第二十三条　現地調査は，調査図素図に基いて，おおむね土地の配列の順序に従い，毎筆の土地について，その所有者，地番，地目及び筆界の調査を行うものとする。
> 2　前項の調査には，当該調査に係る土地の所有者等の立会いを求めるとともに，その経緯を地籍調査票に記録するものとする。
> 3　第一項の調査を行つたときは，調査図素図に調査年月日を記録するとともに，調査図素図の表示が調査の結果と相違しているときは，当該表示事項を訂正し又は修正しその他調査図素図に必要な記録をして調査図を作成するものとする。

解説

現地調査とは，調査を行う者が調査地域内に立ち入り，一筆毎の土地の所有者，地番，地目，筆界を調査する作業をいいます。

第1項は，現地調査の調査項目について定めたもので，調査図素図に基づいて，毎筆の土地について，その所有者，地番，地目及び筆界の調査を行うこととしています。また，調査は，調査漏れを防止する観点から土地の配列の順序に従って行うこととしています。

第2項は，調査の方法について定めたもので，当該調査に係る土地の所有者等の立会いを求めるとともに，その経緯を地籍調査票に記録することとしています。

第3項は，調査結果の整理方法について定めたもので，調査図素図に調査年月日を記録するとともに，調査図素図の表示が調査の結果と相違しているときは，当該表示事項を訂正し又は修正しその他調査図素図に必要な記録をして調査図を作成することとしています。

なお，現地調査の期間については，「当該地番区域について現地調査に着手した日からその終了した日までとする」と指示されています（昭和三十五

年十二月八日付け経済企画庁総合開発局国土調査課長指示「土地の異動等の取扱いについて」)。この調査期間は，調査を行う者にとっては，地籍調査の実施時期を明らかにするものであり，また成果の送付を受ける登記官にとっては，成果に基づく登記を実行するにあたり，登記事項に変更が生じている場合，この調査期間を基準として，調査後の異動かどうかを判断することになりますので，作成する地籍簿及び地籍調査票の表紙所定欄に，この調査期間を明らかにしておかなければなりません。また，調査期間は地籍簿表紙にも転記されます。

【参考】

○調査上の留意事項
(1) 各資料に基づき，土地所有者等の立会の下，正確に筆界点に杭等が設置してあるか確認し，調査図素図上の筆界点位置に△印等（杭の種類ごとに記号を事前に決めておき，それに準じて記入）をつける。
　　例：境界石＝■　測量鋲＝○　など
(2) 所有者，土地の所在，地番，地目等を所有者等からも確認する。
(3) 地籍調査票に立会人の署名・押印を得るとともに，所要事項の記載をし，分割・合併・一部合併・滅失・不存在・地番変更の調査を行う場合には，これに同意（承認）する旨の署名・押印を得る。
(4) 確認済みの筆界杭には，調査漏れを防止するためペンキ等で明示する処理を施すほか，筆界点の番号を明記しておくことが望ましい。
(5) 現地と調査図素図の表示が異なる場合には，素図への記載は特に注意する。状況にもよるが，目測又は歩測等の方法により調査図素図を訂正する。
(6) 調査を終えた調査図の欄外余白の適宜の箇所に，調査の実行機関名並びに調査及び点検の年月日を表示し，調査者及び点検者がこれに押印する。

Q1. 地籍調査票については，「現地調査」の時点で境界について同意が得られ，立ち会い人の「立ち会い日」と「署名押印」をもらったものについては，異動事項の以下を手書きで完成させ，閲覧の際に（必要な場合には）「所有者意見欄」の署名押印をもらっていますが，「同意できないあるいは筆数が多いといった理由で記入押印が得られなかった筆」については，閲覧の際に異動事項が自動印刷される「地籍調査票データ出力用」を印刷して署名押印をもらい「地籍調査票」として保存しています。『「データ出力用」には調査後の「地籍図番号」と「地積」が表示されている』以外に特に相違点は無いと思われますが，これを調査票として取り扱うわけにはいかないのでしょうか。

A1. 「データ出力用」地籍調査票は従来の地籍調査票で手書きしていた「地籍簿への記載事項」と「地籍図番号」を地籍調査事務支援システムによって簡

便に印刷できるように票を2つに分けたものであり，立会の記録（署名押印）は「現地調査用」地籍調査票に記録すべきです。

Q2. 成果の写しを登記所に送付する前に調査地区内で所有権移転等が発生しました。地籍簿を修正する必要がありますか。

A2. 地籍簿に記載される調査期間の完了日以降に土地異動があった場合は，登記官が職権で対応しますので，地籍簿及び地籍図を修正する必要ありません。

閲覧期間以外になされた申出に対して，法17条第3項に基づく修正義務は課されていません。しかしながら，このことは，閲覧期間以外に申出がなされた場合の成果の修正を禁じているものでなく，法1条に規定されている法の目的に鑑みると，実態を確認の上，地籍調査の成果に誤りがあることが明らかである場合は，国土調査を行った者は修正手続きをとるべきものと解されます。

Q3. 地籍調査実施中に土地所有者が亡くなった場合は，いつまで対応する必要がありますか。

A3. 土地所有者の場合は，立会期間中については亡くなった場合は土地所有者の所有権移転と同様，次の土地所有者（＝相続人）に境界の確認を求めるべきと思われます。委任状については，立会日より後に亡くなった場合は問題ありませんが，立会日より前に亡くなった場合は，民法111条（代理権の消滅事由）で，代理権は，次に掲げる事由によって消滅しますので，この場合は相続人と立会を行う必要があります。

一　本人の死亡
二　代理人の死亡又は代理人が破産手続開始決定若しくは後見開始の審判を受けたこと。委任による代理権は，前項各号に掲げる事由のほか，委任の終了によって消滅する。

Q4. 複数の筆に囲まれた土地が筆界未定となった場合，地籍簿にはその土地に隣接する筆を全て記載する必要がありますか。

A4. 筆界未定となった筆については，隣接する筆を全て地籍簿に記載する必要があります。

Q5. 一筆地調査により登記簿に記載されている住所と現住所が違っていたので，調査票に年月日不詳住所変更と記載しましたが，検査の際，転出転入をした場合には住民票に年月日が記載されているので，年月日不詳はありえないと指摘されました。現住所の証明のために住民票を取得するにあたり，①地権者に住民票を提出してもらう，②事業実施主体（市区町村）が公用申請により住民票を取得する。のいずれがよいでしょうか。

また，実施主体（市区町村）が住民票を公用申請する場合に，法的根拠はあるのでしょうか。

A5. 一筆地調査により登記簿に記載されている住所と現住所が違っている場合は，地権者に住民票を提出してもらいます。この場合，事業実施主体（市区町村）が公用申請で住民票を取得することについては，事業実施主体の判断となります。また，公用申請の法的根拠はありません。なお，事業実施主体が独自に当該市区町村の戸籍係に地籍調査協力依頼を出して住民票の公用申請を受けている例もあります。

（運用基準）

> 私有地以外の土地の調査
>
> 第12条　私有地以外の土地の地籍調査の実施に当たっては，当該土地の管理機関と事前に十分協議の上その立会の下に境界を確認するとともに，当該管理機関に対して境界の明確化又は取得用地の登記，用途廃止処分その他必要な措置を講ずるよう協力を依頼するものとする。
> 2　国有林野の取扱いについては，「国土調査法による地籍調査における国有林野の取扱要領」（昭和33年8月26日付け経企土第96号経済企画庁総合開発局長通達）によるものとする。
> 3　財務省所管普通財産の取扱いについては，「地籍調査に係る財務省所管普通財産の取扱いについて」（昭和57年6月10日付け57国土国第271号国土庁土地局長通達）によるものとする。
> 4　国有畦畔の取扱いについては，「いわゆる二線引畦畔の時効取得確認申請手続への地籍図原図等の活用等について」（昭和54年12月5日付け54国土国第436号国土庁土地局長通達）によるものとする。

解説

私有地以外の土地とは，一般に，国や地方公共団体が所有・管理する道路や河川等の公共用地のことをいいます。このような土地の調査を行う場合は，まず，当該土地の管理又は所有機関に対して地籍調査の周知を行った上で協力を依頼し，立会への協力や関係する資料（測量図・査定図・丈量図・座標値・承諾書・管理図など）収集等を行います。

第1項は，私有地以外の土地の地籍調査の実施に当たっての留意点を定めたもので，当該土地の管理機関と事前に十分協議した上で，その立会の下に境界を確認するとともに，当該管理機関に対して境界の明確化又は取得用地の登記，用途廃止処分その他必要な措置を講ずるよう協力を依頼することとしています。

　第2項は，国有林野の取扱いについて定めたもので，「国土調査法による地籍調査における国有林野の取扱要領について」（昭和33年8月26日付け経企土第96号経済企画庁総合開発局長通達）によることとしています。

　第3項は，財務省所管普通財産の取扱いについて定めたもので，「地籍調査に係る財務省所管普通財産の取扱いについて」（昭和57年6月10日付け57国土国第271号国土庁土地局長通達）によるものとしています。

　第4項は，国有畦畔の取扱いについて定めたもので，「いわゆる二線引畦畔の時効取得確認申請手続への地籍図原図等の活用等について」（昭和54年12月5日付け54国土国第436号国土庁土地局長通達）によることとしています。

【参考】

○国土調査法による地籍調査における国有林野の取扱要領について
（昭和33年8月26日付け経企土第96号経済企画庁総合開発局長・林野庁長官通達）

　国土調査法による地籍調査における国有林野の取扱について別紙のとおり要領を定めたので実施に遺憾のないようにされたい。

（別紙）
国土調査法による地籍調査における国有林野の取扱要領

第1　この要領で国有林野とは，国有林野法（昭和26年法律第246号）第2条に定めるものをいう。
第2　国有林野が二以上の市町村又は地番区域にまたがって存在する場合は，民有地との境界のみの調査にとどめ，その内部に存する地番区域の境界，林道（敷地が林野庁所管の国有地である併用林道を含む。以下同じ。）及び井溝等は調査しないものとする。
第3　国有林野が一地番区域内のみに存在する場合は，その内部における地形又は林道，井溝等の有無にかかわらず，一筆地として調査するものとする。

第4 都道府県知事は，国土調査法第6条の3第1項の規定により設定された都道府県計画で国有林野に関係あるものを当該管轄営林局長に通知するものとし同条第2項の事業計画は当該営林局長に4月末までに通知するものとする。

第5 国有林野とこれに接する地番区域との境界で，明確でないものがあるときは，地籍調査を行う者は，営林局と協議の上必要な措置を講ずるものとする。

第6 地籍調査を行う者は，国有林野に関係ある地域について地籍調査の現地調査を行おうとするときは，着手の二月前までに，あらかじめその実施に関し営林局と協議するものとする。

　2　営林局長は，前項の協議に基き境界査定図簿その他により検測をなし，境界標の位置を明らかにしなければならない。

第7 営林局長は，第6の協議に基いて行う境界の調査に当っては必ず測定に従事する職員を立ち会わせるものとする。この場合において，境界線上に現地標示を必要とするときは，双方協議して設置するものとする。

第8 第3により国有林野を一筆地として調査する場合は，既登記の土地を除くのほか，新規登録地として取り扱い，次の各号により新規登録地調書を作成するものとする。

　(1)　土地の所在は，明白な場合を除き，第5による協議の結果に基いて決定されたところによること。
　(2)　仮地番は，地籍調査を行う者が管轄営林局と協議して定めること。
　(3)　地目は，「山林」とすること。
　(4)　所有者の表示は，「林野庁」とすること。

　2　既登記の土地については，土地台帳写を作成の上，前項に準じて処理するものとする。

第9 地籍調査を行う国有林野に林道が存在する場合は，当該林道が属する国有林と合わせて一筆地とし，地目は「山林」として調査するものとする。

第10 営林局長は，地籍調査の成果に基き，国有林野地籍台帳及び国有財産台帳の記載を改めるものとする。ただし，旧国有林野法（明治32年法律第85号）又は旧国有財産法（大正10年法律第43号）に基いてなされた行政処分によって確定した境界線は，当該行政処分に無効原因が存在しない限り変更ができないから，現地境界指示を誤らないようにするほか，成果の突合について地籍調査を行う者と事前に協議するものとする。

○国土調査法による地籍調査における国有林野の取扱要領の運用について
　　　　　（昭和33年8月26日付け経済企画庁総合開発局国土調査課長・
　　　　　　林野庁林政部林政課長・同指導部計画課長指示）

　国土調査法による地籍調査における国有林野の取扱要領（以下「要領」という。）については，本日付経土第96号をもって達達されたが，この通達の趣旨は，国有林野の管理にも資しながら，地籍調査が国有林野との関連においても円滑に実施されるよう配慮されたものであることを了知され，下記事項に留意の上運用に万全を期されるようお願いする。なお，関係市町村等の指導についても特段の御配慮

を煩わしたい。
記
1. 「地籍調査を行う者」について
　この要領において地籍調査を行う者とは，国土調査法第2条第1項第3号及び国土調査法施行令第1条で規定する次に掲げる者で，当該地籍調査を行うものをいう。
　（1）　都道府県
　（2）　市町村
　（3）　土地改良区及び土地改良区連合
　（4）　土地区画整理組合
　（5）　農業協同組合及び農業協同組合連合会
　（6）　森林組合及び森林組合連合会
　（7）　農業委員会
　（8）　水害予防組合法（明治41年法律第50号）の規定に基き設立される水害予防組合及び水害予防組合連合
　（9）　漁業協同組合及び漁業協同組合連合会
　（10）　その他前各号に準ずる者で，総理府令で定めるもの。
　「注」（10）に該当するものは，現在のところはない。
2. 「地番区域」について
　この要領において地番区域とは，土地台帳法第6条の規定によるものをいい，同法第5条第2号の地番の設定（附番）の単位区域をいう。
　「参考」　土地台帳法第6条
　地番は，市町村，大字，字又はこれに準ずべき地域を以て地番区域とし，その区域ごとに起番して，これを定める。
3. 要領第4の事業計画の通知について
　要領第4により都道府県知事が管轄営林局長に通知すべき国土調査法第6条の3第2項の規定による事業計画は，要領第6による検測及び要領第7による立会等に関する当該年度における当該営林局の実施計画に重大な関係をもつものであるから，できる限り早期に通知するようつとめること。ただし，昭和33年度においては，要領第4の規定にかかわらず計画設定次第早期に通知すること。
　「参考」
　（1）　検測とは，昭和27年2月19日27林野第2300号林野庁長官達に係る国有林野測定規程に基く境界の検測をいう。
　（2）　国有林野測定規程第9条抜すい
第9条　境界の検測とは，境界を保全するため境界測量の成果に基き，境界点の位置を再確認する測量をいう。
4. 要領第6の地籍調査の実施に関する事前協議について
　要領第6の協議の趣旨は，国有林野に関係ある地域について実施する地籍調査の現地調査の円滑な推進をはかろうとするものであるから，あらかじめ打ち合わせの上，次の各号について協議し，実施細目を決定すること。
　（1）　立会をなすべき境界線の指定
　（2）　立会の時期及び立会の地域的順序

(3)　境界調査に必要な資料の作成
　　　(地籍調査を行う者は，境界調査に必要な資料の作成に当り，営林局長が保管するものを謄写する必要があるときは，原則として写真複写することとし，その複写方法については営林局長と詳細な協議をなすこと。)
　(4)　境界標の表示内容，規格及び準備の方法
　(5)　その他必要な事項
5.　要領第7の立会について
　要領第7による立会に当っては，国有林野とこれに接する民有地の所有者その他の利害関係人又はこれらの者の代理人をも立ち会わせること。従って，要領第6による協議の結果により立会の場所及び時期を決定したときは，あらかじめこれらの者に立会を求める場所及び時期を通知し，その立会を求めること。
6.　要領第9について
　(1)　要領第9による林道（敷地が林野庁所管の国有地である併用林道を含む。）の取扱要領を例示すれば次のとおりである。

A図（現況を示す）　　　　　　　　B図（調査の結果による調査図の表示を示す）

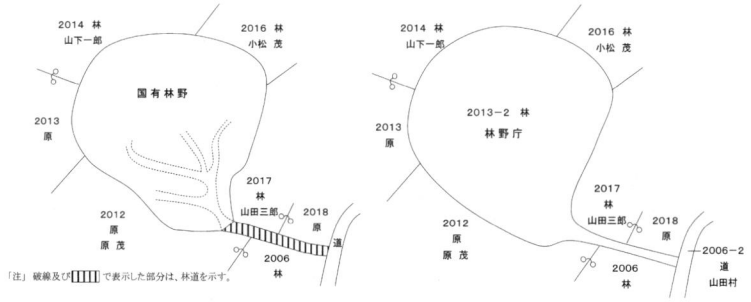

「注」破線及び[||||]で表示した部分は，林道を示す。

　(2)　敷地が林野庁所管の国有地でない併用林道がある場合においては，その部分は，地目を「公衆用道路」として調査すること。従って，たとえば市町村有の併用林道とこれに接続する市町村道とがあるときは，別筆とすることなく，一筆の公衆用道路として調査すること。
　　なお，この場合の取扱要領を例示すれば次のとおりである。

A図（現況を示す）　　　　　　　　B図（調査の結果による調査図の表示を示す）

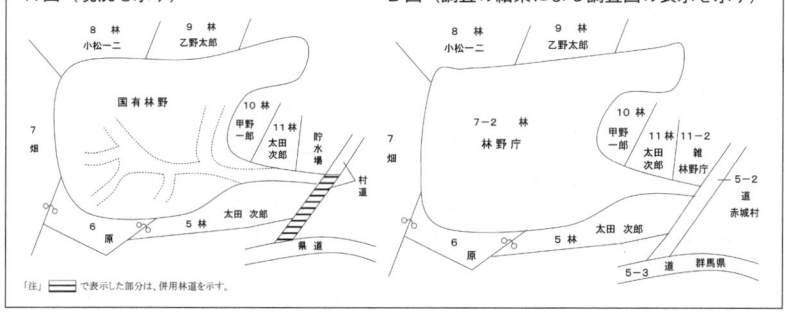

「注」━━━で表示した部分は，併用林道を示す。

○国土調査法に基づく地籍調査に係る保安林の取扱いについて
　　　　（昭和57年2月19日付け57国土国第32号国土庁土地局国土調査課長指示）
　森林法第25条の規定に基づき保安林として指定された土地について地籍調査を行う場合には，「地目調査要領について」（昭和42年2月18日付け経企土第7号経済企画庁総合開発局長通達）によりその地目は「保安林」として取り扱うこととされている。ついては，最近保安林について登記簿上の地目更正がなされていないことを原因とする種々の問題が発生していることや，保安林台帳の整備に関し林野庁長官から各都道府県知事あて別添の通達（以下「林野庁通達」という。）が発せられていること等に鑑み，今後標記については下記の点に留意のうえ取り扱われたく，この旨関係市町村等に周知方取り計らわれたい。
　おって，このことについては林野庁とも協議済であるので念のため申し添える。
記
1　国土調査法（以下「法」という。）第6条の3第5項の規定に基づき当該年度における事業計画を公示した場合には，当該都道府県の保安林担当部局（以下「保安林担当部局」という。）に対し同法施行令第4条の6に定める事項を適宜の方法により通知するよう努めるものとする。
2　一筆の土地の一部の区域について指定されている保安林については，保安林担当部局において林野庁通達付録第6「国土調査に伴う地籍等異動確認調査要領」（以下「調査要領」という。）第2の2の（2）による事前現地調査が行われることとされているので，地籍調査実施市町村等はこの事前現地調査が地籍調査作業規程準則（以下「準則」という。）第23条の現地調査前に行われるよう両調査の実施時期等について保安林担当部局と十分調整を図るものとする。
3　前項の保安林について準則第23条の現地調査を行う場合には，事前現地調査等の結果を参考に保安林としての指定区域を調査，確認し当該指定区域の土地については法第32条及び準則第24条の規定に基づき分割があったものとして調査を行うものとする。
（参考）
　調査要領第2の3の（2）による「地籍調査上の誤り等がある場合」とは，保安林として指定されている土地につき，その地目が「保安林」として取り扱われていない場合（3項の調査がなされていない場合を含む。）のことである。

○地籍調査に係る財務省所管普通財産の取扱いについて
　　　　（昭和57年6月10日付け57国土国第271号国土庁土地局長通達）
　　　　　　　　最終改正：平成12年12月26日12国土国第479号
　地籍調査の対象となっている標記の土地について，今般大蔵省理財局長から財務局長等に対し別添通達（「地籍調査への対応及びその成果の利・活用について」昭和57年6月10日付け蔵理第2170号）が発せられることに関して，当庁あて協力依頼があった。
　ついては，地籍調査の実施機関等としても標記に係る調査の円滑な処理と成果の

利・活用の促進を図る趣旨から，今後は下記の点に留意して対応されたくこの旨関係市町村等に周知方お取り計らい願いたい。
　おって，このことについては大蔵省と打合せ済みであるので念のため申し添える。
記
1　標記に係る一筆地調査は，原則として地籍調査作業規程準則第15条に定める調査資料に基づいて行うが，財務局等から実施市町村等に対し普通財産に係る一覧表及び実測図等が送付された場合には，これを参考資料として調査するものとする。
2　財務局等から国有財産台帳登録財産等に係る調査図素図，地籍図原図及び地籍簿案の写の作成について協力依頼があった場合には，経費の負担及び当該実施市町村等の事務処理体制を考慮のうえ可能な範囲で便宜を図るよう努めるものとする。
3　国土調査法第17条第1項の規定による閲覧に際し財務局等から修正申出があった場合には，同条第3項の規定による取扱いにより処理するものとする。

（別添）
地籍調査への対応及びその成果の利・活用について
（昭和57年6月10日付け蔵理第2170号
大蔵省理財局長から各財務（支）局長，沖縄総合事務局長あて）
〔最終改正〕平成18年11月22日付け財理第4375号

　国土調査法（昭和26年法律第180号）第2条第1項第3号に規定する地籍調査に対しては，地籍調査を実施する者（以下「調査実施者」という。）と密接な連携を保持しつつ下記により対応するとともに，その成果の利・活用を図ることとされたい。
　なお，昭和56年11月20日付蔵理第4393号「地籍調査への対応及びその成果の利活用について」通達は廃止する。
記
1．事務処理体制の整備
　(1) 財務（支）局，沖縄総合事務局，財務事務所及び出張所（以下「財務局等」という。）は，都道府県国土調査担当部局及び調査実施者と密接な連絡を取り，地籍調査の実施地域及び実施時期等をあらかじめ把握して，財務局等の事務処理計画を立てる等，地籍調査に円滑に対応することができるよう体制を整えるものとする。
　(2) 財務局等は，都道府県国土調査担当部局及び調査実施者が，地籍調査の実施地域，実施時期，現地調査の立会期日及び閲覧の期間等地籍調査の実施計画を定めたときは，その内容をなるべく早期に財務局等に通知するよう必要に応じて依頼しておくこととする。
2．準備調査
　財務局等は，地籍調査地域内の国有財産台帳に登録されている財務省所管一般会計所属普通財産（以下「台帳登録財産」という。）について，立会い，閲覧等

の便に資するため、必要に応じ、登記簿、公図等の資料の調査及び収集をするよう努めるものとする。
(注1)「登記簿、公図等の資料」とは登記簿及び旧土地台帳附属地図又は不動産登記法（平成16年法律第123号）第14条に定める地図のほか、過去における周辺の国有地の処分状況に関する資料、土地改良事業等に関する資料、公共物の台帳、旧土地台帳、絵図、古文書等土地の所有等に関する資料をいう。
(注2) 脱落地についても、必要であり可能であれば、台帳登録財産に準じて資料を調査収集するよう努めるものとする。

3. 調査実施者に対する協力依頼

財務局等は、国有地に係る地籍調査に適切に対応するため、調査実施者に対し次の事項について協力を依頼するものとする。

(1) 台帳登録財産については、財務局等が送付する財産の沿革、所在、地番、数量、実測済み又は実測未済の別等を明らかにした一覧表及び実測図等をしんしゃくして一筆地調査を行うこと。
この場合において、財務局等から送付した一覧表及び実測図等の内容が現況と著しく相違するなど一筆地調査の参考資料として用いることが困難であるときは、その旨財務局等に連絡すること。
(注1)「実測済み」の土地とは、次に掲げる土地をいい、「実測未済」の土地とは「実測済み」の土地以外の土地をいう。
　イ　隣接地主との書面による境界確定協議の結果に基づき面積測量を行った土地
　ロ　隣接地主との書面による境界確定協議は了していないが、現に貸付中の普通財産等で、当該普通財産の長年にわたる利用状況、位置、形状等からみて信頼ができると認められる面積測量図及び地形測量図等（以下「実測図」という。）がある土地
(注2)「実測図等」とは、実測図のほか準備調査で収集した資料をいう。
(注3) 調査実施者に送付する一覧表は、別紙様式1によるものとし地籍調査の実施地域内に所在する普通財産を全てを記載するものとする。実測図等は、調査実施者と協議の上、必要に応じて添付するものとする。
(注4)「財務局等が送付する一覧表及び実測図等をしんしゃくして一筆地調査を行う。」とは、調査実施者において、一覧表及び実測図等の信頼度の高い場合はこれらを参考資料として一筆地調査を行うことを意味し、当該一覧表及び実測図等により信頼度の高い図簿等がある場合にはそれらを参考資料として一筆地調査を行うことを妨げるものではない。
(注5) 財務局等は、財務局等から送付した一覧表及び実測図等を参考資料として一筆地調査を行うことが困難である旨調査実施者から連絡を受けた場合は、調査実施者の申出の内容、根拠及び財務局等の有する資料の信頼度並びに本通達記5の（3）に定める修正の申出の基準等を総合勘案の上、その取扱いについて調査実施者と打ち合わせるものとする。
(2) 地籍調査の過程で、一覧表に掲げた土地以外の土地であって、各省各庁の所管に係る国有地（公共物を含む。）又は民有地等所有者が明らかな土地以外の

土地（以下「脱落地」という。）を発見したときは，遅滞なく財務局等に通知するとともに，財務局等と協議の上，一筆地調査を行うこと。
  (3) 台帳登録財産及び脱落地に係る調査図素図並びに地籍図原図及び地籍簿案を作成したときは，その写の作成に協力すること。
   （注1）脱落地は，地籍調査作業規程準則（昭和32年総理府令第71号）第34条に規定する「新たに土地の表題登記をすべき土地」とは必ずしも一致しないことに留意すること。
   （注2）脱落地を発見した旨調査実施者から通知を受けた場合は，原則として普通財産として一筆地調査を行なうことを要請するものとするが，所有権について争いがある場合は，所有者不明の土地として取り扱うことを要請するにとどめてもやむを得ないものとする。
   （注3）調査図素図，地籍図原図及び地籍簿案の写しは，現地調査の立会い，国土調査法第17条の規定に基づく地図及び簿冊の閲覧並びに台帳整理等の便に資するため作成しようとするものである。調査実施者に対する協力依頼にあっては，財務局等における必要性及び地籍調査の実施地域の実情を踏まえ，調査実施者の過重な負担にならないよう十分留意すること。
       なお，台帳整理を行う上で面積測定成果簿（面積測定の成果が記載された簿冊）が必要となる場合は，その写しを作成するものとするが，この場合の調査実施者に対する協力依頼に当たっても同様に留意するものとする。
4. 立会い
  (1) 財務局等は，次に掲げる土地等で調査実施者から立会いを強く要請されている場合等においては，現地調査に立会いするものとする。
     イ 土地の境界又は所有権について争いのある土地，調査実施者から一覧表及び実測図等を参考資料として一筆地調査を行うことが困難である旨通知があった土地
     ロ 調査実施者から特に問題がある旨の通知があった土地
  (2) 境界については，関係法令，財務局等の有する図面，公図その他の資料，従前からある境界標識，地形，土地の利用状況，地方の慣習，利害関係者及び公正なる第三者の意見等を総合的に勘案して判断する。
    なお，境界に争いがある場合は，昭和33年4月25日付蔵管第1222号「普通財産実態調査事務の処理について」通達の別冊「普通財産実態調査事務処理要領」の定めるところにより，境界確定協議を行い，国土調査法第17条第1項の規定により公告されるまでの間に当該境界を明らかにするよう努めるものとする。ただし，それまでの間に協議が不調の場合は，地籍調査作業規定準則第30条に規定する「筆界未定」の取扱いをするよう要請すること。
5. 閲覧
  (1) 財務局等は，国土調査法第17条の規定に基づき地図及び簿冊が一般の閲覧に供されるときは，これを閲覧するものとするが，調査実施者から閲覧を強く要請された場合を除き，業務の必要又は繁閑等に応じ省略しても差し支えない。

(2) 閲覧は，台帳登録財産及び脱落地に係る地籍図原図及び地籍簿案と国有財産台帳及び台帳付属図面並びに公図写（以下「台帳等」という。）との間で，所有者，所在，地番，地目，地積，地形及び位置を照合する方法によって行う。
　なお，仮閲覧を行う場合は閲覧と同様の方法で照合し，仮閲覧を行ったときは，本閲覧も行うことに留意する。
(3) 閲覧の結果，次に掲げる事実があった場合は，原則として国土調査法第17条第2項の規定に基づき修正を申し出るものとする。
　　イ　実測済みの土地については，台帳等の記載内容に比し一定限度を超える数量の減少（宅地の場合2％・その他3％を限度とする。）又は経済価値の変動をもたらすような地形若しくは位置の相違がある場合
　　ロ　実測未済の土地については，台帳等の数量の記載内容に比しおおむね30％を超える数量の減少又は著しい地形若しくは位置の相違がある場合
　　（注）「著しい地形の相違がある場合」とは，例えば台帳附属図面等の地形が整形であるのに対し地籍図原図の地形が不整形となっている場合などをいい，「著しい位置に相違がある場合」とは，例えば台帳附属図面等では，甲地と隣接しているのに対し地籍図原図では乙地に隣接している場合などをいう。
　　ハ　脱落地については，地籍図原図に表示されていない場合又は財務省所管一般会計所属の普通財産以外の土地として処理されている場合
　　（注）「普通財産以外の土地として処理されている場合」とは，脱落地が地籍図原図及び地籍簿案に表示されているもののその所有者が財務省以外の者と表示されている場合，及び所有者が不明の土地として地籍図原図のみに表示されている場合をいう。
6．台帳の整理等
　地籍調査の成果が認証されたときは，当該成果に基づき速やかに台帳の整理を行うものとする。
　なお，地籍調査の成果において「喪失」の台帳整理を行った場合における会計検査院法（昭和22年法律第73号）第27条の規定に基づく亡失の報告は，昭和33年3月28日付蔵管第912号「普通財産の減失き損の通知について」通達の規定にかかわらず別紙様式2の普通財産亡失報告書によるものとし，計算証明規則（昭和27年会計検査院規則第3号）第65条第2号に規定する証拠書類は当該亡失報告の写しを調書とすることができる。
7．地籍調査関係資料の保存
　調査の実施過程に関する記録及び3の(3)により作成した簿冊，図面その他地籍調査に関する資料を調査地域ごとに整理し，保存するものとする。
8．地籍調査完了地域内に所在する土地の取扱い
　既に成果が認証された地籍調査の地域内に所在する台帳登録財産及び脱落地については，5及び6の規定に準じて処理するものとする。
　ただし，台帳登録財産が平成14年3月22日付財理第1182号「財務省所管普通財産に係る電子計算システム実施について」別表1における管理態様が要確認に該当する財産である場合には，昭和33年4月25日付蔵管第1222号「普通財

産実態調査事務の処理について」の規定により処理するものとする。

(別紙様式1)

```
                                          記号、番号
                                          平成　年　月　日
　○○市（町、村）長　殿

                    ○○財務局（○○財務事務所）長○○○○

            地籍調査区域内に所在する普通財産について

    貴職において平成　年度実施予定の地籍調査実施地域内に所在する財務省所管
  一般会計所属普通財産を別紙のとおり通知します。
```

(別紙)
国有財産台帳登録財産一覧表
　　　　　　　　　　○○財務局（○○財務事務所○○出張所）

所在、地番	地目	数量	沿革	実測	立会	添付資料番号	備考

(注)「実測」欄に済印を付したものは，当局おいて実測を了しているものであります。
　　「立会」欄に○印を付したものは，当局で立会いを予定しているものであります。

記載要領
1　本表は，一行おきに記載し，空行は地籍調査の成果を記入する等事後の事務において使用する。
2　「所在，地番」欄は，国有財産台帳の所在欄に記載されているものを全部を記入する。
3　「地目」欄は，国有財産台帳の種目欄に記載されているものを記入する。
4　「数量」欄は，国有財産台帳の数量欄に記載されているものを記入する。

5 「沿革」欄は，国有財産台帳の沿革欄の頭書の部分（例えば，大正11年内務省より引受）を記入する。
6 「実測」欄は，実測済みの土地について済印を記入する。（未済のものについては―を記入する。）
7 「立会」欄は，立会いを予定するものについて〇印を記入する。（立会いを行なわないこととしたものについては―を記入する。）
8 「添付資料番号」欄は，財産1件ごとに一連番号を記入する。（資料のない財産については―を記入する。）

○地籍調査に係る財務省所管普通財産の取扱いについて
　　（昭和57年6月10日付け57国土国第272号国土庁土地局国土調査課長指示）
　　　　　　　　　　　　最終改正：平成12年12月26日12国土国第479号
　標記については，昭和57年6月10日付け57国土国第271号をもって土地局長から通達されたところであるが，当該通達の別添大蔵省理財局長通達に基づき，財務局等から地籍調査実施市町村等に対し協力依頼等があった場合には，下記の点に留意のうえこれに対応されたくこの旨関係市町村等に周知方取り計らわれたい。
　なお，このことに関し，別添のとおり大蔵省理財局国有財産第二課長から財務局管財部長等に対し指示が発せられたので，申し添える。
　　　　　　　　　　　　　　　　記
1　実施市町村等に対する協力依頼について
　(1)　昭和54年2月7日付け54国土国第27号による当職指示（「地籍調査事業の推進上留意すべき事項について」）に基づく関係機関等との連絡会議の開催に当たっては，必要に応じ実施市町村等の出席方につき配慮すること。
　(2)　財務局等から普通財産に係る一覧表及び実測図等（以下「一覧表等」という。）が送付された場合には，これらを参考資料として一筆地調査を行うこととするが，これよりもさらに信頼度の高い他の図簿等を参考資料として一筆地調査を行うことを妨げるものではない。
　　　なお，実施市町村等は財務局等から送付された一覧表等の内容が現況と著しく相違するなど一筆地調査の参考資料として用いることが困難である場合には，適宜の方法により財務局等にその旨連絡しその処理につき打合せを行うこと。
　(3)　財務局等から特に台帳整理の必要上国有財産台帳登録財産等に係る面積測定成果簿の写の作成について協力依頼があった場合には，土地局長通達2の趣旨により可能な範囲で便宜を図るよう努めるものとする。
　(4)　「脱落地」を発見した場合の財務局等への通知及び当該土地に関する一筆地調査は，「脱落地」の筆数，面積等を考慮し当該調査地域内の一定区域又は一定期間ごとに一括して行う方法で差し支えない。
　　　なお，一筆地調査に当たり所有権に関する権限ある官公署等の証明書等を有する者及びその他所有権を主張する占有者等が存しない「脱落地」については，原則として財務省所管の普通財産として取り扱って差し支えない。
2　立会等について

地籍調査地域内に存する普通財産について，国有財産法第31条の3の規定等による境界確定協議が行われている場合には，財務局等に対し国土調査法（以下「法」という。）第17条第1項の規定による公告をするまでの間に当該協議が了するように要請するものとする。
3　成果の閲覧等について
　(1)　法第17条第1項の規定による閲覧を行う場合には，あらかじめ財務局等に対し当該閲覧に係る調査地域，閲覧期間，閲覧場所等を通知し円滑な閲覧が行われるよう配慮するものとする。
　　　なお，仮閲覧を行う場合にもこれに準ずるものとする。
　(2)　閲覧に伴う財務局等からの修正申出に関する事務取扱いは，原則として国土調査事業事務取扱要領第8及び第9に定めるところにより処理するものとする。

○いわゆる二線引畦畔の時効取得確認申請手続への地籍図原図等の活用等について
　　　　　　　（昭和54年12月5日付け54国土国第436号国土庁土地局長通達）
　地籍調査の対象となっているいわゆる二線引畦畔の時効取得確認申請手続については地籍調査の実施に当たって下記の措置をとることによりその手続を簡素化することが可能となるので，地籍調査実施機関としてもいわゆる二線引畦畔の時効取得確認申請手続の簡素化に協力し，あわせて当該地域の地籍調査の推進にも資するよう地籍調査の実施に当たって下記の措置をとるよう指導方お取り計らい願いたい。
　なお，大蔵省（理財局国有財産第二課）及び法務省（民事局第三課）とも打合せ済みであり，大蔵省から別添のとおり通達されたので申し添える。
　　　　　　　　　　　　　　　記
1　いわゆる二線引畦畔について，その占有者が時効取得確認申請を希望している場合には，当該占有者の占有毎に区分して地籍調査を行うものとする。
2　いわゆる二線引畦畔について時効取得確認申請がなされた場合に地籍簿案を作成するに当たっては，当該畦畔に係る地籍簿案の所有者欄は，時効取得確認手続の結果を待って記載するものとする。
3　いわゆる二線引畦畔について地籍図原図及び地籍簿案の活用による取得時効確認申請を希望する者がある場合において，財務局若しくは財務部又はこれらの出張所の依頼があったときは，当該畦畔及びその隣接地に係る地籍図原図及び地籍簿案の写しを，原本の写しに相違ない旨証明のうえ，財務局若しくは財務部又はこれらの出張所に送付するものとする。この場合において，地籍図原図の写しを複写機を用いて作成したときは複写機を使用した旨を付記するものとする。
4　いわゆる二線引畦畔の時効確認申請が集団的になされる場合には，可能な限り申請書の取りまとめ提出等を行うことにより，時効取得確認事務の迅速な処理に協力するよう努めるものとする。
5　地籍簿案の作成並びにその閲覧及び修正を，予算執行上同一年度内に完了することとされているので，地籍調査実施機関は，本通達に基づく処理を行うに当たっては財務局若しくは財務部又はこれらの出張所と緊密な連絡をとりつつ，関

係事務の迅速な処理に努めるものとする。

（別添）
取得時効事務取扱要領
（平成13年3月30日付け財理第1268号
財務省理財局長から各財務（支）局長，沖縄総合事務局長あて）
〔最終改正〕平成17年3月24日付け財理第1111号

　財務省所管普通財産のうち民法（明治29年法律第89号）第162条により取得時効が援用された不動産に関する事務取扱は，下記によることとしたから通知する。
　おって，次の通達は廃止する。
1. 昭和41年4月21日付蔵国有第1305号「普通財産にかかる取得時効の取扱について」
2. 昭和41年6月15日付蔵国有第1640号「国有財産時効確認連絡会の設置運営について」
3. 昭和46年7月20日付蔵理第3100号「国有畦畔（二線引）の時効取得申請および時効取得による土地の表示の登記申請における地籍調査の成果の活用について」
4. 昭和54年12月5日付蔵理第4479号「国有畦畔に係る取得時効の取扱いの特例について」

記

目　次
第1　定　義
　1. 取得時効
　2. 申請者
　3. 誤信使用財産
　4. 不法占拠財産
第2　処理方針
　1. 国有畦畔
　2. 国有畦畔以外の普通財産
第3　処理手続
　1. 提出書類
　2. 提出書類の受付
　3. 提出書類の審査等
　4. 国有財産時効確認連絡会への付議
　5. 先例基準による処理
　6. 取得時効の確認通知
　7. 台帳整理等
　8. 会計検査院への報告等
　9. 登記手続き
　10. 返還請求等
第4　特例処理

1. 提出書類
　2. 地籍図原図及び地籍簿案の活用による一括処理
別添　国有財産時効確認連絡会設置運営要綱
第1　定　義
　1. 取得時効
　　　この通達において取得時効とは，民法第162条に基づく所有権の取得時効をいう。
　2. 申請者
　　　この通達において申請者とは，所有権の取得時効を援用しようとする個人又は法人をいう。
　3. 誤信使用財産
　　　この通達において誤信使用財産とは，平成13年3月30日付財理第1267号「誤信使用財産取扱要領」通達（以下「誤信使用財産取扱要領」という。）第1に定義する誤信使用財産をいう。
　4. 不法占拠財産
　　　この通達において不法占拠財産とは，平成13年3月30日付財理第1266号「不法占拠財産取扱要領」通達（以下「不法占拠財産取扱要領」という。）第1に定義する不法占拠財産をいう。
第2　処理方針
　　　財務局長，福岡財務支局長及び沖縄総合事務局長（以下「財務局長」という。）は，取得時効が援用された普通財産について，次に定めるところにより，取得時効の成否について国有財産時効確認連絡会（以下「連絡会」という。）に付議し意見を求め，その結果，取得時効の完成が認定された場合においては，国有財産台帳から除却することができるものとし，また取得時効の完成が否認された場合においては，時効中断の措置を講ずるとともに財産の返還請求又は売却等処理の促進を図るものとする。
　1. 国有畦畔
　　　国有畦畔について取得時効が援用された場合においては，証拠書類等からみて明らかに取得時効が完成していないと認められるものを除き，可及的速やかに連絡会に付議するものとするほか，後記第3の5に定める先例基準により取得時効の成否を認定することが出来るものとする。
　2. 国有畦畔以外の普通財産
　　（1）誤信使用財産
　　　　　誤信使用財産について取得時効が援用された場合においては，証拠書類等からみて取得時効が完成していると推定されるものは連絡会に付議するものとする。
　　（2）不法占拠財産
　　　　　不法占拠財産については，原則として不法占拠財産取扱要領の定めるところにより厳正な処理を行うものとするが，取得時効が援用された場合において，証拠書類等からみて明らかに取得時効が完成していると推定され，財務局長等が連絡会に付議することが相当と認めるものにつき付議するものとす

る。
第3　処理手続
1. 提出書類
　　取得時効を援用しようとする申請者がある場合において，当該財産の所在地が財務局及び福岡財務支局（以下「財務（支）局」という。）又は沖縄総合事務局の直轄区域内であるときは財務（支）局長又は沖縄総合事務局長，財務事務所の管轄区域内であるときは財務事務所長，また出張所の管轄区域内であるときは財務（支）局出張所長，沖縄総合事務局財務出張所長又は財務事務所出張所長（以下「財務局長等」という。）宛に，次の書類を提出させるものとする。
(1) 国有財産時効取得確認申請書（別紙第1－1号様式。以下「1号申請書」という。）
(2) 添付資料
　　次の各号に掲げる書類のうち各々必要なものを前記申請書に添付させる。
　　ただし，国有畦畔の場合においては，次の①から⑥に掲げるもののほか，財務局長等が必要と認める資料の添付で差し支えないものとする。
① 申請者が取得時効を援用する国有財産（以下「申請財産」という。）の登記事項証明書
　　ただし，申請財産が旧法定外公共物，国有畦畔及びその他脱落地で国有に属する土地である場合においては，隣接土地の登記事項証明書（必要に応じて閉鎖登記記録に係る登記事項証明書）
② 申請財産を含む周辺の土地台帳付属地図（申請財産が国有畦畔である場合においては，旧土地台帳法施行細則（昭和25年法務府令第88号）第2条に規定する地図の写し）又は不動産登記法（平成16年法律第123号）第14条に定める地図の写し
③ 申請者の住民票の写し（又は商業・法人登記簿抄本）及び印鑑証明
④ 申請財産の実測図
　　ただし，国土調査法に基づく地籍調査が実施されている場合においては，地籍図による求積図によることができる。
⑤ 隣接土地所有者が所有及び占有する土地でない旨及び境界について隣接土地所有者の異存がない旨を証する書面
⑥ 申請財産の沿革及び占有並びに利用状況を証する資料等
　　ただし，旧法定外公共物の場合においては，申請財産（周辺土地を含む。）が自主占有開始時点で既に長年の間（おおむね10年前）公共の用に供されていないことを証する資料を併せて提出させるものとする（例えば，航空写真（占有開始前及び占有開始後），古老・精通者等の証言等）。
⑦ 申請財産上に建物がある場合においては，当該建物の不動産登記簿又は家屋台帳の謄本
⑧ 前主の占有を承継している場合においては，その事実を証する戸籍謄本（除籍謄本を含む。）又は契約書の写し等
⑨ その他財務局長等が必要と認める資料

2. 提出書類の受付
　　財務局長等は，申請者より提出書類の送付を受けた場合において，受付印を捺印し受付の整理を行うものとする。
3. 提出書類の審査等
(1) 財務局長等は，申請者の提出書類を受付けた場合において，取得時効の成否を推定するために必要な事実が1号申請書に記載されているか及び添付資料が整備されているかについて審査するものとする。
　　また，財務局長等が提出書類によって取得時効の成否を推定することができない場合においては，その補正を求めるとともに必要とされる資料を申請者に追加提出させるものとする。なお，当該審査は，原則として提出書類を受付けた日から2週間以内に行うものとする。
(注1) 旧法定外公共物について取得時効が援用された場合において，当該財産が法定外公共物であった期間は時効取得の目的とならないことに留意したうえで，前記の処理を行うものとする。ただし，事実上用途廃止があったものとみなされ（黙示の公用廃止），かつ占用料等も徴されていない場合においてはこの限りでない。
(参考1) 公共用財産の黙示の公用廃止の4要件（最高裁昭和51年12月24日第二小法廷判決）
　① 長年の間事実上公の目的に供用されることなく放置されていること。
　② 公共用財産としての形態，機能を全く喪失していること。
　③ その物の上に他人の平穏かつ公然の占有が継続したが，そのため実際上公の目的が害されるようなことがないこと。
　④ もはやその物を公共用財産として維持すべき理由がなくなったこと。
(参考2) 4要件を具備すべき時点
　　自主占有開始の時点までには4要件に適合する客観的状況が存在していることを要するものと解するのが相当であり，占有開始後時効期間進行中のいずれかの時点ではじめて4要件を具備したというだけでは足りない（島田禮介・最高裁判所判例解説民事篇昭和51年度485頁）。
　　なお，上記参考1の判決後の下級審判決は，4要件は遅くとも時効取得の起算点である自主占有開始の時点までに存在しなければならないとしている。
(注2) 現況地目が山林又は原野である普通財産については，占有の事実，継続の有無，期間，意思等が明確でなく取得時効の完成を立証することが困難な場合が多く，明らかに取得時効が完成しているものと推定するには極めて慎重を要することに留意する。
(2) 財務局長等は，提出書類の審査及び次に掲げる事項を確認するために必要があると認める場合においては，現地を調査し又は関係者の証明若しくは証言を求めるものとする。
① 1号申請書の添付図面が申請財産の現状と合致しているか

境界は判然としているか
② 1号申請書の記載事項に誤りがないか
③ 申請財産に建物その他の工作物が含まれている場合においてはその現状及び設置年月日
④ その他財務局長等が必要と認める事項
(3) 財務局長等は，前記(2)に定める現地調査を行う場合において，同(1)に定める審査終了後，原則として2週間以内に行うものとする。

　なお，財務局長等は，前記(2)の①に定める調査に当たって申請者の立会を求めるものとし，また，第三者の土地に立ち入る必要がある場合においては，昭和33年4月25日付蔵管第1222号「普通財産実態調査事務の処理について」通達の別冊「普通財産実態調査事務処理要領」の第19から第21までの規定を準用するものとする。
(4) 財務局長等は，誤信使用財産及び不法占拠財産について前記(1)及び(2)の規定により審査及び現地調査を行った場合において，その結果を「時効確認調査記録カード」（別紙第2号様式）に記録しておくものとする。
(5) 財務事務所長又は出張所長が審査及び現地調査を行った場合においては，取得時効の成否にかかわらず，速やかに提出書類の正本に時効確認調査記録カードの写しを添えて財務局長に送付するものとする。
4. 連絡会への付議
(1) 財務局長は，申請財産に係る取得時効の完成及びその範囲を認定する場合において，連絡会に付議し意見を求めるものとする。
(2) 財務局長は，申請者の提出書類を受付した場合において，事前に申請財産の所在地を管轄する法務局長に対し関係資料を送付しあらかじめ審査を求めておくものとする。
(3) 財務局長は，法務局長との協議及び法務局における審査を終了した事案について，「国有財産時効確認連絡会議案」（別紙第3号様式）として連絡会に付議するものとする。
(4) 財務局長は，連絡会において申請財産に係る取得時効の成否が認定された場合において，その結果等を「国有財産時効確認連絡会議事録」（別紙第4号様式）に記録しておくものとする。
5. 先例基準による処理
　財務局長は，国有畦畔について取得時効が援用された場合において，次の方法により先例基準を作成し，連絡会への付議を省略し取得時効の成否を認定することができるものとする。
(1) 既に連絡会に付議し取得時効の成否について調査審議した類似的先例により，一定の処理基準を作成する。
(2) 財務局長が当該処理基準に従った取得時効の成否を認定することについて，連絡会の了承を得る。
6. 取得時効の確認通知
(1) 財務局長は，申請者に対し次により通知するものとする。
① 申請財産について取得時効の完成が認定された場合

(イ) 当該財産が，国の名義で表示登記されている場合（後記9（2）ただし書きにより登記手続を必要とするものを除く。）においては，別紙第5号様式（その1）による。
(ロ) 当該財産が，国の名義で表示登記されていない場合（後記9（2）ただし書きにより登記手続を必要とするものを含む。）においては，別紙第5号様式（その2）による。
② 申請財産について取得時効の完成が否認された場合
別紙第6号様式による。
(2) 財務局長は，前記（1）により申請者に通知した場合において，申請財産が財務事務所又は出張所の管轄区域に所在する場合には，連絡会の議案，議事録及び申請者への通知書の写しを，当該財務事務所長又は出張所長に送付するものとする。
(3) 財務事務所長又は出張所長は，前記（2）により送付された資料等に基づき，後記7から9までに定める手続きを行うものとする。

7．台帳整理等

申請財産について連絡会により取得時効の完成が認定された場合においては，当該財産を国有財産台帳から除却するための決議を行ったうえ，次により措置を行うものとする。

(1) 国有財産台帳から当該財産を除却する場合において，異動年月日は決議をした日とし，増減事由用語は「取得時効による喪失」とする。
また，当該財産が国有財産台帳に未登載の場合においては，国有財産台帳に登載した後除却する。
(2) 当該財産の既往使用料相当額は調査決定を行わない。

8．会計検査院への報告等
(1) 取得時効の完成が認定された財産に係る亡失の報告について
① 当該財産が国有畦畔である場合
財務局長は，「普通財産亡失報告書」（別紙第7号様式）により，普通財産取扱規則（昭和40年大蔵省訓令第2号）第51条の規定に従い普通財産の亡失を報告するものとする。
② 当該財産が国有畦畔以外である場合
財務局長は，昭和33年3月28日付蔵管第912号「普通財産の減失き損の通知について」通達による亡失報告ほか議事録の写しを添えて普通財産の亡失を報告するものとする。
(2) 取得時効の完成が認定された財産に係る証拠書類の提出について
① 当該財産が国有畦畔である場合
財務局長は，普通財産亡失報告書の写しを「計算証明規則」（昭和27年会計検査院規則第3号）第65条第2号に定める調書として証拠書類を提出するものとする。
② 当該財産が国有畦畔以外である場合
前記①を準用するものとする。

9．登記手続き

取得時効の完成が認定された財産は，次により所有権移転登記等の手続きを行うものとする。
(1) 当該財産が，国の名義で保存登記されている場合
　　財務局長は，申請者に対し，「所有権移転登記嘱託請求書」（別紙第8号様式）に登録免許税現金納付領収書及び住民票又は商業・法人登記簿謄本を添えて提出させ，登記原因を「時効取得」として所有権移転登記を行い，当該登記完了後は，申請者に対し速やかに登記識別情報を通知する。
　　ただし，当該財産が取得時効の完成日以後に国の名義で保存登記されていた場合においては，登記原因を「錯誤」として，不動産登記法第77条の規定による保存登記の抹消登記を行う。
(2) 当該財産が，国の名義で保存登記されていないが表示登記されている場合
　　財務局長は，国の名義で保存登記を行ったうえで，前記（1）本文の手続きを行う。
　　ただし，当該財産が取得時効の完成日以後に国の名義で表示登記されていた場合においては，不動産登記法第33条の規定により申請者において表示登記の更正登記及び保存登記を行わせる。
(3) 当該財産の表示登記が行われていない場合においては，直接，申請者において表示及び保存登記を行わせる。
10. 返還請求等
　取得時効の完成が否認されたものについては，誤信使用財産取扱要領又は不法占拠財産取扱要領の定めるところにより速やかに処理するものとする。
第4　特例処理
　取得時効を援用された国有畦畔が地籍調査の実施されている地域内に所在する場合においては，前記第3の処理手続によるほか以下の取扱によることができるものとし，これにより事務の簡素化を図るとともに，国土調査法（昭和26年法律第180号）に基づく地籍調査の円滑な実施に寄与するものとする。
1. 提出書類
　申請者のほか地籍調査実施機関（以下「実施機関」という。）の長等がとりまとめて財務局長等宛に次の書類を提出することができるものとする。
(1) 国有財産時効取得確認申請書（別紙第1－2号様式。以下「2号申請書」という。）
(2) 添付資料
　前記第3の1の（2）を準用する。
　ただし，同⑤については，これに代わると認められる書面を実施機関が作成している場合においては当該書面を利用して差し支えない。
2. 地籍図原図及び地籍簿案の活用による一括処理
　国有畦畔が国土調査法第2条第5項に規定する地籍調査を実施中の地域に所在する場合で，地籍図原図（地籍調査作業規程準則（昭和32年総理府令第71号。以下「準則」という。）第41条に規定する地籍図原図をいう。以下同じ。）及び地籍簿案（準則第88条第1項に規定する地籍簿案をいう。以下同じ。）が作成された場合には，次によることができるものとする。

(1) 添付資料の省略
① 前記第3の1の(2)の①から④に係る資料（隣接本地に係る登記事項証明書を除く。）
　　財務局長等は，申請者から地籍図原図及び地籍簿案の写しを活用する旨の申出があった場合において（実施機関が提出書類をとりまとめて提出する場合を含む。），実施機関に対しこれら資料の送付を依頼し，実施機関から当該資料が送付された場合においては，添付資料のうち前記第3の1の(2)の①から④の添付を必要としない。ただし，同①のうち隣接本地に係る登記事項証明書は添付を必要とする。
　　なお，地籍図原図及び地籍簿案の写しは，証拠として保存する必要があるので，実施機関の原本証明を受けたものでなければならない。
② 前記第3の1の(2)の①のうち隣接本地に係る登記事項証明書
　　次のいずれかで市町村長の協力が得られる場合には当該登記事項証明書の添付を省略できる。
(イ) 市町村長から「時効取得確認申請財産の隣接本地に係る登記一覧表」（別紙第9号様式）（以下「一覧表」という。）の送付があった場合
　　　なお，2号申請書別添記載事項のうち，一覧表では確認できないが隣接本地に係る登記事項証明書により確認できる事項（申請者以外の者の占有開始の状況及び占有承継に関する事項）については，財務局職員が登記事項証明書を徴し，一覧表に添付する。
(ロ) 2号申請書別添記載事項について相違がない旨の市町村長の確認が得られた場合（欄外に「上記記載事項について相違がないことを確認する。○○市町村長○○○○印」との記入を求めること）
(2) 取得時効の確認通知
① 申請者に対する通知
　　財務局長は，地籍図原図及び地籍簿案の写しに記載された国有畦畔の取得時効が完成していることを確認した場合において，「国有財産に係る時効取得の確認について」（別紙第10号様式）により申請者に対し通知するものとする。
② 実施機関に対する通知
　　財務局長は，前記①により申請者に対し通知した場合において，「国有財産に係る時効取得の確認について」（別紙第11号様式）により実施機関に対し通知するものとする。
③ その他
　　前記①及び②の通知は，実施機関が提出書類をとりまとめて提出している場合でかつ実施機関から申出があった場合において，実施機関を経由して送付して差し支えない。
(3) その他
① 提出書類の受付及び審査等に係る事務
　　提出書類の受付及び審査等に係る事務は，前記第3に掲げる規定を準用する。

ただし，現地調査が行われる場合で，立会に非常に多くの事務量を要する場合においては，事前に境界の確認に関する基本的な事項を打合せし，現地における境界の確認について，実施機関の判断を尊重して差し支えない。
② 一括処理により申請のなかった場合の取扱い
一括処理後に取得時効確認申請がされた場合においては，一括処理とは切離して取得時効の成否を審査のうえ判断するものとする。

別紙 第1-1号様式（1号申請書）

年　月　日

長　殿

申請者　住　所
　　　　氏　名　　　　㊞

国　有　財　産　時　効　取　得　確　認　申　請　書

私が占有している下記の財産については、民法第162条第　　項の規定に基づく取得時効が完成し、すでに私の所有物となっていると思われますので、その旨を確認していただきたく、証拠資料を添えて申請します。

記

1　財産の表示

所　在　地	区　分	種　目	数　量	備　考

2　占有開始の時期
3　占有開始者の住所、氏名
4　占有開始及び現在に至る間の経緯
5　占有及び利用の現況

添付資料：

別紙　第1-2号様式（2号申請書）

年　月　日

長　殿

申請者　住　所

氏　名　　　㊞

国有財産時効取得確認申請書

　私が占有している下記の土地については、民法第162条第　　項の規定に基づく取得時効が完成し、すでに私の所有物となっていると思われますので、その旨を確認していただきたく、証拠資料を添えて申請します。

記

1　土地の表示

所　在　地	筆　数	面　積	備　　考
	筆	㎡	内訳は別添のとおり

添付資料：

別　添

1 申請物件の表示	所　　在					
	（仮）地番					
	地　目					
	面　積	㎡	㎡	㎡	㎡	
2 現在の状況	隣接本地の地番					
	申請物件の利用の現況	イ 田の畦畔 ロ 畑の畦畔 ハ その他（　）	イ ロ ハ	イ ロ ハ	イ ロ ハ	
3 占有開始時の状況	①占有開始の時期	年　月　日	年　月　日	年　月　日	年　月　日	
	②占有開始者	イ 申請者本人 ロ 申請者本人以外	イ ロ	イ ロ	イ ロ	
	③占有開始者の住所氏名等（②で口に〇印をした場合のみ記入）	住　所				
		氏　名				
		本人との関係				
	④占有開始の事由（隣接本地の取得事由）	イ 売買 ロ 贈与 ハ 相続 ニ その他	イ ロ ハ ニ	イ ロ ハ ニ	イ ロ ハ ニ	
	⑤占有開始時の利用状況	隣接本地	イ 田 ロ 畑 ハ その他（　）	イ ロ ハ	イ ロ ハ	イ ロ ハ
		申請物件	イ 田の畦畔 ロ 畑の畦畔 ハ その他（　）	イ ロ ハ	イ ロ ハ	イ ロ ハ
4 申請者が前主の占有を承継したときの状況（3の②で、口に〇印をした場合のみ記入）	①申請者本人の占有承継時期	年　月　日	年　月　日	年　月　日	年　月　日	
	②被承継者	住　所				
		氏　名				
		本人との関係				
	③占有承継の事由（隣接本地の取得事由）	イ 売買 ロ 贈与 ハ 相続 ニ その他	イ ロ ハ ニ	イ ロ ハ ニ	イ ロ ハ ニ	
5 補足説明事項						

（記入要領）
1　各記入欄に「イ、ロ、ハ、ニ」で表示した個所は、該当するものを〇印で囲む。なお、「その他（　）」に該当するときは（　）内にその内容を附記する。
2　3の「占有開始時の状況」は、国有財産時効取得確認申請の基礎となった占有が、開始されたときの状況を記入する。
3　申請者本人の占有期間のみにより取得時効の完成を主張する場合は、3の③及び4の欄は記入を要しない。
4　4の欄は、申請者が前主の占有を承継したときの状況を記入する。この場合、3の③に記入した占有開始者の占有を直接承継しているときは、4の②の欄は、「3の③に同じ」と記入する。
5　5の欄には、申請者が、3の③に記入した占有開始者の占有を直接承継していない場合に、その間の占有承継の経緯を4の欄に準じて記入するほか、補足する事項があれば、それを記入する。

別紙　第9号様式

　　　　　　　　　　　　　　　　　　　　　　　　　　　年　月　日

　　　　　長　殿

　　　　　　　　　　　　　　　　　　　　　　　　　市町村長　㊞

　　　　　　　時効取得確認申請財産の隣接本地に係る登記一覧表

　地籍調査において取りまとめた時効取得確認申請に係る国有畦畔の隣接本地の所有権に関する現在の登記は、下記のとおりである。

　　　　　　　　　　　　　　記

所　在	地　番	所有者名	所有者の所有権取得原因及びその年月日	財務局記入

記入要領
1　「所在」欄には、隣接本地の所在を大字名から記入する。
2　「地番」欄には、隣接本地の地番のほか、（　）書で申請物件の仮地番を記入する。

別紙　第10号様式

発　遣　番　号
年　月　日

申請者　住　所
　　　　氏　名　　　　殿

長　㊞

国有財産に係る時効取得の確認について

　　　年　月　日付文書をもって申請のあった下記の土地については、調査の結果、民法第162条の規定に基づく取得時効が完成しており、あなたに所有権があることを確認します。
　なお、下記の土地については、あなたの登記申請がなくとも、地籍調査の成果が認証された後、国土調査法による不動産登記に関する政令（昭和32年政令第130号）第1条により、あなたを所有者として土地の表示に関する登記が行われることとなります。

記

所　在　地	仮　地　番	地　　目	面　　積	取得時効の根拠条項
			㎡	

記入要領
1　仮地番は、地籍調査実施機関から提出された地籍図原図及び地籍簿案の写しに記載された仮地番とする。
2　取得時効の根拠条項欄は、民法第162条第1項又は同条第2項の別を記入する。

別紙　第11号様式

発 遣 番 号
年　月　日

（地籍調査実施機関の長）　殿

長　㊞

国有財産に係る時効取得の確認について

　貴職において実施中の国土調査法に基づく地籍調査の実施地域に所在する別添1記載の国有地については、民法第162条の規定に基づき、各申請者の取得時効が完成していることを確認し、その旨申請者に通知したので(注1)、地籍簿案について所要の整理をお願いしたい。
　なお、審査の結果、申請者の取得時効が完成していないと認定されたものは別添2(注2)のとおりである。

(注1)　別紙第10号様式の写しを添付する。
(注2)　別添2は別添1に準じて作成する。

別添1
取得時効確認物件一覧表

財産の所在	仮地番	地目	地積	申請者		取得時効の根拠条項	備考
				住　所	氏名		

○いわゆる二線引畦畔の時効取得確認申請手続への地籍図原図等の活用等について
　　（昭和54年12月5日付け54国土国第437号国土庁土地局国土調査課長指示）
　標記の件については昭和54年12月5日付け54国土国第436号をもって通達されたところであるが、この通達の運用に当たっては下記の点に留意し、地籍調査実

施機関に周知方然るべくお取り計らい願います。
　なお，大蔵省（理財局国有財産第二課）及び法務省（民事局第三課）とも協議済みであるので申し添えます。

記

1　上記通達において二線引畦畔とは，旧土地台帳付属地図において二本の実線で画された無番地の土地（未登記）をいう。現在畦畔でなくとも過去において畦畔であったものを含み，登記済のものを除く。
2　二線引畦畔とその周囲の土地との境界は，当該畦畔の占有者その他の利害関係人又はこれらの者の代朝人の確認を得，かつ，地形，利用状況，地方の慣習その他の資料を総合的に勘案して確認するものとする。
　　なお，二線引畦畔の所在する地域について，地籍調査を実施する場合は，事前に財務局等に連絡するものとする。
3　時効取得確認申請のされていない二線引畦畔及び時効取得の否認された二線引畦畔については，次により調査を行うものとする。
　(1)　占有者が所有権を主張しない場合は，国有として取り扱って差し支えない。なお，所有権の主張の有無は，一筆地調査の際に確認して調査票に付記しておくものとする。
　(2)　占有者が所有権を主張するときは，確定判決（確定判決と同一の効力を有する和解調書等を含む。）又は権限ある国の機関の作成したその所有権を証明する書面によりその所有権を立証する場合に限り，占有者を所有者と認定して差し支えない。
　(3)　占有者が(2)に掲げる書面によりその所有権を立証できない場合において，その所有を争う争訟事件の係属その他所有者を認定しないことを相当とする事由があるときは，便宜当該土地につき所有者を認定しないことができる。
4　(1)　時効取得確認申請がなされた二線引畦畔について，その確認又は否認のなされる前に，止むを得ず地籍簿案を国土調査法第17条の閲覧に供するときは，便宜所有者欄を空欄のままなすことができる。ただし，当該土地は時効取得確認申請中である旨及び申請者の氏名を記載した書面を添付してするものとする。
　(2)　(1)により国土調査法第17条の閲覧を行った場合においては，認証請求までに確認又は否認の通知があるよう財務局等と緊密な連絡をとるものとする。
　(3)　閲覧期間中又は閲覧終了後に確認がなされたときは，地籍簿案又は地籍簿に所有者を記入し，否認されたときは，3により処理する。
5　3の(3)により所有者を認定しないときは，次の措置をとるものとする。
　(1)　地籍図又は地籍図原図に該当の仮地番及び占有者の占有毎の区分線が既に記載されているときは抹消する。
　(2)　地籍簿又は地籍簿案に該当の土地が既に記載されているときは抹消する。
　(3)　調査図及び地籍調査票には当該土地を表示する①②③，（イ）（ロ）（ハ）又はABC等適宜の符号を付し，地籍調査票には，所有者を認定しない事由を付記するものとする。

Q1.　国有林野内に未登記の町道が存在する場合，調査（杭打ち）は必要でしょ

第3章　一筆地調査

うか。

A1.　地籍調査における国有林野の取扱要領によると，国有林野が二以上の市町村又は地番区域にまたがって存在している場合は，民有地との境界のみを調査することになっていますが，森林管理署所管でない林道については調査するとなっています。しかし，この場合は未登記の町道であり，分筆する場合は分筆される筆のすべての境界が確認されている必要があるため，分筆処理を行うのは困難と推測されます。また，新たに土地の表題登記を行う場合でも，隣接する国有林の土地所有者（森林管理署）の確認が必要です。従って，管轄登記所，森林管理署と協議の上，どのような形で調査を行うか（又は行わないか）を事前に協議する必要があります。

Q2.　国有林野内に存在する土地について，国有林野からの払下げ地との情報があったことから，管轄森林管理署へ払下げの内容の確認のため資料請求したが当該資料はなしの回答でした。該当すると思われる土地は，登記所の公図にも見当たらず，土地は存在するが，所有者を特定する資料等が皆無です。このような場合，どのように処理すべきでしょうか。

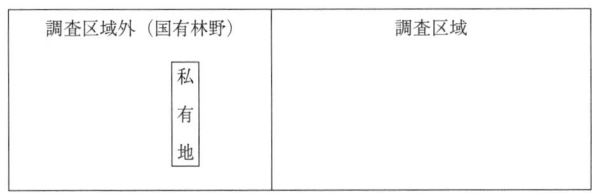

調査区域外（国有林野）　私有地	調査区域

A2.　未登記であり，森林管理署に資料がない場合は，公的に国有林地内に私有地があることを証明できないため，調査を行うべきでないと判断するのが相当と考えます。

分割があつたものとしての調査

第二十四条　登記されている一筆の土地が次の各号の一に該当する場合には，当該土地の所有者の同意を得て，分割があつたものとして調査するものとする。

一　土地の一部の地目が異なる場合

二　土地の一部について地番区域を異にすることとなる場合

三　土地の一部がみぞ，かき，さく，へい等で区画されている場合その他の場合で明らかに土地の管理上分割があつたものとして調査を行なうことが適当であると認められるとき（一筆の土地の一部につ

いて地役権が設定されている場合を除く。）

> **解説**

　不動産登記法上，土地登記簿には，土地を特定する要素（地番，地目，地積）を表示することとされており，たとえば，既登記の土地の主たる用途が2以上に区分されている場合には，その利用区分ごとに地目を認定し，登記簿を分割することが求められています。

　分割とは，登記上で1個となっている土地（一筆地という。）を2個（二筆）以上の土地に分画し，又は分画の意思表示（登記申請）することをいいます。分合筆の行為は，登記官固有の権限であることから，地籍調査においては，所定の条件を満たす場合に「分割があつたものとしての調査」を行い，登記官がこの調査結果を踏まえて登記簿に記載することによりはじめて分割の法的効力が生ずることとなります。

　本条は，「分割があつたものとしての調査」の条件と調査方法について定めたもので，①土地の一部が別の地目となっている場合，②土地の一部が別の字や丁目となっている場合，③土地の一部がブロック塀などで物理的に分けられて別の土地として利用又は管理されている場合のいずれかに該当する場合には，当該土地の所有者の同意を得て，分割があったものとして調査するとしています。

　なお，分割の調査をする土地に所有権以外の権利に関する登記がある場合（ただし，土地の一部に地役権が設定されている場合を除く）でも分割の調査ができます。この場合，所有権以外の権利の登記も，分割する土地に付随した状態で分割されることになります。

第3章 一筆地調査

分割の事例　その1

A. 地番に枝番号がない場合（例：45番を2筆に分割）

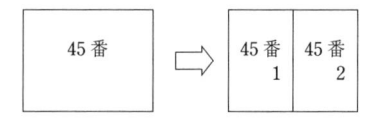

```
┌─────────┐        ┌────┬────┐
│         │        │45番│45番│
│  45番   │  ⇒     │ 1  │ 2  │
│         │        │    │    │
└─────────┘        └────┴────┘
```

※調査票の記載
　・分割本地（45番1）…45番1，45番2に分割
　・分割地（45番2）……45番から分割

分割の事例　その2

B. 地番に枝番号がある場合
（例：25番2を2筆に分割，ただし，25番4が最終地番）

```
┌────┬────┬────┐      ┌────┬─────┬────┐
│    │    │25番│      │    │25番6│25番│
│25番│25番│ 3  │      │25番├─────┤ 3  │
│ 1  │ 2  ├────┤  ⇒   │ 1  │25番5├────┤
│    │    │25番│      │    ├─────┤25番│
│    │    │ 4  │      │    │25番2│ 4  │
└────┴────┴────┘      └────┴─────┴────┘
```

※調査票の記載
　・分割本地（25番2）…25番2，25番5，25番6に分割
　・分割地（25番5・6）…25番2から分割

Q. 『公図の面積と実測面積が同じということはほとんどないので，異動事項に関しては，地目変更や一部地目変更の次に地積錯誤が必ずくることになる』ということを前任者から聞いたのですが，仮にそうだとして，その筆（地目変更や「一部地目変更」+「地積錯誤」という異動を得た筆）が合筆により消滅するような場合には，「地積錯誤」を表示する必要はないでしょうか。また，登記所で指摘される等がなければ表示してもしなくても特に問題はないでしょうか。

A. 分合筆を伴う場合においては，合筆する筆・合筆で閉鎖される筆・分筆する筆・分筆によって新たに発生する筆については，当然において地積が変更されると解釈するため地積錯誤は表示しません。

合併があつたものとしての調査

第二十五条　所有者及び地目を同じくする二筆以上の土地が同一地番区域内において字を同じくして接続し，かつ，それらの筆界を現地について確認することができない場合又はそれらの全部若しくは一部の面

積が著しく狭少な場合には，当該土地の所有者の同意を得て，合併があつたものとして調査するものとする。ただし，次の各号のいずれかに該当する場合には，当該土地については，この限りでない。
一　いずれかの土地に所有権の登記以外の権利に関する登記が存する場合（その登記が先取特権，質権又は抵当権に関するものであつて，その登記と登記原因，その日付，登記の目的及び受付番号が同一である登記のみが他の土地に存する場合を除く。）
二　いずれかの土地に所有権の登記がない場合（いずれもの土地に所有権の登記がない場合を除く。）

解説

合併とは，登記上数個となっている数筆の土地を1個の土地（一筆の土地となるべき一区画の土地）に併合し，又は併合の意思表示（登記申請）をすることをいいます。

合併の行為は，登記官固有の権限であることから，地籍調査においては，所定の条件を満たす場合に合併があったものとしての調査を行い，登記官がこの調査結果を踏まえて登記簿に記載することによりはじめて合併の法的効力が生ずることとなります。

本条は，合併があったものとしての調査の条件と調査方法について定めたもので，①所有者及び地目を同じくする二筆以上の土地が同一地番区域内において字を同じくして接続し，かつ，それらの筆界を現地について確認することができない場合，②それらの全部若しくは一部の面積が著しく狭少な場合のいずれかに該当する場合には，当該土地の所有者の同意を得て，合併があったものとして調査するとしています。

ただし，①いずれかの土地に所有権の登記以外の権利に関する登記が登記されている場合（その登記が先取特権，質権又は抵当権に関するものであって，その登記と登記原因，その日付，登記の目的及び受付番号が同一である場合を除く），②いずれかの土地の所有権の登記がない土地（いずれもの土地に所有権の登記がない場合を除く）の場合のいずれかに該当する場合には，

合併があったものとして調査することはできないとしています。

合併の事例　その１

A. 地番に枝番号がない場合（例：29番に50番を合併）

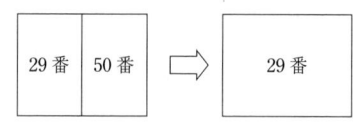

```
┌────┬────┐        ┌─────────┐
│29番│50番│  ⇒    │  29番   │
└────┴────┘        └─────────┘
```

※調査票の記載
・合併本地（29番）……50番を合併
・被合併地（50番）……29番に合併

合併の事例　その２

B. 所有者の登記簿住所（又は氏名）が異なる場合

```
┌────┬────┐
│ 25 │ 26 │    25番　宅地　甲野太郎
│宅地│宅地│    住所：○△市大字○△町21番地
└────┴────┘    26番　宅地　乙山太郎
               住所：○△市大字○△町26番地
```

※平成2年3月20日甲野太郎は養子縁組により乙山太郎となり，その後隣地の26番の土地を購入した。

（地籍準則25条より）
　　住所・氏名が食い違うままでは合併できないが，戸籍やその附票，住民票等により確認し，氏名変更・住所変更を行い，住所・氏名を同一にすれば合併は可能。

合併の事例　その３

C. 現況地目は同一だが登記地目が異なる場合

```
┌────┬────┐    ┌────┬────┐
│ 33 │ 34 │    │ 33 │ 34 │
│宅地│宅地│    │宅地│ 畑 │
└────┴────┘    └────┴────┘
   現況              登記
```
※所有者は同一

（地籍準則25条より）
　　34番の登記地目を現況に合わせて変更すれば合併可能だが，この場合，34番は畑なので，農地法の農地転用許可を得ている必要があるため，農業委員会に確認を取り，問題が無ければ合併は可能。

合併の事例　その4

D. 所有権以外の権利が設定されている場合

35 宅地 抵当権	36 宅地 抵当権

①両方設定がある場合

35 宅地 抵当権	36 宅地 設定無

②一方のみ設定がある場合

※所有者は同一

(地籍準則25条より)
　①の場合　両方の抵当権の内容（登記原因・日付・登記目的・受付番号・共同担保目録の番号など）が同一なら合併可能
　②の場合　所有権以外の登記のある土地とない土地は合併不可

合併の事例　その5

E. 合併後分割された場合

39 田	40 田	41 田

⇒

39-1 田
39-2 田

実線は登記簿・公図。現況は点線で，田を合併して点線のように分割する場合

(地籍準則26条・33条より)
　39番…40番，41番を合併
　　　　　39番1，39番2に分割
　39番2…39番から分割
　40番…39番に合併
　41番…39番に合併

第3章 一筆地調査

合併の事例 その6
F. 地役権が設定されている土地の分合筆

```
          ┌─────────┬─────────┐
通│         │    2    │    3    │
行│         │   宅地   │   宅地   │
地│         │甲野一郎(要役地)│ 甲野一郎 │
役├─────┼─────────┼─────────┤
権│▨▨▨▨│    5    │    4    │
 │         │   宅地   │   宅地   │
 │         │乙川耕次(承役地)│ 乙川耕次 │
          └─────────┴─────────┘
                    道路
```

分割の場合…2番：分割可能，5番：分割不可能
　※地籍準則24条に一筆の土地の一部について地役権が
　　設定されている場合を除くとある
合併の場合…2番と3番：合併不可能，4番と5番：合併
不可能
　※所有権登記の他は，先取特権，質権，抵当権以外は
　　合併できない

Q. 合筆する場合に「変更後の住所を表示しない」のはなぜか教えて下さい。
A. 「変更後の住所を表示しない」のは，「合筆で抹消される筆」についてです。このような筆の「所有者の住所及び氏名または名称」欄に新住所を表示しても，地籍簿の送付後，登記簿は抹消されてしまうため「表示する意味がない」のです。しかし，登記官からの指摘が特に無ければ，表示しても特に問題はないと考えられます。

一部合併があったものとしての調査

第二十六条　甲地が第二十四条の規定により分割があったものとして調査することができる場合で，かつ，甲地の一部と乙地についてその筆界を現地について確認することができないため前条の規定に準じ合併があったものとして調査することが適当であると認められる場合には，前二条の規定にかかわらず，当該土地の所有者の同意を得て，甲地の一部を乙地に一部合併があったものとして調査するものとする。

解説

　一部合併とは，たとえば，甲地の一部と隣接する乙地が一体的に利用されている状況にあり，甲地の一部と乙地が合併があったものとして調査することが適当と認められる場合に，分割調査と合併調査を同時に処理することに

より，分割した甲地の一部を乙地に合併することをいいます。

本条は，「一部合併があつたものとしての調査」の条件について定めたもので，①甲地が分割があったものとして調査することができる場合，②甲地の一部と乙地が合併があったものとして調査することが適当であると認められる場合のいずれの条件を満たす場合には，当該土地の所有者の同意を得て，甲地の一部を乙地に一部合併があったものとして調査するとしています。

一部合併の事例　その1
A. 一部地目変更による場合

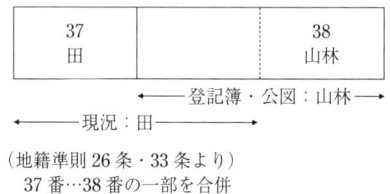

| 37 田 | | 38 山林 |

　　　　　　　　←――登記簿・公図：山林――→
　　←―――現況：田―――→

（地籍準則26条・33条より）
　37番…38番の一部を合併
　38番…○○年○○月○○日一部地目変更　田
　　　　37番に一部合併

一部合併の事例　その2
B. 3地目に変更になる場合

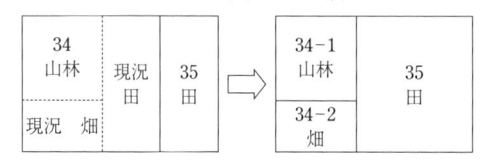

| 34 山林 | 現況 田 | 35 田 |
| 現況 畑 | | |

⇒

| 34-1 山林 | 35 田 |
| 34-2 畑 | |

（地籍準則26条・33条より）
　34番……○○年○○月○○日一部地目変更　田
　　　　　35番に一部合併
　　　　　○○年○○月○○日一部地目変更　畑
　　　　　34番1，34番2に分割
　34番2…34番から分割
　35番……34番の一部を合併

第3章　一筆地調査

一部合併の事例　その3
C. 2 地目に分合筆になる場合

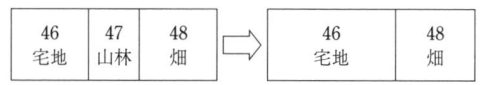

| 46 宅地 | 47 山林 | 48 畑 | ⇒ | 46 宅地 | 48 畑 |

←現況：宅地→←現況：畑→

（地籍準則26条・33条より）
　46番…47番の一部を合併
　47番…〇〇年〇〇月〇〇日一部地目変更　宅地
　　　　46番に一部合併
　　　　〇〇年〇〇月〇〇日一部地目変更　畑
　　　　48番に合併
　48番…47番を合併

代位登記の申請

第二十七条　前二条の調査を行おうとする場合において必要があるときは，あらかじめ，法第三十二条の二の規定による代位登記の申請を行うものとする。

解説

　代位登記とは，不動産登記法第五十九条第七号に基づき，当事者に代わって登記申請することをいいます。

　合併や一部合併があったものとして調査を行おうとする場合，いずれかの土地について登記簿上の所有者が死亡しているが所有権が相続人に継承されている場合，又はいずれかの土地について所有権に関する登記がなされていない場合は，合併があったものとして調査を行うことができません。このような場合に，国土調査法第三十二条の二の規定に基づき，地籍調査の実施機関が土地の所有者に代わって所定の登記申請を行います。

　本条は，代位登記の申請について定めたもので，合併又は一部合併があったものとしての調査を行おうとする場合において必要がある場合には，代位登記の申請を行うこととしています。

　なお，代位登記を申請は，登記簿の表題部に所有者として記載されたもの若しくは所有権登記名義人又は相続人に代わって申請することができます。

したがって，事実上の所有者に代位するような，事実上の所有権移転となる代位登記を行うことはできません。

【参考】
○不動産登記法
　（権利に関する登記の登記事項）
第五十九条　権利に関する登記の登記事項は，次のとおりとする。
　七　民法第四百二十三条その他の法令の規定により他人に代わって登記を申請した者（以下「代位者」という。）があるときは，当該代位者の氏名又は名称及び住所並びに代位原因
○国土調査法（一部抜粋）
　（代位登記）
第三十二条の二　地方公共団体又は土地改良区等は，前条の規定により土地の合併があつたものとして調査を行う場合において必要があるときは，当該土地の登記簿の表題部に所有者として記録された者若しくは所有権の登記名義人又はその相続人に代わり土地の表題部若しくは所有権の登記名義人の氏名若しくは名称若しくは住所についての変更の登記若しくは更正の登記又は所有権の保存若しくは相続による移転の登記を申請することができる。
2　前項の登記の手続に関し必要な事項は，政令で定める。

（運用基準）

(代位登記の申請)
第13条　代位登記の申請については，「国土調査法第32条の2の規定による代位登記の申請書の作成要領及び様式」（昭和32年12月28日付け経企土第126号経済企画庁総合開発局長通達）に基づいて行うものとする。

(解説)
　本条は，代位登記の申請方法について定めたもので，（昭和32年12月28日付け経企土第126号経済企画庁総合開発局長通達）の「国土調査法第三十二条の2の規定による代位登記の申請書の作成要領及び様式」に基づいて行うこととしています。

【参考】

○国土調査法第32条の2の規定による代位登記の申請書の作成要領及び様式について

(昭和32年12月28日付け経企土第126号経済企画庁総合開発局長通達)

最終改正：昭和42年8月8日経企土第231号

　標記については，別紙作成要領及び様式によることとするから御了知の上関係市町村等に周知方取り計らわれたい。
　おって，この件については，法務省と協議ずみであるから念のため。

(別紙)
　　　　国土調査法第32条の2の規定による代位登記の申請書作成要領

第1　土地の表示の変更の登記の申請
　1　土地の表示の変更（更正を含む。）の登記の申請（嘱託を含む。以下同じ。）は，第2，第3及び第4の登記を申請する場合において，登記簿における土地の表示が土地台帳と符合しない場合に限りするものとし，その申請書（嘱託書を含む。以下同じ。）は，様式第一号による。
　2　申請書は，登記原因の異なるごとに別件として作成する。ただし，数次に表示変更が行われているときは，分合筆の場合を除き，直接現在の表示に表示変更の登記をすることができるから，別件とすることを要しない。
　3　不動産の表示欄の記載要領
　　(1)　地目変換等の分筆及び合筆以外の原因による表示変更の場合には，変更前の表示欄に登記簿上の土地の表示を記載し，変更後の表示欄に土地台帳における変更後の土地の表示を記載する。
　　(2)　分筆の場合には，変更前の表示欄に「分筆前の土地」と記載して登記簿上の土地の表示を記載し，変更後の表示欄に「現在の土地」，「分筆した土地」と記載してそれぞれ土地台帳における分筆後の土地の表示を記載する。なお，土地台帳において，分筆後の土地につき，更に地目変換等による地目又は地積の変更がなされている場合には，1により土地の表示の変更の登記を申請する。
　　(3)　合筆の場合には，変更前の表示欄に「合筆前の土地」，「合筆した土地」と記載してそれぞれ登記簿上の土地の表示を記載し，変更後の表示欄に「合筆後の土地」と記載して土地台帳における合筆後の土地の表示を記載する。なお，土地台帳において，合筆後の土地につき更に地目変換等による地目又は地積の変更がなされている場合には，1により土地の表示の変更の登記を申請する。
　4　登記の目的欄の記載要領
　　　分筆の場合には「分筆」，合筆の場合には「合筆」，地目変換等による表示変更の場合には，「表示変更」と記載する。なお，土地の表示の錯誤又は遺漏に

よる表示の更正の場合には,「表示更正」と記載する。
　5　登記原因及びその日付欄の記載要領
　　土地台帳における沿革欄の異動の種類とその年月日を記載する。なお,表示更正の場合には,「昭和何年何月何日（錯誤に係る登記をした年月日）錯誤（又は遺漏）」と記載する。
　6　所有者の表示欄の記載要領
　　　所有者の表示欄には,所有者が私人のときは,その住所及び氏名を,会社等の法人のときは,その名称（商号）及び主たる事務所（本店）を記載する。
　7　添付書類
　　(1)　申請書の副本を一通添付する。
　　(2)　申請人が国土調査法施行令第1条第1号,第2号,第5号及び第6号に掲げる者であるときは,その代表者の資格を証する都道府県知事の書面を添付し,同条第3号,第4号及び第7号に掲げる者であるときは,その代表者の資格を証する法人登記簿の抄本を添付する。なお,右の書面は同時に数個の申請をする場合には,一個の申請書に添付し,他の申請書には,「資格証明書壱通は別件代位登記申請書に添付」と記載すれば足りる。
　　(3)　代位原因を証する書面の添付は要しない。
第2　所有権登記名義人の表示の変更の登記の申請
　1　所有権登記名義人の表示の変更の登記の申請書は,様式第二号による。この場合には,所有者の表示欄中「被相続人」,「相続人」の記載文字を消除しなければならないが,不動産登記法第77条の規定による押印等の手続を省略してさしつかえない。
　2　申請書は,所有者ごとに別件として作成する。
　3　不動産の表示欄の記載要領
　　　不動産の表示欄には,登記簿上の土地の表示を記載し,もし,二筆以上の土地を表示するときは,地番の順序に記載する。
　4　登記の目的欄の記載要領
　　　登記の目的として,「名義人表示変更」と記載する。
　5　登記原因及びその日付欄の記載要領
　　(1)　住所の移転の場合には,「昭和何年何月何日住所移転」と記載する。右の日付は,住民票抄本に記載されている住所移転の日を記載する。
　　(2)　氏名の変更の場合には,「昭和何年何月何日改名（又は,婚姻,養子縁組等）」と記載する。なお,右の日付は,戸籍簿に記載されている氏名変更の効力を生じた日を記載する。
　　(3)　法人の主たる事務所の移転の場合には,「昭和何年何月何日本店移転（会社の場合）」又は「昭和何年何月何日事務所移転（会社以外の場合）」と記載する。なお,右の日付は,登記簿に記載されている事務所移転の日を記載する。
　　(4)　法人の名称の変更の場合には,「昭和何年何月何日商号変更（会社の場合）」又は「昭和何年何月何日名称変更（会社以外の場合）」と記載する。なお,右の日付は,登記簿に記載されている名称変更の日を記載する。

6　所有者の表示欄の記載要領

　　所有者の表示欄の上段（変更前）に登記簿における住所及び氏名を記載し，下段（変更後）に変更後の住所及び氏名を記載する。

7　添付書類

(1)　申請書の副本を一通添付する。

(2)　申請人の資格を証する書面については，第1の7の(2)を参照。

(3)　住所移転による変更の場合には，住所移転事項の記載のある住民票抄本等を添付する。

(4)　氏名変更の場合には，氏名変更事項の記載のある戸籍謄本又は抄本等を添付する。

(5)　法人の主たる事務所の移転の場合には，事務所移転事項の記載のある法人登記簿抄本等を添付する。ただし，法人登記の管轄登記所と不動産登記の管轄登記所が同一のときは，添付を要しない。

(6)　法人の名称変更の場合には，名称変更事項の記載のある法人登記簿抄本等を添付する。なお，(5)のただし書を参照。

(7)　代位原因を証する書面の添付は要しない。

第3　相続による所有権移転の登記の申請

1　相続による所有権移転の登記申請書は，様式第二号による。この場合には，所有者の表示欄中「変更前」，「変更後」の記載文字を消除しなければならないが，不動産登記法第77条の規定による押印等の手続を省略してさしつかえない。

2　申請書は，所有者ごとに別件として作成する。なお，数次に相続が開始した場合において，中間の相続が単独相続のときは，中間の相続登記を省略して最後の相続人名義に相続登記をすることもできる。

3　不動産の表示欄の記載要領

　　不動産の表示欄には，登記簿上の土地の表示を記載し，もし，二筆以上の土地を表示するときは，地番の順序に記載する。ただし，数次相続によるものがあるときは，その分を末尾に記載する。

4　登記の目的欄の記載要領

　　登記の目的として，「所有権移転」と記載する。

5　登記原因及びその日付欄の記載要領

(1)　昭和23年1月1日以後に相続が開始した場合（新民法による相続），昭和22年5月3日以後同年12月31日までに相続が開始した場合（民法応急措置法による相続）及び昭和22年5月2日以前に家督相続が開始したが，昭和22年12月31日までに家督相続人が決まらなかった場合（民法附則第25条第2項本文による相続）には，「昭和何年何月何日相続」と記載する。

(2)　昭和22年5月2日以前に相続が開始し，昭和22年12月31日までに家督相続人が決まった場合（旧民法による家督相続）には，「昭和何年何月何日家督相続」と記載する。

(3)　昭和22年5月2日までに遺産相続が開始した場合（旧民法による遺産相続）には，「昭和何年何月何日遺産相続」と記載する。

（4）　数次に相続が開始した場合において各相続登記が未了であるときは，中間の相続が単独の相続の場合には，中間の相続登記を省略して直ちに最後の相続人名義に相続登記をすることができるのであるが（2の後段参照），この場合には，登記原因及びその日付として，各相続の原因及びその日付を併記する。
 6　所有者の表示欄の記載要領
　　所有者の表示欄には，上段（被相続人）に登記簿における所有者の住所及び氏名を記載し，下段（相続人）に相続人の住所及び氏名を記載する。なお，相続人が数人である場合には，持分をも記載する。
 7　添付書類
　　（1）　申請書副本を一通添付する。
　　（2）　申請人の資格を証する書面については，第1の7の（2）を参照。
　　（3）　相続を証する書面として戸籍謄（抄）本，除籍謄（抄）本等を添付する。
　　（4）　被相続人の登記簿上の住所，氏名が，（3）の相続を証する書面のそれと異なるときは，その同一性を証するための住民票抄本等をも添付する。
　　（5）　共同相続の場合において，共同相続人中の一人又は数人が相続を放棄している場合には，家庭裁判所の相続放棄の申述の受理証明書を添付し，遺産分割の協議がなされている場合には，遺産分割の協議の成立を証する書面を添付する。なお，当事者間の協議による遺産分割の場合には，当該遺産分割により，当該不動産の所有権を取得した者以外の相続人の印鑑証明書をも添付する。
　　（6）　相続人の住所を証する書面として，住民票又は戸籍の附票の謄，抄本等を添付する。
　　（7）　代位原因を証する書面の添付は要しない。
第4　法人の合併等による所有権移転の場合の登記の申請
　　次の要領のほかは，第3の相続による所有権移転の場合の要領による。
 1　登記原因及びその日付欄の記載要領
　　（1）　会社の合併（吸収合併及び新設合併）による場合には，「昭和何年何月何日合併」と記載する。なお，右の日付は，吸収合併の場合には，存続会社の合併による変更の登記の日を，新設合併の場合には，新設会社の設立の登記の日を記載する。
　　（2）　会社以外の法人の合併の場合にも（1）と同様とする。
 2　所有者の表示欄の記載要領
　　所有者の表示欄の上段（被相続人）に登記簿上の所有者の主たる事務所及び名称を記載し，下段（相続人）に合併による存続法人又は新設法人の主たる事務所及び名称を記載する。
 3　添付書類
　　合併を証する書面として合併事項の記載のある法人登記簿の謄（抄）本等を添付する。なお，第2の7の（5）のただし書を参照。
第5　相続による所有権保存の登記の申請
　　相続による所有権保存の登記申請書は，様式第二号によるものとし，次の要

領のほかは，第3の相続による所有権移転の登記の場合の要領による。
1 登記の目的欄の記載要領
　登記の目的として，「所有権保存」と記載する。
2 所有者の表示欄の記載要領
　所有者の表示欄の上段（被相続人）に土地台帳における所有者の住所及び氏名を記載し，下段（相続人）に相続人の住所及び氏名を記載する。なお，相続人が数人である場合には，持分をも記載する。
3 登記原因及びその日付欄には，斜線を引いておくものとする。

様式第一号(表)

国土調査法による不動産登記に関する政令による
代位登記嘱託(申請)書

国土調査法による不動産登記に関する政令
第二条第一項の規定により登記を嘱託(申請)する。

昭和何年何月何日

何市町村長 何 某 ㊞

何市何町何番地
何市何町何番地改良区
代表者理事 何 某 ㊞

何法務局(何地方法務局)
何支局
何出張所 御中

代位原因　国土調査法第三十二条の二第一項
登録免許税　登録免許税法第五条第八号により納付しな
　　　　　　い。
添付書類
　嘱託(申請)書副本　　壱通
　登記原因を証する書面が初めから存在しないので
　一　資格証明書　　　　壱通

様式第一号(裏)

不動産の表示	変更前の表示	変更後の表示	登記の目的	登記原因及びその日付	所有者の表示
	賀茂郡吉川村大字吉川字大里参六五番 雑種地　四畝壱歩	同所同番 宅地　百弐拾参坪	表示変更	昭和参弐年五月弐〇日 地目変更	賀茂郡吉川村大字吉川字大里壱弐参番地 吉川太郎
	賀茂郡吉川村大字吉川字押上参六番 畑　弐畝弐八歩	同所 現在の土地　参六番の壱 畑　弐畝壱七歩 同所 分筆した土地　参六番の弐 畑　参畝参拾弐歩	分筆	昭和参弐年八月参〇日 分筆	賀茂郡吉川村大字吉川字押上五弐番地 押上太郎

第3章 一筆地調査

様式第一号継続用紙（表）		
合筆前の土地 賀茂郡吉川村大字吉川 字押上弐〇壱番 田 壱反参歩	合筆後の土地 同所弐〇壱番 田 壱反七畝拾歩	
合筆した土地 同所弐〇弐番の弐 田 六畝弐拾八歩		
合筆した土地 同所弐〇参番の弐 田 九歩		
合　筆		
合筆 昭和参弐年四月弐〇日		
賀茂郡吉川村大字吉川字押上弐八六番地 　　　有　村　五　郎		

様式第一号継続用紙（裏）	
不動産の表示	変更前の表示
	変更後の表示
登記の目的	
登記原因及びその日付	
所有者の表示	

様式第二号（表）

国土調査法による不動産登記に関する政令による
代位登記嘱託（申請）書

　国土調査法による不動産登記に関する政令
第二条第一項の規定により登記を嘱託（申請）する。
　昭和何年何月何日

　　　　　何市町村長　　　　何　某　印

　　　　　〔何市何町何番地
　　　　　　何土地改良区
　　　　　　代表理事　　何　某　印〕

何法務局（何地方法務局）
何支局
何出張所　　御中

代位原因	国土調査法第三十二条の二第一項
登録免許税	登録免許税法第五条第八号により納付しない。
添付書類	嘱託（申請）書副本 登記原因を証する書面が初めから存在しないので資格証明書 住民票抄本 戸籍抄本 除籍謄本	壱通 何通 何通 何通 何通

様式第二号（裏）

不動産の表示	登記の目的	登記原因及びその日付	所有者の表示	
			被相続人・変更前	相続人・変更後
賀茂郡吉川村大字吉川字押下四八番 畑壱畝壱歩 同所四九番 畑壱畝六歩	名義人表示変更	昭和参弐年九月壱日 住所移転	賀茂郡吉川村大字寺西字坂田六番地 押川七郎	賀茂郡吉川村大字吉川字押下四五番地 押川七郎
賀茂郡吉川村大字吉川字押下七番 宅地百弐拾参坪	名義人表示変更	昭和参壱年九月弐五日 養子縁組	賀茂郡吉川村大字吉川字押下八番地 押上ふみ	同所同番地 村田ふみ

第3章　一筆地調査

様式第二号継続用紙（表）

項目	1	2	3
不動産の表示	賀茂郡吉川村大字吉川字坂下　畑壱反弐畝六五番八歩	賀茂郡吉川村大字吉川　宅地八拾参坪　同所八四番の参　宅地八拾四坪　畑壱反壱畝拾八歩	賀茂郡吉川村大字吉川字大里　八四五番　畑八畝弐拾歩
登記の目的	所有権移転	所有権移転	所有権移転
登記原因及びその日付	昭和弐八年壱月弐八日相続	昭和弐五年弐月弐六日相続	昭和弐六年弐月壱五日小池次郎相続、昭和参弐年参月壱日相続
所有者の表示（被相続人・変更前）	賀茂郡吉川村大字吉川字坂下　参六〇番地　村上太郎	賀茂郡吉川村大字吉川字大里　八参七番地　川上五郎	賀茂郡吉川村大字吉川字大里　八参八番地　小池登
所有者の表示（相続人・変更後）	同所同番地　村上一郎	持分参分の弐　同所同番地　川上一男／持分参分の壱　同所同番地　川上はな	同所同番地　小池正雄

様式第二号継続用紙（裏）

項目	1	2	3
不動産の表示	賀茂郡吉川村大字吉川字押南　田壱反七畝参歩	賀茂郡吉川村大字吉川字押南　畑弐反〇畝参歩	賀茂郡吉川村大字吉川字押南　宅地四拾弐〇坪
登記の目的	所有権移転	所有権移転	所有権保存
登記原因及びその日付	昭和壱年壱弐月弐〇日家督相続	昭和弐壱年壱弐月弐〇日遺産相続	
所有者の表示（被相続人・変更前）	賀茂郡吉川村大字吉川字押南　五番地　藤田五郎	賀茂郡吉川村大字吉川字押南　参九番地　北村行男	賀茂郡吉川村大字吉川字押南　四〇番地　山田伍一
所有者の表示（相続人・変更後）	同所同番地　藤田勝一	同所同番地　北村末吉	同所同番地　山田太郎

長狭物の調査

第二十八条　道路，運河，用悪水路，堤防，みぞ，導水管，送水管，排水管，鉄道線路，軌道又は河川等の施設の敷地（以下「長狭物」とい

う。）が相互に交さする場合には，その交さ部分を，次の例により，判定するものとする。ただし，法令又は慣習により明らかな場合には，この限りでない。
　一　河川と道路又は鉄道線路とが交さする場合には，河川とする。
　二　道路と用悪水路又はみぞとが交さする場合において用悪水路又はみぞが暗きよのときは公衆用道路，開きよのときは用悪水路又は井溝(せきこう)とする。
　三　道路と鉄道線路とが交さする場合において，当該交さがこ道橋によるときは公衆用道路，こ線橋によるとき又は平面交さによるときは鉄道用地とする。
　四　道路と導水管，送水管又は排水管とが交さする場合には，公衆用道路とする。
　五　道路と堤防とが交さする場合には，堤とする。
　六　鉄道線路と堤防とが交さする場合には，鉄道用地とする。
2　同種の長狭物が交さする場合において，当該長狭物に級別又は路線番号があるときは，その交さする部分は，上級のもの又は路線番号の若いものに属するものと判定するものとする。

解説

　長狭物とは，地籍調査独特の用語で，公衆用道路，運河用地，用悪水路，堤，井溝，鉄道線路，河川等の幅の狭い長い土地のことをいいます。

　長狭物の調査については，地籍の明確化を目的とする地籍調査の趣旨に従うのであれば，長狭物を含む全ての土地について，その実態を明らかにするのが原則ではありますが，長狭物の新設，改廃に伴う地籍の異動処理が未処理のまま放置されている実態に対処するため，一筆地調査を実施する場合と，調査の簡便化を図り早期に地籍調査を推進する目的から一筆地調査を実施しない場合とに分けて処理されているのが実態です。

　第1項は，長狭物相互に交差する部分の地目の判定基準を定めたもので，①河川と道路又は鉄道線路とが交さする場合には河川，②道路と用悪水路又

はみぞとが交さする場合において用悪水路又はみぞが暗きよのときは公衆用道路，開きよのときは用悪水路又は井溝，③道路と鉄道線路とが交さする場合において，当該交さがこ道橋によるときは公衆用道路，こ線橋によるとき又は平面交さによるときは鉄道用地，④道路と導水管，送水管又は排水管とが交さする場合には公衆用道路，⑤道路と堤防とが交さする場合には堤，⑥鉄道線路と堤防とが交さする場合には，鉄道用地とします。

　第2項は，同種の長狭物が交差する場合の扱いについて定めたもので，当該長狭物に級別又は路線番号があるときは，その交さする部分は，上級のもの又は路線番号の若いものに属するものと判定するとしています。

- Q.　地籍図の様式を定める省令では，「一筆地調査事項の表示（区分：筆界）」（3）長狭物との筆界が未定である場合は（1）による表示をなし，かつ，長狭物との境界を現況により鎖線で表示する」とありますが，この処理は現在も適用されていますか。法務局ではこのような処理はしていないと指摘を受けました。
- A.　地籍図の様式を定める省令に定められた表示例に基づいて処理して問題ありません。場所によってはこのような処理をしていない登記所もあります。

（運用基準）

> **長狭物の調査**
>
> 第14条　既登記の一筆の土地の一部が長狭物の敷地となっており，これに伴う登記手続がなされていない場合には，現地調査の際，長狭物の敷地となっている部分について地目変更の調査及び分割があったものとしての調査を行うものとする。
>
> 2　前項の規定に基づき長狭物の筆界について調査する場合には，その新設，拡幅等に関する工事の計画書又は実測図等を資料とし，筆界未定が生じないように努めるものとする。ただし，なお従前の筆界を確認することができない場合には，一部地目変更及び分割があったものとして調査することなく，筆界未定として処理するものとする。
>
> 3　既登記の一筆の土地の全部が長狭物の敷地となっている場合及び長狭物の敷地が未登記である場合には，現況により長狭物の両側の境を調査するにとどめ，それらの土地の筆界の調査は省略することができ

る。
4　前3項の場合における調査図素図等の表示については，別表第3の例示に準じて処理するものとする。

(解説)

　第1項は，長狭物と既登記の土地の筆界が確認できない場合の扱いについて定めたもので，既登記の一筆の土地の一部が長狭物の敷地となっており，登記手続きがなされていない場合には，長狭物の敷地となっている部分について地目変更及び分割があったものとしての調査を行います。

　第2項は，長狭物と既登記の土地の筆界の確認方法について定めたもので，調査に当たっては，その新設，拡幅等に関する工事の計画書又は実測図等を資料とし，筆界未定が生じないように努めるものとしています。長狭物と既登記の土地の筆界が確認できないときは，一部地目変更及び分割の調査ではなく，筆界未定として処理し，地籍図には長狭物との境界を現況により鎖線で表示します。

　第3項は，既登記の一筆の土地の全部が長狭物の敷地となっている場合及び長狭物の敷地が未登記である場合の扱いについて定めたもので，このような場合には，現況により長狭物敷地の両側の境界を調査するにとどめ，それらの土地の筆界の調査は省略することができるとしています。

　第4項は，第3項により筆界の調査を省略した場合の扱いについて定めたもので，筆界の調査を省略した場合の土地は，地籍図への表示は行わず，現地確認不能として処理するとしています。

　なお，長狭物内の土地については，長狭物の新設，改廃に伴う地籍の異動処理が未処理のまま放置されているなど，長狭物内の筆界を調査することが困難な場合を除き，長狭物内の土地については一筆地調査を行うべきです。

一筆地調査を行う場合の例

既登記の一筆の土地についてその一部が長狭物の敷地となっている場合には，原則として一部地目変更及び分割の調査を行うが，長狭物と既登記の土地の筆界が確認できないときは，一部地目変更及び分割の調査ではなく，筆界未定として処理し，地籍図には長狭物と境界を現況により鎖線で表示することにしている。

（例）道路と畑（1・2番）との筆界が未定の場合

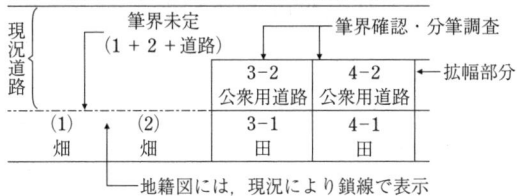

現況道路	筆界未定 (1 + 2 + 道路)		筆界確認・分筆調査	
			3-2 公衆用道路	4-2 公衆用道路 |← 拡幅部分
	(1) 畑	(2) 畑	3-1 田	4-1 田

└─ 地籍図には，現況により鎖線で表示

地目の調査

第二十九条 地目の調査は，毎筆の土地について，その主たる用途について行なうものとする。

2　前項の調査の結果に基づき，地目を不動産登記規則（平成十七年法務省令第十八号）第九十九条に定める区分により区別し当該地目と調査図素図の地目とが異なる場合には，その変更の年月日を調査し調査図素図に記録するものとする。

解説

地目とは，土地の所在，地番とともに，土地を客観的に特定するための用途別区分をいい，地籍調査では，一筆毎の土地について，その主たる用途を地目として認定します。地目は，不動産登記法第三十四条第2項に基づき，不動産登記規則第九十九条により23種類に分類され，不動産登記事務取扱手続準則第六十八条，第六十九条において地目の定め方が示されています。地籍調査においては，これらの規定等に従って地目の調査を行います。

第1項は，地目の調査方法について定めたもので，毎筆の土地について，その主たる用途について行うこととしています。主たる用途とは，一筆の土地の僅少な部分の利用状況に目を奪われることなく，一筆の土地を全体とし

て観察したときに，一体として利用又は管理されている状況等に着目して判定する用途をいいます。

第2項は，地目の調査結果の取りまとめ方について定めたもので，地目は不動産登記規則（平成十七年法務省令第十八号）第九十九条に定める区分により区別することとしています。また，調査図素図に記載した地目と異なる場合には，その変更の年月日を調査し，調査図素図に記録することとしています。

【参考】

○不動産登記法（一部抜粋）
（土地の表示に関する登記の登記事項）
第三十四条　土地の表示に関する登記の登記事項は，第二十七条各号に掲げるもののほか，次のとおりとする。
　　一　土地の所在する市，区，郡，町，村及び字
　　二　地番
　　三　地目
　　四　地積
2　前項第三号の地目及び同項第四号の地積に関し必要な事項は，法務省令で定める。

○不動産登記規則（一部抜粋）
（地目）
第九十九条　地目は，土地の主たる用途により，田，畑，宅地，学校用地，鉄道用地，塩田，鉱泉地，池沼，山林，牧場，原野，墓地，境内地，運河用地，水道用地，用悪水路，ため池，堤，井溝，保安林，公衆用道路，公園及び雑種地に区分して定めるものとする。

(運用基準)

【地目の調査】

第15条　地目の調査は，次の各号に定める地目の区分に従って行うものとする。
　　一　田　農耕地で用水を利用して耕作する土地
　　二　畑　農耕地で用水を利用しないで耕作する土地
　　三　宅地　建物の敷地及びその維持若しくは効用を果すために必要

な土
四　塩田　海水を引き入れて塩を採取する土地
五　鉱泉地　鉱泉（温泉を含む。）の湧出口及びその維持に必要な土地
六　池沼　灌漑用水でない水の貯留池
七　山林　耕作の方法によらないで竹木の生育する土地
八　牧場　獣畜を放牧する土地
九　原野　耕作の方法によらないで雑草，灌木類の生育する土地
十　墓地　人の遺骸又は遺骨を埋める土地
十一　境内地　境内に属する土地で，宗教法人法第3条第2号及び第3号に掲げる土地（宗教法人の所有に属しないものを含む。）
十二　運河用地　運河法第12条第1項第1号又は第2号に掲げる土地
十三　水道用地　もっぱら給水の目的で敷設する水道の水源地，貯水池，濾水場，喞水場，水道線路に要する土地
十四　用悪水路　灌漑用又は悪水排泄用の水路
十五　ため池　耕地灌漑用の用水貯留池
十六　堤　防水のために築造した堤防
十七　井溝　田畝又は，村落の間にある通水路
十八　保安林　森林法に基づき農林水産大臣が保安林として指定した土地
十九　公衆用道路　一般交通の用に供する道路（道路法によるものと否とを問わない。）
二十　公園　公衆の遊楽のために供する土地
二十一　鉄道用地　鉄道の駅舎，附属施設及び路線の敷地
二十二　学校用地　校舎，附属施設の敷地及び運動場
二十三　雑種地　以上のいずれにも該当しない土地

2　地目の調査の詳細については，「地目調査要領」（昭和42年2月18日付け経企土第7号経済企画庁総合開発局長通達）に定めるところによるものとする。

解説

　第1項は，地目の区分について定めたもので，田，畑，宅地，塩田，鉱泉地，池沼，山林，牧場，原野，墓地，境内地，運河用地，水道用地，用悪水路，ため池，堤，井溝，保安林，公衆用道路，公園，鉄道用地，学校用地，雑種地の23種類に区分するとともに，それぞれの地目の状況を説明しています。

　第2項は，地目の調査要領を定めたもので，地目調査の詳細については「地目調査要領」（昭和42年2月18日付け経企土第7号経済企画庁総合開発局長通達）の定めに従って行うこととしています。

　地目を認定に当たっては，定められた23種の地目で，1筆毎の土地の現況・利用目的に重点を置き，全体として利用状況を観察して認定します。したがって，1筆の土地に数種の地目を定めることはできません。

　また，現在の利用目的が一時的であると認められる場合は，注意が必要で，現在の利用状況が引き続き継続されるのか，変更されることが近い将来確実に見込まれるかを見極めた上で地目認定を行う必要があります。

　例えば，仮設建物の敷地，建設資材置場，植木などの仮植地は，現在の利用状況が引き続き継続されることが確実に見込まれる状況であることが必要です。さらに，土地の利用目的を変更するために土地の形質を変える中間段階にある場合，例えば，農地を宅地とするため造成工事を行っている場合は，単に盛土・土留をしているだけでは足りず，道路，側溝及び擁壁などの工事が完了しているほか，上下水道，電気又はガスを供給する施設工事のいずれかが完了している場合等近い将来確実に利用目的の変更が見込まれる状況であることが必要です。なお，農地については，農地法に基づく転用許可を受けているかどうかも判断材料となり，疑義がもたれる場合等は該当市町村の農業委員会等での確認が必要となります。

【参考】

○地目調査要領について
　　　　（昭和42年2月18日付け経企土第7号経済企画庁総合開発局長通達）

最終改正：昭和53年3月14日53国土国第126号

　昭和32年10月24日付け経企土第179号をもって通達した調査図表示例等について中，地目調査要領が別紙のとおり改正されたから，御了知のうえ関係市町村等に周知方お取り計らい願いたい。

（別紙）

地目調査要領

第1　地目の調査については，地籍調査作業規程準則（昭和32年総理府令第71号）に定めるもののほか，この要領によるものとする。
　　地目の区分に当たっては，土地の現況および利用目的に重点を置き，部分的に僅少の差異の存する場合でも土地全体としての状況を観察し定めるものとする。
第2　地目は，田，畑，宅地，塩田，鉱泉地，池沼，山林，牧場，原野，墓地，境内地，運河用地，水道用地，用悪水路，ため池，堤，井溝，保安林，公衆用道路，公園，鉄道用地，学校用地および雑種地に区分しその区別は，それぞれ次の各号に掲げるところによる。
1　田とは，農耕地で水をたたえて耕作する土地をいう。
　藺，蓮を栽培する土地，田の設備を廃止しないで杞柳を栽培する土地，いわゆる陸田（一時的に畑にかんがいして陸田としているものを除く。）は田とする。
2　畑とは，農耕地で水をたたえないで耕作する土地をいう。
　果樹，茶，桑等を栽培する樹園地，牧草の栽培地（牧場に含めるものを除く。），たけのこを採取する目的で竹を栽培する土地，田の設備を廃止して杞柳を栽培する土地等は畑とする。
3　宅地とは，建物の敷地およびその維持もしくは効用を果たすために必要な土地をいう。
　建物の敷地の部分はもちろん，庭園，業務を行なうために必要な空地，通路等も宅地とする。建物の敷地が畑，山林等の他の地目の土地と接続し，かつ，かきまたはさく等により判然と区画されていない場合には，通常宅地として必要と認められる範囲を宅地とする。
　次のような土地は，宅地とする。
(1)　海産物を乾燥する場所の区域内に永久的整備と認められる建物がある場合には，建物の敷地の区域に属する部分
(2)　農用地の区域内に永久的設備と認められる小作人小屋または農具小屋等の建物がある場合には，その敷地
(3)　遊園地，運動場，ゴルフ場および飛行場の一部に建物があって，建物の利用を主としており，建物の敷地以外の部分は，建物に付随する庭園等に過ぎないと認められる場合には，その土地の全部
(4)　競馬場内の事務所，観覧席およびきゅう舎等永久的設備と認められる建

物の敷地および付属地
  (5) ラジオ，テレビ放送場内の永久的設備と認められる建物の敷地
  (6) 宅地に接続するテニスコートおよびプール
  (7) ガスタンクおよび石油タンクの敷地
  (8) 工場または営業場に接続する物干場またはさらし場
  (9) 建物の設備がある場合の火葬場の構内の全部
  (10) 永久的設備と認められる雨おおいがある陶器かまどの敷地
4 塩田とは，海水を引き入れて塩を採取する土地をいう。
海水引入溝，海水ため池，蒸発地，結晶地，堆積地，作業場等が連続して一区域となっている場合にはその土地の全部を塩田とする。
5 鉱泉地とは，鉱泉（温泉を含む。）のゆう出口およびその維持に必要な土地をいう。
6 池沼とは，かんがい用でない水の貯留池をいう。
7 山林とは，耕作の方法によらないで竹木の生育する土地をいう。
焼畑，切りかえ畑は山林とする。
8 牧場とは，獣畜を放牧する土地をいう。
牧畜のために使用する建物の敷地，牧草栽培地および林地等で牧場の区域内にある土地はすべて牧場とする。
9 原野とは，耕作の方法によらないで，雑草，かん木類の生育する土地をいう。
10 墓地とは，人の遺がいまたは遺骨を埋める土地をいう。
11 境内地とは，境内に属する土地で，宗教法人法第3条第2号および第3号に掲げる土地（本殿，会堂，僧堂，信者修業所，社務所，庫裏，教職舎等の敷地または竹木その他の定着物の存する土地および参道。）をいい，宗教法人の所有に属しないものを含む。
12 運河用地とは，運河法第12条第1項第1号または第2号に掲げる土地（水路用地ならびに運河に付属する道路，橋りょう，堤防，護岸，物揚場，係船場の築設および運河用通信，信号等に要する土地。）をいう。
13 水道用地とは，もっぱら給水の目的で敷設する水道の水源地，貯水池，ろ水場，揚水場，水道線路に要する土地をいう。
14 用悪水路とは，かんがい用または悪水排せつ用の水路をいう。
15 ため池とは，かんがい用の用水貯留池をいう。
16 堤とは，防水のために築造した堤防をいう。
   ここでは，堤防として独立して存在するものをいい，河川，ため池，用悪水路，運河等に付属する堤防はそれぞれの地目に含める。
17 井溝とは，農耕地または村落等の間にある通水路をいう。
18 保安林とは，森林法に基づき農林大臣が保安林として指定した土地をいう。
19 公衆用道路とは，一般の交通の用に供する道路をいう。
   道路法による道路にかぎらず一般公衆の交通の用に供されるものは私設の道路であっても公衆用道路とする。
20 公園とは，公衆の遊楽のために供する土地をいう。
   一般の休息，鑑賞，散歩，遊戯，その他リクリエーションの用に供する園路，

広場，花壇，休憩所，池等の施設を有する土地の全部を公園とする。
21　鉄道用地とは，鉄道の駅舎，付属施設および路線の敷地をいう。
22　学校用地とは，校舎および付属施設の敷地ならびに運動場をいう。
23　雑種地とは，以上のいずれにも該当しない土地をいう。
　　　次のような土地は雑種地とする。
(1)　個人専用の道路（宅地に含めるものを除く。）
(2)　物干場，物置場および井戸（宅地その他の地目に含めるものを除く。）
(3)　建物がない木場（木ぽり）および石切場の区域内の土地
(4)　水力発電のための用水路および排水路（地下に埋設したものの用地を含む。）
(5)　遊園地，運動場，ゴルフ場および飛行場の一部に建物がある場合でも建物の敷地以外の土地の利用を主とし，建物はその付随的のものに過ぎないと認められるときは，その区域内の土地の全部。ただし，道路，みぞ等により建物敷地として判然区分し得る状況にあるものは，これを区別して宅地としてもさしつかえない。
(6)　競馬場の馬場
(7)　宅地に接続しないテニスコートおよびプール
(8)　火葬場の用地で構内に建物の設備がないものおよび牛馬等の遺がいまたは骨を埋める土地
(9)　高圧線下で他の目的に使用することができない土地
(10)　鉄塔および変電所の敷地
(11)　抗口およびやぐら敷地ならびに製錬所の煙道敷地
(12)　永久的設備と認められる雨おおいがない陶器かまどの敷地
(13)　建物の設備がない記念碑等の敷地
(14)　河川および湖

Q.　砂防法による「砂防用地」の地目については，国土調査法に定める地目分類（23種類）にありませんが，この地目のまま調査する事は可能ですか。
A.　地籍調査は，地目分類（23種類）以外の区分で調査する事は出来ません。例外的に「砂防用地」として調査する場合は，管轄登記所や県と事前に協議した上で判断して下さい。
　なお，土地登記簿上に，現行地目分類にない地目で登記され，現況に変更のないものは，現行地目に改記することになり，この場合は地目変更には該当しないので，変更年月の調査は要しません。

筆界の調査

第三十条　筆界は，慣習，筆界に関する文書等を参考とし，かつ，土地の所有者等の確認を得て調査するものとする。
2　第二十三条第二項の規定による立会が得られないことについて相当

の理由があり，かつ，筆界を確認するに足る客観的な資料が存在する場合においては，当該資料により作成された筆界案を用いて確認を求めることができるものとする。

3　土地の所有者その他の利害関係人及びこれらの者の代理人の所在が明らかでないため第二十三条第二項の規定による立会いを求めることができない場合で，かつ，筆界を明らかにする客観的な資料が存在する場合においては，前二項の規定にかかわらず，関係行政機関と協議の上，当該土地の所有者その他の利害関係人及びこれらの者の代理人の確認を得ずに調査することができる。

4　土地の所有者等の所在が明らかな場合であつて第一項及び第二項の確認が得られないとき又は前項に規定する立会いを求めることができない場合であつて前項の規定に基づき調査することができないときは，調査図素図の当該部分に「筆界未定」と朱書するものとする。

解説

登記上の土地の単位を一筆地といい，一筆地の境界を筆界といいます。また，一筆地の境界に沿った線を筆界線といい，その筆界線が交差する点又は屈曲点を筆界点といいます。

筆界の調査の留意点は，次のとおりです。

ア．必ず土地所有者その他の利害関係人又は代理人の確認を得る。

イ．登記名義人が死亡している場合，その相続人が確認権限を有するので相続人が確定している時はその者（遺産分割協議書等で確認）また，確定していない時は法定相続人全員の確認を得る。

ウ．代理人立会の場合には，代理権限範囲を明記した委任状を提出してもらう（事後に紛争などが発生したい場合，有力な証拠となる）。

エ．境界紛争や境界確定訴訟が継続中など，筆界の確認が困難な場合には，筆界未定として処理する事も止むを得ない。

オ．調査後に紛争があった場合に，速やかに対処できるように地籍調査票の摘要欄等に立会経過の詳細を記録しておく。

第1項は，筆界の調査方法について定めたもので，筆界の調査は慣習，筆界に関する文書等を参考とし，土地の所有者等（土地の所有者その他の利害関係人及びこれらの者の代理人）の確認を得て調査することとしています。
　「慣習，筆界に関する文書等」とは，次のような資料をいいます。
　① 　登記所備え付け地図，その他の図面（市町村税務課備え地図等）
　② 　土地の売買契約時の実測図，分筆図（地積測量図），造成図など
　③ 　境界標識等（境界標，境界樹木などの設置物や畦畔，石垣，道，沢，尾根，岩などの地物，その他林相など）
　④ 　地歴。境界付近の占有（管理）状態の歴史
　⑤ 　登記簿面積と各筆の実測面積の比較
　慣習，筆界に関する文書等には，以上のようなものがありますが，単に登記所備え付け地図ということのみで妄信することなく，これらの地図と現地を対照して，法律的により整合性のある信頼性の高い地図等を選択する必要があります。
　第2項は，土地の所有者等の立会が得られない場合の扱いについて定めたもので，土地の所有者等の立会が得られないことについて相当の理由があり，かつ，筆界を確認するに足る客観的な資料が存在する場合においては，当該資料により作成された筆界案を用いて確認を求めることができるとしています。
　「土地の所有者等の立会が得られないことについて相当の理由」とは，遠方居住者や高齢等により現地に出向くことが著しく困難な場合をいいます。
　「筆界を確認するに足る客観的な資料」については，運用基準第十五条の二の第3項に定められています。
　第3項は，土地の所有者等の所在が明らかでない場合の調査方法について定めたもので，土地の所有者等の所在が明らかでないため立会いを求めることができない場合で，かつ，筆界を明らかにする客観的な資料が存在する場合においては，関係行政機関と協議の上，当該土地の所有者等の確認を得ずに調査することができるとしています。
　第4項は，筆界未定の扱いについて定めたもので，土地の所有者等の所在が明らかな場合であって，筆界の確認が得られないとき又は立会を求めるこ

とができない場合は，調査図素図の当該部分に「筆界未定」と朱書するとしています。

【参考】

○山林及び原野における筆界案を用いた筆界の確認方法等について（通知）
平成22年3月18日国土国第633号
国土交通省土地・水資源局国土調査課長

　筆界案を用いた筆界の確認については，地籍調査作業規程準則第30条第2項及び地籍調査作業規程準則運用基準第15条の2の規程に基づき実施されているところです。例えば，土地所有者が調査地域から遠方居住者であることにより立会が困難と見込まれる場合等には，筆界案を用いて筆界を確認することができるものでありますが，今般，これに加え，山林及び原野における筆界案を用いた筆界の確認方法（筆界案活用法）を別紙のとおり定めましたので，御了知の上，関係市町村等への周知方よろしくお願いします。

(別紙)
　　　　　　　山林及び原野における筆界案を用いた筆界の確認方法について
第1　山林及び原野における筆界案を利用できる場合について
　　筆界案を用いた筆界の確認に当たっては，地籍調査作業規程準則（以下「準則」という。）第30条第2項に基づき，準則第23条第2項の規定による立会が得られないことについての相当の理由が必要となるが，山林及び原野において地籍調査を行う場合は，例えば次の理由があるときにも相当の理由があると解することができる。
　　①　調査地域における土地所有者に高齢者が多いため，立会が困難である場合
　　②　調査地域の地形が急峻であり，危険を伴うため，立会が困難である場合
　　③　調査地域が山奥にあるなど，現地に到着するまでに長時間を要するため，立会が困難である場合
第2　山林及び原野における筆界案を用いた筆界の確認方法について
　　第1の場合においては，調査区域の全筆につき筆界案を用いて筆界の確認を行うことを標準とすることができるものとし，この場合は，次の1から5までに掲げる方法によって筆界の確認を行うものとする（以下この確認方法を「筆界案活用法」という。）。
　1　住民説明会
　　　当該調査区域においては，筆界案活用法により筆界の確認を行う旨を説明する。ただし，立会による筆界の確認を希望する場合は，これに応じる旨を併せて説明する。
　2　調査図素図等の作成
　　　準則第15条に基づき，当該調査区域の調査図素図，調査図一覧図及び地籍調査票を作成する。また，筆界案の作成に必要となる地籍調査作業規程準則運用基準（以下「運用基準」という。）第15条の2第1項各号の資料の収

集を行う。
3　筆界案の作成
　(1) 現地調査
　　　現地において，調査を実施する者が，運用基準第15条の2第1項各号の資料を基に筆界点と推測される点（以下「仮筆界点」という。）の調査を行うとともに，必要に応じて，これらの点に仮杭を設置する。
　　　土地の所有者その他の利害関係人又はこれらの代理人（以下「所有者等」という。）が現地調査への同行を希望する場合は，これに応じるものとする。
　(2) 現地記録の作成
　　　上記(1)の調査を行った仮筆界点の状況を明らかにするため，その位置が分かる周囲の地形，地物等についての写真又はこれら現地の状況を描いた図等の記録（以下「現地記録」という。）を作成する。
　　　なお，現地記録の作成に当たっては，当該現地記録がどの筆に関するものであるのかが明らかになるよう地番及び仮筆界点の点番号等を記載するものとする。
　(3) 筆界案及び重ね図等の作成
　　　上記(1)の調査結果を基に筆界案を作成する。当該筆界案は，1筆ごとに作成するのではなく，隣接関係を含め周辺筆の確認も同時に行うことができるよう広範囲に作成するとともに，調査地区名，縮尺，現地調査年月日，地番及び仮筆界点の点番号等の情報を記載するものとする。
　　　筆界案の縮尺については，原則として地籍図と同縮尺とするが，1筆が広大である場合等地籍図と同縮尺では確認が困難な場合については，容易に確認できるよう適宜の縮尺により筆界案を作成することができるものとする。
　　　また，必要に応じ，正射写真図等の空中写真及び地形図等筆界の確認に役立つ資料を収集し，筆界案とこれらの資料とを重ね合わせた重ね図等を作成するなど，筆界案を用いた筆界の確認がしやすくなるよう努めるものとする。
4　筆界案による筆界の確認
　　筆界案による筆界の確認は，地籍調査を実施する者が指定した適宜の場所（公民館等）において，土地の所有者等が一堂に会して実施するものとする。したがって，確認の実施に当たっては，土地の所有者等に対し，事前に実施する地域及び時期を通知するものとし，筆界が確認された場合には，地籍調査票の摘要欄に土地の所有者等に署名及び押印をさせるものとする。
　　一堂に会することのできなかった者に対しては，対象筆に係る筆界案を送付することにより，確認を求めることができるものとする。
　　なお，筆界案に不服があるなど筆界案による筆界の確認を行うことができず，土地の所有者等が立会による筆界の確認を希望する場合は，これに応じるものとする。
5　現地立会による筆界の確認

> 上記1及び4で立会による筆界の確認を希望した者に対しては，立会を実施する地域及び時期を通知し，筆界の確認を求めるものとする。
> 第3 筆界案活用法を実施した場合の事務処理方法について
> 筆界案活用法を実施した場合は，地籍調査票の摘要欄に「筆界案活用法により実施」と記載するものとする。また，この筆界案作成のために測量を実施している場合は，当該測量成果を後続の細部図根測量及び一筆地測量に活用することができるものとする。

Q1. 地籍調査に関する説明会通知を送付したところ，財産についてはすべて放棄してあるため，立会うことはできないと地権者から回答があった。

このため，内容を確認したところ地権者であるA氏は，A氏を含むA氏の母・妹2人とともに相続放棄申述を行い，家庭裁判所で受理がされておりました。

このようなケースの場合，地籍調査としてはどのように進めれば良いのでしょうか。また，「地権者が確認できないので，調査できない」として最終的には筆界未定処理となるのでしょうか。

A1. このようなケースの場合，相続放棄申述が受理されているため，放棄した相続人（A氏，A氏の母・妹2人）には確認を求めることができないので，放棄してないその他の相続人が存在する場合は，その相続人に確認を求めます。

なお，相続人全てが放棄した場合，家庭裁判所において選任された「相続財産管理人」によって確認を得ることになります。

Q2. 公図にある赤線，青線は必ず調査が必要と思うが，現況では公共の用に供されていない場合でも，調査（杭打ち）が必要でしょうか。

A2. 調査は必要です。また，測量のために杭を設置する必要があると考えられます。ただし，現地の地形が急峻なことや，障害物があるなどの理由があれば，長狭物の片側だけに杭を設置するか，現地に杭を設置せずに交点計算法などで境界点を求めることも可能です。

Q3. 公図にない河川（山中の沢）は調査（杭打ち）が必要でしょうか。

A3. 沢が一時的なもの（雨が降った後だけ流れるとか）である場合，調査は必要ないと考えられますが，永続的に水が流れている状態の場合は，分筆を行い，地目を変更する（井溝か用悪水路）必要があります。ただし，分筆には土地所有者の同意が必要であり，同意が得られなければ分筆等の調査を行うことはできません。

Q4. 筆界未定となった筆について，一部の筆界点は確認できましたが，途中から未定となり地籍図には記載できなかった筆界点については，現地の表示杭は撤去した方がよいのでしょうか。

A4. 撤去する必要はないと思います。それらの点は地籍調査で確認していますが地籍図に反映されていないため，その旨地籍調査票や窓口業務に使用している図面等に記述しておくと良いでしょう。

Q5. 筆界未定となった筆について，土地所有者の住所変更は可能でしょうか。
A5. 筆界未定となった筆については，土地所有者の表示に関する事項（住所変更，氏名錯誤など）と，同一地目で筆界未定になった場合は地目変更を行うことができます。しかし，地籍調査において筆界未定は「調査の結果，調査前とまったく変更なし」とするケースが多く，住所変更は行われないのが一般的です。

（運用基準）

（筆界の調査）

第15条の2　筆界案は，境界標又は恒久的地物により土地の筆界点の位置が明確な土地について，次の各号のいずれかによる客観的な資料を用いて作成することができる。
　一　位置及び形状が誤差の範囲内で一致する地積測量図
　二　当該筆の位置，形状及び周辺地との関係に矛盾のない既存資料
　三　現地精通者の証言
2　筆界案の確認は，次に定めるところによる。
　一　筆界案について送付する場合は，到達したことの確認が得られる手段によって行うこと
　二　筆界案のほか，客観的な資料，現地の写真等を添付すること
　三　筆界未定に終わった場合の不利益，筆界案を承認又は不承認する場合の返答の期日及び返答は土地の所有者の署名押印をした書面によることを通知すること
　四　返答の期日は，遅くとも，国土調査法第17条第1項に規定する閲覧の開始までとすること
　五　筆界案に不服があり不承認の場合，現地において立会を希望するときは，その旨を実施主体に連絡する旨申し添えること
3　筆界を明らかにする客観的な資料が存在する場合とは，境界標又は

> 恒久的地物により土地の筆界点の位置が明確な土地について，第1項第1号又は第2号の資料が存在する場合をいう。

解説

　第1項は，筆界案の作成方法について定めたもので，筆界案は境界標又は恒久的地物により土地の筆界点の位置が明瞭な土地について，次のいずれかの客観敵な資料を用いて作成することができるとしています。
①位置及び形状が誤差の範囲内で一致する地積測量図
②当該筆の位置，形状及び周辺地との関係に矛盾のない既存資料
③現地精通者の証言
　第2項は，筆界案の確認方法について定めたもので，筆界案の確認は次の方法で行うこととしています。
①筆界案について送付する場合は，到達したことの確認が得られる手段によって行うこと
②筆界案のほか，客観的な資料，現地の写真等を添付すること
③筆界未定に終わった場合の不利益，筆界案を承認又は不承認する場合の返答の期日及び返答は土地の所有者の署名押印をした書面によることを通知すること
④返答の期日は，遅くとも，国土調査法第十七条第1項に規定する閲覧の開始までとすること
⑤筆界案に不服があり不承認の場合，現地において立会を希望するときは，その旨を実施主体に連絡する旨申し添えること
　第3項は，「筆界を明らかにする客観的な資料が存在する場合」について定めたもので，筆界を明らかにする客観的な資料が存在する場合とは，境界標又は恒久的地物により土地の筆界点の位置が明確な土地について，①位置及び形状が誤差の範囲内で現地と一致する地積測量図，②当該筆の位置，形状及び周辺地との関係に矛盾のない既存資料が存在する場合を示してします。

【参考】

国土国第 572 号
平成 23 年 3 月 2 日

都道府県地籍調査担当部長　殿

国土交通省土地・水資源局
国　土　調　査　課　長

「土地所有者等の所在が明らかでない場合における筆界の調査要領」
の作成について（通知）

　「地籍調査作業規程準則の一部を改正する省令」（平成 22 年国土交通省令第 48 号）により，地籍調査作業規程準則第 30 条が改正され，筆界の調査に当たって，土地の所有者その他の利害関係人及びこれらの者の代理人の所在が明らかでないため立会いを求めることができない場合で，かつ，筆界を明らかにする客観的な資料が存在する場合においては，関係行政機関と協議の上，当該土地の所有者その他の利害関係人及びこれらの者の代理人の確認を得ずに調査することができることとなりました。
　そこで，その実施に当たって，別紙のとおり「土地所有者等の所在が明らかでない場合における筆界の調査要領」を作成しましたので，御了知の上，関係市町村等への周知方よろしくお願いします。

（別紙）
　　　　土地所有者等の所在が明らかでない場合における筆界の調査要領

第 1　土地所有者等の所在が明らかでないことの確認方法について
　　土地所有者等の所在が明らかでないことの確認は，次に定めるところによる。
　1　現地調査の通知
　　　地籍調査作業規程準則（以下「準則」という。）第 20 条に従い土地の所有者等に現地調査の通知を行う。
　2　現地調査の通知先の調査
　　　現地調査の通知が，あて先不明で到達しなかったときは，次に定める方法により通知先の調査を行う。
　（1）住民票，除かれた住民票又は戸籍の附票等の謄本の取得

(2) (1)により通知先が判明しなかった場合，当該土地に係る固定資産税の納付者又は近隣住民からの事情聴取
　3　現地調査の再通知
　　　上記2の調査により判明した通知先に対し，現地調査の再通知を発出する。ただし，上記2の調査により通知先が判明しなかったときは，再通知を省略することができる。
　　　また，再通知が返送された場合及び再通知を省略した場合であっても，通知すべき事項を地籍調査を実施する者の掲示場に2週間程度掲示することにより，できる限り現地立会の機会の確保に努めることとする。
　4　土地所有者等の所在が明らかでないことの判断
　　　準則第30条第3項に規定する「土地の所有者その他の利害関係人及びこれらの者の代理人の所在が明らかでない」とは，上記1から3までの調査等を実施してもなお，その所在が明らかとならない場合をいう。

第2　筆界を明らかにする客観的な資料が存在する場合について
　　　筆界を明らかにする客観的な資料が存在する場合とは，運用基準第15条の2第3項に規定する場合をいう。
　　　なお，本筆界調査は，当該土地の所有者その他の利害関係人及びこれらの者の代理人の確認を得ずに調査することを可能とするものであるため，筆界を明らかにする客観的な資料の収集に当たっては，より多くの資料の収集に努めるものとする。

第3　関係行政機関との協議方法について
　　　協議を行う関係行政機関としては，国土調査法第20条第1項により地籍調査の成果の写しを送付していることから登記所とし，具体的な協議については，次のとおりとする。
　　　なお，この協議は都市部に限らずすべての地区で実施するものとし，これらの内容については，法務省とも協議済みであるので，念のため申し添える。
　1　協議の内容
　　　協議を行う市町村等は，上記第2により収集した資料を基に筆界案を作成し，当該筆界案及びその資料の内容の適否につき協議を行う。
　2　協議先
　　　当該土地を管轄する登記所
　3　協議の方法
　　　協議を行う市町村等は，上記1で作成した筆界案と収集した資料をもって，上記2の登記所に対し協議を行う。
　4　協議結果の取りまとめ
　　　協議の結果については，協議実施結果報告書を別紙様式により作成の上，認証請求書に添付することとする。

第4　土地所有者等の所在が明らかでないと判断した後に所在が明らかとなった場

合の対応について
　　土地所有者等の所在が明らかでないと判断した後に所在が明らかとなった場合の対応については，次のとおりとする。
1　国土調査法第17条第1項に規定する閲覧の開始前までに所在が明らかとなった場合
　　速やかに準則第30条第1項又は第2項の調査を行う。
　　なお，この調査に当たっては，土地所有者等に対し，上記第3の1で収集した資料及びこれを基に作成した筆界案の内容を十分説明するものとする。
2　国土調査法第17条第1項に規定する閲覧期間中に所在が明らかとなり，閲覧が得られた場合
　　同条第2項及び第3項の処理による。
　　ただし，土地所有者等に対し，上記第3の1で収集した資料及びこれを基に作成した筆界案の内容を十分説明することについては1の場合と同様である。
3　上記1及び2以外の場合において所在が明らかとなった場合土地所有者等に対し，上記第3の1で収集した資料及びこれを基に判断された筆界の説明を十分に行う。
　　なお，誤った資料を基に筆界が判断された場合等の原因により，成果に誤り等が発見された場合には，適切に対応するものとする。

第5　本件調査を実施した場合における各種調査資料等への対応について
　　本件調査を実施した場合は，次のとおり対応することとする。
1　地籍調査票について
　　「摘要」欄に準則30－3による調査を実施した旨を記載する。
2　不立会地調書について
　　「備考」欄に準則30－3による調査を実施した旨及びその筆数を記載するとともに，本調査要領第1の3による掲示を行った場合は，掲示した期間を記載する。

(別紙様式)

協議実施結果報告書

都道府県
○○市町村
（土地改良区）

1. 調査地域

2. 協議日時及び場所

3. 協議相手

4. 結果及びその理由
 　　　　適　・　否
 （理由）

5. 協議を行った土地の表示
 (1) 所在・地番

 (2) 地目・地積

 (3) 所有者の住所・氏名又は名称

6. 添付資料

備　　考	

> 地番が明らかでない場合等の処理
> 第三十一条　登記されている土地で，地番が明らかでないもの又は地番に誤りがあるものについては，当該土地の所有者の同意を得て仮地番を定め，これを調査図素図に記録するとともに，当該土地の地籍調査票に，当該同意があつた旨及びその年月日を記載し，その者に署名押印させるものとする。

解説

　地番とは，土地一筆ごとに登記所が定める土地の番号であり，その土地を特定する重要な要素の一つです。

　地番は，登記官の権限によって設定されるもので，地籍調査によって定める新たな地番は「仮地番」といい，登記することにより正式な地番として効力を有するものとなります。

　なお，地番は，市，区，町，村，字や丁目などの区域をもって地番区域ごとに起番し，土地の位置がわかりやすいように定めます。

　本条は，仮地番の扱いについて定めたもので，登記されている土地で，地番が明らかでないもの又は地番に誤りがある場合に土地の所有者の同意を得て仮地番を定め，これを調査図素図に記録するとともに，当該土地の地籍調査票に，当該同意があった旨及びその年月日を記載し，その者に署名押印させるものとしています。

　「登記されている土地で，地番が明らかでないもの又は地番に誤りがある」土地とは，地番表記が「1-1＋1-2」や「1番の内」など複数の土地が含まれる地番表示や，同一地番が複数の土地に使用されている場合などです。

（運用基準）

> 仮地番の設定
> 第16条　仮地番の設定については，「仮地番の設定及び地番対照表の作成要領」（昭和32年10月24日付け経企土第179号経済企画庁総合

開発局長通達）に基づいて行うものとする。

解説

本条は，仮地番の設定方法について定めたもので，「仮地番の設定及び地番対照表の作成要領」に基づいて行うこととしています。

【参考】

○仮地番の設定及び地番対照表の作成要領
　　　　　（昭和32年10月24日経企土第179号経済企画庁総合開発局長通達）

　　　　　　　　　　　　最終改正：昭和53年3月14日53国土国第126号

（趣旨）
第1　仮地番の設定及び地番対照表の作成については準則に定めるもののほか，この要領によるものとする。
（通則）
第2　仮地番を定める場合は，次の事項に留意するものとする。
　1　仮地番を定めようとするときは，あらかじめ土地台帳写に基き地番を調査し，当該仮地番が同一の地番区域内において地番又は他の仮地番及び不動産登記法施行細則第48条の規定による土地の仮番号と重複しないようにすること。
　2　抹消又は合併により登記用紙が閉鎖された土地の地番は，特別の事情がない限り再使用しないこと。
　3　仮地番は，土地の配列に従って一筆ごとに順次につけること。
　4　仮地番は，数字で表示すること。
（仮地番の定め方）
第3　仮地番の定め方は，次のとおりとする。ただし，特別の事情があるときは，この要領によらないで適宜の仮地番を定めることができる。
　1　地番がない場合，地番が明らかでない場合及び新規登録の場合
　　(1)　隣地にその地番区域内の最終の地番の土地がある場合は，最終の地番を追って仮地番を定める。たとえば，仮地番をつけようとする土地の隣接の地番が1050番で，それがその地番区域内の最終の地番であるときは，仮地番は，1051番等とする。
　　(2)　隣地にその地番区域内の最終の地番の土地がない場合で
　　　ア　隣地の地番に枝番号がない場合は，隣地の地番に枝番号（の2とする。）をつけて仮地番とする。たとえば，仮地番をつけようとする土地の隣接の地番が25番，70番等でいずれもその地番区域内の最終の地番でないときは仮地番は，土地の配列の関係を考慮して，25番の2又は70番の2等とする。この場合は，分筆の場合と区別するために25番の1又は70番の1のような仮地番はつけない。

イ　隣地の地番に枝番号がある場合は，最終の枝番号を追って枝番号をつけて仮地番とする。たとえば，仮地番をつけようとする土地の隣地の地番が25番の2，70番の2，95番の4等である場合は，仮地番は土地の配列の関係を考慮して，25番の3，70番の3又は95番の5等とする。
　2　地番の表示に誤りがある場合
　　たとえば，同一の地番区域内で地番が重複している場合は，調査図素図に表示された土地の配列関係，図形及び土地台帳写による所有者名並びに地積等によりいずれが誤りであるかを確かめ，誤りと認められる方の土地に第1号の(1)又は(2)に準じて仮地番をつける。
　3　分筆があったものとして調査する場合
　　(1)　分筆前の地番が，枝番号のないもの（本番）であるときは，これに「の1」，「の2」……のように枝番号をつけて仮地番とする。この場合は，本番は，仮地番として用いない。たとえば，35番の土地を三筆に分筆しようとするときは，仮地番は35番の1，35番の2，35番の3等とする（35番は，仮地番として用いない。）。
　　(2)　分筆前の地番が，枝番号のあるものであるときは，一筆には分筆前の地番を，他の各筆には，本番の最終の枝番号を追って，順次に枝番号をつけて，仮地番とする。たとえば，35番の1，35番の2，35番の3，35番の4の土地があるとき，そのうちの35番の2を三筆に分筆しようとするときは，仮地番は，35番の2，35番の5，35番の6等とする。
　　(3)　本番を第5号の場合のように変更するのが適当であるとする場合であっても変更の前提としての仮地番をつけることなく，直ちに(2)に準じて分筆後の各土地について仮地番を定めることができる。たとえば，「21番の甲」を二筆に分筆しようとするときは，仮地番は，21番の7，21番の8等とする（21番の枝番号が21番の6まである場合）。ただし，この場合は特に土地の配列の状況を考慮し，かつ，地番が重複しないように注意する。
　4　合筆があったものとして調査する場合
　　合筆前の地番中の首位のものを仮地番とする。ただし，本番に枝番号のある土地全部を合筆しようとするときは，その枝番号を除いたものを仮地番とする。この場合特別の事情があるときは，土地の所有者の意向をも参酌した上で右によらないで適宜の仮地番をつけることができる。
　　たとえば，
　　(1)　18番，19番，35番を合筆しようとするときは，仮地番は18番とする。
　　(2)　3番の1，3番の2，3番の3（3番の4以下はないものとする。）を合筆しようとするときは，仮地番は，3番とする。
　　(3)　5番の8（畑を宅地に地目変換したもの），6番の9（山林を宅地に地目変換したもの），7番（宅地）を合筆しようとするときは，仮地番は，7番とする等である。
　5　個々の土地について地番を変更する場合
　　(1)　地番の表示が適当でない場合
　　　ア　地番が，数字と数字以外の記号とで表示されている土地には，数字によ

る仮地番をつける。たとえば，「又3番」，「3番の甲」，「5番のイ」，「6番の第三」，「7番の甲のイ」等の土地の仮地番は，第1号の (1) 又は (2) のイに準じてそれぞれ「3番の3」，「3番の6」，「5番の8」，「6番の4」，「878番」等とする。
　　イ　枝番号に更に枝番号のついている地番の土地には，枝番号を整理して第1号の (1) 又は (2) のイに準じてなるべく簡単な仮地番をつける。たとえば，「1番の2の6」，「5番の1ノヤ」，「605番の1の3」等の土地の仮地番は「1番の5」，「5番の7」，「608番」等とする。
　　ウ　従前他の土地を合筆したことのある土地の地番が，多数の番号で表示されている場合は，その土地にはそのうちの首位の番号又は適宜なものをつけてその仮地番とする。たとえば，「126, 127, 129, 156」，「2の1, 2の2, 2の3, 3の6, 7」等の土地の仮地番は「126」，「2」等とする。
　(2)　地番が著しく入り乱れているために，地番区域内の一部の土地について地番を変更する場合は，土地の配列の状況に応じて第1号に準じて仮地番を定める。
6　地番区域内の全部の土地について地番を変更する場合及び地番区域が変更される場合
　　現地調査終了後地籍図素図に基いて次によって仮地番を定める。
　(1)　第1号から第5号までの規定によって定めた仮地番で調査図及び地籍図素図に表示されているもの並びに調査図及び地籍図素図に表示されている地番（以下「予定仮地番」という。）にそれぞれ横括弧「(　)」をつける。
　(2)　変更してつけようとする地番（以下「仮地番」という。）は，当該地番区域のおおむね西北隅の土地に首位のものを，東南隅の土地に最終のものをつけるように土地の配列に従い，かつ，地籍図素図の番号の順序に，一地籍図素図の区域ごとに，一筆ごとにつける。
　(3)　一地籍図素図の区域内の土地について仮地番をつけるには，「(2)」に準ずる。
　(4)　仮地番はやむをえない場合のほか，欠番とし又はこれに枝番号をつけてはならない。
　(5)　仮地番は，鉛筆書きアラビヤ数字で地籍図素図の予定仮地番の上部に表示する。
　(6)　地籍図素図に仮地番の表示を終えたときは，地籍図素図と土地台帳写とを照合しつつ，仮地番を土地台帳写の「地番」の欄の上部欄外に黒鉛筆を用いてアラビヤ数字で記載する。次に，地籍図素図と調査図とを照合しつつ，仮地番を調査図の予定仮地番の上部に表示する。
　(7)　右の (5)，(6) の場合には同時に，地籍図素図及び調査図に表示されている予定仮地番をまっ消する（地籍図素図の場合は，鉛筆でまっ消する。）。
　(8)　土地台帳写と調査図とを照合して仮地番の記載に誤りのないことを確める。
　(9)　土地台帳写に仮地番の記載を終えたときは，土地台帳写は，仮地番順につづりかえる。
　(10)　地番を変更することについての土地の所有者の同意については，その旨，

地番，仮地番及び年月日を記載し，連署押印した同意書を徴し，毎筆の土地についての土地台帳写の記載及び押印にかえることができる。
(地番対照表の作成)
第4　地番対照表の作成は次による。
1　地番対照表は，第3第6号により仮地番を定めた後，同号の(9)の作業に移る前に，土地台帳写に基いて，別紙(1)の様式により，地番区域ごと(地番区域の変更に伴う場合は従前の地番区域ごと)に作成する。
2　地番区域に変更がない場合には，地番対照表中1欄又は1′欄及び3欄又は3′欄には地番区域名の記載を省略してさしつかえない。
3　地番対照表中2欄及び2′欄には，土地台帳に登録されている地番を地番の順序(枝番号を含む。)に記載するほか，現地調査の結果定めた予定仮地番を(4－1)のように括弧をつけて地番の順序に準じて記載する。
4　地番対照表中5欄又は5′欄には，分筆があったものとして調査した土地は「分」，合筆があったものとして調査した土地は「合」，地番を更正する土地は「更」，滅失地は「滅」，不存在地は「不」，新規登録地は「新」と記載する。
　　なお，合筆があったものとして調査した土地については，4欄又は4′欄に合筆本地の仮地番に括弧をつけたものを記載する。
5　地番対照表の記載については，なお，別紙(2)の記載例を参照する。

分割があつたものとして調査する場合の処理

第三十二条　第二十四条の規定により甲地の一部について分割があつたものとして調査する場合には，当該土地の所有者の同意を得て甲地及び甲地から分割される部分(以下「分割地」という。)について仮地番を定め，調査図素図に記録するものとする。この場合においては，分割地について新たに地籍調査票を作成し，甲地及び当該分割地の地籍調査票に，当該同意があつた旨及びその年月日を記載し，その者に署名押印させるものとする。

解説

本条は，分割があったものとして調査する場合の処理方法を定めたもので，分割される部分について仮地番を定め，調査図素図に記録し，分割地について新たに地籍調査票を作成し，甲地及び当該分割地の地籍調査票に，当該同意があった旨及びその年月日を記載し，その者に署名押印させることとして

います。

　分割する部分の土地について新たに地籍調査票を作成することは，土地の所有者の意思が真正なものであるか否かを確認するとともに，事後に問題が生じた場合の証拠資料とすることができます。

合併があつたものとして調査する場合の処理

　第三十三条　第二十五条の規定により二筆以上の土地について合併があつたものとして調査する場合又は第二十六条の規定により甲地の一部を乙地に一部合併があつたものとして調査する場合には，当該土地の所有者の同意を得て合併により一筆地となるべき土地について仮地番を定め，調査図素図に記録するものとする。この場合においては，合併があつたものとして調査されるそれぞれの土地の地籍調査票に，当該同意があつた旨及びその年月日を記載し，その者に署名押印させるものとする。

解説

　本条は，合併があったものとして調査する場合の処理方法を定めたもので，当該土地の同意を得て合併により一筆地となるべき土地について仮地番を定め，調査図素図に記録し，合併があったものとして調査されるそれぞれの土地の地籍調査票に，当該同意があった旨及びその年月日を記載し，その者に署名押印させるとしています。

　合併があったものとして調査されるそれぞれの土地の地籍調査票に必要事項を記載しその者の確認を得ることは，土地の所有者の意思が真正なものであるか否かを確認するとともに，事後に問題が生じた場合の証拠資料とすることができます。

新たに土地の表題登記をすべき土地を発見した場合の処理

　第三十四条　新たに土地の表題登記をすべき土地を発見した場合には，

仮地番を定め，かつ，当該土地の所有者及び地目並びに土地の表題登記をすべき土地となった年月日を調査して調査図素図に記録するとともに，当該土地について新たに地籍調査票を作成するものとする。
2 前項の場合においては，所有者を確認した経緯を地籍調査票に記録するものとする。

解説

　新たに土地の表題登記をすべき土地とは，国有地等の払下げを受けているが，その登記を行っていないもの，又は海・湖沼等の公有水面の一部を埋め立てて造成した土地などで，土地が現存しているのもかかわらず，その表示の登記がなされていない土地をいいます。

　未登記土地の所有者の確認に当たっては，単なる自己証明だけで所有者を認定することのないよう留意し，所有権を証する書面等の呈示を所有者に求める等，認定根拠を地籍調査票に記録する等して，調査の正確を期さねばなりません。

　公有水面の埋立により造成された新たな土地は，竣工許可書により公有水面埋立法に基づく許可を得たものであるかどうかを確認しなければなりません。

　公有水面を個人が無断で埋立てている場合には，個人所有とはならず，国の財産である法定外公共物の取扱いとなり，公用廃止等の一定の手続を経なければ，個人所有とすることはできません。

　所有者について確証が得られない場合は，仮地番をつけずに，図上白地のままでの調査処理となります。

　第1項は，新たに土地の表題登記をすべき土地を発見した場合の処理方法を定めたもので，仮地番を定め，かつ，当該土地の所有者及び地目並びに土地の表題登記をすべき土地となった年月日を調査して調査図素図に記録するとともに，当該土地について新たに地籍調査票を作成することとしています。

　この場合には，当該土地が元々飛地など既存の土地の一部であったものが長期間放置され管理上不明となっている土地ではないか否か，などについて

も十分注意して調査を行う必要があります。

　第2項は，新たに土地の表題登記をすべき土地を発見した場合の取りまとめ方について定めたもので，新たに土地の表題登記をすべき土地を発見した場合には，所有者を確認した経緯を地籍調査票に記録するとしています。

【参考】

○海岸地域における一筆地調査について
　　　　　　　　　　（昭和47年9月22日経済企画庁総合開発局
　　　　　　　　　　　国土調査課長回答〔岡山県農林部長照会〕）

（照会）
　本県笠岡市大島地区において実施中の地籍調査事業に関し，下記のとおり疑義が生じたので，この取り扱いについて御教示願います。
　　　　　　　　　　　　　　記
　海岸線地先の公有水面を各人が埋立て，それぞれの目的に使用している土地についての一筆地調査の処理方法，並びに地籍図，地籍簿への記載方法について。
　なお，この埋立は公有水面埋立法（大正10年4月9日，法律第57号）第2条による免許は受けていないことを申し添えます。

（回答）
　昭和47年9月18日付け農経第881号をもって照会のありました標記の件については，現状においてにわかに所有権の帰属主体を確認することができないならば，「新たに表示の登記をすべき調査」をすることなく，地籍図は白地のまま，また，地籍簿は作成しないで処理するのを相当と考える。

滅失した土地等がある場合の処理

第三十五条　海没等により滅失した土地について，所有者が滅失があったものとして調査することを承認した場合には，その滅失の時期及び事由を調査して調査図素図に記録するとともに，当該土地の地籍調査票にその時期及び事由並びに当該承認があった旨及びその年月日を記載し，その者に署名押印させるものとする。

2　誤って登記されている土地について，所有者が当該土地を存在しないものとして調査することを承認した場合には，その不存在の事由を調査して当該土地の地籍調査票にその事由並びに当該承認があった旨

> 及びその年月日を記載し，その者に署名押印させるものとする。
> 3 前二項の場合において所有者が承認しない場合には，現地確認不能として調査図素図に記録するとともに，当該土地の地籍調査票にその旨及び経緯を記載するものとする。
> 4 海没等による滅失又は登記の錯誤以外の事由により，登記されている土地で現地について確認することができないものについては，前項の規定に準じて処理するものとする。

解説

滅失した土地とは，崩壊や地盤沈下等により物理的に水面下に没した土地をいいます。

地籍調査においては，海面下に滅失した土地は春分，秋分における満潮時，その他の流水面下に滅失した土地は高水位を標準として土地の全部が海面などの公有水面下に没しているかどうかの事実確認を行った上で，土地の所有者の承認を得て滅失があったものとしての調査を行うこととしています。

なお，現況について海面下に没している土地であっても，当該土地が海面下に没した経緯が天災等によるもので，かつ，その状態が一時的なものである場合は，関係通達等や該当土地が海面下に没した経緯，現状，所有者の意思，科学技術水準などを総合的に判断して調査する必要があります。

第1項は，海没等により滅失した土地の処理方法について定めたもので，所有者が滅失があったものとして調査することを承認した場合には，その滅失の時期及び事由を調査して調査図素図に記録するとともに，当該土地の地籍調査票にその時期及び事由並びに当該承認があった旨及びその年月日を記載し，その者に署名押印させるものとしています。

第2項は，誤って登記されている土地についての処理方法を定めたもので，誤って登記されている土地について，所有者が当該土地を存在しないものとして調査することを承認した場合には，その不存在の事由を調査して当該土地の地籍調査票にその事由並びに当該承認があった旨及びその年月日を記載し，その者に署名押印させるとしています。

誤って登記されている土地で現地に存在しない場合とは、何らかの理由により存在しない土地について登記がなされている場合をいい、登記簿はあるが公図に表示がない土地などのことをいいます。この場合は、現地調査によって現地を特定することができず存在しないとの事実確認をした上で、かつ、土地所有者の承認を得た場合は不存在地として調査します。その結果は、その滅失の時期及び事由を調査して調査図素図に記録するとともに、当該土地の地籍調査票にその時期及び事由並びに当該承認があった旨及びその年月日を記載して、その土地所有に署名押印をもらうことになります。

　第3項は、第1項又は第2項の土地について所有者が承認しない場合の扱いについて定めたもので、当該土地を滅失又は不存在として調査することを承認しない場合には「現地確認不能」として調査図素図に記録するとともに、当該土地の地籍調査票にその旨及び経緯を記載するとしています。

　なお、現地確認不能地とされた土地は、国土調査の成果が法務局に送付されても当該登記用紙は閉鎖されません。

　第4項は、海没等による滅失又は登記の錯誤以外の事由（いわゆる二重登記）により、登記されている土地で現地について確認することができない場合の調査方法について定めたもので、前項の規定に準じて調査を行うとしています。

【参考】

○海面に臨接する土地の境界線について
　　　　　　（昭和31年11月10日民事甲第2612号法務省民事局長
　　　　　事務代理回答〔熊本地方法務局長照会〕）

（照会）
　干満の差のある海面に臨接する土地の境界線は、干潮時の線、満潮時の線、またはこの両者の中間線のいずれを取るべきでしょうか。これらに関する根拠法令も併せて何分の御指示を願います。

（回答）
　本年8月22日付登第886号で照会のあった標記の件については、直接これに関する法令は存しないが、陸地と公有水面との境界は、潮の干満の差のある水面にあっては春分秋分における満潮位を、その他の水流水面にあっては高水位を標準として定めるべきものと考える。

○一筆地調査の処理方法について
(昭和36年3月14日経済企画庁総合開発局国土調査課長回答
〔大分県農地林業部長照会〕)

(照会)
　地籍調査事業の一筆地調査について，下記事項に疑義が生じていますので至急御教示下さいますようお願いします。
記
1　沿海民有地で現況は漁船の船溜場となっていて，満潮時は海と認められるが既往の境石（崖）が確認される場合，現在海と認められる部分は滅失として取扱ってよいかどうか，滅失と取扱う場合は年月日は何時にするか。
2　上記に関連して滅失として国有地とした場合（河川でも同様）所有者が補償金等（離作料を含む）を要求した場合の取扱いはどうするか。
3　既往の干拓地の区画としての堤塘（国有）が現在においてはその目的（防潮，防水）をなくして耕作の用に供していてその干拓地の所有者において所有権を主張する場合（平穏かつ公然の所有が続いている）新規登録地として取扱うべきか。
4　沿海の砂地（元海面）を長期に亘って耕作の用に供している（戦前までは附近の農地所有者の水門附帯地として所管していた模様）現況としては海面とは認め難い状況にあるが新規登録地としてよいか。
5　国有農地を農地法第80条第1項を前提として転用貸付を受けて学校敷地としている農地はどう取扱うか，この場合筆界等は一切不明である。

(回答)
　昭和36年2月1日農開第571号で照会のあった標記については，下記によられたく回答します。
記
1　満潮時には海水が浸入し一時的に海面の状態となっても平常の状態においては，筆界も確認され，舟つぎ場，網干し場等として使用することができるものは一筆地（雑種地）として調査し，滅失の取扱をしないこと。
　　（なお，常時において海の一部と認められても所有者の承認がない限り滅失地として取り扱うことはできない（地籍調査作業規程準則第35条参照）。又滅失地として取り扱うことができる場合における滅失の年月日は，特に明確の場合を除き，「年月日不詳」とするのが相当と考える（地籍簿案作成要領第16の1の(10)参照）。)
2　このことは経済企画庁の所掌事務ではなく海岸管理，河川管理等に関連する問題につき，それぞれの管理者の意見を徴されたい。
3　堤塘の敷地を使用している者がその土地の所有権を主張してもその主張を確認することができる確証がない限り使用者を所有者として調査することはできない。国有の新規登録地として調査するのが相当と考える。
4　3に準じて調査されたい。
5　地目変換の上，合併があったものとして調査（農林省所管国有宅地）されたい。

○海面下の土地の所有権について

(昭和36年11月9日民事甲第2801号法務省民事局長回答〔大蔵省管財局長照会〕)

(照会)

標記に関する別紙のごとき事例について，下記の点に疑義がありますので，至急御回示願いたい。

記

1　昭和33年4月11日民事三発第203号，千葉地方法務局長宛民事局第三課長事務代理通知によれば，春分及び秋分の満潮時において，海面下に没する土地については，私人の所有権は認められないと解されているが，これは，現況において海面下に没する土地であれば，海面下に没するに至った経緯，その状況（水深，区劃の明確性，陸地に復旧することの難易等）のいかんを問わず，全て私人の所有権を認めない趣旨と解すべきか。
2　1によらないとすれば，別紙のごとき事例のA地区については国の土地所有権は認められないとしても，B地区については認められると解してよいか。

(別紙)

事例の概要

問題の海面下の土地（64,358.08坪）は，昭和13年から昭和18年の間3回にわたり元海軍省が民有地を買収し，海軍航空隊の水上機基地として使用していたもの（旧軍用財産。所在，徳島県小松島市坂野町大字和田島）の一部である。本財産は海面下の土地とも，昭和20年11月30日元海軍省から大蔵省に引継後，連合軍が接収，昭和25年6月返還され，以後未利用のままである。

海面下の土地はその取得の経緯及びその状況からA地区及びB地区にわけられるが，（別添航空写真参照）その概要は次のとおりである。

1　A地区は買収当時（昭和13年）から海面であり（水深（1m〜8m），元海軍省は，海面下の土地を新開地として買収し，移転登記の際，雑種地に地目変更している。買収前に陸地であったかどうかは判然としないが，地籍にも登載されまた土地台帳附図にも地番を附して登載されている。
2　B地区は干拓地（地目は田，宅地及び雑種地）であった土地を買収（昭和18年）したのち，水上機の発着を容易にするために堤とう（塘）の一部を除去したため海水が流入し海面となったものである。現況は水深浅く，干潮時には旧堤とう（塘）の石垣と寄洲が現れ，復旧して陸地とすることは困難ではないと解される。

なお，近隣において，海面下の土地について私人間で売買が行われている事例がある。

(回答)

本年10月4日付蔵管第2261号をもって照会のあった標記の件については，次のように考えます。

記
1　土地が海面下に没するに至った経緯が，天災等によるものであり，かつ，その状態が一時的なものである場合には，私人の所有権は消滅しない。
2　所問の場合には，土地所有権は認められない。

地番の変更を必要とし又は適当とする場合の処理

第三十六条　登記されている土地について，地番区域の変更に伴い地番の変更を必要とする場合又は地番が次の各号の一に掲げる場合に該当するためこれを変更することが適当であると認める場合には，当該土地の所有者の同意を得て仮地番を定め，調査図素図に記録するとともに，当該土地の地籍調査票に，当該同意があった旨及びその年月日を記載し，その者に署名押印させるものとする。
　一　地番が数字以外の符号で表示されている場合
　二　枝番号に更に枝番号が附されている場合
　三　地番が著しく入り乱れている場合
2　地番区域内の全部の土地について，前項の規定により仮地番を定めたときは，地番対照表及びその写を作成し，地番区域（地番区域の変更に伴い地番の変更を必要とする場合にあっては，変更前の地番区域）ごとに地番対照表及びその写の別に一冊につづるものとする。

解説

　地番とは，一筆の土地を特定するために登記官が定める土地の番号で，地番区域（大字，字，丁目界等）ごとに起番し，土地の位置がわかりやすいように定めなければならないと規定（不動産登記規則第九十七条及び第九十八条）されています。
　しかし，地番には，地番区域である字等が錯雑としている場合や，地番が数個の地区に分散したり，地番が飛地状に入り乱れている場合等その並列が非常にわかりにくい，あるいは地番が適正でないものもあります。このような場合に地番の変更が必要となります。

（地番が適切でない場合の例）

① 1-イなど数字以外の地番が付けられている。
② 1-3-2など枝番にさらに枝番が付けられている。
③ 1-1の筆の隣に10-8の筆があり，その隣に2-5の筆があるなど，土地の配列順序と全く異なる地番が付けられている。

　第1項は，調査図素図等の扱いについて定めたもので，地番変更の条件は①地番が数字以外の符号で表示されている場合，②枝番号に更に枝番号が付されている場合，③地番が著しく入り乱れている場合であり，当該土地の所有者の同意を得て仮地番を定め，調査図素図に記録するとともに，当該土地の地籍調査票に，当該同意があった旨及びその年月日を記載し，その者に署名押印させるとしています。

　第2項は，仮地番を定めたときの処理方法を定めたもので，地番対照表及びその写を作成し，地番区域（地番区域の変更に伴い地番の変更を必要とする場合にあっては，変更前の地番区域）ごとに地番対照表及びその写の別に一冊につづることとしています。

Q. 調査する地域（○○町大字△△）の登記事項要約書をとったところ「字上原」という小字名の土地が一筆だけ出てきました。「○○町大字△△」全体でも「上原」という字は無く，この土地の周辺地番の小字が「向原」であるため，登記表示の誤りではないかと考えます。これに対応するためには，「登記所に確認を依頼して登記を修正する」か「地籍調査で修正する」かのいずれかの方法をとることになりますが，仮に「地籍調査で修正する」場合には，「小字」のみを変更した場合の異動事項も「所在変更」となるのか伺います。

A. 明らかに登記の誤りであることが登記簿等で証明できる場合は，異動事項については「所在錯誤」とすべきです。

（運用基準）

> 地番の変更
>
> 第17条　地番の変更を必要とする場合の処理については，「地籍調査において地番変更の処理をした場合における土地所有者の住所変更等の取扱いについて」（昭和53年4月13日付け53国土第152号国土庁土地局長通達）によるものとする。

【解説】
　本条は，地番変更を必要とする場合の処理方法を定めたもので，「地籍調査において地番変更の処理をした場合における土地所有者の住所変更等の取扱いについて」（昭和53年4月13日付け53国土国第152号国土庁土地局長通達）により行うとしています。

【参考】

〇地籍調査において地番変更の処理をした場合における土地所有者の住所変更等の取扱いについて
（昭和53年4月13日付け53国土国第152号国土庁土地局長通達）

　地籍調査の実施に際し，すでに土地所有者の住所が住民票上変更されているにもかかわらず，土地登記簿の表題部に記載された所有者又は所有権の登記名義人の表示の変更登記が未了の場合に限って住所変更の処理をしてきたところであるが，今後は下記の場合も同様の取扱いをすることとしたから，この旨関係市町村等に周知方お取り計らい願いたい。
　なお，このことについては法務省とも協議済みであるから念のため申し添える。
記
1　地籍調査作業規程準則第31条又は第36条の規定に基づき地番変更の処理をしたことに伴い，土地所有者の住所に変更を生ずる場合には，同一認証予定地域内の土地に限り住所変更の処理をするものとする。
2　上記の場合の地籍簿案の記載は別紙の例による。

(別紙)
地籍簿案記載例

地籍調査前の土地の表示					地籍調査後の土地の表示						
字名	地番	地目	地 積 (ha a m²)	所有者の住所及び氏名又は名称	字名	地番	地目	地 積 (ha a m²)	所有者の住所及び氏名又は名称	原因及びその日付	地図番号
小山	10-36	宅地	3 35 16	10-36 甲野一郎		85			85 (10-36)	85と地番変更 住所地番変更	B 12-3
〃	189	畑	9 90	同上					同上	住所地番変更	〃
〃	520	山林	21 37	川向 15 乙野三郎		226			川向 102 (15)	226と地番変更 住所地番変更	〃

地籍調査前の土地の表示					地籍調査後の土地の表示						
字名	地番	地目	地 積 (ha a m²)	所有者の住所及び氏名又は名称	字名	地番	地目	地 積 (ha a m²)	所有者の住所及び氏名又は名称	原因及びその日付	地図番号
川向	15	宅地	2 56 26	15 乙野三郎		102			102 (15)	102と地番変更 住所地番変更	H 10-6

(注) 1 調査後の「所有者の住所及び氏名又は名称」欄には，旧住所（変更前の地番）に（ ）を付し新住所に併記する。
　　 2 「原因及びその日付」欄の住所地番変更年月日は，この場合は記載を要しない。

〔國見利夫　猪木幹雄〕

第4章

地籍測量

第1節　総　則

> **地籍測量の方式**
> 第三十七条　地籍測量は，次の各号に掲げる方式のいずれかによって行うものとする。
> 　一　地上測量による方式（以下「地上法」という。）
> 　二　空中写真測量による方式（以下「航測法」という。）
> 　三　前二号の方式を併用する方式（以下「併用法」という。）
> 2　地籍測量は，座標計算により筆界点の位置を求める方式によって行うものとする。

解説

　地籍測量とは，国土調査法に基づく地籍調査において確認された筆界点の位置を平面直角座標面上で求めるため，国土地理院が設置した基本三角点（一等〜三等三角点）及び基準点（四等三角点）等を基礎として行う測量をいいます。

　第1項は，地籍測量に用いることができる測量の方式を定めたもので，次のいずれかの方式で行うこととしています。

一　地上測量による方式（以下「地上法」という。）

　地上法とは，地上でセオドライト，光波測距儀若しくはトータルステーション（以下「TS等」という。）又はGPS測量機を用いて測量を行い，地籍図原図を作成する方式をいいます。

二　空中写真測量による方式（以下「航測法」という。）

　航測法は，空中写真測量によって測量を行い，地籍図原図を作成する方式をいいます。

　空中写真測量とは，航空機から地上を撮影した空中写真によって地上の状態を立体画像で再現し，土地の形状，位置等を測定する測量をいいます。

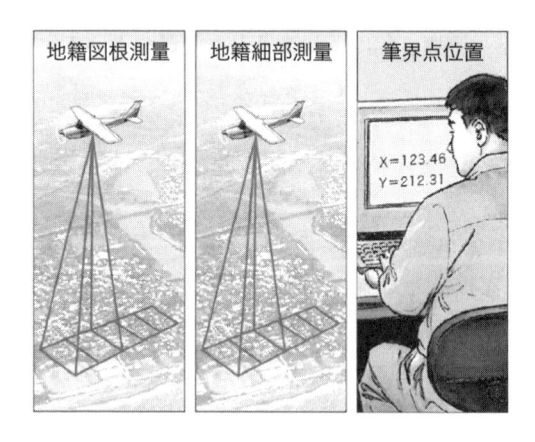

三　前二号の方式を併用する方式（以下「併用法」という。）

　併用法は，航測法によって航測図根点の座標値を求め，それを基礎として地上法によって地籍細部測量を行う方式をいいます。

第2項は、筆界点の位置の求め方について定めたもので、地籍測量によって得られた筆界点の座標値を用いて筆界点の位置を求める座標計算による方式（数値法）により行うものとしています。

(運用基準)

> **器械及び器材**
>
> 第18条　地籍測量に用いる器械及び器材は、別表第4に定める性能若しくは規格を有するもの又はこれらと同等以上のものでなければならない。
> 2　観測又は測定に用いる器械は、作業開始前に点検し、その性能に応ずる観測又は測定ができるように調整しておかなければならない。
> 3　前項の点検の要領は、別に国土調査課長が定めるものとする。

解説

地籍測量に用いる主な測量機器は、準則に定められている測量の精度を確保できる性能又は規格を有していることが必要です。

第1項は、地籍測量又は地積測定に用いる器械及び器材を示したもので、別表第4に定められた性能又は規格を有するもの又は同等以上のものでなければならないとしています。

別表第4　地籍測量又は地積測定に用いる器械及び器材の性能又は規格〔第18条〕
（1）　測量機器

区分	種類	適用範囲	備考
TS法	2級トータルステーション	地籍図根三角測量，地籍図根多角測量	
	3級トータルステーション	細部図根測量，一筆地測量	
	簡易トータルステーション	地籍図根多角測量，細部図根測量，一筆地測量	乙二，乙三地区に適用可
	2級セオドライト	地籍図根三角測量，地籍図根多角測量	
	3級セオドライト	細部図根測量，一筆地測量	
	2級測距儀	地籍図根三角測量，地籍図根多角測量，細部図根測量，一筆地測量	中距離型とする。
GPS法	1級GPS測量機	地籍図根三角測量，地籍図根多角測量，細部図根測量，一筆地測量	
	2級GPS測量機		
DGPS法	DGPS測量機	一筆地測量	乙二，乙三地区に適用可
デジタル方位距離計法	デジタル方位距離計	細部図根測量	乙三地区に適用可
		一筆地測量	乙二，乙三地区に適用可
直接水準測量法	2級レベル	地籍図根三角測量，地籍図根多角測量，細部図根測量，一筆地測量	自動レベル又は電子レベルとする。
	2級標尺		
その他	鋼巻尺		JIS 1級とする。

備考　1.　測量機器の性能は，公共測量作業規程準則の別表1「測量機器級別性能分類表」によるものとする。
　　　2.　簡易トータルステーション，DGPS測量機，デジタル方位距離計の性能は，次表のとおりとする。

簡易トータルステーション

測角部の性能		測距部の性能	
最小目盛値		公称測定可能距離	公称測定精度
水平	鉛直		
30秒以下	30秒以下	0.5 km以上	$5\ mm + 5 \times 10^{-6} \cdot D$ 以内

DGPS測量機

公称測定精度	GPS衛星の同時信号チャンネル受信数	監視機能

±1m 以内	12 チャンネル以上	電波受信状態
		DGPS 補正情報
		DGPS 記録状態

デジタル方位距離計

機器構成	①地球磁場に基づいて，電気的に磁方位角の測定を行う角度測定器と鉛直角を自動計測する傾斜計を備えた光波距離計とが接続されていること。
	②計測データを自動記録する PDA 等の記録装置を有すること。
光波距離計性能	分解能 ±0.01 m 以上
傾斜計の性能	分解能 ±0.1 度以上
磁方位角計測の再現性	±0.5 度以上
磁方位角計測の分解能	±0.01 度以上
磁方位角計測部センサー	デジタルコンパス
その他	キャリブレーション機能を有すること。

（2） 製図機器等

種　類	性能又は規格
自動製図機（プリンタ等）	描画精度：0.1 mm 以内 位置精度：0.2 mm 以内
原図用紙	大きさ：A3（JIS 規格） 伸縮率：1/2,000 以下 アルミケント紙の場合には，500 g/m² 以上であること。 ポリエステルベースの場合には，#300 以上，かつ，熱処理済みであること。

備考　プリンタ等にはラスタプロッタを含む。なお，ラスタプロッタの性能又は規格は解像度 300dpi 以上，距離精度 ±0.2% 以内とする。なお，ラスタプロッタを使用した場合で，かつ，ポリエステルベースの原図用紙を使用する場合は当該機種専用紙を使用すること。

（3） 写真測量用機器等

種　類	性能又は規格
航空機	1. 撮影に必要な装備をし，所定の高度で安定飛行を行うことができること。 2. 撮影時の飛行姿勢，フィルム航空カメラの水平規正及び偏流修正角度のいずれにも妨げられることなく常に写角が完全に確保されていること。 3. GPS/IMU 装置を用いた撮影を行う場合は，GPS のアンテナが機体頂部に取り付け可能であること。

フィルム航空カメラ	1. フィルム航空カメラは，広角航空カメラであること。ただし，撮影地域の地形その他の状況により，普通角又は長焦点航空カメラを用いることができる。 2. フィルム航空カメラは，撮影に使用するフィルターと組み合わせた画面距離及び歪曲収差の検定値が，0.01 mm 単位まで明確なものであること。 3. カラー空中写真撮影に使用するフィルム航空カメラは，色収差が補正されたものであること。 4. GPS/IMU 装置を用いた撮影を行う場合は，IMU がフィルム航空カメラ本体に取り付け可能であること。
フィルム	1. 写真処理による伸縮率の異方性が 0.01 %以下であること。 2. 伸縮率の異方性及び不規則伸縮率は，相対湿度1%について 0.0025 %以下であること。 3. フィルムの感色性は，特に指定された場合を除き，パン・クロマチックであること。
図化機	検定を行った一級図化機であること。
解析図化機	測定最小単位1 μm の性能を有するもの。

備考　GPS/IMU 装置とは，空中写真の露出位置を解析するため，航空機搭載の GPS 及び空中写真の露出時の傾きを検出するための3軸のジャイロ及び加速度計で構成される IMU（慣性計測装置），解析ソフトウェア，電子計算機及び周辺機器で構成されるシステムで，作業に必要な精度を有するものをいう。

【参考】

(1) セオドライト

　セオドライトは，図根点等において2点間の水平角と鉛直角の観測に用いられます。セオドライトは，水平軸に取り付けられた望遠鏡を水平方向に回転させることができ，望遠鏡で目標を視準し，水平及び鉛直の目盛盤の目盛りを読み取ることにより，精密に角度を観測することができます。地籍図根三角測量及び地籍図根多角測量においては，公共測量作業規程の準則の別表1「測量機器級別性能分類表」で示されている2級以上の性能のセオドライトを，細部図根測量及び一筆地測量においては3級以上の性能のセオドライトを用いることとしています。

セオドライトによる観測

(2) 光波測距儀

　光波測距儀は，図根点等において2点間の距離の測定に用いられます。光波測距儀は，レーザー光などの光波を発射し反射鏡ではね返って戻ってくるまでの時間を測定することによって，距離を求める測量機器です。光波測距儀の測定精度は，光波の速度を測る精度に左右され，光波の速度は通過する空気の温度や気圧などによって影響を受けます。このため，光波測距儀による距離測定では，気温や気圧も同時に測定します。地籍図根三角測量，地籍図根多角測量，細部図根測量及び一筆地測量においては2級以上の性能の光波測距儀を用いることとしています。

光波測距儀と反射鏡

(3) トータルステーション

　トータルステーション（以下「TS」という。）とは，セオドライトと光波測距儀が一体となったもので，1つの器械で角度と距離を電子的に同時に読み取る装置が内蔵されている測量器械をいいます。地籍図根三角測量，地籍図根多角測量においては2級以上の性能のTSを，細部図根測量及び一筆地測量においては2級以上の性能のTSを用いることとしています。また，TSの中には，森林測量用に開発された簡易なTS（以下「簡易TS」という。）があり，乙二，乙三精度の地区においては，簡易TSを用いることができます。

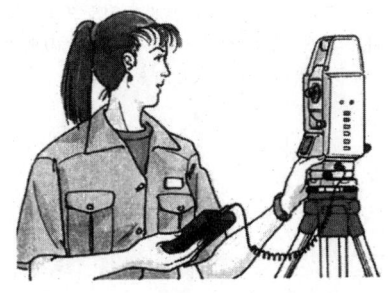

トータルステーションによる観測

(4) GPS 測量機

　GPS 測量機は，米国によって開発され，運用されている衛星測位システムを利用して行う測量器械で，地籍図三角測量，地籍図根多角測量，細部図根測量及び一筆地測量においては 2 級以上の性能の GPS 測量機を用いることとしています。ただし，電子基準点のみを与点とする GPS 法において測点間距離が 10km を超える場合には，1 級 GPS 測量機を用いなければなりません。

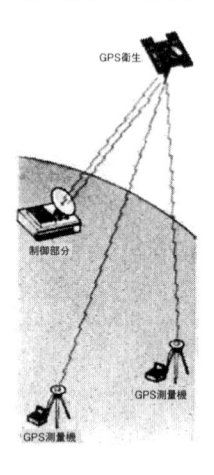

GPS 法による観測

(5) デジタル方位距離計法

　デジタル方位距離計は，コンパス測量機の一種です。コンパス測量機は，磁針で水平角（方位）を観測するというもので，比較的簡易に観測できることから，昭和 50 年代まで山林部の地籍測量に用いられてきました。しかしながら，従来のコンパス測量機は，誤読・誤記又は地磁気による誤差など欠点が多かったことから，昭和 61 年の地籍調査作業規程準則改定により地籍調査での使用が廃止されていました。近年，磁方位角，鉛直角及び距離を電子的に記録する機器（デジタル方位距離計）が開発され，簡易な測量手法として国土交通省が実施する山村境界保全事業で用いられてきました。この事業で検証の結果，デジタル方位距離計法は，乙二，乙三精度の確保が可能であることが確認され，山林部での地籍調査に有効であることから，平成 22 年度から地籍測量に導入したものです。

第4章　地籍測量

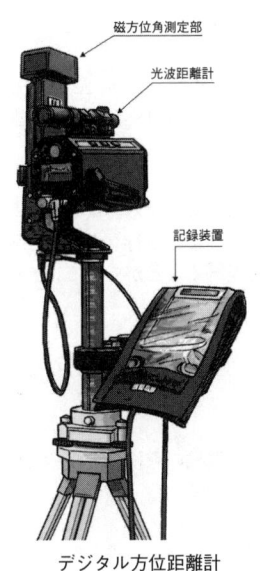

デジタル方位距離計
（磁方位角測定部／光波距離計／記録装置）

　第2項は，観測又は測定に用いる器械の点検・調整について定めたもので，作業開始前に点検し，その性能に応ずる観測又は測定ができるように調整しておかなければならないとしています。

　第3項は，前項の点検方法を定めたもので，その点検の要領は，別に国土調査課長が定めることとしており，平成23年12月27日付け国土籍第280号国土交通省土地・建設産業局地籍整備課長通知により，地籍測量に用いる器械の点検要領が定められています。

　同要領によると，器械の点検は，原則として作業実施者が行うこととしていますが，中立機関の検定又は製造者の試験・検査によって換えることができます。

　器械の点検を作業実施者が行った場合は器械の点検確認書を，中立機関が検定を行った場合は検定証明書を測量成果に添付します。なお，製造者の発行する性能試験・検査等の成績書をもって証明書に代えることができます。

【参考】

○地籍測量に用いる器械の点検要領（一部抜粋）
平成23年12月27日付け国土籍第280号

国土交通省土地・建設産業局地籍整備課長通知
1. 目的
「地籍調査作業規程準則運用基準」(平成22年11月29日付け国土国第219号国土交通省土地・水資源局長通知)第18条第3項の器械の点検については、この要領の定めるところによる。

2. 器械の点検
測量の精度を確保するため、使用する器械の点検を行なう。

器械の点検は、原則として作業者が行なうものとするが、中立機関の検定又は製造者の試験・検査によって換えることができる。

2.1. 点検機関
2.1.1. 実行機関
作業実施者が、使用する測量器械の点検を行なった場合は、器械の点検確認書を測量成果に添付する。

2.1.2. 中立機関
中立機関が、使用する測量器械の点検を行なった場合は、検定証明書を測量成果に添付する。

2.1.3. 製造者
製造者の発行する性能試験・検査等の成績書で点検確認書に換えることができる。

2.2. 器械の点検の要領
2.2.1. GPS測量機の点検
検定の方法は、次のいずれかの方法により行う。
① GPS比較基線による比較検定
② 任意基線による比較検定

(1) GPS比較基線による点検
GPS比較基線による点検は、表2-1による。

表2-1

点検項目	点検基準
外観及び構造 (受信機、アンテナ)	1) 固定装置は、確実であること。 2) 整準機構は、正確であること。 3) アンテナと三脚は、堅固に固定できること。 4) アンテナは、受信機に確実に取り付けられること。 5) ケーブルは、きずがなく、コネクタに汚れ・さび等がないこと。

性能	判定項目	級別性能基準	
		1級	2級
	受信帯域数 GPS受信機	2周波	1周波
	GPSアンテナ		

	判定項目	測位方式別性能基準
		スタティック法・短縮スタティック法・キネマティク法、RTK法、ネットワーク型RTK-GPS法
	水平成分(ΔN、ΔE)の差	15mm以内
	高さ成分(ΔU)の差	30mm以内
	三次元座標差との差	30mm以内

第4章 地籍測量

(2) 任意基線による検定

任意基線（図2－1）の各端点にGPS測量機を設置し、各セッションの環閉合差（A⇒C⇒B⇒D⇒Aの環）又は、重複辺の較差を求め表2－2により点検を行う。

但し、ネットワーク型RTK-GPS法の場合は、1台準同時又は2台同時観測による間接観測法とする。

なお外観及び構造の点検は、「(1) GPS比較基線による点検」による。

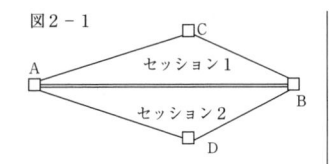

図2－1

表2－2　GPS測量機点検の制限値

点検に用いる制限値	水平の制限値	高さの制限値
(ｱ) 環閉合差	水平（ΔN、ΔE）20mm$\sqrt{N}$（Nは辺数）	高さ（ΔU）30mm
(ｲ) 重複辺の較差	水平（ΔN、ΔE）20mm	高さ（ΔU）30mm

(注) 点検の制限は、上記(ｱ)又は(ｲ)の方法による。ただしΔN、ΔE、ΔUはベクトル終点において、ΔX、ΔY、ΔZから計算式により算出する。

2.2.2. DGPS測量機の点検

(1) 外観及び構造等の点検項目

① 構造
・DGPSによる測位が可能であること。
・防水・防塵タイプであること。

② 受信機
・野外作業に適した形状及び操作性を有すること。
・GPS衛星からの電波の受信状態及びDGPS補正情報の受信・記録状態が監視できること。
・GPS衛星の信号が12チャンネル以上受信できること。

③ アンテナ
・鉛直軸の可動部分は、回転及びその他の動作が円滑であること。
・固定装置は装着後動かないように確実に固定できること。

④ 解析ソフト
・DGPS後処理機能を有すること。
・解析結果、補正情報などの評価項目の表示および出力機能を有すること。

(2) 検定の方法は、任意基線において行う。

任意基線（図2－2）の両端点でDGPS測量機を設置し単点観測を行う。
（ただし、DGPS測量機2台の場合は両端点で同時観測を行う。）
観測は、運用基準第41条（別表第29 (2) DGPS法）に準じて往復観測を2セット行い、それぞれの観測値から重複辺の較差を求め重複辺の較差は、表2－3とする。

なお外観及び構造の点検は、「(1) GPS比較基線による点検」による。

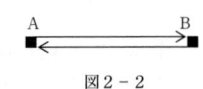

図2－2

表2－3　DGPS測量機点検の制限値

点検に用いる制限値	水平の制限値
重複辺の較差	0.70m

2.2.3. トータルステーションの点検
(1) 点検の方法
次のいずれかにより点検を行う。
① GPS測量機、光波測距儀、50m鋼巻尺比較基線による点検
　［1］測角部（水平角の観測差、倍角差及び2セットの平均値の較差）
　［2］〃　（鉛直角の高度定数差）
　［3］測距部（測定距離の較差）
　［4］〃　（測定距離と基線長の比較点検）
② 任意基線による検定
前項①と同じである。ただし、[4]に換えて次の検査を行う。
　［5］測距部（光波測距義定数）の確認（3点法による。）

(2) 点検の要領及び制限値
① トータルステーション、光波測距義、50m鋼巻尺比較基線による点検の要領
表2-4に示す3方向、3対回、2セットの観測を行う。

表2-4　トータルステーションの点検の要領

	方向数	対回数	水平目盛位置			鉛直角対回数	距離測定回数
1セット	3	3	0°	60°	120°	2	2
2セット	3	3	30°	90°	150°		

表2-5に示す5項目について、点検を行う。

表2-5　トータルステーションの点検の制限値

器械の等級	最小読定値	[1]水平角の点検		[2]鉛直角の点検		[3][4]測定距離の較差 測定距離と基線長の比較点検
		倍角差	観測差	T_1-T_2	定数差	
1級TS	1″	15″	8″	6″	10″	30mm
2級TS	10″	30″	20″	12″	30″	
3級TS	20″	50″	40″	20″	50″	
TS(簡易)	20″	50″	40″	20″	50″	

（注）TSはトータルステーションの略

② 任意基線による点検の要領
測角部の点検は、前項の比較基線による点検要領（表2-4）と同じである。
測距部の点検は、図2-3に示すように一直線上に任意の3点A、B、Cを設置し、L_1、L_2、L_3を測定して、較差$\Delta L = (L_1 + L_2) - L_3$を確認する。

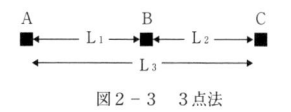

図2-3　3点法

2.2.4. セオドライトの点検
セオドライトの点検の方法並びに点検の要領及び制限値は、2.2.3. トータルステーションの点検を準用する。

2.2.5. 光波測距儀の点検
光波測距儀の点検の方法及び要領並びに制限値は、2.2.3 トータルステーションの点検を準用する。

第4章 地籍測量

2.2.6. 鋼巻尺の点検
(1) 点検の要領及び制限値

　50m鋼巻尺比較基線において、5回の測定を1セットとする2セットの測定を行い、基線長と測定距離を比較して、鋼巻尺の尺定数を決定する。
　セット内の読定値の最大値と最小値の較差は5mm以内とする。

(注) 器械の点検結果及び分解調整・試験検査の結果は、器械の履歴書に記載し、適正な器械の保守・管理を行うことが望ましい。

表2-6　器械の履歴書の記載事項例

年月日	倍角差	T_1-T_2	高度定数差	距離の較差	基線長と較差	特記事項

2.2.7. デジタル方位距離計の点検
(1) 点検の方法
　① 点検前の準備
　　・デジタル方位距離計は、点検開始前にその性能に応ずる観測又は測定ができるように当該マニュアルに従って調整しておかなければならない。
　② 点検箇所
　　・デジタル方位距離計は、1）水平軸誤差、2）鉛直軸誤差についての軸誤差、3）光波距離計及び4）地磁気の偏差の各性能について点検を行う。

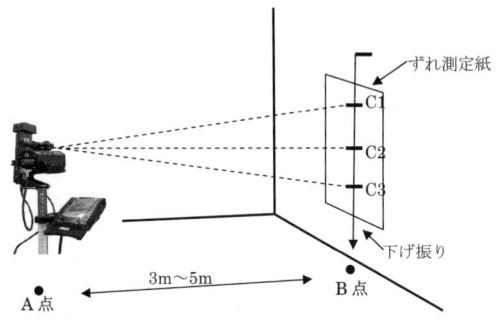

図2-4

1) 水平軸誤差の点検
　① 準備
　　ア．水平軸誤差の点検を行うため、器械点（デジタル方位距離計またはTS等を設置する点）、前視点（点検のための測点）、後視点（基準方向とする測点）の3点を設置する。
　　イ．器械点と前視点の距離は5m前後とし、器械高と前視点の目標高は同高とする。
　　ウ．前視点には「下げ振り」を設置し、「下げ振り」の糸（鉛直角＋30度、0度、－30度付近3カ所）にマーキングを行う。
　② 点検観測
　　ア．器械点にTS等を設置し、後視点と前視点の3箇所のマーキング点間の夾角を観測する。（2対回観測で、その平均値を観測値（H_1）とする。）
　　イ．器械点にデジタル方位距離計を設置し、①と同様に3箇所のマーキング点間の夾角を観測する。（2対回観測で、その平均値を観測値（H_1）とする。）
　　ウ．アとイで得られたTS等とデジタル方位距離計の3カ所の夾角の較差を算出する。

③ 点検計算
　ア．鉛直角０度付近の較差（A）と＋30度付近の較差（B）の較差（X）を求める。
　イ．鉛直角０度付近の較差（A）と－30度付近の較差（C）の較差（Y）を求める。
　ウ．鉛直角（＋）方向の鉛直角１度当たりの水平角補正係数を求める（X÷30度＝ε１）
　エ．鉛直角（－）方向の鉛直角１度当たりの水平角補正係数を求める（Y÷30度＝ε２）
　オ．デジタル方位距離計による各測点の鉛直角にウ、エで得られた水平角補正係数を乗じて補正量（ΔH）を求め、水平角に補正する。
　　ただし、較差（X）および（Y）が0.1度以内の場合は、補正は不要とする。
　　（（ΔH＝鉛直角×ε１）または、（ΔH＝鉛直角×ε２））。

２）鉛直軸誤差の点検
　① 準備
　　ア．鉛直軸誤差の点検点として、器械点、前視点（建物の壁等）の２点を設置する。
　　イ．器械点から５m程度離れた位置（鉛直角＋30度、０度、－30度付近の３カ所）にマーキングし、前視とする。

　② 点検観測
　　ア．器械点にTS等を設置し、前視点（３カ所）の鉛直角を観測する。
　　イ．器械点にTS等の器械点と同高にして設置したデジタル方位距離計により前視点（３カ所）の鉛直角を観測する。
　　ウ．ア、イで得られた３カ所の鉛直角観測について、TS等の鉛直角観測値との較差を算出し、その平均値を補正量（ΔZ）とする。
　　エ．ウの補正量（ΔZ）をデジタル方位距離計による各点の鉛直角に補正する。
　　　ただし、（ΔZ）が0.1度未満の場合は、補正は不要である。

３）光波距離計の点検
　① 準備
　　ア．平坦な地形状で、直線上にA、B、C点の３点（図２－５）を設置する。なおそれぞれの測点間距離は25m前後とする。

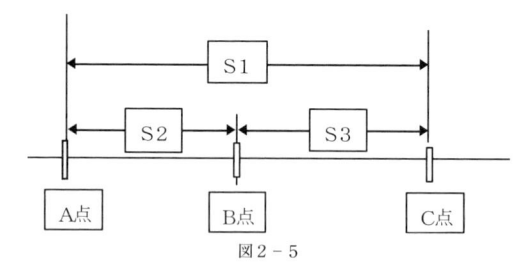

図２－５

　② 点検観測
　　ア．B点にデジタル方位距離計、A点及びC点に反射板を設置する。デジタル方位距離計の器械高と反射板の器械高は同じ高さとして、S２及びS３の点間距離を測定する。さらに、A点にデジタル方位距離計、C点に反射板を設置する。デジタル方位距離計の器械高と反射板の器械高は同じ高さとして、S１の点間距離を測定する。
　　イ．（S１）－（S２＋S３）＝⊿SとＬ、⊿Sが３cm以内であれば、⊿Sをデジタル方位距離計による多角測量の距離測定値に補正し、３cmを超えた場合は、メーカー等による光波距離計の調整を行う。

第4章　地籍測量　　　215

4）地磁気の偏差の点検
① 準備
　　ア．既知点A既知点Bを選定し、既知点Aにデジタル方位距離計を設置し、既知点Bを視準点とする（図2－6）。

② 点検観測
　　ア．既知点Aにおいて視準点Bを視準し磁方位角を求める。
　　イ．国土地理院発行の地形図、または国土地理院のHPに掲載されている計算により求めた磁気偏角との較差を計算する。
　　ウ．磁気偏角との較差が1度以内であることを点検する。

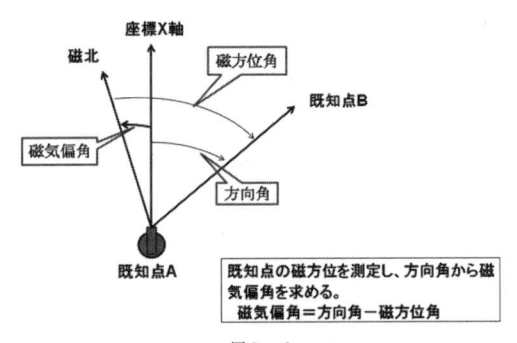

既知点の磁方位を測定し、方向角から磁気偏角を求める。
磁気偏角＝方向角－磁方位

図2－6

2.2.8. レベルの点検
(1) 点検の要領
　　図2－7に示すように、レベルの両側に水準標尺A、Bを立てる。観測は次の①から③を行う。

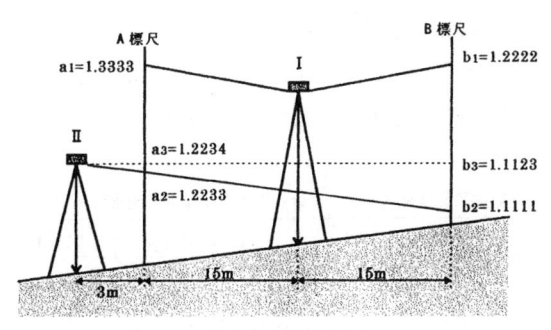

図2－7　レベルの点検

① レベル位置Ⅰでの観測（a_1、b_1）
② レベル位置Ⅱでの観測（a_2、b_2）
③ 調整の後、レベル位置Ⅱでの観測（a_3、b_3）

(2) 点検の制限値
$\Delta h_1 = a_1 - b_1$
$\Delta h_2 = a_2 - b_2$
較差 $\delta = \Delta h_2 - \Delta h_1 = 0.0011$
後視 $a_3 = a_2 + \delta / 10$
前視 $b_3 = b_2 + 11 / 10 \delta$

較差 δ が3mmを超える場合は,調整を行う。
調整は,$\Delta h_3 = a_3 - b_3$ が $\Delta h_1 = a_1 - b_1$ と3mm以内に合致するまで繰り返す。

(運用基準)

記録及び成果

第19条 地籍測量における作業の記録及び成果は,別表第5に掲げるものとする。

2 前項の記録及び成果における座標値及び標高は,別記計算式により求めるものとする。

解説

地籍測量は,現地において取得した測量データを用いて各種計算を行って図根点や筆界点の座標値又は標高を求め,成果簿及び網図に取りまとめます。

作業の記録とは,測量データや計算過程を記録した資料をいい,成果とは,座標値を記載した成果簿及び多角路線や測点の配置を示した網図をいいます。

第1項は,地籍測量における作業の記録及び成果の内容を定めたもので,その内容は別表第5に示されています。

別表第5 地籍測量又は地積測定における作業の記録及び成果〔第19条及び第56条〕

単 位 作 業	記 録 及 び 成 果
1. 各単位作業共通	①工程表 ②検査成績表 ③その他測量工程上必要な資料

2. 地上法による地籍測量	（1）地籍図根三角測量	①基準点等成果簿写 ②地籍図根三角点選点手簿 ③地籍図根三角点選点図〔準則第50条〕 ④地籍図根三角測量観測計算諸簿 ⑤地籍図根三角点網図〔準則第52条〕 ⑥地籍図根三角点成果簿〔準則第52条〕 ⑦精度管理表 ⑧測量標の設置状況写真
	（2）地籍図根多角測量	①地籍図根多角点選点手簿 ②地籍図根多角点選点図〔準則第56条〕 ③地籍図根多角測量観測計算諸簿 ④地籍図根多角点網図〔準則第58条〕 ⑤地籍図根多角点成果簿〔準則第58条〕 ⑥精度管理表 ⑦測量標の設置状況写真
	（3）地籍細部測量	①細部図根測量観測計算諸簿 ②細部図根点配置図〔準則第67条〕 ③細部図根点成果簿〔準則第67条〕 ④一筆地測量観測計算諸簿 ⑤筆界点番号図〔準則第74条〕 ⑥筆界点成果簿（番号図区域ごとにまとめる）〔準則第74条〕 ⑦精度管理表 ⑧地籍図一覧図〔準則第74条〕 ⑨原図〔準則第74条〕 ⑩地籍明細図（必要な場合〔準則第75条〕）
3. 航測法による地籍測量	（1）対空標識の設置	①基準点等成果簿写 ②標定点選点手簿 ③標定点選点図〔準則第77条〕 ④航測図根点選点図〔準則第77条〕
	（2）空中写真撮影	①写真標定図 ②写真フィルム ③密着印画 ④撮影記録 ⑤対空標識確認写真〔準則第79条〕
	（3）標定点測量	①標定点測量観測計算諸簿 ②標定点網図〔準則第80条〕 ③標定点成果簿〔準則第80条〕 ④精度管理表

（4）空中三角測量	①対空標識の機械座標読定値 ②空中三角測量計算簿 ③航測図根点配置図〔準則第83条〕 ④航測図根点成果簿〔準則第83条〕 ⑤筆界点番号図〔準則第83条〕 ⑥筆界点成果簿〔準則第83条〕 ⑦補備測量観測計算諸簿 ⑧補備測量成果 ⑨精度管理表 ⑩測量標の設置状況写真
（5）図化	2の（3）の⑧〜⑩〔準則第84条〕
4．地積測定	①地積測定観測計算諸簿 ②地積測定成果簿〔準則第87条〕 ③筆界点座標値等の電磁的記録 ④精度管理表

備考 1. 観測計算諸簿とは，観測手簿，観測記簿，計算簿並びに平均図及び観測図である。ただし，一筆地測量観測計算諸簿及び地積測定観測計算諸簿にあっては座標差による方向角計算簿を要しない。
  2. 平均図は，選点図に基づき作成し，観測図は平均図に基づき作成する。
  3. 記録及び成果（原図及び地籍明細図を除く）は電磁的記録によることができる。
  4. 補備測量成果とは，筆界点成果簿等である。
  5. 選点手簿，選点図，観測手簿及び対空標識確認写真は，作業用のものを記録及び成果とする。
  6. 記録及び成果の記載例等については，別に国土調査課長が定めるものとする。
  7. 併用法による地籍測量の場合には，3の（1）〜（3），3の（4）の①〜④及び⑦〜⑨並びに2の（3）を記録及び成果とする。

　第2項は，地籍測量における作業の記録及び成果に記載する座標値及び標高の算出方法について定めたもので，別記計算式に示された計算式を用いて求めることとしています。

【参考】
　別記計算式には，次の計算式が示されています。なお，別記計算式の末尾には，本計算式のほか，これと同精度又はこれを上回る精度を有することが確認できる場合は，当該計算式を使用することができるとされています。
① 光波測距儀の気象補正計算
② 基準面上の距離の計算
③ 鋼巻尺の距離の計算
④ 三角形の計算
⑤ 偏心補正計算
⑥ 座標の近似値及び閉合差の計算

⑦　標高の近似値及び閉合差の計算
⑧　厳密網平均計算（座標）
⑨　厳密網平均計算（高低）
⑩　簡易網平均計算
⑪　三次元網平均計算
⑫　座標計算
⑬　交点計算
⑭　面積の計算
⑮　経緯度計算
⑯　経緯度から座標及び子午線収差角を求める計算
⑰　ヘルマート変換

　コンピュータを用いるプログラム計算を行う場合は，当該プログラムが正確でなければなりません。そのため，開発又は改良したプログラムについては，記載例等に示されている誤りのない計算結果の数値を利用して点検・確認等を行う必要があります。
　プログラムの点検又は検定を利用者又は開発者が行った場合はプログラム点検確認書を，中立機関が行った場合は検定証明書を測量成果に添付します。
　過去に点検確認書等を提出済みのプログラムを使用する場合は，監督員の承認を得ることで点検確認書等の添付を省略することができます。ただし，提出後にプログラムを修正した場合には改めて点検・確認した上で点検確認書等を添付します。

測量の基礎とする点

第三十八条　地籍測量は，基本三角点（測量法（昭和二十四年法律第百八十八号）第二章の規定による基本測量の成果である三角点及び電子基準点をいう。以下同じ。）若しくは基本水準点（同法第二章の規定による基本測量の成果である水準点をいう。）若しくは法第十九条第二項の規定により認証され，若しくは同条第五項の規定により指定された基準点又はこれらと同等以上の精度を有する基準点（以下「基準点等」という。）を基礎として行わなければならない。

解説

　地籍測量において，隣接地区との接合や筆界点の復元性，他の事業への成果の利活用を図るためには，全国統一した基準の下に測量して図根点や筆界

点の位置を求める必要があります。

　測量で，ある地点の水平位置を求めるための最も基礎となる点は，水平位置の場合は日本経緯度原点，高さの場合は日本水準原点という標識です。基本三角点（一～三等三角点，電子基準点を含む）や公共基準点（一～四級基準点）は日本経緯度原点，一等，二等水準点は日本水準原点に基づいて設置されており，これらの基準点を基礎とすることによって，全国統一した基準で測量することができます。

　本条は，地籍測量において基礎とする点について定めたもので，次の①～④の基準点を基礎として行わなければならないとしています。また，①～④の基準点を総称して「基準点等」と呼ぶこととしています。

　①　基本三角点，基本水準点

　基本三角点及び基本水準点とは，国土交通省国土地理院が測量法第4条に規定する基本測量によって設置された基準点で，一等，二等，三等三角点，電子基準点及び一等，二等水準点をいいます。

　②　法第十九条2項により認証された基準点

　法第十九条第2項の規定により認証された基準点とは，国土調査法第十九条第2項の規定に基づき認証された基準点をいい，国土地理院によって設置された基準点（四等三角点）や地籍調査で設置された地籍図根三角点，地籍図根多角点及び細部図根点がこの基準点となります。

　③　法第十九条5項により指定された基準点

　法第十九条第5項の規定により指定された基準点とは，国土調査法第十九条第5項の規定に基づいて指定された基準点をいいます。国土調査法第十九条第5項では，国土調査以外の事業（土地改良事業や土地区画整理事業など）によって作成された地図及び簿冊について，事業所管大臣は，これらの成果が地籍調査の成果と同等以上の精度・正確さを有すると認めたとき，これらを国土調査の成果と同一の効果があるものとして指定することができるとされています。この指定を「国土調査法第十九条第5項指定」又は「国土調査の成果に準ずる指定」という場合もあります。

　④　同等以上の精度を有する基準点

　同等以上の精度を有する基準点とは，運用基準第19条の2に定義されて

います。

【参考】

○国土調査法（一部抜粋）
（成果の認証）
第十九条　国土調査を行つた者は，前条の規定により送付した地図及び簿冊（以下「成果」という。）について，それぞれ，国の機関及び第五条第四項の規定による指定を受け又は第六条の三第二項の規定により定められた事業計画に基づいて国土調査を行う都道府県にあつては国土交通大臣に，第八条第一項の勧告に基づいて国土調査を行う者にあつては事業所管大臣に，その他の者にあつては都道府県知事に，政令で定める手続により，その認証を請求することができる。
2　国土交通大臣，事業所管大臣又は都道府県知事は，前項の規定による請求を受けた場合においては，当該請求に係る国土調査の成果の審査の結果に基づいて，その成果に測量若しくは調査上の誤り又は政令で定める限度以上の誤差がある場合を除くほか，その成果を認証しなければならない。
3　事業所管大臣又は都道府県知事は，前項の規定により国土調査の成果を認証する場合においては，政令で定める手続により，あらかじめ，それぞれ国土交通大臣又は国土交通大臣等の承認を得なければならない。
4　国土交通大臣，事業所管大臣又は都道府県知事は，第二項の規定により国土調査の成果を認証した場合においては，遅滞なく，その旨を公告しなければならない。
5　国土調査以外の測量及び調査を行つた者が当該調査の結果作成された地図及び簿冊について政令で定める手続により国土調査の成果としての認証を申請した場合においては，国土交通大臣又は事業所管大臣は，これらの地図及び簿冊が第二項の規定により認証を受けた国土調査の成果と同等以上の精度又は正確さを有すると認めたときは，これらを同項の規定によつて認証された国土調査の成果と同一の効果があるものとして指定することができる。
6　事業所管大臣は，前項の規定による指定をする場合においては，あらかじめ，国土交通大臣の承認を得なければならない。

（運用基準）

同等以上の精度を有する基準点

第19条の2　準則第38条に規定する「同等以上の精度を有する基準点」とは，測量法第41条第1項の規定に基づく国土地理院の長の審査を受け，十分な精度を有すると認められた基準点とする。

【解説】
　本条は，同等以上の精度を有する基準点について定義したもので，同等以上の精度を有する基準点とは，測量法第四十一条第1項の規定（公共測量成果の審査に関する規定）に基づく国土地理院の長の審査を受け，十分な精度を有すると認められた基準点としています。つまり，国土調査法第十九条第5項の指定がされていない公共基準点であっても測量法に基づく手続きがされて十分な精度があると認められた基準点であれば基礎とする点として使用できるとしたものです。

【参考】

○測量法（一部抜粋）
（測量成果の審査）
第四十一条　国土地理院の長は，前条の規定により測量成果の写の送付を受けたときは，すみやかにこれを審査して，測量計画機関にその結果を通知しなければならない。
2　国土地理院の長は，前項の規定による審査の結果当該測量成果が充分な精度を有すると認める場合においては，測量の精度に関し意見を附して，その測量の種類，実施の時期及び地域並びに測量計画機関及び測量作業機関の名称を公表しなければならない。

（運用基準）

（基準点の精度）
第19条の3　1級基準点は基準点（補助基準点を除く。）と同等なものとして取り扱う。国土調査法第19条第2項の規定により認証され，又は同条第5項の規定により指定された基準点のうち1級基準点に相当するものについても，同様とする。

2　2級基準点，街区三角点及び補助基準点（主として宅地が占める地域以外におけるもの）は1次の地籍図根三角点と同等なものとして取り扱う。国土調査法第19条第2項の規定により認証され，又は同条第5項の規定により指定された基準点のうち2級基準点に相当するものについても，同様とする。

3　3級基準点，街区多角点及び補助基準点（主として宅地が占める地域におけるもの），は1次の地籍図根多角点と同等なものとして取り

扱う。国土調査法第19条第2項の規定により認証され，又は同条第5項の規定により指定された基準点のうち3級基準点に相当するものについても，同様とする。

4　4級基準点は1次の細部図根点と同等なものとして取り扱う。国土調査法第19条第2項の規定により認証され，又は同条第5項の規定により指定された基準点のうち4級基準点に相当するものについても，同様とする。

【解説】

公共基準点等を地籍測量の基礎とする点に使用する場合，その基準点がどの程度の精度を有しているか明らかにしておく必要があります。

本条は，地籍測量の基礎とする点として用いる公共基準点，街区基準点及び補助基準点について精度の扱いを定めたものです。

第1項は，1級基準点の精度の扱いを定めたもので，基準点（四等三角点）相当として取り扱うこととしています。

第2項は，2級基準点，街区三角点及び補助基準点（主として宅地が占める地域以外におけるもの）の精度の扱いを定めたもので，1次の地籍図根三角点相当として取り扱うこととしています。

第3項は，3級基準点，街区多角点及び補助基準点（主として宅地が占める地域におけるもの）の精度の扱いを定めたもので，1次の地籍図根多角点相当として取り扱うこととしています。

第4項は，4級基準点の精度の扱いを定めたもので，1次の細部図根点相当として取り扱うこととしています。

【参考】

街区三角点，街区多角点とは，国土交通省が平成16〜18年度に実施した都市再生概区基本調査において全国のDID地区に設置された基準点をいいます。

基準点等の種類	図根点の種類	街区基準点の種類	基本調査の基準点の種類
電子基準点 一〜三等三角点	―	―	―

基準点 (四等三角点) 1級基準点	──	──	──
2級基準点 補助基準点※	地籍図根三角点 (一次)	街区三角点	都市部官民境界基本三角点(一次) 山村境界基本三角点 (一次)
3級基準点 補助基準点※	地籍図根多角点 (一次)	街区多角点	都市部官民境界基本多角点(一次) 山村境界基本多角点 (一次)
4級基準点	細部図根点 (一次)	──	都市部官民境界基本細部点(一次) 山村境界基本細部点 (一次)

※：補助基準点は，主に宅地が占める地域以外においては，一次の図根三角点と同等と取り扱う．また，主に宅地が占める区域においては一次の図根多角点と同等なものとして取り扱う．

位置及び方向角の表示の方法

第三十九条　地籍測量における地点の位置は，令別表第一に掲げる平面直角座標系（以下「座標系」という。）による平面直角座標値（以下「座標値」という。）及び測量法施行令（昭和二十四年政令第百二十二号）第二条第二項に規定する日本水準原点を基準とする高さ（以下「標高」という。）で表示するものとする。

2　方向角は，当該地点が属する座標系のX軸に平行な当該地点を通る軸の正の方向を基準とし，右回りに測定して表示するものとする。

解説

地図及び簿冊に示す地点の位置の表示については，国土調査法施行令第二条において「地図及び簿冊に示す地点の位置は，地理学的経緯度，別表第一に掲げる平面直角座標系（以下「座標系」という。）による平面直角座標値（以下「座標値」という。）若しくは平均海面からの高さで，又はこれらを併用して表示するものとする。」と定められています。

測量範囲が広域で，かつ高精度で行う基本測量などでは，地球の表面が球面であることを考慮して地点の位置を経緯度で表示する必要がありますが，

測量範囲が狭く，基本測量のように高い精度を要しない地籍測量などでは，地球の表面を平面とみなして表示する方法がとられます。この平面を平面直角座標系といい，わが国の平面直角座標系はガウスの等角投影法が用いられています。この投影法では，角度は地表の角度と等しくなるが，距離は中央子午線から離れるに従って増大します。このため，中央子午線から東西90kmの子午線上で地表と地図上の距離が等しくなるようにし，1つの座標系における距離の変化率を1／1万以内となるように全国を19の座標系（ブロック）に分けています。ただし，地籍調査では，法施行令別表第1により18，19系を除く17の座標系が用いられています。また，1つの座標系は，原則として地域別（県別）となっており，原点から東西130kmを超えないように設定されています。

【参考】

1つの座標系における距離の変化率は1/10,000以内

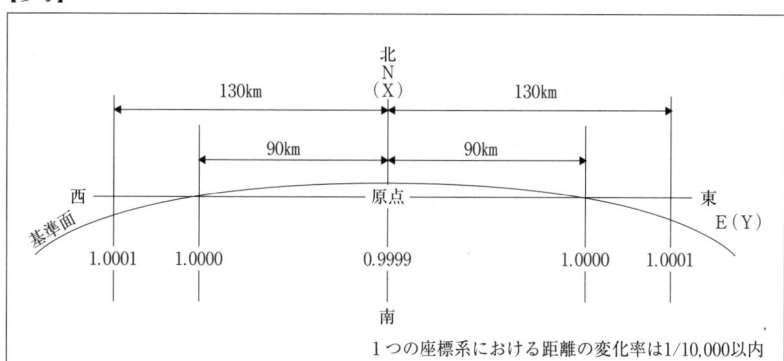

平面直角座標系

系番号	座標系原点の経緯度 経度（東経）	座標系原点の経緯度 緯度（北緯）	適用区域
I	129度30分0秒0000	33度0分0秒0000	長崎県 鹿児島県のうち北方北緯32度南方北緯27度西方東経128度18分東方東経130度を境界線とする区域内（奄美群島は東経130度13分までを含む。）にあるすべての島，小島，環礁及び岩礁
II	131度0分0秒0000	33度0分0秒0000	福岡県 佐賀県 熊本県 大分県 宮崎県 鹿児島県（I系に規定する区域を除く。）
III	132度10分0秒0000	36度0分0秒0000	山口県 島根県 広島県
IV	133度30分0秒0000	33度0分0秒0000	香川県 愛媛県 徳島県 高知県
V	134度20分0秒0000	36度0分0秒0000	兵庫県 鳥取県 岡山県
VI	136度0分0秒0000	36度0分0秒0000	京都府 大阪府 福井県 滋賀県 三重県 奈良県 和歌山県
VII	137度10分0秒0000	36度0分0秒0000	石川県 富山県 岐阜県 愛知県
VIII	138度30分0秒0000	36度0分0秒0000	新潟県 長野県 山梨県 静岡県

IX	139度50分0秒0000	36度0分0秒0000	東京都（XIV系，XVIII系及びXIX系に規定する区域を除く。）福島県　栃木県　茨城県　埼玉県　千葉県　群馬県神奈川県
X	140度50分0秒0000	40度0分0秒0000	青森県　秋田県　山形県　岩手県　宮城県
XI	140度15分0秒0000	44度0分0秒0000	小樽市　函館市　伊達市　北斗市　北海道後志総合振興局の所管区域　北海道胆振総合振興局の所管区域のうち豊浦町，壮瞥町及び洞爺湖町　北海道渡島総合振興局の所管区域　北海道檜山振興局の所管区域
XII	142度15分0秒0000	44度0分0秒0000	北海道（XI系及びXIII系に規定する区域を除く。）
XIII	144度15分0秒0000	44度0分0秒0000	北見市　帯広市　釧路市　網走市　根室市　北海道オホーツク総合振興局の所管区域のうち美幌町，津別町，斜里町，清里町，小清水町，訓子府町，置戸町，佐呂間町及び大空町　北海道十勝総合振興局の所管区域　北海道釧路総合振興局の所管区域　北海道根室総合振興局の所管区域
XIV	142度0分0秒0000	26度0分0秒0000	東京都のうち北緯28度から南であり，かつ東経140度30分から東であり東経143度から西である区域
XV	127度30分0秒0000	26度0分0秒0000	沖縄県のうち東経126度から東であり，かつ東経130度から西である区域
XVI	124度0分0秒0000	26度0分0秒0000	沖縄県のうち東経126度から西である区域
XVII	131度0分0秒0000	26度0分0秒0000	沖縄県のうち東経130度から東である区域
XVIII	136度0分0秒0000	20度0分0秒0000	東京都のうち北緯28度から南であり，かつ東経140度30分から西である区域
XIX	154度0分0秒0000	26度0分0秒0000	東京都のうち北緯28度から南であり，かつ東経143度から東である区域

備　考
座標系は，地点の座標値が次の条件に従ってガウスの等角投影法によって表示されるように設けるものとする。
1. 座標系のX軸は，座標系原点において子午線に一致する軸とし，真北に向う値を正とし，座標系のY軸は，座標系原点において座標系のX軸に直交する軸とし，真東に向う値を正とする。
2. 座標系のX軸上における縮尺係数は，0.9999とする。
3. 座標系原点の座標値は，次のとおりとする。　　X = 0.000 メートル　　Y = 0.000 メートル

第4章　地籍測量　　　227

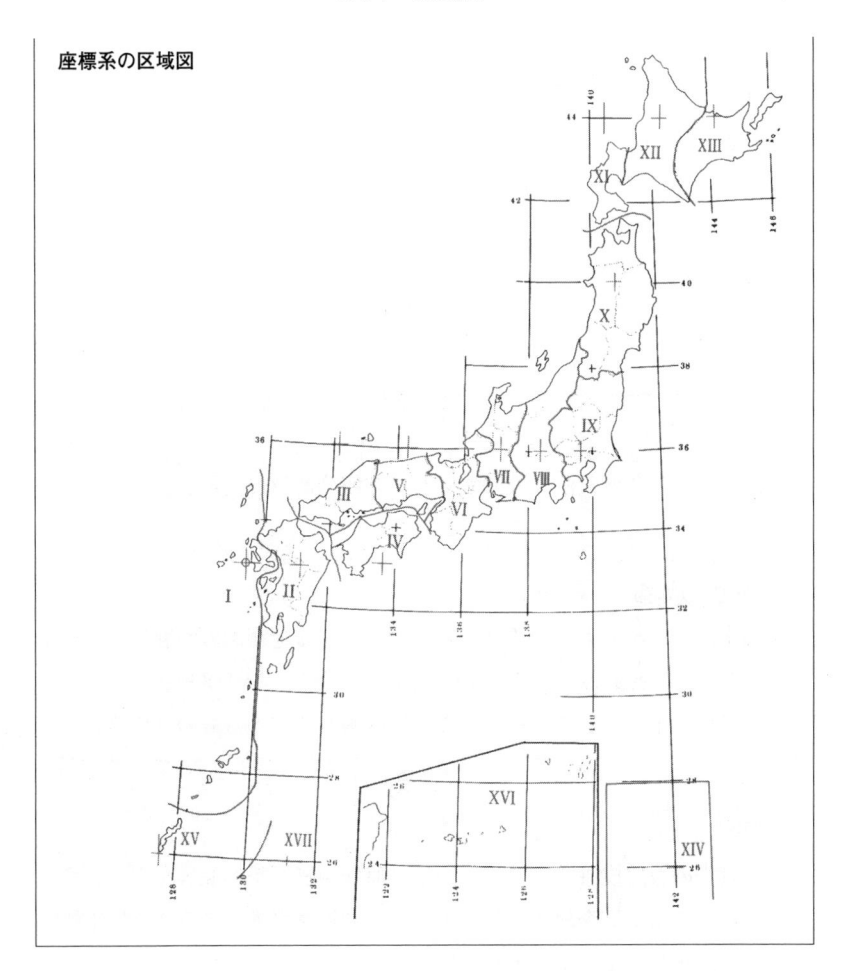

座標系の区域図

　第1項は，地籍測量における地点の位置の表示方法を定めたもので，水平位置は平面直角座標値で，高さは標高で表示することとしています。

　第2項は，方向角の表示方法を定めたもので，方向角は，地球上のある地点で，その点を通る平面直角座標のX軸に平行な線（北の方向）を基準として，他の任意の地点まで右回りに測定して表示することとしています。

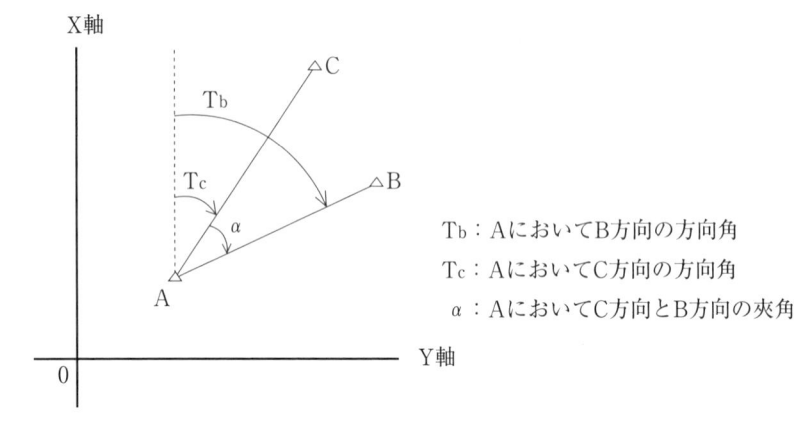

```
X軸
        △C
    Tb
  Tc    △B
     α
  A              Tb：AにおいてB方向の方向角
                 Tc：AにおいてC方向の方向角
                 α：AにおいてC方向とB方向の夾角
0              Y軸
```

方向角は，多角測量法，放射法における座標計算に使用されます。

> **地籍図の図郭**
> 第四十条　令第二条第一項第十号の規定による地籍図の図郭は，地図上において座標系原点からX軸の方向に二十五センチメートル，Y軸の方向に三十五センチメートルごとに区画して定めるものとする。

解説

　地籍調査の最終成果である地籍図は，原図用紙に筆界線等を表示して作成しますが，通常，調査地域全体を1枚の原図用紙に表示することは困難です。このため，複数の用紙に分割して作成します。

　図郭とは，複数の用紙に分割する場合に地籍図に表示する範囲を示す線をいいます。一般には，経緯度や距離方眼などの線に基づいて図郭が設定されます。地籍図の図郭は，国土調査法施行令第二条第1項第十号に「地籍図の図郭は，座標系に基づいて区画するものとする。」と定められています。

　本条は，図郭の設定方法について定めたもので，地図上において平面直角座標系の原点からX軸の方向に25cm，Y軸の方向に35cmごとに区画することとしています。なお，平成14年に準則が改正されるまでは，地籍図の図郭は，X軸方向に30cm，Y軸方向に40cmごとに区画するよう規定され

ていました。

【参考】

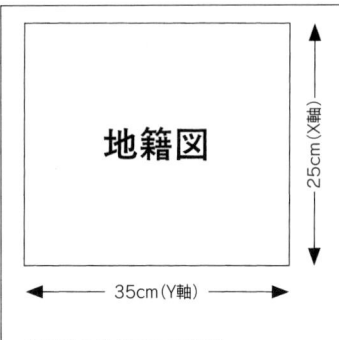

改正後の地籍図の図郭線

縮尺と図郭線の現地距離・面積（改正後）

縮　尺	図郭線の現地距離		現地面積
	X　軸 （25 cm）	Y　軸 （35 cm）	
1/5 000	km 1.250	km 1.750	km² 2.1875
1/2 500	0.625	0.875	0.5469
1/1 000	0.250	0.350	0.0875
1/500	0.125	0.175	0.0219
1/250	0.0625	0.0875	0.0055

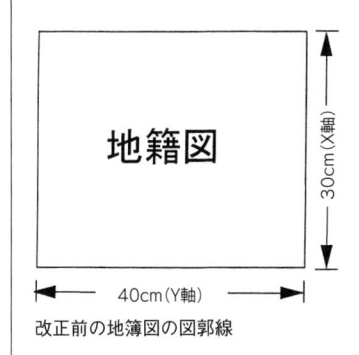

改正前の地簿図の図郭線

縮尺と図郭線の現地距離・面積（改正前）

縮　尺	図郭線の現地距離		現地面積
	X　軸 （30 cm）	Y　軸 （40 cm）	
1/5 000	km 1.500	km 2.000	km² 3.0000
1/2 500	0.750	1.000	0.7500
1/1 000	0.300	0.400	0.1200
1/500	0.150	0.200	0.0300
1/250	0.075	0.100	0.0075

　地籍図の図郭の設定は，次の方法で行うことができます。
(1) 準備するもの
　① 地形図（1/25,000，1/10,000 地形図等）
　② 基準点成果表（一〜四等三角点等）
　③ 電卓
　④ 分度器
　⑤ 定規
(2) 区画割（市区町村内区画）
　① 地形図内で隣接する2つの基準点A，Bを選び，A，B間を結ぶ直線ABを引く。
　② 基準点の成果表からAからBの方向角（平面直角座標のX軸を基準にして右回りに測った角）を求める。
　③ 地形図上でAにおいて，分度器の零目盛りの線をABに合致させ，②で求めた方向角の角度を左回りに測って印した点をPとする。AとPを結んだ線が，

平面直角座標のX軸となる。
④ Aの平面直角座標値（X_A, Y_A）を用いて，次の計算を行う。
　　$Xo = ((X_A／1,250)$の整数値$) × 1,250m$
　　$Yo = ((Y_A／1,750)$の整数値$) × 1,750m$
　　注：$(X_A／1,150)$の整数値とは，0,1,2,3,・・・をいう。
　　$\Delta X = (Xo － X_A)／M$
　　$\Delta Y = (Yo － Y_A)／M$
　　ただし，
　　　　Xo, Yo：市区町村内区画の基準となる点Oの座標
　　　　M：地形図の縮尺の分母数
⑤ 地形図上において，AからX軸方向にΔX（ΔXの符号が＋のときは上方に，－のときは下方に）をとり，Y軸方向にΔY（ΔYの符号が＋のときは右方に，－のときは左方に）をとり，それぞれとった地点をP_X, P_Yとする。
⑥ P_XからX軸と平行に，P_YからY軸と平行にそれぞれ線を引く。線の交差する点が，市区町村内区画の基準となる点Oの座標（Xo, Yo）である。
⑦ OからX軸方向に$(1,250／M)$m，Y軸方向に$(1,250／M)$m毎にそれぞれ点を求め，これらの点を通る平行線を引き，市区町村内区画を設定する。
⑧ 以上によって設定された区画は，地籍図の縮尺が1/5,000の場合の区画割であるので，採用する地籍図の縮尺に応じてこれを分割する。

地籍図の縮尺	分割	摘　　要
1/2,500	4等分	
1/1,000	25	
1/500	100	1/1,000の分割を4等分
1/250	400	1/500の分割を4等分

原図

第四十一条　地籍測量の結果作成された地図（複製されたものを除く。）を地籍図原図（以下「原図」という。）とする。

解説

　地籍図原図とは，地籍測量や一筆地調査の結果を記号化しながら地図用紙上に編集・製図して作成したオリジナルな図面をいいます。
　地籍調査の最終成果である地籍図とするためには，国土調査法第十七条の地図及び簿冊の閲覧に供して，調査上の誤りがないこと及び政令で定める誤

差の限度内であることを確認する必要があります。

本条は，原図の定義をしたもので，最終成果である地籍図と区別するために，国土調査法第十七条による閲覧前の図面を地籍図原図とするとしています。

【参考】

○国土調査法（一部抜粋）
（地図及び簿冊の閲覧）
第十七条　国土調査を行つた者は，その結果に基いて地図及び簿冊を作成した場合においては，遅滞なく，その旨を公告し，当該調査を行つた者の事務所（地籍調査にあつては，当該調査が行われた市町村の事務所）において，その公告の日から二十日間当該地図及び簿冊を一般の閲覧に供しなければならない。
2　前項の規定により一般の閲覧に供された地図及び簿冊に測量若しくは調査上の誤又は政令で定める限度以上の誤差があると認める者は，同項の期間内に，当該国土調査を行つた者に対して，その旨を申し出ることができる。
3　前項の規定による申出があつた場合においては，当該国土調査を行つた者は，その申出に係る事実があると認めたときは，遅滞なく，当該地図及び簿冊を修正しなければならない。

第2節　地上法

第1款　総則

> **作業の順序**
>
> 第四十二条　地上法による地籍測量は，次に掲げる作業の順序に従って行うものとする。ただし，単点観測法による地籍測量にあっては，第四号の作業のみを行うものとする。
> 　一　地籍図根三角測量
> 　二　地籍図根多角測量
> 　三　細部図根測量
> 　四　一筆地測量
> 2　前項第四号に掲げる作業（単点観測法による地籍測量を除く。）において，令別表第四に定める誤差の限度内の精度を保つことができる場合は，前項第一号から第三号までに掲げる作業の全部又は一部を省略することができる。
> 3　第一項第一号及び第二号に掲げる作業を地籍図根測量と，同項第三号及び第四号に掲げる作業を地籍細部測量と総称する。
> 4　地籍図根測量は，一筆地調査と併行して行うことができる。

解説

一国又は一地方のように，広大な地域を高精度な測量を行う場合に，地域全体に必要な基準点を一度に設置する方法で行うと，一部の地域の誤差が累積する，観測誤差の発見が容易でないなど精度の確保，効率性などの観点から望ましくありません。

このため，公共測量などでは，基本三角点を出発点として骨格となる1級基準点測量の網を構築し，次に，この基準点網を基礎として2級基準点測量を実施し，さらに3級，4級基準点測量を実施していく方法がとられます。

地籍測量においても同様に，粗い網である地籍図根三角測量の網を構築してから，順次，地籍図根多角測量，細部図根測量を実施し，これらの図根点

を基礎として筆界点の位置を求める一筆地測量を行うこととしています。

第1項は，地籍測量における作業の順序を定めたもので，地籍図根三角測量，地籍図根多角測量，細部図根測量，一筆地測量の順序で作業を行うこととしています。

ただし，単点観測法は，与点を使用せず直接筆界点の座標値を得ることができる手法ですので，ただし書きにより単点観測法による地籍測量にあっては，一筆地測量のみを行うものとするとしています。

第2項は，単点観測法以外の方法で作業の順序に従わなくてもよい測量手法についての作業の順序を定めたものです。例えば，ネットワーク型RTK-GPS法や電子基準点のみを与点とするGPS法においては，地籍図根三角測量を省略しても地籍図根多角測量が可能です。また，ネットワーク型RTK-GPS法による場合や，公共基準点が作業地区内に設置されている場合等，既設点の状況により新たに地籍図根点や細部図根点を設置しなくても一筆地測量が可能な場合があります。このことから，単点観測法以外の測量手法で，令別表第四に定める誤差の限度内の精度を保つことができる場合には第1項の第一号から第三号に掲げる作業の全部又は一部を省略することができるとしています。

第3項は，作業の便宜上，測量の呼び方を定めたもので，地籍図根三角測量と地籍図根多角測量を地籍図根測量，細部図根測量と一筆地測量を総称して地籍細部測量と呼ぶこととしています。

第4項は，地籍図根測量の実施時期について定めたもので，一筆地測量は筆界点の位置を測量するものであることから，一筆地調査の結果を待って行う必要がありますが，地籍図根測量は筆界点を直接測量するものでないことから，一筆地調査と併行して行うことができるとしたものです。

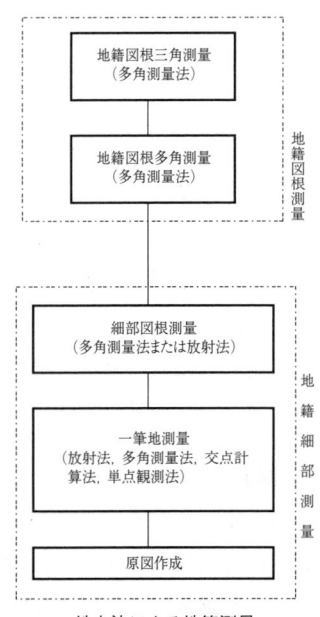

地上法による地籍測量

【参考】

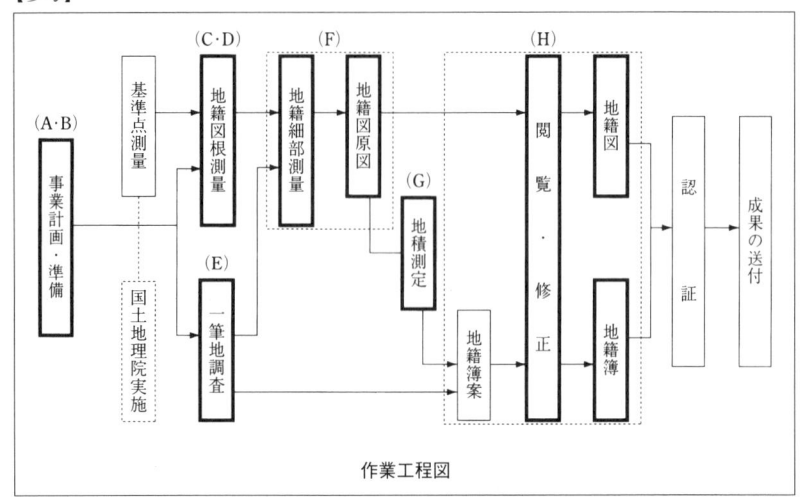

```
                                    作業工程図
```

(A・B) 事業計画・準備 → 基準点測量 → (C・D) 地籍図根測量 → (F) 地籍細部測量 → 地籍図原図 → (H) 閲覧・修正 → 地籍図 → 認証 → 成果の送付
                                                          ↓(G) 地積測定 → 地籍簿案 →   → 地籍簿
                  国土地理院実施
                  (E) 一筆地調査

Q 法第19条第5項指定されている3級基準点を使用して，地籍図根多角測量を行う予定です。この場合，地籍図根三角点の設置を省略することは可能でしょうか。

A 3級基準点は，1次の地籍図根多角点相当として扱うことができるので，既設の基準点等で地籍図根多角測量が可能であり地籍図根点の密度を確保できるのであれば，特に地籍図根三角点を設置する必要はありません。

地籍図根点

第四十三条　地籍図根三角測量により決定された点を地籍図根三角点，地籍図根多角測量により決定された点を地籍図根多角点といい，これらを地籍図根点と総称する。

2　前項に定めるほか，基準点測量（補助基準点測量を除く。）により決定された節点を地籍図根三角点とすることができる。

解説

第1項は，作業の便宜上，図根点の呼び方を定めたもので，地籍図根三角測量により設置された点を地籍図根三角点，地籍図根多角測量により設置された点を地籍図根多角点と呼ぶこととしています。また，地籍図根三角点と

地籍図根多角点を総称して地籍図根点と呼ぶこととしています。

　第2項は，基準点測量（補助基準点測量を除く）により決定された節点の扱いについて定めたもので，節点を地籍図根三角点として地籍測量に活用できるようにしたものです。なお，補助基準点測量は，公共測量の2級，3級の精度であり，補助基準点測量により決定された節点は地籍図根三角点の精度を有していないことから対象から除くこととしています。

【参考】
> 　基準点測量とは，国土地理院が地籍測量のために必要な四等三角点を設置する測量をいい，四等三角測量ともいいます。
> 　基準点測量を多角測量法によって行った場合，多角路線において与点と新点の間又は新点と他の新点の間に障害物等があるなど直接測量ができないようなときは，迂回して測量を行うことがあります。迂回した位置に設けた点を節点といい，通常は，一時的な観測点であることから節点には木杭等が打たれます。
> 　節点は，基準点と同等の精度で測量されており，地籍図根三角点の精度と同等以上であることから，節点に地籍図根三角点の標識を設置して地籍図根三角点として扱えるようにしたものです。

（運用基準）

[節点等]
第20条　地籍図根三角点とした節点は1次の地籍図根三角点とする。
2　基準点測量（補助基準点測量を除く。）により決定された節点を地籍図根三角点とする場合には，事前に国土地理院の意見を求めるものとする。

[解説]
　第1項は，地籍図根三角点とした節点の位置付けを定めたもので，節点は1次の地籍図根多角点として扱います。

　第2項は，節点を地籍図根三角点とする場合の留意点を定めたもので，地籍図根三角点とした節点の位置には地籍図根三角点の標識を埋設する必要があることから，節点の位置が利用の便や保存等で地籍図根三角点として適切かどうかなど事前に国土地理院の意見を求めることとしています。

【参考】

　地籍測量では，多くの地籍図根点を設置する必要があることから多数の多角路線が形成されます。このため，多角網の構成，計算の過程における整理及び精度管理等を確実，かつ，効率的に行うため，地籍図根点及び多角路線にはそれぞれ測点名と路線番号を付与します。

　これらの番号は，できるだけ短いこと，番号が重複しないこと，わかりやすく，コンピュータへの入力や検索等の作業効率が高いことが求められます。

　地籍図根点の測点名や路線番号の付与方法は，地籍測量及び地積測定における作業の記録及び成果の記載例（平成23年12月27日付け国土籍第270号国土交通省土地・建設産業局地籍整備課長通知。以下「記載例」という。）で区画法と任意法の2つが示されています。

1　区画法と任意法
　　網平均計算を簡易網平均計算で行う場合は，市区町村内の区画番号で管理する「区画法」とし，厳密網平均計算で行う場合は，区画番号にとらわれず，任意の番号や記号で管理する「任意法」によることとしている。

2　区画法の番号の付け方
　　区画法においては，出発点及び結合点の属する区画番号，当該路線の次数番号，当該路線の管理番号（一連番号）を用いる。

(1)　出発点及び結合点の属する区画番号
　　出発点及び結合点の属する区画番号は，当該多角路線の出発点及び結合点が属する市区町村内区画の番号を併記した2個の英大文字とする。ただし，出発点又は結合点が隣接市町村に属し，かつ当該市町村の区画番号が存在しない場合は，隣接市町村区画番号に隣接市町村の頭文字を冠して，その区画番号とする。

　　（例）　出発点が隣接市町村の富士山町の区画番号Z，結合点が当該市町村の区画番号Bに属している場合→富ZB

(2)　当該点の次数番号
　　次数番号は，当該点の属する多角路線の次数とし，1次の場合は1，2次の場合は2，3次の場合は3とする。

(3)　当該路線の管理番号（一連番号）
　　管理番号は，当該点が属する多角路線の管理番号であり，当該多角網の路線ごとに1，2，3…と観測順又は選点順に付した一連の番号とする。

3　地籍図根三角点の路線名及び測点名

(1)　路線名の付け方
　　区画法による地籍図根三角点の路線名は，出発点及び結合点の属する区画番号の後にハイフン又はマイナス符号の（−）を付し，さらに当該路線の次数番号，当該路線の管理番号を付けて表示する。ただし，（−）は，コンピュータでの管理上，ハイフン又はマイナス符号のいずれかに統一する。

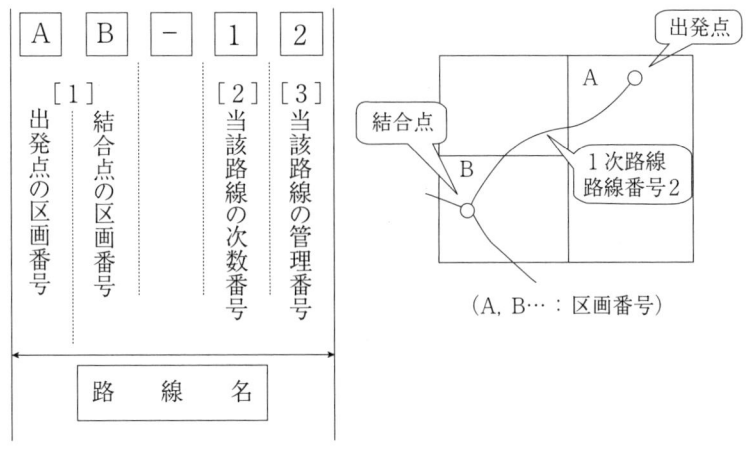

```
┌──┬──┬─┬──┬──┐
│ A│ B│-│ 1│ 2│
└──┴──┴─┴──┴──┘
 [1] [2]  [2] [3]
出発点 結合点 当該 当該
の区画 の区画 路線 路線
番号  番号  の次 の管
          数番 理番
          号   号
```

区画法による地籍図根三角点の多角路線番号

（上記の例……AB-12又はAB12）

（例）
　　出発点の区画番号がA，結合点の区画番号がBの場合→AB
　　当該点の属する多角路線の次数が1次→1
　　2番目の多角路線→2
　　この場合の路線名→AB-12

(2) 測点名の付け方

　　区画法による地籍図根三角点の測点名は，市区町村内区画の番号に管理番号（一連番号）を付けて表示する。

　　（例）A1，A2，A3，……

　　ただし，基準点測量（四等三角点）の節点を地籍図根三角点として使用する場合は，測点名の後に基準点測量の節点番号を（　）内に記したものを付けて表示する。

　　（例）A1（501）

4　地籍図根多角点及び細部図根点の路線名及び測点名

　　区画法による地籍図根多角点及び細部図根点の路線名及び測点名は，出発点及び結合点の属する区画番号，当該路線の次数番号，当該路線の管理番号（一連番号），当該路線内の測点番号（一連番号）を用いる。ただし，細部図根点の次数番号は，次数が1次の場合は4，2次の場合は5とする。

```
┌─┬─┬─┬─┬─┬─┬─┬─┬─┐
│A│B│-│2│1│2│-│1│2│-│A│
└─┴─┴─┴─┴─┴─┴─┴─┴─┘
 [1] [2][3]    [4]    [5]
```

[1]	出発点区画名
	結合点区画名
[2]	当該路線の次数
[3]	当該路線の管理番号
[4]	当該路線内の測点番号
[5]	放射法による細部図根点番号

[1]と[2]並びに[3]を合わせて，路線名とする。

路線名に[4]を組み合わせて，細部図根点等の測点名とする。

細部図根点等の測点名に[5]を合わせて，放射法による細部図根点の測点名とする。

区画法による地籍図根多角点及び細部図根点の多角路線番号

(1) 路線名の付け方

　区画法による地籍図根多角点及び細部図根点の路線名は，出発点及び結合点の属する区画番号の後にハイフン又はマイナス符号の（-）を付し，さらに当該路線の次数番号，当該路線の管理番号を付けて表示する。ただし，ハイフン又はマイナス符号は省略できる。

(例)（地籍図根多角点の場合）

　　出発点の区画番号がA，結合点の区画番号がBの場合→AB

　　当該点の属する多角路線の次数が2次→2

　　12番目の多角路線→12

　　この場合の路線名→AB-212　又は　AB212

（細部図根点の場合）

　　出発点の区画番号がA，結合点の区画番号がBの場合→AB

　　当該点の属する多角路線の次数が1次→4

　　12番目の多角路線→12

　　この場合の路線名→AB-412　又は　AB412

(2) 測点名の付け方

　区画法による地籍図根多角点及び細部図根点の測点名は，路線名の後にハイフン又はマイナス符号の（-）を付し，さらに当該路線内の測点番号（一連番号）を付けて表示する。

(例)（地籍図根多角点の場合）

　　出発点の区画番号がA，結合点の区画番号がBの場合→AB

　　当該点の属する多角路線の次数が2次→2

　　12番目の多角路線→12

　　当該路線内の測点番号→5

この場合の測点名→ AB-212-5 又は AB212-5
(細部図根点の場合)
出発点の区画番号がA, 結合点の区画番号がBの場合→ AB
当該点の属する多角路線の次数が1次→ 4
12番目の多角路線→ 12
当該路線内の測点番号→ 5
この場合の測点名→ AB-412-5 又は AB412-5

放射法による細部図根点の測点名は，当該点の基礎とした点の測点名の後にハイフン又はマイナス符号の（-）を付し，さらに放射法による細部図根点番号（A, B, C…又は1, 2, 3…）を付けて表示する。
(例) 基礎とした点の測点名→ AB-412-5
　　　放射法による細部図根点番号→ A
　　　この場合の測点名→ AB-412-5-A

RTK法又はRTK法とTS法を併用する法により行った地籍図根多角点の測点名は，当該測点が属する市区町村区画番号の後にハイフン又はマイナス符号の（-）を付し，さらに，当該点の管理番号とRTK-GPS法を表す記号Gを付けて表示する。

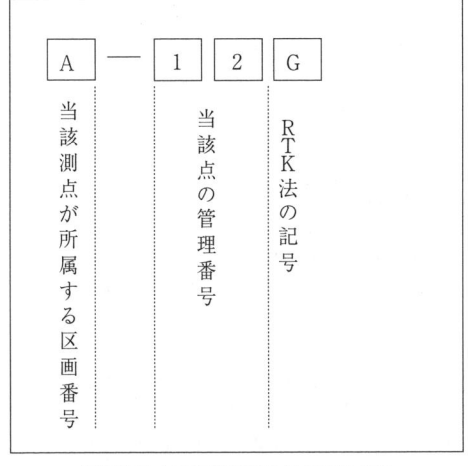

A	—	1	2	G
当該測点が所属する区画番号		当該点の管理番号		RTK法の記号

区画法による地籍図根多角点の測点名

(例) 当該測点が属する区画番号→ A
　　　当該点の管理番号→ 12
　　　この場合の測点名→ A-12G

5 任意法の番号の付け方
(1) 路線名の付け方
　　任意法は，厳密網平均計算を行う場合に適用する方法で，路線名を省略することができる。なお，TS法において点検計算に路線名が必要な場合は，市区町村

内区画の番号にとらわれず，任意の英数文字，カタカナを付けて表示する。路線名及び測点名は，できるだけ短いこと，路線名及び測点名が重複しないこと，コンピュータへの入力及び検索等が容易なことに留意する。

(2) 測点名の付け方

任意法による測点名は，路線名の後にハイフン又はマイナス符号の（-）を付し，さらに当該路線内の測点番号（一連番号）を付けて表示する。

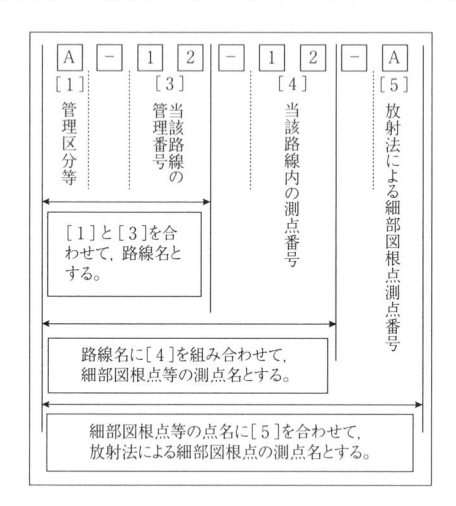

```
┌A┐─┌12┐─┌12┐─┌A┐
 [1]   [3]   [4]   [5]
 管理   当該   当該   放射法
 区分   路線   路線   による
 等    の     内の    細部図
      管理   測点    根点測
      番号   番号    点番号

 ├──────┤
 [1]と[3]を合
 わせて，路線名と
 する。

 ├──────────────┤
 路線名に[4]を組み合わせて，
 細部図根点等の測点名とする。

 ├──────────────────┤
 細部図根点等の点名に[5]を合わせて，
 放射法による細部図根点の測点名とする。
```

区画法の点番号

（例）　路線番号→ B-12　又は　B12
　　　　当該路線内の測点番号→ 5
　　　　この場合の測点名→ B-12-5　又は　B12-5

放射法による細部図根点の測点名は，路線名の後にハイフン又はマイナス符号の（-）を付し，さらに放射法による細部図根点番号（A，B，C…又は1，2，3…）を付けて表示する。

（例）　基礎とした点の測点名→ B-12-5　又は　B12-5
　　　　放射法による細部図根点番号→ A
　　　　この場合の測点名→ B-12-5-A　又は　B12-5A

地籍図根点の配置

第四十四条　地籍図根点の配置に当たっては，調査地域における基準点等の配置を考慮し，地籍図根点の密度を定めるものとする。

2　地籍図根点の密度は，調査地域における単位面積当たりの土地の筆

> 数，地形，地物，見通し障害等の状況，隣接する地域における地籍測量の精度及び縮尺の区分その他の事項を考慮して定めものとする。

解説

一般に，目標とする精度の地図を作成する場合には，位置に関し所定の精度の情報を持った基準となる点が，測量区域内に一定以上の密度で配置されている必要があります。

地籍調査の実施地域内には，国土地理院や地方公共団体等によって地籍測量の基礎となる基準点等（一等～四等三角点，公共基準点）が設置されています。特に，地籍測量を目的として設置される四等三角点は，主として宅地が占める地域及びその周辺の地域にあっては 1km^2 に 1 点，主として田，畑又は塩田が占める地域及びその周辺の地域にあっては 2km^2 に 1 点，主として山林，牧場又は原野が占める地域及びその周辺の地域にあっては 4km^2 に 1 点を標準として配置されています。

第 1 項は，地籍細部測量を行う上で必要な地籍図根点の配置について定めたもので，調査地域の既設の基準点等の配置を考慮して，準則に定められた測量方法が可能なように適正な密度を定めることとしています。

第 2 項は，地籍図根点の配置に当たっての留意点について定めたもので，地籍図根点の配置密度は，調査地域における単位面積当たりの土地の筆数，地形，地物，見通し障害等の状況，隣接する地域における地籍測量の精度及び縮尺の区分その他の事項を考慮して定めることとしています。

（運用基準）

地籍図根点等の密度

第 21 条　基準点等及び地籍図根点（以下「地籍図根点等」という。）の密度の標準は，別表第 1 に定めるところによるものとする。

解説

本条は，基準点等と地籍図根点の密度について定めたもので，密度の標準は別表第1に示された密度の標準によることとしています。なお，地籍測量の作業実施上の便宜から基準点等及び地籍図根点を総称して地籍図根点等と定義しています。

別表第1の（1）には，調査地域の見通しの難易度，地形の傾斜区分，縮尺区分に応じた地籍図根点等の配置密度の標準が示されています。また，地籍図根三角点の配置密度の標準については，当該備考欄に，主として宅地が占める地域及びその周辺の地域にあっては $1km^2$ に3点以上，主として田，畑又は塩田が占める地域及びその周辺の地域にあっては $1km^2$ に2点以上，主として山林，牧場又は原野が占める地域及びその周辺の地域にあっては $1km^2$ に1点以上とするとしています。

別表第1　点配置密度の標準（1図郭当たり点数）〔第11条，第21条，第26条及び第43条〕
（1）　地籍図根点等又は航測図根点等

区分	地形傾斜区分	$\frac{1}{250}$	$\frac{1}{500}$	$\frac{1}{1,000}$	$\frac{1}{2,500}$	$\frac{1}{5,000}$
A級見通し地区	急傾斜	5～8	7～11	20～30	－	－
	中傾斜	4～6	6～9	15～26		
	平坦	4～5	5～9	14～19		
B級見通し地区	急傾斜	4～5	6～9	19～26	22～110 ただし，地籍図根三角点等のみの場合には，6以上とする。	
	中傾斜	4～5	5～7	14～22		
	平坦	4～5	4～6	11～15		
C級見通し地区	急傾斜	4～6	6～8	15～22		
	中傾斜	4～5	4～6	11～19		
	平坦	4～5	4～5	9～14		

備考　1.　A級見通し地区とは，家屋密集その他の状況により見通し距離が著しく短い地区をいう。B級見通し地区とは，樹木その他の障害により見通しが比較的困難な地区をいう。C級見通し地区とは，見通しが良好な地区をいう。
　　　2.　急傾斜とは，概ね15度以上，中傾斜とは，3～15度，平坦とは3度以下の傾斜区分をいう。
　　　3.　1図郭当たり点数とは，一の図郭の区域における地籍図根点等又は航測図根点等の数をいう。

第4章　地籍測量

　　4. 航測図根点等は，必要に応じてこの標準より密度を増加させるものとする。ただし，概ねすべての筆界点に永久的な標識を設置する場合には，航測図根点を航測図根本点のみとすることができる。
　　5. 地籍図根三角点の密度の標準は，以下に定めるところによるものとする。
　　　（1）主として宅地が占める地域及びその周辺の地域においては，1 km^2 当たり3点以上とする。
　　　（2）主として田，畑又は塩田が占める地域及びその周辺の地域においては，1 km^2 当たり2点以上とする。
　　　（3）主として山林，牧場又は原野が占める地域及びその周辺の地域においては，1 km^2 当たり1点以上とする。

地籍図根測量の方法

第四十五条　地籍図根測量は，多角測量法により行うものとする。ただし，地形の状況等によりやむを得ない場合には，直接水準測量法を併用することができる。

解説

　広域に，かつ高精度に基準点の位置（座標値，標高）を求める測量方法には，三角測量法と多角測量法があります。三角測量法とは，既設点2点と新点1点で構成される三角形の内角を測定することにより，新点の座標値を求める方法をいいます。明治から昭和40年代までは距離測定よりも角度の測定が優位であったことから，三角測量法が基準点測量の主流で，わが国の一等〜三等三角点などは，この方法で測量されています。

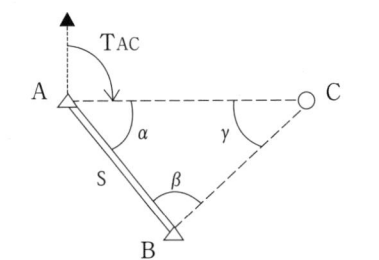

$\alpha,\ \beta,\ \gamma$：内角
T_{AC}：方向角
S：辺長

　一方，多角測量法とは，既設点から他の既設点に向かって出発した折れ線からなる路線について，距離と折れ点での夾角を測定し，折れ点となる新点

の座標値を順次求めていく方法をいいます。測距儀やGPS測量機により距離の測定を高精度に，効率的に行える技術が登場した現在では，基準点測量のほとんどが多角測量法により行われています。

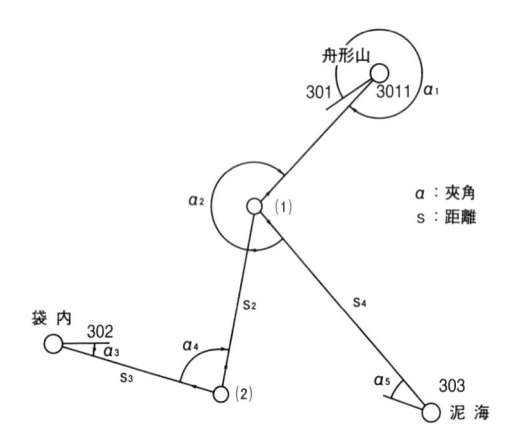

舟形山 301 3011 α₁
α₂ (1)
α：夾角
s：距離
袋内 302 α₃ s₃ α₄ s₂ s₄
(2) α₅ 303 泥海

　本条は，地籍図根測量（地籍図根三角点及び地籍図根多角点の位置を求めるための測量）の測量方法を定めたもので，地籍測量の骨格となる地籍図根測量は多角測量法で行うこととしています。また，ただし書きで，地籍図根三角測量において，地形の状況等によりやむを得ない場合には，直接水準測量法を併用することができるとしています。これは，地籍図根三角点の標高を求めるための高低差は，TS法により鉛直角と距離を測定する間接水準測量法により求めますが，調査地域が地盤沈下などによる地盤変動が著しく基本三角点などの標高が現状に合わないような場合に，近傍の水準点からレベルと標尺を用いて高低差を測量する直接水準測量法を用いることができるようにしたものです。

第 4 章　地籍測量　　　245

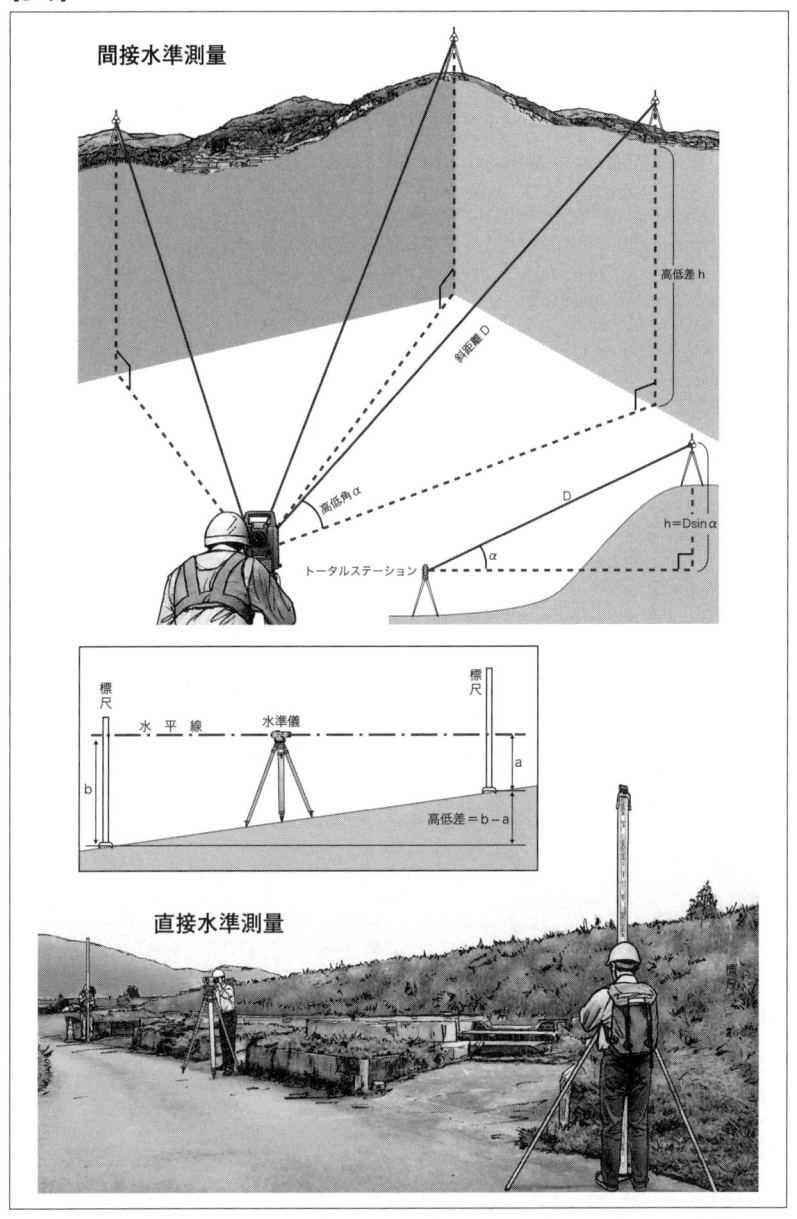

【参考】

間接水準測量

高低差 h
斜距離 D
高低角 α
トータルステーション
$h = D\sin\alpha$

標尺
水平線　水準儀
標尺
b
a
高低差 = b − a

直接水準測量

1 多角測量法について
  (1) 多角路線
    多角路線とは，多角測量において与点を出発し，新点を経由して与点に到着するような一連の折れ線をいいます。また，多角路線の出発する与点または交点を出発点，到着する与点または交点を結合点，多角路線が3個以上交わる観測点を交点といいます。

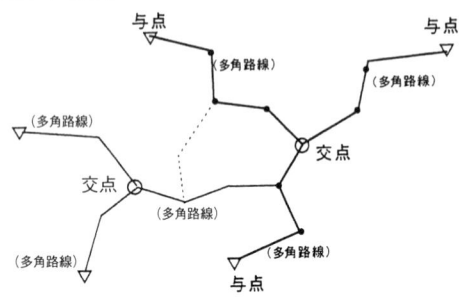

多角路線と交点

  (2) 多角網
    多角網とは，3個以上の多角路線によって構成される多角測量の図形をいいます。
    多角測量では，方向角と距離を次々に測定するので，1路線（与点から交点，交点から交点間，単路線の場合は与点から与点）における測点数，路線長が多くなるにしたがって誤差が累積します。このため，多角路線の測点数，距離を制限しています。
    多角網のうち，X，Y，H，A型の図形を定形多角網といい，任意の不定形な多角網を任意多角網といいます。また，多角網を構成しない1個だけの路線を単路線といいます。

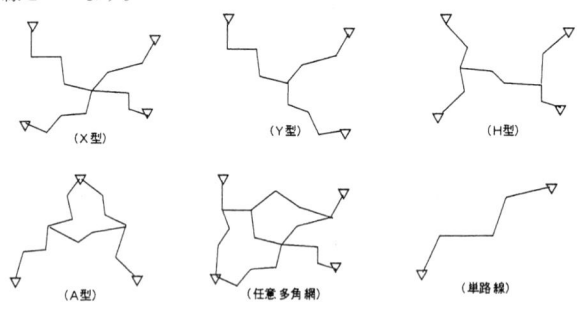

結合する多角網の種類

  (3) 図形の強さ
    図形の強さとは，多角網を構成する多角路線の図形の良否をいいます。例え

ば，四角形は外部からの圧力に対して簡単につぶれてしまいますが，三角形は圧力に対し容易につぶれることはありません。このため，家屋などの建築物では柱に筋交いを入れ，四角形を三角形にして補強します。

測量においても図形の良し悪しが新点位置の精度に影響し，強い図形ほど高精度な新点位置を決定することができます。

図形の強さには，使用する与点の数，与点間の距離，多角路線長，路線の辺数などが関係し，強い図形とは次のような多角網をいいます。

① 精度の良い与点が多く使用されていること。
② 与点が均等に配置されていること。
③ 交点が多く，多角路線の結びつきが強いこと。
④ 多角路線が短く，直線になっていること。
⑤ 測点間の距離が均等になっていること。

(4) 多角路線の次数

多角測量の平均計算を簡易網平均計算で行う場合は，計算の便宜及び必要な精度を確保するため，多角網を X, Y, H, A 型の定形多角網とし，グループ化，ランク付けを行います。

次数とは，グループ化された多角網のランク付けに用いる数字を表します。多角網の与点すべてが上位級の点（地籍図根三角点の上位級の点は一～四等三角点）となっているグループは，その多角路線を一次路線及びその新点を一次点といいます。

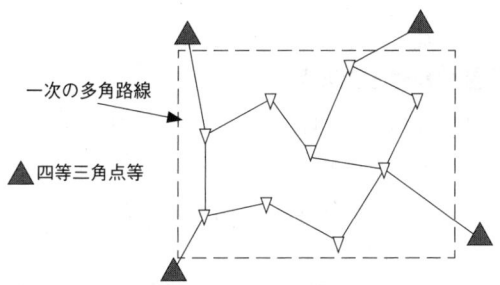

次に，多角網の与点が一次点以上の点となっているグループは，その多角路線を二次路線といい，その新点を二次点といいます。以下，同様に次数をつけていきます。

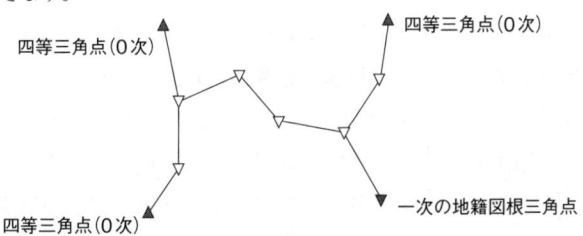

与点に一次の地籍図根三角点が使われているので，二次となる。

(運用基準)

> **地籍図根測量の方法**
> 第21条の2　地籍図根測量は，トータルステーションを用いる測量方法，セオドライト及び測距儀を用いる測量方法（以下「TS法」という。）又はGPS測量機を用いる測量方法（以下「GPS法」という。）により行うものとする。

解説

本条は，地籍図根測量に使用できる測量方法を定めたもので，多角路線の距離をトータルステーション又は測距儀で測定し，夾角をトータルステーション又はセオドライトで観測する測量方法又は多角路線の距離と夾角をGPS測量機により基線ベクトルで測定する測量方法により行うものとし，前者をTS法，後者をGPS法と定義しています。

> **地籍細部測量の基礎とする点**
> 第四十六条　地籍細部測量は，基準点等及び地籍図根点（以下「地籍図根点等」という。）を基礎として行うものとする。この場合において，地籍図根多角点は，当該地籍細部測量の精度区分以上の精度区分に属するものでなければならない。

解説

本条は，地籍細部測量（細部図根測量及び一筆地測量）を行う上で必要な与点の種類を定めたもので，基準点等及び地籍図根点を基礎として行うこととしています。また，地籍図根多角測量は当該地区の精度区分（甲一～乙三）に応じて観測の方法，計算値の制限等が定められていますので，地籍細部測量の与点として地籍図根多角点を用いる場合は，細部図根測量の精度を確保するため，当該地籍細部測量の精度区分以上の精度区分に属する地籍図

根多角点でなければならないとしています。

第2款　地籍図根三角測量

> **地籍図根三角点の選定**
> 第四十八条　地籍図根三角点は，後続の測量を行うのに便利であり，かつ，標識の保存が確実である位置に選定するものとする。
> 2　地籍図根三角点は，地籍図根三角測量を行う区域に平均的に配置するように選定するものとする。

解説

　地籍図根三角点は，後続の地籍図根多角測量及び地籍細部測量の与点として用いるために設置するもので，後続の測量が終了するまでは当然のことですが，将来の筆界点の復元や他の公共測量等への利活用の観点から標識の保存が確実な場所に設置することが重要です。

　地籍図根三角点の選定とは，地籍図根三角点を新たに設置する場合に，測量に先立ってあらかじめ，その設置場所を決める作業をいいます。

　第1項は，地籍図根三角点の選定の条件を定めたもので，後続の測量である地籍図根多角測量，細部図根測量及び一筆地測量を実施する上で利用し易く，しかも，工事等で標識が滅失しないよう保存が確実な位置に選定することとしています。

　第2項は，地籍図根三角点の配置方法を定めたもので，後続の地籍図根多角測量等への利用及び調査地域の測量精度の均一化等を考慮して，調査区域に平均的に配置するよう選定することとしています。

　Q．地籍図根三角点を筆界点と兼ねて設置することに問題はありませんか。地籍調査作業規程準則及び同運用基準には，兼ねてはいけないと特に明記されておりません。

　A．既設の地籍図根三角点が筆界点と偶然一致しているのであれば，特に問題はありません。しかし，新たに設置する地籍図根三角点を筆界点と兼用するのであれば，準則第四十八条「地籍図根三角点は，後続の測量を行うのに便利であり，かつ，標識の保存が確実である位置に選定するものとする。」の条件を満たし，地籍図根三角点と兼ねようとする筆界点位置が，関係する土地所有者の現地立会により筆界点であるとの確認又は同意を得る必要があります。

多角路線の選定

第四十九条 地籍図根三角測量における多角路線（以下この条及び次条において単に「多角路線」という。）の選定に当たっては，基準点等（補助基準点を除く。以下この条において同じ。）又は地籍図根三角点（以下「地籍図根三角点等」と総称する。）を結合する多角網を形成するように努めなければならない。ただし，地形の状況等によりやむを得ない場合には，単路線を形成することができる。

2　多角路線は，なるべく短い経路を選定しなければならない。

3　多角路線の次数は，基準点等を基礎として二次までとする。ただし，地形の状況等によりやむを得ない場合には，三次までとすることができる。

解説

多角測量法には，与点から出発して新点を経由して他の与点に結合する「結合路線方式」と与点から出発して新点を経由して同一与点に至る「閉合路線方式」があります。

高精度の測量を行う場合は，測量の誤差が検出でき，誤差を適正に配分できる結合路線方式が用いられます。

また，結合路線方式には，3点以上の与点を用いる「結合する多角網」と2点の与点で行う「単路線」の方法があります。単路線は，与点の異常により閉合差が許容範囲を超過した場合にどちらの与点の成果が悪いのか判別がしにくいことや与点が少ないことから調査地域全体の整合性の確保ができない場合があるなどの欠点があります。

```
単路線方式          結合路線方式
```

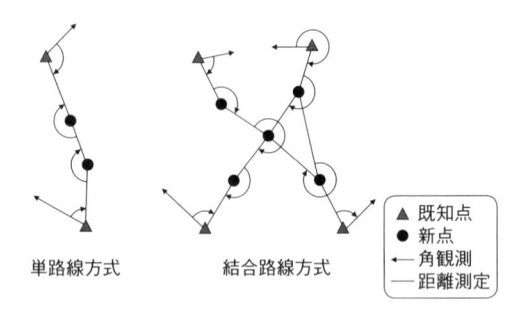

▲ 既知点
● 新点
← 角観測
― 距離測定

　第1項は，地籍図根三角測量における多角路線の選定方法を定めたもので，基準点等（補助基準点を除く。）又は地籍図根三角点を結合する多角網を形成するように努めなければならないとしています。なお，ただし書きで地形の状況等によりやむを得ない場合には，単路線を形成することができるとしています。地形の状況等によりやむを得ない場合とは，調査地域が海岸沿いであったり，隠蔽地などの場合で多角網が形成できないような状況をいいます。

　また，作業の便宜上から，基準点等（補助基準点を除く。）又は地籍図根三角点を総称して「地籍図根三角点等」と呼ぶこととしています。

　第2項は，多角路線の選定条件を定めたもので，測量の誤差をできるだけ少なくするために，なるべく短い経路となるよう選定しなければならないとしています。

　第3項は，地籍図根三角測量における次数の限度について定めたもので，与点の誤差の累積を考慮して，多角路線の次数は，基準点等を基礎として二次までとし，隠蔽地や海岸沿いなど地形の状況によって使用できる与点が限られている場合など，やむを得ない状況においては三次までとすることができるとしています。

（運用基準）

多角路線

第22条　地籍図根三角測量における多角網は，基準点等（補助基準点を除く。）を与点とした一次の多角路線で構成することを標準とする。

2　地籍図根三角点を与点とした場合の多角路線の次数は，与点の最大次数に一次を加えるものとする。

3　多角網に必要な与点の数は，次の式により算出した値以上とする。ただし，nは新点数とし，〔　〕の中の計算終了時の小数部は切り上げるものとする。

　　〔n／5〕＋2

4　単路線に必要な与点の数は，2点とする。

5　多角網の外周路線に属する新点は，外周路線に属する隣接与点を結ぶ直線から外側40度以下の地域内に選定することを標準とし，路線の中の夾角は，60度以上を標準とする。

6　与点から他の与点まで，与点から交点まで又は交点から他の交点までを結ぶ路線（以下「多角路線」という。）の長さは，3.0キロメートル以内を標準とする。ただし，二次の多角路線及び単路線にあっては2.5キロメートル以内，三次の多角路線にあっては1.5キロメートル以内を標準とする。

7　同一の多角路線に属する測点間の距離は，なるべく等しく，かつ，150メートルより短い距離はなるべく避け，著しい見通し障害によりやむを得ない場合にあっても100メートルより短い距離は避けるものとする。

8　同一の多角路線に属する測点の数は，12点以内とする。ただし，二次の多角路線及び単路線にあっては9点以内，三次の多角路線にあっては7点以内とする。

9　GPS法により地籍図根三角点を設置する場合には，多角網に含まれる地籍図根三角点等又は近隣の地籍図根三角点等との視通の確保に努めるものとする。

解説

第1項は，地籍図根三角測量における多角網の次数について定めたもので，多角網（3個以上の多角路線によって構成される網）は，基準点等（一～四

等三角点）を与点とした一次の多角路線で構成することを標準とするとしています。一次の多角路線で構成することを標準とするとされていますので，特に，理由がない場合は一次としますが，隣接地区との整合等を図るために既設の一次の地籍図根三角点を与点として用いる必要がある場合には，二次とすることができます。また，地形の状況等によりやむを得ない場合には，三次までとすることができます。

　第2項は，与点に地籍図根三角点が含まれた場合の多角路線の次数の扱いを定めたもので，多角路線の次数は，与点とした地籍図根三角点の最大次数（最も精度の低い次数）に一次を加えた次数とするとしています。

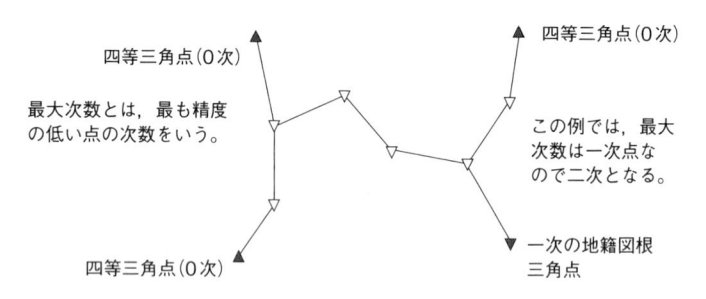

四等三角点(0次)　　　　　　　　　　　　四等三角点(0次)

最大次数とは，最も精度の低い点の次数をいう。

この例では，最大次数は一次点なので二次となる。

四等三角点(0次)　　　　　　　　　　　　一次の地籍図根三角点

　第3項は，地籍図根三角測量の多角網に必要な与点の数を定めたもので，与点（方向角の取り付けのみに使用した点を除く）の数は，新点の数をnとした場合，〔n/5〕＋2で求めた数値以上の数とするとしています。この場合，〔　〕内の数式で求めた数値は，小数部を切り上げた数値とします。

　なお，与点とは，多角路線の出発点又は結合点となる既設の基準点等をいい，交点とは異なる与点又は交点から出発した3つ以上の多角路線が交差する点をいいます。

新点数	与点数
1点から5点まで	3点以上
6点から10点まで	4点以上
11点から15点まで	5点以上

第4章 地籍測量

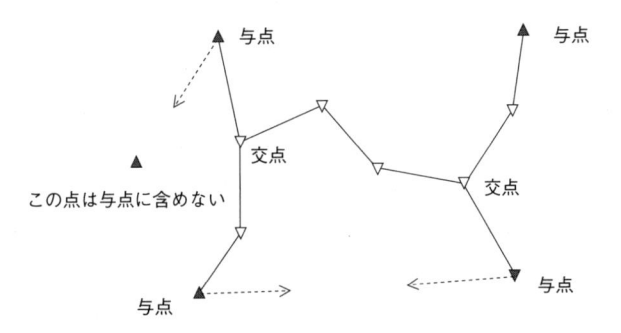

[図：与点・交点・新点の多角網の例。「この点は与点に含めない」との注記あり]

　第4項は，単路線の場合に必要な与点の数を定めたもので，2点とします。
　第5項は，新点位置の精度に影響する多角網の図形（与点と新点の位置関係）の条件を定めたもので，多角網の外周路線に属する新点（突き出し点）は，外周路線に属する与点から外側に40度以下の地域に選定することを標準とし，路線の中の夾角は60度以下を標準とするとしています。

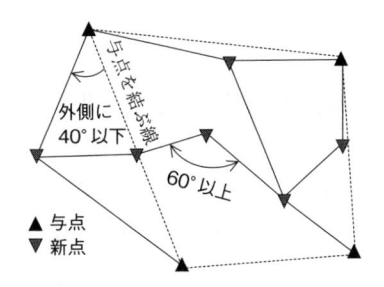

[図：外側に40°以下，路線中の夾角60°以下，与点を結ぶ線。▲与点　▽新点]

　第6項は，多角路線の長さの制限を定めたもので，観測誤差は，多角路線の長さに比例して増大しますので，骨格となる一次は3km以内，一次を基礎とする二次は2.5km以内，二次を基礎とする三次は1.5km以内を標準とすることとしています。また，単路線については，2.5km以内としています。
　なお，本項において多角路線の定義を次のとおりとしています。
　①与点から他の与点まで（単路線）
　②与点から交点まで
　③交点から他の交点まで
　第7項は，同一の多角路線に属する測点間の距離の制限を定めたもので，測点間の距離が極端に短いところがあると観測誤差が新点の位置誤差に影響

することから，測点間の距離は，なるべく等しくし，150m以下の距離はなるべく避けることとしています。なお，著しい見通し障害によりやむを得ない場合であっても100m以下の距離は避けることとしています。

第8項は，同一多角路線に属する測点数の制限を定めたもので，観測誤差は，測点数に比例して増大することから，骨格となる一次は12点以内，一次を基礎とする二次及び単路線は9点以内，二次を基礎とする三次は7点以内を標準とすることとしています。

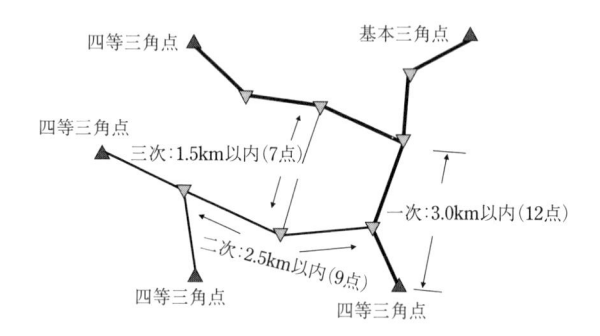

四等三角点 — 基本三角点
四等三角点
三次：1.5km以内(7点)
一次：3.0km以内(12点)
二次：2.5km以内(9点)
四等三角点　四等三角点

第9項は，地籍図根三角点における視通の確保について定めたもので，地籍図根三角測量をGPS法で実施した場合は，多角網に含まれる地籍図根三角点等又は近隣の地籍図根三角点等との視通の確保に努めるものとするとしています。GPS法による場合は，測点間の視通がなくても上空の視界が確保されていれば観測が可能ですが，後続の測量をTS法により実施する場合は方向角の取り付けが必要となりますので，視通の確保を行うとしたものです。しかし，山間部においてGPS法により地籍図根三角点を設置する場合，地形条件や樹木の影響により視通の確保が困難となる地域が多くあります。さらに，標識の保存に適した良好な箇所を選点しても，視通方向とした四等三角点等の周辺に樹木が繁茂し，視通確保のために大量伐採を伴う場合や，伐採の許可を土地の所有者等から得られない等の場合もあります。このような実態を踏まえ，視通の確保の条件に，多角網に含まれない近隣の地籍図根三角点等としたものです。また，後続する地籍図根多角測量において全て厳密網平均計算を行う場合は，方向角の取付観測を省略しても計算が可能であることから，視通の確保を省略することも認めることができるように「視通

の確保に努めることとする。」としています。なお，視通の確保がどうしてもできない場合は，その理由を平均図に記載し，後日省略した理由がわかるように整理しておく必要があります。

Q1. 地籍図根三角測量において，既設の四等三角点を使わず，電子基準点のみを与点とする測量方法は可能でしょうか。

A1. 地籍調査の場合，筆界点の座標値は周辺の基準点等との整合性が重要となりますので，遠方にある電子基準点を使用した場合，周辺の基準点との整合性に問題が生じる場合があります。こうしたことから，現行準則では，電子基準点のみを与点とする地籍図根三角測量は，認められておりませんが，複数の与点の一部に電子基準点を使用することは可能です。この場合，多角路線の長さ（一次の場合3km以内）等準則運用基準第22条の規定を遵守する必要があります。

Q2. TS法による地籍図根三角測量において，与点とした街区三角点の取り付け方向に街区多角点及び節点を使用しても問題ないでしょうか。

A2. 取り付け方向のみに使用した点であっても，街区三角点など同等以上の精度を有する基準点を使用して下さい。

Q3. 地籍図根三角測量において，厳密網平均計算で実施する場合の最大次数はどのように解釈すればよいでしょうか。

A3. 最大次数とは，最も精度の低い与点の次数（一次と二次の場合の最大次数は二次）をいいます。

> **選点図**
> **第五十条** 地籍図根三角点及び多角路線の選定の結果は，地籍図根三角点選点図にまとめるものとする。

解説

選点図とは，新点及び多角路線の選定作業の結果を既存の地図に示したものをいいます。選点図には，新点の予定位置，使用する与点，視通可能な方向線などを記入します。

選点図に基づき，網平均計算に使用する与点及び新点の配置，多角路線の構成を示した地籍図根三角測量平均図（以下「平均図」という。）を作成し

ます。観測開始前に，工程管理者（外注の場合は監督者）は，平均図に記載された使用する与点，多角路線等の網構成が準則の規定に適合しているどうか確認し，平均図に承諾した年月日及び承諾者の氏名（自署）を記載します。

本条は，地籍図根三角点の選定結果の扱いについて定めたもので，地籍図根三角点の設置位置及び多角路線の選定結果を地籍図根三角点選点図（以下「選点図」という。）に取りまとめることとしています。

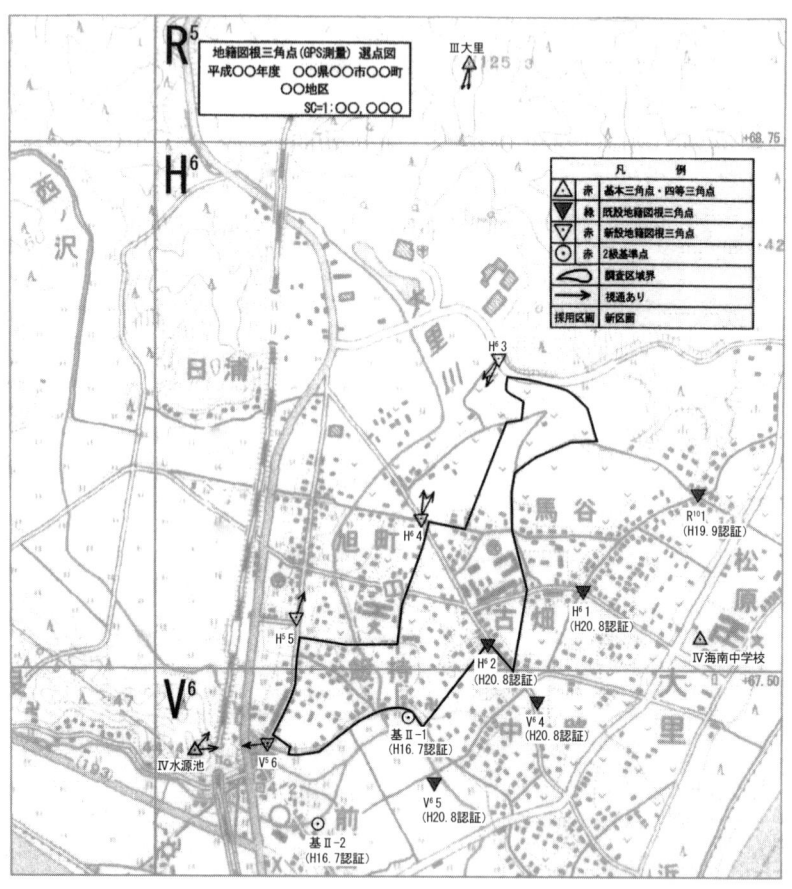

注1．GPS法により地籍図根三角点を設置する場合には，多角網に含まれる地籍図根三角点等の視通を確保することを標準とする。
注2．選点図には，作業地域内及びその周辺の既知点を全て表示する。
（ただし，当該地区において，新設点の基礎とする点を与点，その他の既知点を既知点という）。

選点図

第4章 地籍測量

(運用基準)

> **縮尺**
> 第23条 地籍図根三角点選点図及び地籍図根三角点網図の縮尺は，2万5千分の1，1万分の1又は5千分の1とする。

解説

網図とは，選点図に基づいて，実際に測量した新点，与点の位置，多角路線などを白紙に記入したものをいいます

本運用基準は，地籍図根三角点の選点図と網図の縮尺を定めたもので，地籍図根三角点の設置範囲を考慮して1／25,000，1／10,000又は1／5,000で作成します。

260

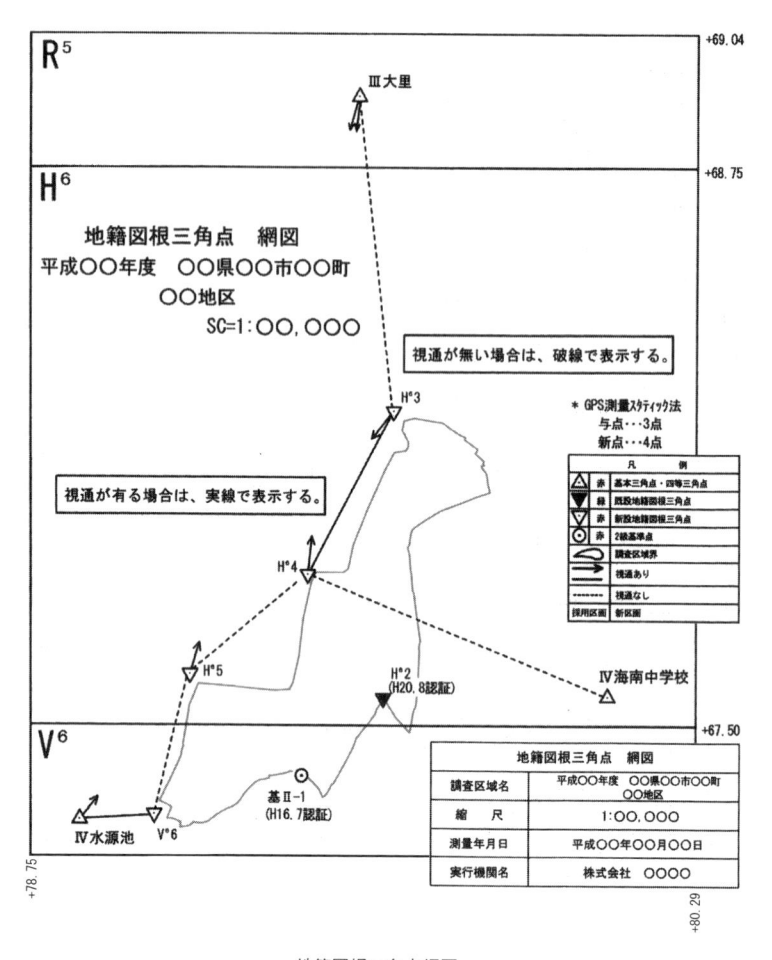

地籍図根三角点網図

標識

第五十一条　地籍図根三角点には，標識を設置するものとする。

解説

地籍図根三角点は，後続の地籍図根多角測量及び地籍細部測量の基礎とす

るためのものですので，それらの測量に利用するためには地籍図根三角点の位置を示す標識が必要です。

本条は，地籍図根三角点の標識について定めたもので，地籍図根三角点には，標識を設置することとしています。なお，標識の設置方法については，地籍測量及び地積測定における作業の記録及び成果の記載例に次のとおり示されています。

【参考】

1．標識の設置の要件
　標識は、良好な維持管理を行うため、設置場所の状況に応じて埋設する。
　道路上に設置する場合は、交通等の障害にならないよう設置する。
　標識の設置は、原則として観測前に行う。

2．標識の埋設
　(1) 普通埋設
　　① 山地の普通埋設　　　　　② 丘陵地の普通埋設

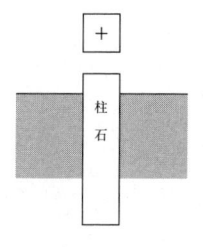

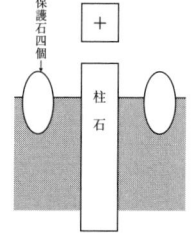

図1　保護石なしの普通埋設の断面図　　図2　保護石を設置した普通埋設の断面図
　　　　　　　　　　　　　　　　　　　　　（保護石の配置は、図3と同じ。）

● 標識上面が、地上に出るように埋設する。
● 高山・山岳地帯で保護石の調達が困難な場合は、保護石を省略できる。
● 湿地や草木が繁茂する所では、コンクリートで上面舗装を施す。

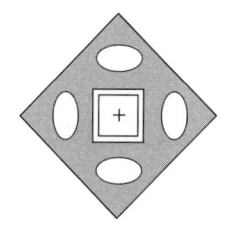

図3　上面舗装普通埋設の平面図

(2) 地下埋設
　① 地下埋設　　　　　　　　　　② 地下埋設

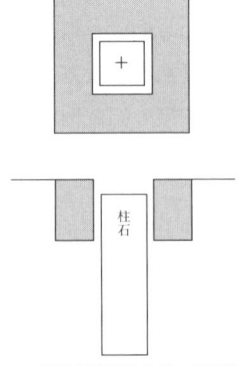

図4　標識が地面より低い地下埋設　　図5　標識が地面と同じ高さの地下埋設

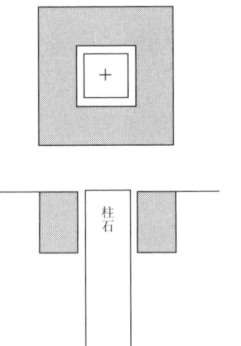

(3) 金属標の設置
　① 屋上設置　　　　　　　　　　② ハンドホール埋設

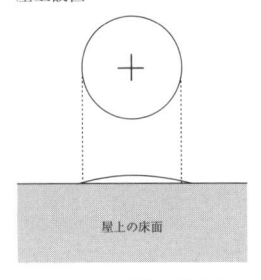

図6　屋上設置の断面図

図7　ハンドホールを使用した埋設

●建築物屋上に、金属標を接着剤で固定する。

●市街地では、ハンドホールを使用した地下埋設、恒久的構造物に金属標を附置する方法が有効である。

(4) 表示杭及び表示板

地籍図根点の標識を設置した場合には、必要に応じて、表示杭又は表示板を設置し、当該標識を明らかにする。

① 表示杭の例

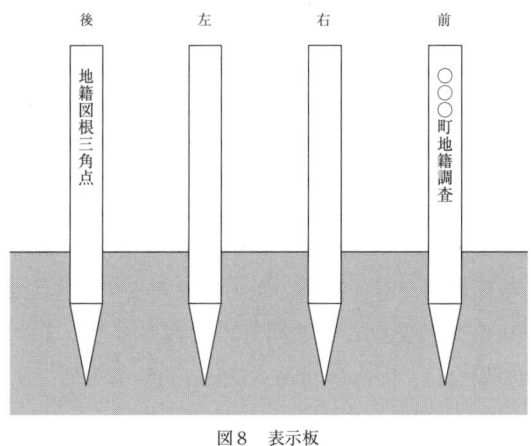

後　　左　　右　　前

地籍図根三角点

○○○○町地籍調査

図8　表示板

② 表示板の例

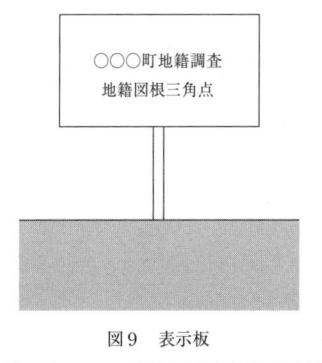

○○○町地籍調査
地籍図根三角点

図9　表示板

（運用基準）

（標識の規格）

第24条　地籍図根三角点の標識の規格は，別表第2に定めるところによるものとする。

2　前項の標識については，滅失，破損等の防止及び後続の測量の容易

化を図るため，保護石，表示板等を設置するように努めるものとし，その設置状況を写真により記録するものとする。
3 前項により記録した標識の写真は，電磁的記録又はフィルムにより保存し管理するよう努めるものとする。

（解説）

第1項は，地籍図根三角点の標識の規格を定めたもので，別表第2に示された材質，寸法及び形状等によることとしています。

材質はプラスチック（難燃性でありJIS規格のものが標準），鉄線入りコンクリート又は石とし，空洞のものは除きます。寸法及び形状は10cm×10cm×70cm角柱又はこれと同等以上のものとします。ただし，プラスチック製の場合は，9cm×9cm×70cm角柱も可能です。標識の中心は，直径3mm以下で標示します。

なお，基準点の節点を地籍図根三角点とする場合もこの規定を準用します。

別表第2　標識の規格

（1）地籍図根三角点及び標定点

区　　分	説　　明
寸法及び形状	10 cm×10 cm×70 cm角柱又はこれと同等以上のものする．（プラスチックの場合は，9 cm×9 cm×70 cm角柱も可）なお，「地籍図根三角点」「標定点」を識別できるよう努めるものとする．
材　　質	プラスチック（難燃性でありJIS規格のものを標準とする．），鉄線入りコンクリート又は石とし，空洞のものは除く．
中心標示の方法	直径3 mm以下

（4）標識の規格の特例

区　　分	地籍図根三角点及び標定点	地籍図根多角点，航測図根点，地籍図根多角本点，航測図根本点及び筆界基準杭	凡　例
金属標の寸法及び形状 D×L	$\phi 75×90$ mm以上	$\phi 50×70$mm以上	
材　　質	真鍮又はこれと同等以上の合金（JIS規格のものを標準とする．）		
中心標示の方法	直径3 mm以下		

備考　建築物の屋上に設ける場合又は市街地等において表土の露出部分がなくコンクリート杭等の設置が困難な場合においては，金属標によることができる．この場合

において，建築物の屋上に設ける場合に限り，金属標の頭部のみを接着剤等により固定することを妨げない．なお「地籍図根三角点」「標定点」等を識別できるよう努めるものとする．

　第2項は，地籍図根三角点の標識の保全方法と設置状況の記録方法について定めたもので，地籍図根三角点の標識を滅失，破損等から防止するとともに後続の測量の容易化を図るため，保護石，表示板等を設置するように努めるものとし，設置状況を写真により記録することとしています．

　なお，地籍図根三角点の設置状況については，所在地，現況地目，土地所有者（又は管理者），略図，経路図，写真等を記載した選点手簿を作成します．

【参考】

地籍図根三角点選点手簿						
測点名	H⁴ 3	標識	金属標 ✓	次数	1 ✓	
所在地		○○県○市○町○字○番地			
現況地目		公衆用道路 ✓			
所有者 ~~管理者~~		○○ ○○ ✓			
連絡先		○○ ○○ ✓			
選点日		平成○○年○○月○○日 ✓			
実行機関		株式会社○○○○ ✓			

略図 / 経路図 / 近景 / 遠景

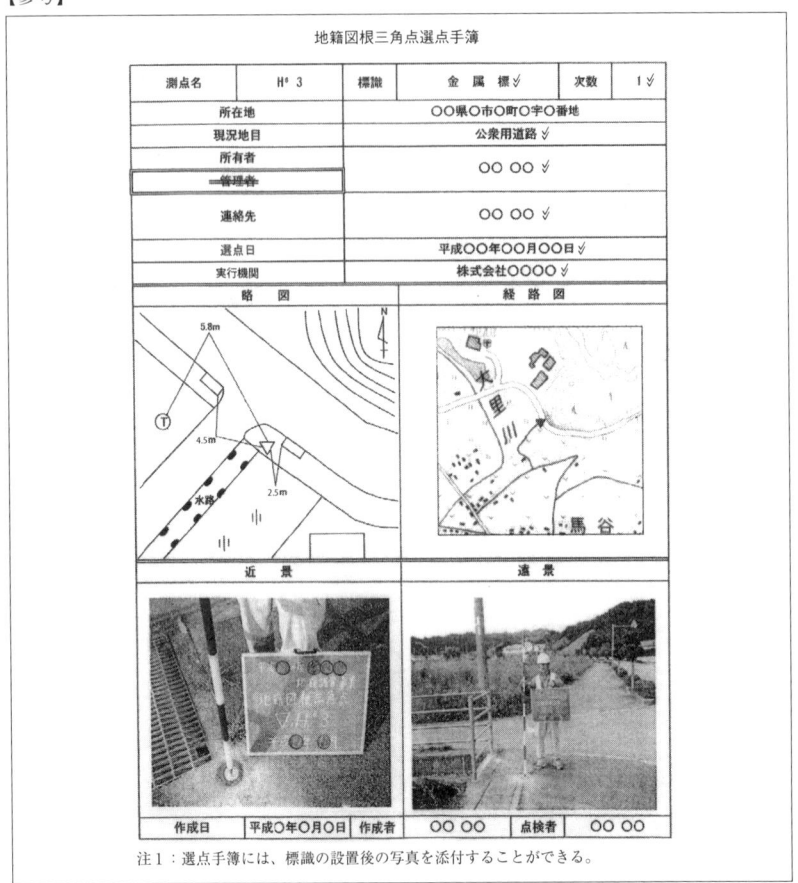

| 作成日 | 平成○年○月○日 | 作成者 | ○○ ○○ | 点検者 | ○○ ○○ |

注1：選点手簿には、標識の設置後の写真を添付することができる。

　第3項は，記録した写真の管理方法を定めたもので，記録は電磁的記録又はフィルムとしており，デジタルカメラ，光学カメラのどちらでも可としています。今後，デジタルカメラによる撮影が主となるものと思われますが，記録する画素数や1枚当たりの容量までは規定していないので，実施市町村と受託業者間での協議により適切な画素数，容量を決めて実施する必要があります。

【参考】

1）設置前

2）設置中

3）設置後

注：地籍図根三角点の標識の設置状況は、写真により記録し、電磁的記録又はフイルムにより保存し管理するよう努める。

　観測，測定及び計算

第五十二条　地籍図根三角測量における観測及び測定は，地籍図根三角測量により設置された地籍図根三角点を基礎として行う一筆地測量及び地積測定において，令別表第四に定める限度以上の誤差が生じないように行うものとする。

2　地籍図根三角点の座標値及び標高は，前項の観測及び測定の結果に基づいて求めるものとし，その結果は，地籍図根三角点網図及び地籍

図根三角点成果簿に取りまとめるものとする。

解説

天候や自然現象の様相を見て測定することを観測といいますが、測量では、通常、角度を測る場合に「観測」、距離を測る場合に「測定」が用いられています。また、観測及び測定のデータを用いて座標値又は標高を算出することを「計算」といい、その結果は、計算に用いた与点と新点の相互位置及び多角路線の状況を示した「網図」と座標値及び標高を記載した「成果簿」に取りまとめます。

第1項は、地籍図根三角測量の観測及び測定方法について定めたもので、国土調査法施行令別表第四に定める一筆地測量及び地積測定の誤差の限度以上の誤差が生じないように行うこととしております。その観測及び測定の具体的な方法は、運用基準で示しています。

【参考】

○施行令別表第4 一筆地測量及び地積測定の誤差の限度

精度区分	筆界点の位置誤差 平均二乗誤差	公差	筆界点間の図上距離または計算距離と直接測定による距離との差異の公差	地積測定の公差	適用区域
甲一	2 cm	6 cm	$0.020\,m + 0.003\sqrt{S}\,m + \alpha\,mm$	$(0.025 + 0.003\sqrt[4]{F})\sqrt{F}\,m^2$	大都市の市街地
甲二	7 cm	20 cm	$0.04\,m + 0.01\sqrt{S}\,m + \alpha\,mm$	$(0.05 + 0.01\sqrt[4]{F})\sqrt{F}\,m^2$	中都市の市街地
甲三	15 cm	45 cm	$0.08\,m + 0.02\sqrt{S}\,m + \alpha\,mm$	$(0.10 + 0.02\sqrt[4]{F})\sqrt{F}\,m^2$	上記以外の市街地および村落並びに整形された農用地
乙一	25 cm	75 cm	$0.13\,m + 0.04\sqrt{S}\,m + \alpha\,mm$	$(0.10 + 0.04\sqrt[4]{F})\sqrt{F}\,m^2$	農用地およびその周辺
乙二	50 cm	150 cm	$0.25\,m + 0.07\sqrt{S}\,m + \alpha\,mm$	$(0.25 + 0.07\sqrt[4]{F})\sqrt{F}\,m^2$	山林および原野並びにその周辺
乙三	100 cm	300 cm	$0.50\,m + 0.14\sqrt{S}\,m + \alpha\,mm$	$(0.50 + 0.14\sqrt[4]{F})\sqrt{F}\,m^2$	山林および原野のうち特段の開発が見込まれない地域

> 「注」S：筆界点間の距離を m 単位で示した数。
> 　　　a：図解法を用いる場合において，図解作業の級が A 級（与点のプロットの誤差が 0.1mm 以内である級）であるときは 0.2 に，その他であるときは，0.3 に当該地籍図の縮尺の分母の数を乗じて得た数。
> 　　　F：一筆地の地積（面積）を m^2 単位で示した数。

　第2項は，地籍図根三角点の座標値及び標高について定めたもので，座標値及び標高は，地籍図根三角測量の観測及び測定の結果に基づいて算出し，その結果については，地籍図根三角点網図及び地籍図根三角点成果簿に取りまとめることとしています。

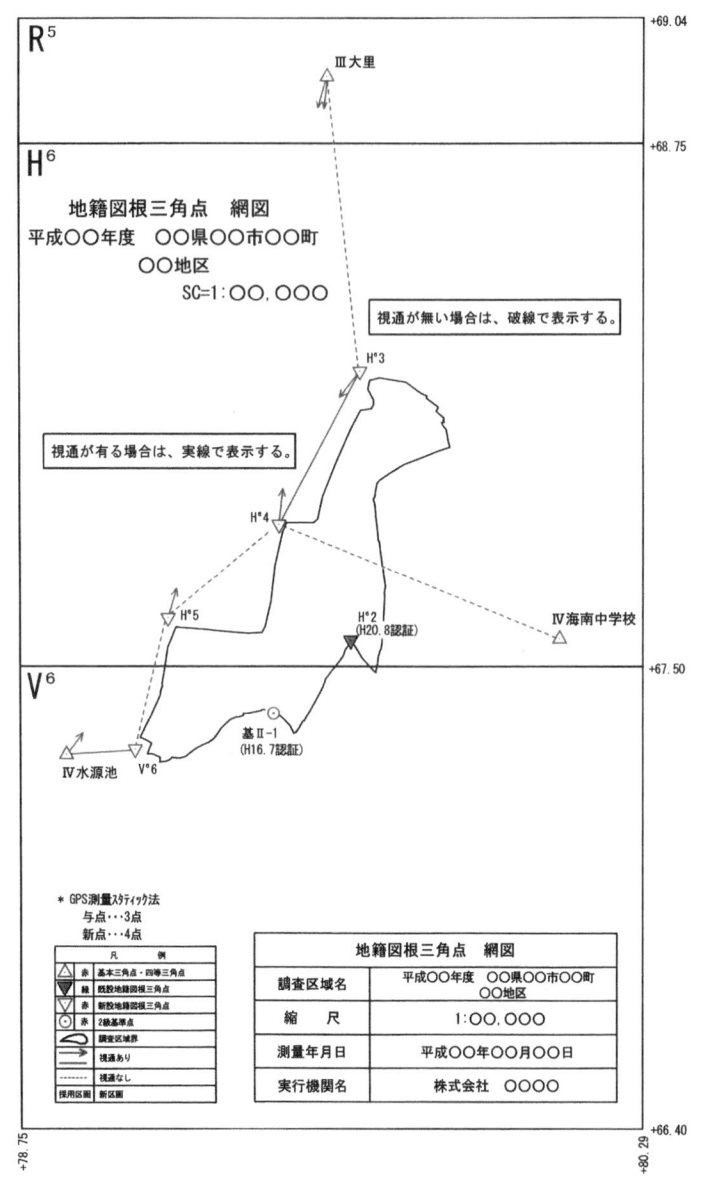

地籍図根三角点　網図
平成○○年度　○○県○○市○○町
　　　　　　○○地区
　　　SC=1:○○,○○○

視通が無い場合は、破線で表示する。
視通が有る場合は、実線で表示する。

* GPS測量スタティック法
　与点・・・3点
　新点・・・4点

凡　例		
△	赤	基本三角点・四等三角点
▽	赤	既設地籍図根三角点
▽	赤	新設地籍図根三角点
⊙	赤	2級基準点
		調査区域界
→		視通あり
----		視通なし
採用区画		新区画

地籍図根三角点　網図	
調査区域名	平成○○年度　○○県○○市○○町○○地区
縮　尺	1:○○,○○○
測量年月日	平成○○年○○月○○日
実行機関名	株式会社　○○○○

注1：路線の辺の色は，一次にあっては赤，二次にあっては青，三次にあっては緑で着色する。
注2：区画及び図郭枠の座標値の表示単位は，キロメートルを単位として，小数点以下第2位まで表示する。

第4章 地籍測量

地籍図根三角点成果表　　　　　　　　　世界測地系

(area = 4)

H6-3

	° ′ ″		m
B	33 36 43.3463	X	68204.392
L	134 21 27.7928	Y	79591.915
N	-0 28 29.39	H	4.259
		ジオイド高	37.372
		柱石長	―

視準点の名称	平均方向角	距　離 縮尺係数 0.999978 真　数	備　考
	° ′ ″	m	
H6-4	208 40 1.5	417.931	
Ⅳ水源池	218 26 25.9	1169.494	

埋標型式	地上	地下	壁上	標識種類	金属標 ✓	次数	一次 ✓

GPS測量による

地籍図根三角点成果簿

【参考】

TS法の観測
（1）角の観測
　角の観測は，水平面上の角（以下「水平角」という。）と鉛直面内の角（以下「鉛直角」という。）がある。
①　水　平　角
　水平角は，基準方向から右回り（時計回り）に目標方向の角（0°〜360°）を観測する。水平角を観測するには，観測点Aの位置に水平にしたTSの中心を合わせる（「整置」という。）。次に，TSの望遠鏡の十字線の交点を基準方向とする目標点Bに合わせ（「視準」という。），水平目盛りを読み取り（「読定」という。），さらに望遠鏡の十字線の交点を他の目標点Cに向け，視準し，読定する。この結果，目標点Cの読定値から基準方向とした目標点Bの読定値を差し引くと観測点Aにおける水平角の観測値が求められる。この観測を「望遠鏡正の観測」という。
　次に，望遠鏡を反転して，目標点Cを視準して読定した後，望遠鏡を回して目標点Bを視準して，望遠鏡正の観測と同様に水平角の観測値を求める。これを望遠鏡反の観測という。
　以上の望遠鏡正と反の観測を1組として「1対回の観測」という。

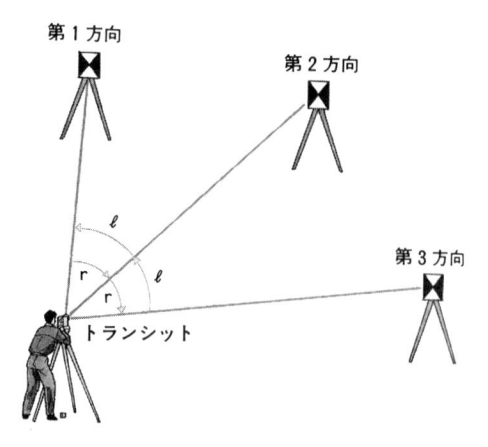

rとℓで一対回の観測という

水平角の観測

　1対回の観測値においては，望遠鏡正と反の観測値が得られているので，正と反の観測値の和（「倍角」という。）と差（「較差」という。）を求めることができる。観測を2対回行った場合は，1対回目の倍角と2対回目の倍角の差（「倍角差」という。），較差の差（「観測差」という。）を求めることができる。
　倍角差と観測差の大小は，観測の精粗を判断するデータとなるので，各測量作業で要求される精度によって，倍角差と観測差の許容範囲が定められている。許容範囲を超えた場合は，再測しなければならない。

② 鉛直角

　鉛直角とは，観測点において天頂から目標点まで鉛直方向に観測した角度をいい，観測点と目標点との高低差を計算する際には，鉛直角を観測点において目標点までの水平面から上下方向の角度（「高度角」という。）に変換して用いる。
　観測点Aにおいて，TSを整置後，目標点Bに望遠鏡の十字線の横線を合わせ，鉛直目盛盤の目盛りを読み取る（「望遠鏡正の観測」という。）。次に望遠鏡を反転し，上記の観測を繰り返す（「望遠鏡反の観測」という。）。望遠鏡正と反の観測を合わせて1対回の観測という。

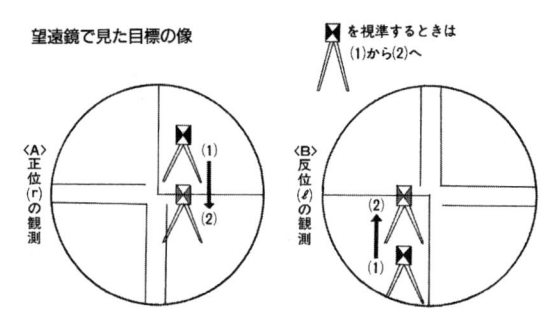

鉛直角の観測

鉛直目盛盤は，望遠鏡とともに回転する仕組みになっているが，目盛り読み取り指標はTS本体に固定されている。このため，指標の取付けに多少の誤差が生じていると，これが一定の誤差となる。

指標の取付誤差Δは，TS固有の誤差であり，正・反の観測値の和をとることにより求めることができる。

下図のように正しい鉛直角（天頂方向から目標点までの角度）をZ，望遠鏡正の観測値をr，反の観測値を1とすると，

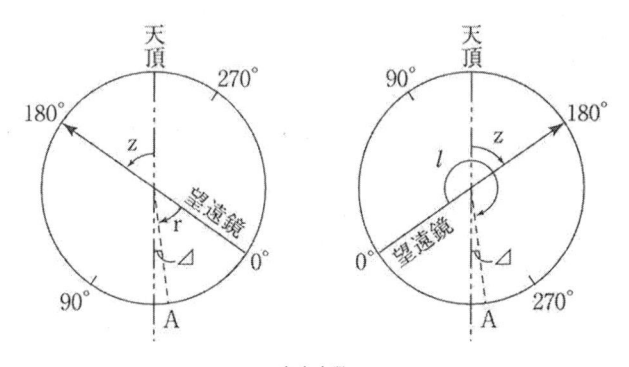

高度定数

$r = z - \Delta$, $1 = 360° - z - \Delta$

であるから，

$r + 1 = 360° - 2 \cdot \Delta$

$2\Delta = 360° - (r + 1)$

となる。ここで，$2 \cdot \Delta$を高度定数といい，各目標点ごとに$360° - (r + 1)$を計算することにより求めることができる。各目標点の高度定数は，同じ数値になるべきものであるが，観測誤差が含まれると較差が生ずることになり，高度定数の差の大小によりが観測の精粗の判定を行うことができる。このことから，各測量作業で要求される精度によって，高度定数の差（「定数差」という。）の許容範囲が定められ

ている。許容範囲を超えた場合は，再測しなければならない。

鉛直角の観測値には，指標の取付誤差Δが含まれていることから，次の計算によって誤差を取り除き，高度角を求める。

$$r = z + \Delta, \quad l = 360° - z - \Delta$$

であるから，

$$z = (r - l + 360°)/2 = r - (r + l - 360°)/2$$

となり，高度角 a は

$$a = 90° - z = 90° - [r - (r + l - 360°)/2]$$

となり，

$$2\Delta = 360° - (r + l) = W$$

とすると，

$$a = 90° - (r + w/2)$$

となる。

（2）距離の測定

距離の測定は，光波を用いて行う。光波を用いて距離を測定する簡単な原理は，測定しようとする区間を光が通過する時間を測定し，距離に変換するというものである。しかしながら，光は1秒間に約30万kmも空気中を進むものであることから，100～1 000 m程度の区間を通過する時間は非常に短く，これを精度良く測定するのは困難である。このため，投光系（TS本体）から射出した光を変調して，測定区間の一端に設置した鏡（反射鏡）にあて，はね返らせて投光系に戻す。このとき，射出光と反射光によって生じる位相のズレが距離に比例することから，距離への変換が行うことができる。地籍測量に用いられるTSの距離測定精度は，5 mm＋5・D/1,000,000（D：測定距離）である。

距離測定値には，次のような補正が必要である。

① 器差補正

TS本体の中心と投光する位置および反射光を受光する位置がずれていると，測定距離に固有の誤差（「器械定数」という。）が生ずる。また，光波をはね返らせる反射鏡は，ガラスの厚さ，屈折率および反射位置と反射鏡中心とがずれていると固有の誤差（「反射鏡定数」という。）が生ずる。

測定距離には，これらの誤差が含まれているので，固有の誤差を把握して測定値に補正する。この補正を器差補正という。

② 気象補正

光波の速度は，通過する空気中の気温，気圧，湿度の影響を受けるので，測定値にこれらの影響を取り除く補正を行う必要がある。この補正を気象補正という。気象補正は，気温による影響が最も大きく，次いで気圧による影響が大きくなる。地籍測量においては，測定時の気温と気圧を測定し，湿度は理論値による数値を用いて補正することとしている。

③ 傾斜補正

地表面は凹凸があり，通常，距離を測定する測点間は，傾斜地となっている。傾斜地に沿って測定された距離を斜距離といい，水平面に投影した距離を水平距離という。

斜距離を水平距離に変換する補正を傾斜補正といい，この補正には高低差による方法と高度角による方法がある。
　④　基準面からの高さの補正
　測点間の距離は，新点の平面直角座標値を求めるために測定されるものであることから，測定距離は平面直角座標面上の距離に変換する必要がある。そのために，まず，器差補正，気象補正および傾斜補正を行って得られた水平距離を回転楕円体面上の距離に変換する。この変換を基準面からの高さの補正という。
　⑤　ｓ／Ｓ補正
　ｓ／Ｓ補正は，縮尺補正ともいい，回転楕円体面上の距離を平面直角座標面上に変換する補正である。

GPS法
1　GPS法の測定方法
　GPS法により位置を求める方法には，単独測位方式と相対測位方式があるが，地籍測量では相対測位方式によって行う。相対測位方式とは，2台以上のGPS測量機を同時に使って，その間の距離や方向などの相対的な空間的（三次元的）位置関係を求める方法であり，その測定方法は，次のように区分される。

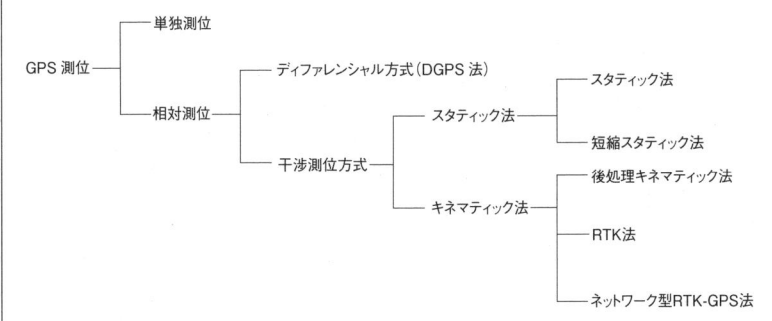

```
GPS測位─┬─単独測位
        └─相対測位─┬─ディファレンシャル方式（DGPS法）
                    └─干渉測位方式─┬─スタティック法─┬─スタティック法
                                    │                └─短縮スタティック法
                                    └─キネマティック法─┬─後処理キネマティック法
                                                        ├─RTK法
                                                        └─ネットワーク型RTK-GPS法
```

　（1）　スタティック法
　スタティック法とは，複数の与点または新点に設置したGPS測量機で，同時に4個以上のGPS衛星からの電波（以下「衛星データ」という。）を，30分以上観測する方法をいう。この方法は，最も精度よく位置を求めることができる。
　（2）　短縮スタティック法
　短縮スタティック法とは，観測の方法はスタティック法と同様に行うが，解析ソフトの改良や使用するGPS衛星を多くするなどして短時間（10分程度）の観測で位置を求める方法をいう。

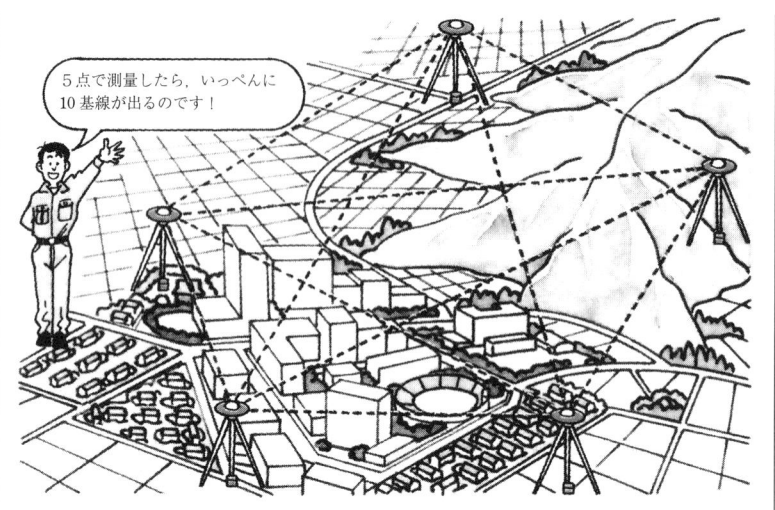

スタティック法，短縮スタティック法

（3） 電子基準点のみを与点とする GPS 法

電子基準点のみを与点とする GPS 法とは，測量地域周辺の電子基準点のみを用いてスタティック法または短縮スタティック法で行う方法である。この方法は，測量地域に設置されている既設の基準点等が上空視界の確保が困難な場合で，かつ携帯電話等通信ができずネットワーク型 RTK-GPS 法ができない地域に限定して用いることができる。電子基準点のみを与点とする GPS 法では，作業地域周辺の既設基準点とは直接的な関連がないため，近傍の既設基準点との整合性の確認が必要となる。

第 4 章　地籍測量　　277

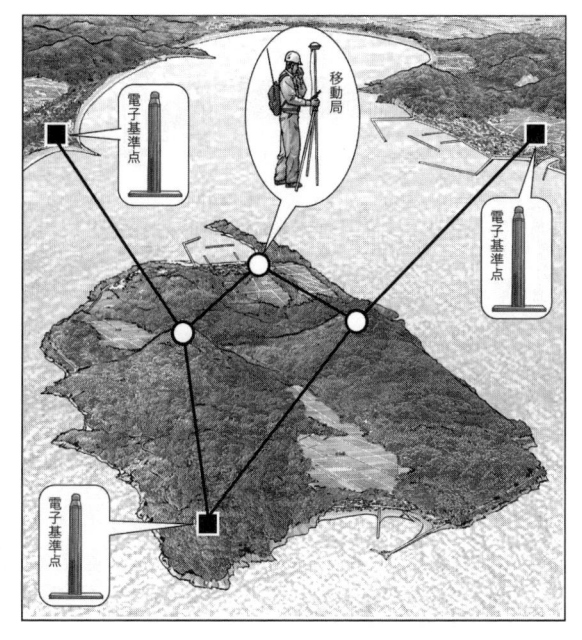

電子基準点のみを与点とする GPS 法

（4）　キネマティック法

　キネマティック法とは，1 台の GPS 測量機を与点に設置（以下「固定局」という。）し，他の GPS 測量機を，初期化後に，複数の新点に次々と移動（以下「移動局」という。）して観測する方法をいう。この方法には，後処理キネマティック法と RTK（Real Time Kinematic）法がある。

　①　後処理キネマティック法

　後処理キネマティック法とは，移動局において，初期化観測後，5 個以上の衛星データを 1 分以上観測する方法をいう。新点の位置は，観測後，事務所等で計算して求める。

後処理キネマティック法

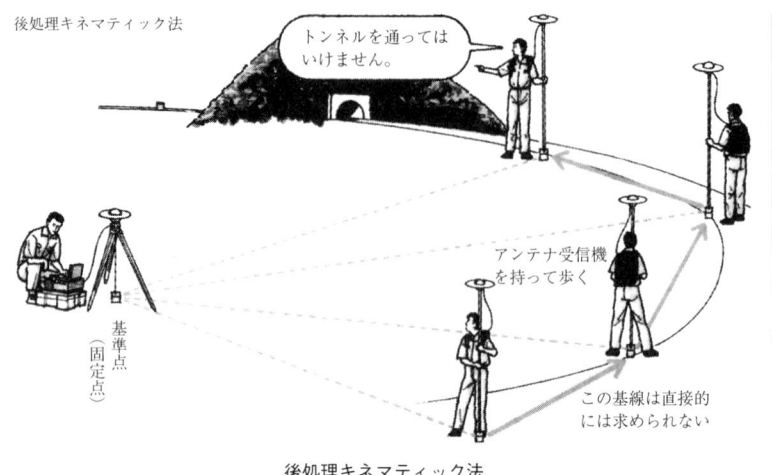

後処理キネマティック法

② RTK法

RTK法とは，固定局と移動局にそれぞれ通信機器（携帯電話，無線機）を接続し，リアルタイムに送信される固定局の衛星データを移動局が受信し，移動局側で新点の位置を瞬時に求める方法をいう。

③ ネットワーク型RTK-GPS法

ネットワーク型RTK-GPS法とは，電子基準点のネットワーク（観測網）の観測データを利用したRTK法である。

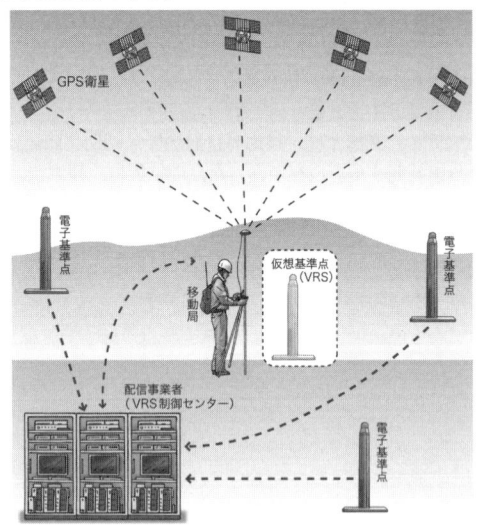

ネットワーク型RTK-GPS法

ネットワーク型 RTK-GPS 法には，VRS（Virtual Reference Station：仮想点）方式と FKP（Flachen Korrektur Parameter：面補正パラメータ）方式がある。
　VRS 方式は，移動局の近傍の電子基準点の観測データからコンピュータ上で移動局の近傍に仮想基準点（VRS）を設けて，仮想基準点と移動局の基線解析を行うことにより，新点の位置を瞬時に求める方法をいう。VRS 方式は，おおむね次の手順で行う。
　　i　移動局に設置した GPS 測量機で GPS 衛星からの信号を受信する。
　　ii　移動局から仮想基準点を生成する位置を通信装置により配信事業者に送信する。
　　iii　配信事業者で仮想基準点での衛星データを算出して，通信装置により移動局に送信する。
　　iv　移動局の観測データと仮想基準点での衛星データを用いて瞬時に基線解析を行って移動局の位置を決定する。
　FKP 方式は，複数の電子基準点の観測量から推定した各種誤差量（電離層による遅延誤差，衛星の軌道誤差等）から，各電子基準点に対応した観測点周辺の誤差量（以下「面補正パラメータ」という。）を補正し，電子基準点と移動局の基線解析を行う方法である。FKP 方式は，おおむね次の手順で行う。
　　i　移動局に設置した GPS 測量機で GPS 衛星からの信号を受信する。
　　ii　使用する最も近い電子基準点を選択するために，移動局に設置した GPS 測量機の概略位置を，通信装置により配信事業者に送信する。
　　iii　配信事業者は，移動局の概略位置に一番近い電子基準点を選択し，補正データと面補正パラメータを通信装置により移動局に送信する。
　　iv　移動局において，配信事業者で算出された電子基準点補正データと面補正パラメータを通信装置で受信する。
　　v　移動局の観測データと電子基準点補正データおよび面補正パラメータを用い，瞬時に移動局の位置を決定する。
　電子基準点（基準局）の補正データと面補正パラメータ，あるいは仮想基準点のデータは，配信事業者から有料で提供される。
　ネットワーク型 RTK-GPS 法による観測法には，直接観測法，間接観測法および単点観測法がある。
　　a．直接観測法は，仮想基準点あるいは電子基準点と移動局（新点または既知点）間の基線ベクトルを用いて，多角網を構成する方法をいう。
　　　なお，解析計算として補正データを配信事業者から受信し，受信機内で計算を行う方式と，観測データを解析処理事業者に送り，解析処理事業者内で計算を行う方式がある。
　　b．間接観測法は，2 点の観測点で衛星データを観測し，観測点（新点または既知点）間の基線ベクトルを求めて，多角網を構成する方法をいう。この方法には GPS 測量機を 2 台用いて行う方法と 1 台で行う方法がある。
　　　(1)　2 台同時観測方式による間接観測法は，2 点の移動局で同時に観測し，各々の直接観測結果から移動局間の基線ベクトルを求める。この基線ベクトルを用いて，多角網を構成する方法である。

(2) 1台準同時観測方式による間接観測法は，ある観測点で観測した後，速やかに次の観測点に移動して観測を行い，各々の観測点での直接観測結果から2点間の基線ベクトルを求める。この基線ベクトルを用いて，多角網を構成する方法である。なお，1台準同時観測方式を行う場合は，速やかに行うとともに，必ず往復観測（同方向も可）を行い，重複による点検を実施する。

（5） ネットワーク型RTK-GPS法による単点観測法

ネットワーク型RTK-GPS法による単点観測法とは，測量地域周辺の既設基準点における観測を行わずに，ネットワーク型RTK法によって得られた観測点の座標値をそのまま成果値とするものである。

単点観測法では，作業地域周辺の既設基準点とは直接的な関連がないため，近傍の既設基準点との整合性の確認が必要となる。

（6） DGPS法による単点観測法

DGPS法とは，ディファレンシャルGPS法の略で，正確な位置がわかっている基準局で作成された補正情報を無線等で受信し，作業者側のGPS受信機で求められた新点の位置をリアルタイムに求める方法をいう。観測条件にもよるが約±0.5～1mの精度を確保することができる。DGPS法では，作業地域周辺の既設基準点とは直接的な関連がないため，近傍の既設基準点との整合性の確認が必要となる。DGPSの補正情報を取得するには，次の方法がある。

① 世界測地系に基づいて生成されたディファレンシャル補正情報

世界測地系に基づいて生成されたディファレンシャル補正情報には，観測点近傍の電子基準点の観測データから生成される補正情報と観測点近傍の既設基準点に設置したDGPS測量機が生成する補正情報がある。

観測点近傍の電子基準点の観測データから生成される補正情報は，配信事業者に観測点の概略位置を携帯電話等で送信することにより，観測者に当該地域の補正情報が提供される。

観測点近傍の既設基準点に設置したDGPS測量機が生成する補正情報は，測量地域近傍の既設基準点にDGPS測量機を設置し，その測量機が生成する補正信号を無線等で送受信し，DGPS観測値に補正する方法である。

② 公的サービスによるディファレンシャル補正情報

公的サービスによるディファレンシャル補正情報としては，海上保安庁DGPS局と国土交通省大阪航空局神戸航空衛星センター管理のMTSAT衛星から送信されている情報がある。

海上保安庁DGPS局から送信される補正情報は，船舶航行用として，全国27局から中波ビーコンにより，補正情報が提供されている。DGPS測位精度は，基準局からの距離に依存するため，作業領域に最も近い基準局を選択する必要がある。

放送フォーマットは規格化されたもの（RTCM SC-104）であるが，受信にはビーコン受信機，あるいはビーコン内蔵のGPS受信機が必要となる。また，国土交通省大阪航空局神戸航空衛星センター管理のMTSAT衛星から送信されるMSAS（MTSAT Satellite-based Augmentation System）信号は，ICAO（国際民間航空機関）のSBAS（Satellite Based Augmentation System）標準で送信されており，SBAS対応のGPS受信機であれば利用することができる。MSASのDGPS補正情報は，複

数の基準局を利用して生成されており，国内各所で，ほぼ一定の「質」の補正情報を得ることができる。

GPS法の測定方法と作業区分

観測方法	工程			
	地籍図根三角測量	地籍図根多角測量	細部図根測量	一筆地測量
スタティック法	○	(○)	(○)	(○)
短縮スタティック法	○	○	(○)	(○)
後処理キネマティック法		(○)	(○)	(○)
RTK法		○	○	○
ネットワーク型RTK-GPS法		○	○	○

注：(○) は比較的効率的でない

2　GPS法の測量計画
　(1)　上空視界の確保
　GPS観測では，上空のGPS衛星からの電波を受信するので，GPS測量機を置く観測点においては，水平線から天頂方向（これを「上空視界」という。）が開けていなければならない。地籍図根三角測量では，上空視界は15度（上空視界の確保が困難な場合は30度）以上必要とされている。したがって，観測点の選定にあたっては，樹木や建築物など上空視界を妨げるようなものがある地点を避けるか，やむを得ない場合は支障木を伐木したり，アンテナポール等でアンテナを高くすることで上空視界を確保する。また，観測点の周辺の状況によっては，上空視界を確保できる地点に偏心してGPS観測を行う方法もある。
　(2)　電波障害
　電波障害とは，観測点の近傍にレーダー，放送局，通信局など強い電波を出している構造物がある場合に，これらの電波の影響を受けてGPS観測の精度が低下することをいう。観測点の選定においては，電波障害の生ずる恐れのある地点は避ける。また，近傍にトタン屋根などGPS衛星からの電波を反射するような構造物があると反射波を受信してしまい（これを「マルチパス」という。），観測精度が十分得られない場合があるので，これらの構造物がある地点も避ける。
　(3)　セッション図の作成
同一時間に複数のGPS測量機によって行われる一連の観測をセッションという。観測計画においては，それぞれのセッションに含まれる測点を示すセッション図を作成する。

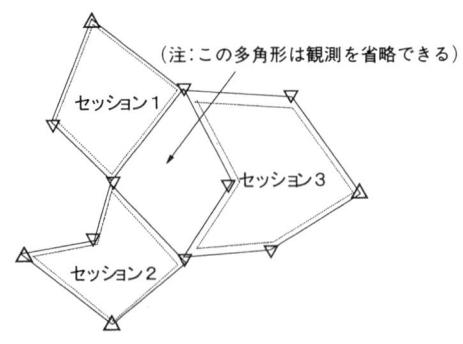

セッション図

（4）　エポック
　エポックとは，衛星データを記録する時刻（区切り）をいう。例えば，「データ取得間隔が5秒で，エポックが5の観測」とは，5秒間隔で衛星データを取得（これを「1エポック」という。）しながら，25秒間に5回の観測を行うことである。
　（5）　飛来情報の収集
　GPS衛星は，24個以上の衛星がそれぞれの軌道を回り時々刻々と配置が変化することから，同じ地点であっても時間の経過とともに観測できる衛星が変わる。また，GPS衛星のメンテナンスや軌道変更のため使用できなくなる場合もあるので，観測の前にはGPS衛星の飛来情報等から衛星の作動状況や配置状況等を把握し，片寄った衛星配置を避けるよう観測時刻を設定する。
3　GPS法の観測値と補正
　GPS法における主たる観測値は，GPS衛星から送信されてくる電波の位相データである。この位相データを用いて基線解析を行って観測点間の基線ベクトルの各成分（ΔX，ΔY，ΔZ）を求め，三次元網平均計算によって新点の平面直角座標値を得る。
　観測値には，必要に応じて次の補正を行う。
　（1）　PCV補正
　GPSアンテナにおいて，GPS衛星からの電波を受信する位置は，衛星からの電波の入射角に応じてズレが生じて1点に集中しないため，高さ成分に影響する。この入射角に応じたズレの量（「アンテナ位相特性」という。）は，アンテナ機種ごとに異なっており，ズレの量を検定して受信データ1点で観測した状態にする補正を行う。この補正をPCV補正という。PCV補正を行う場合のアンテナ高は，標石上面からアンテナの最下部までの距離（「アンテナ底面高」という。）とする。地籍測量では，地籍図根三角測量の場合にPCV補正を行うこととしている。
　（2）　ジオイド高の補正
　わが国では，東京湾平均海面をジオイドとして標高の基準としている。回転楕円体面上からジオイドまでの高さをジオイド高という。GPS法では，回転楕円体面上の高さが測定されることから，標高を求めるには，ジオイド高の補正が必要である。

（3）セミ・ダイナミック補正

わが国は，複数のプレート境界に位置していることから，それぞれのプレート運動による複雑な地殻変動が起きている。電子基準点もこの地殻変動の影響により，実際の地球上の位置と測量成果の示す座標値が時間とともにずれる場合がある。この地殻変動による歪みの影響を取り除くための補正をセミ・ダイナミック補正という。電子基準点のみを与点とするGPS法において，周辺の既設図根点等との整合が良くない場合はこの補正を行う。

（運用基準）

観測，測定及び計算

第25条 地籍図根三角測量における観測及び測定は，必要に応じて，水平角，鉛直角，器械高，目標の視準高，距離，気圧，温度，基線ベクトル及び高低差について行うものとする。

2 前項における観測及び測定の方法は，別表第6に定めるところによるものとする。

3 前項の観測及び測定において偏心がある場合には，別表第7に定めるところにより偏心要素を測定するものとする。この場合において，偏心距離は，測定距離の6分の1未満でなければならない。

4 地籍図根三角測量における計算の単位及び計算値の制限は，別表第8に定めるところによるものとする。

5 地籍図根三角点の座標値及び標高は，TS法の場合には厳密網平均計算により求めることを標準とし，GPS法による場合にはジオイドモデルを使用する三次元網平均計算により求めるものする。この場合において，厳密網平均計算又は三次元網平均計算に用いる重量は，別表第9に定める数値を用いて計算するものとし，簡易網平均計算における方向角の閉合差は測点数，座標及び標高の閉合差は路線長に比例して配布するものとする。

6 前項の規定にかかわらず，TS法の場合の単路線による地籍図根三角点の座標値及び標高は，方向角の閉合差を測点数，座標及び標高の閉合差を測点間距離に比例して配布の上求めるものとする。

7 観測，測定及び計算結果が別表第6から別表第8までに定める制限

を超えた場合は，再測をしなければならない。なお，再測は，観測中の諸条件を吟味し，許容範囲を超えた原因を考慮して行うものとする。
8　地籍図根三角測量を行った場合は，別表第10に定めるところにより点検測量を行わなければならない。
9　前項の点検測量における点検の数量は，新設した地籍図根三角点数の概ね10%とする。

(解説)

　第1項は，地籍図根三角測量における観測及び測定の項目について定めたもので，座標値及び標高を求めるため，必要に応じて水平角，鉛直角，器械高，目標の視準高，距離，気圧，温度，基線ベクトル及び高低差について，観測及び測定を行うこととしています。
　TS法による場合は，水平角，鉛直角，器械高，目標の視準高，距離，気圧，温度の測定が必要です。また，GPS法による場合は，GPS衛星から送られてくる電波を受信して基線ベクトルを測定する必要があります。
　第2項は，前項の観測及び測定の方法を定めたもので，別表第6に定められた方法で行うこととしています。
　TS法の角観測については，別表第6の(1)にTS等の性能別に水平角観測の対回数，観測差，倍角差，定数差（高度定数差）の制限が示されています。最小目盛値10秒以下のセオドライト及びトータルステーションとは2級，最小目盛値20秒以下のセオドライト及びトータルステーションとは3級のセオドライト及びトータルステーションのことです。
　距離測定については，(2)に距離測定のセット数，最大・最小の較差の制限，測定単位が示されています。備考欄には距離測定においては，器差（器械定数，反射鏡定数）補正，気象補正，傾斜補正，基準面からの高さの補正，s／S補正を行わなければならないとしています。
　(3)は，地形の状況等によりやむを得ない場合に直接水準測量法を併用する場合の高低差の観測及び距離の測定における往復の出合差と測定単位を示したものです。

GPS法の場合は，別表第6の（4）に観測方法，GPS観測のために設定する項目，単位及び位，観測時間等，GPS衛星の条件，異なるセッションによる閉合多角形ができない場合の検測について示されています。観測時間等欄には，スタティック法と短縮スタティック法が示されていますので，地籍図根三角測量においてはこの方法で行うことができます。

別表第6　地籍図根三角測量における観測及び測定の方法

(1) TS法による角の観測

区　分		最小目盛値10秒以下のセオドライト及びトータルステーションによる測定	最小目盛値20秒以下のセオドライト及びトータルステーションによる測定
水平角	対回数	2	3
	輪郭	0度，90度	0度，60度，120度
	観測差	20秒以内	40秒以内
	倍角差	30秒以内	60秒以内
鉛直角	対回数	1	2
	定数差	20秒以内	40秒以内

(2) TS法による距離の測定

区　分	光波測距儀及びトータルステーションによる測定
セット数	2セット
最大・最小の較差	30mm以内
測定の単位	mm

備考　1. 1セットとは，2回の読定をいう。
　　　2. 測定値には，器差（器械定数，反射鏡定数）補正，気象補正，傾斜補正，基準面からの高さの補正，s／S補正を行わなければならない。

(3) 直接水準測量における高低差の観測及び距離の測定

区分	高低差の観測	距離の測定
往復の出会差	$15mm\sqrt{S}$	－
測定の単位	mm	m

備考　Sは，路線の長さをKm単位で示した数である。

(4) GPS法による基線ベクトルの観測
　1) 観測方法
　　　観測は，干渉測位方式で行うものとし，次表により観測値の良否を点検できるよう，多角網路線が閉じた多角形を形成するものとする。

区分	測定方法
環閉合差による方法	環閉合差を求め，点検するための異なるセッションの組み合わせによる多角網を形成する。
重複辺による方法	異なるセッションによる点検のため，1辺以上の重複観測を行う。

2) GPS観測のために設定する項目，単位及び位

設定項目	単位	位	備　考
経度・緯度	度分秒	1	自動入力装置のある機種は，自動入力で行う。
楕円体高	m	10	（同上）
アンテナ高	m	0.001	

3) 観測時間等

測定方法	観測時間	データ取得間隔
スタティック法	30分以上	30秒
短縮スタティック法	10分以上	5秒

備考　1. 同一セッションにおける与点間の距離が5kmを超える場合は，スタティック法により行い，観測時間は60分，データ取得間隔は30秒を標準とする。
　　　2. 同一セッションにおける与点間の距離が10kmを超える場合は，1級GPS測量機を使用し，スタティック法により行い，衛星の個数は5箇以上，観測時間は120分以上，データ取得間隔は30秒を標準とする。

4) GPS衛星の条件

項　目	制　限	
受信高度角	15°以上を標準とする	
衛星の数	スタティック法	4箇以上
	短縮スタティック法	5箇以上

備考　受信高度角は，上空視界の確保が困難な場合は30°まで緩和することができる。

5) 検測
　　GPS観測の結果，異なるセッションによる閉合多角形ができない場合には，当該セッションの1辺以上について再度GPS観測を行うか，異なるセッションの組み合わせができるようにGPS観測を追加して実施し，検測する。

　第3項は，観測及び測定において偏心があった場合の扱いについて定めたものです。
　偏心とは，観測点の周辺に樹木や建物など障害物があるため，観測方向の見通しができない場合やGPS法では上空からの電波が受信できないような場合に器械点又は目標点を障害物の影響のない地点に移動して観測及び測定

を行うことをいいます。

　器械点又は目標点を偏心して観測及び測定した場合には，その観測データをあたかも本点で観測及び測定したようにデータを補正する計算（偏心補正計算）が必要です。偏心補正計算を行うためには偏心要素（偏心距離と偏心角）が必要となります。

　偏心要素の測定は，別表第7に定める方法で行います。

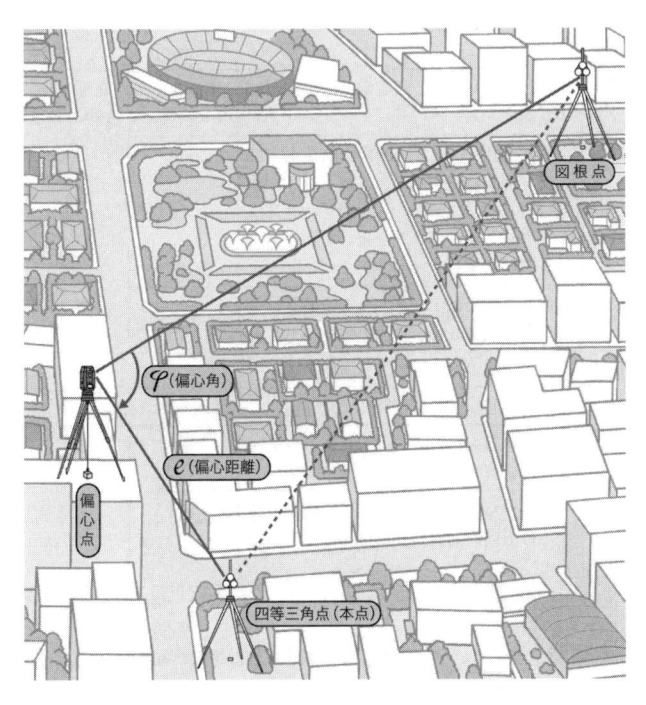

別表第7　偏心要素の測定方法〔第25条〕

(1) 偏心角の測定

偏心距離	器械・器具及び測定方法	測定の単位	測定値の制限
30cm 未満	偏心測定紙に無外心アリダード等を用いて方向線を引き，分度器又は計算により測定する．	30分以下	−
30cm 以上 2m 未満	偏心測定紙に無外心アリダード等を用いて方向線を引き，計算により測定する．	10分以下	−

2 m 以上 10 m 未満	セオドライト又はトータルステーションを用いて，2対回，水平目盛位置0度，90度により測定する．	1分以下	倍角差 観測差	120秒以内 90秒以内
10 m 以上 50 m 未満		20秒以下	倍角差 観測差	60秒以内 40秒以内
50 m 以上		10秒以下	倍角差 観測差	30秒以内 20秒以内

(2) 偏心距離の測定

偏心距離	器械・器具及び測定方法	測定の単位	測定値の制限
30 cm 未満	スケールによって測定する．	mm	－
30 cm 以上 10 m 未満	鋼巻尺を用いて，2回読定，往復測定により測定する．	mm	（鋼巻尺） 往復の較差5mm以内
10 m 以上 50 m 未満	鋼巻尺を用いて，2回読定，往復測定により測定する．地形等の状況により，光波測距儀又はトータルステーションを用いて別表第六により測定する．	mm	
50 m 以上	光波測距儀又はトータルステーションを用いて別表第6により測定する．	－	

(3) 本点と偏心点間の比高の測定

偏心距離	器械・器具及び測定方法	測定の単位	測定値の制限
2 m 未満	独立水準器を用いて，偏心点と本点を同標高に設置する．	－	－
2 m 以上	別表第10による．ただし，器械高の異なる片方向の鉛直角観測とすることができる．	mm	比高の交差 100 mm 以内

備考　1．偏心距離が5mm未満かつ辺長が1km以上の場合は，偏心補正計算を省略することができる．
　　　2．測定距離が10m以上の場合は，傾斜補正以外の補正を省略することができる．

(4) GPS法を利用した偏心要素の測定

偏心要素測定のための零方向の視通がとれない場合には，方位標を設置し，GPS観測により零方向の方位角を定めることができる．

項　　　目	制　　　限
方位標までの距離	100 m 以上
GPS観測の方法	別表第6の（4）の1）から4）までによる

地籍図根三角測量における計算の単位及び計算値の制限は，別表第8に定めるところによるものとする．

　　偏心要素を用いて二辺夾角又は正弦比例の式により偏心補正量を求めます

が，偏心補正量の誤差は測定距離（測点間の距離）と偏心距離の割合に比例しますので，所定の精度を確保するために偏心距離は，測定距離の6分の1未満でなければならないとしています。

第4項は，地籍図根三角測量における計算の単位及び制限を定めたもので，計算の単位は，TS法では角度の数値は秒位，辺長値，座標値，標高など長さに関する数値はmm位，GPS法では基線ベクトル成分，座標値，標高のいずれについても長さに関する数値ですので，mm位とします。

TS法における計算値の制限は，方向角の閉合差，座標の閉合差，標高の閉合差，新点位置の標準偏差，単位重量の標準偏差及び高低角の標準偏差について定められています。

方向角の閉合差，座標の閉合差，標高の閉合差は，点検計算により求め，新点位置の標準偏差，単位重量の標準偏差及び高低角の標準偏差は，厳密網平均計算により求めます。

点検計算は，与点から新点を経由し他の与点に結合させる最短の路線（結合路線）で行います。ただし，与点から新点を経由し同一の与点に閉合する路線（環閉合）により行うこともできます。環閉合による場合の閉合差の許容範囲は，各制限式の定数項を省いた値とします。

なお，座標値を厳密網平均計算で算出する場合は，方向角の計算を省略できるとしていますが，図形の強さを考慮し，可能な限り方向角の取り付けを行うことが望まれます。

GPS法における計算値の制限は，別表第8の（2）に環閉合差及び重複辺の較差について定められています。

環閉合差又は重複辺の較差は，点検計算により求め，水平位置及び標高の標準偏差は，三次元網平均計算により求めます。

環閉合差は，異なるセッションの辺を組み合せて構成される多角形（1つのセッションとして観測されない多角形）について，各辺が属するセッションで得られた基線ベクトルの3成分（$\triangle X$, $\triangle Y$, $\triangle Z$）をそれぞれ合計して求めます。

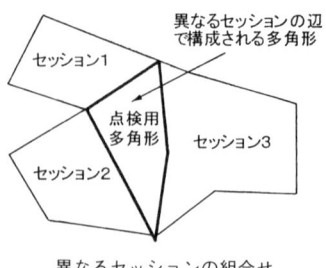

異なるセッションの辺
で構成される多角形

セッション1
点検用多角形
セッション2
セッション3

異なるセッションの組合せ

　重複辺の較差は，異なるセッションの重複した辺について基線ベクトルの3成分の差をとって求めます。

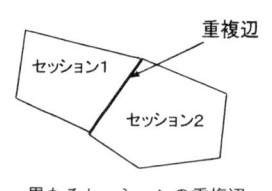

重複辺
セッション1
セッション2

異なるセッションの重複辺

別表第8　地籍図根三角測量の計算の単位及び計算値の制限〔第25条〕

(1)　TS法

計算の単位			計算値の制限								
角値	辺長値	座標値	標高	方向角の閉合差	座標の閉合差	標高の閉合差		新点位置の標準偏差		単位重量の標準偏差	高低角の標準偏差
^	^	^	^	^	^	直接法	間接法	水平位置	標高	^	^
秒位	mm位	mm位	mm位	10秒+15秒$\sqrt{n}$	100mm+100mm$\sqrt{S}$	150mm+15mm$\sqrt{S}$	200mm+50mm$\sqrt{N}$	10cm	20cm	15"	20"

備考　1.　nは当該多角路線の測点数，Nは2与点間の辺数，Sは路線の長さをkm単位で示した数である。
　　　2.　厳密網平均計算の場合は，方向角の閉合差の点検を省略できるものとする。
　　　3.　環閉合差により点検する場合は，方向角，座標及び標高の各制限式の定数項を省いたものとする。

(2) GPS法

計　算　の　単　位				計　算　値　の　制　限		
辺長値	基線ベクトル3成分	座標値	標高値	(ア) 環閉合差	(イ) 重複辺の較差	(ウ) 三次元網平均計算による標準偏差
						水平位置 / 標高
mm位	mm位	mm位	mm位	水平（ΔN, ΔE） 20mm√N 高さ（ΔU） 30mm√N (N：辺数)	水平（ΔN, ΔE） 20mm 高さ（ΔU） 30mm	10cm　　20cm

備考 1. 点検計算の制限は，上記（ア）又は，（イ）の方法による。ただし，ΔN，ΔE，ΔUはベクトル終点において，Δx，Δy，Δzから計算式により算出する。
2. ΔNは，水平面の南北方向の閉合差又は較差，ΔEは，水平面の東西方向の閉合差又は較差，ΔUは，高さ方向の閉合差又は較差である。
3. スタティック法及び短縮スタティック法による基線解析では，原則としてPCV（Phase center variation）補正を行うものとする。
4. Nは，異なるセッションの組み合わせによる最小辺数である。
5. GPS測量の軌道情報は放送暦を標準とする。
6. 気象要素の補正は，基線解析ソフトウェアで採用している標準大気によるものとする。
7. スタティック法による解析は1周波で行うものとする。ただし，観測距離が10kmを超える場合は2周波で行うものとする。
8. 基線解析は，観測図に基づき計算の出発点に指定した与点の成果を固定値として，必要な基線について実施する。なお，経緯度は，与点の経緯度を入力し，楕円体高は標高とジオイド高から求めて入力する。以後の基線解析は，これによって求められた値を固定座標として実施する。また，第二セッション，第三セッション等の固定座標値は前セッションから引き継いで基線解析を実施する。
9. 基線解析に使用する高度角は，観測時にGPS測量機に設定した受信高度角とする。

　第5項は，地籍図根三角測量の成果である座標値及び標高の算出方法を定めたもので，座標値及び標高は，TS法による場合には厳密網平均計算により求めることを標準とし，GPS法による場合にはジオイドモデルを使用する三次元網平均計算により求めることとしています。

　厳密網平均計算又は三次元網平均計算において，観測した全ての与点を固定（基礎）して最終成果を求める計算を実用網平均計算といい，使用した与点の成果に異常があると推定される場合に，異常な与点の検出のために正常と推定される与点1点（厳密網平均計算は方向角も必要）を固定して他の与点は新点扱いで行う計算を仮定網平均計算といいます。点検計算等で与点の成果に異常がないと判断できる場合は，仮定網平均計算は必要ありません。

厳密網平均計算においては，角と距離という異なる量，精度の観測値を扱うため，網平均計算の際，角と距離の観測値にそれぞれの精度に応じたある係数を乗じて最確値（最終成果）を求めます。このような係数を重量（ちょうりょう）といいます。

　三次元網平均計算においては，測点間の基線ベクトルを観測量として扱うことから，各基線ベクトルの観測精度を示す分散・共分散で重量をつけます。

　厳密網平均計算又は三次元網平均計算に用いる重量は，別表第9に定められています。

別表第9　地籍図根三角測量における厳密網平均計算又は三次元網平均計算に用いる重量

		角の重量	10
TS法	距離の重量の係数	長さに比例しない標準偏差（Ms）	10mm
		長さによる誤差の比例定数（γ）	5×10^{-6}
		角の一方向の標準偏差（Mt）	4.5秒
GPS法	平均計算に用いる重量は，次のいずれかの分散・共分散行列の逆行列を用いる。 ①　基線解析で求められた値 ②　水平及び標高の分散を固定値として求めた値 　　分散は dN=（0.004m）^{2}，dE=（0.004m）^{2}，dU=（0.007m）^{2}，とする。		

　そして，後段の部分に「簡易網平均計算における方向角の閉合差は測点数，座標及び標高の閉合差は路線長に比例して配布するものとする。」との記述があります。

　これは，TS法による場合には厳密網平均計算により行うことを標準としますが，何らかの理由で厳密網平均計算が行えないような事情がある場合に簡易網平均計算で行うことを認めているものです。この場合の方向角の閉合差は測点数，座標及び標高の閉合差は路線長に比例して配布することとしています。

　第6項は，TS法による単路線の場合の座標値及び標高の計算方法を定めたもので，「方向角の閉合差は測点数，座標及び標高の閉合差を測点間距離に比例して配布の上求めるものとする。」としており，これをいいかえれば，簡易網平均計算により求めることしています。しかし，厳密網平均計算は，簡易網平均計算より計算精度が高いことから，単路線であっても厳密網平均

計算で行うことは問題ありません。

　第7項は，観測，測定及び計算において別表第6から第8までに定められた制限を超えた場合の扱いを定めたもので，制限を超えた場合は，観測中の諸条件を吟味し，許容範囲を超えた原因を考慮して再測（再度，観測又は測定を行うこと。）しなければならないとしています。

　観測中の諸条件とは，風雨等の天候条件，観測点の地盤の強弱，樹木等の障害の有無などをいいますが，通常，これらの条件の悪い箇所は，点検計算の結果，閉合差の大きい多角路線に反映されます。したがって，再測する場合は，閉合差の大きい多角路線を優先に行うことにより，不良な測点の割り出しが容易になる場合があります。なお，高低角の標準偏差が制限（20秒）を超過した場合は，次のような対応を行います。

① 1点あたりの標準偏差で制限値内になっていないものがないかを点検し，すべて制限値であった場合，その中で最も精度の低い点と網の構成状態を点検して再測箇所を抽出する（標準偏差の値が最も大きい新点のある路線を抽出する。）。

② 抽出した路線の再測を行う。

　第8項は，点検測量について定めたもので，その方法が別表第10に示されています。

別表第10　地籍図根三角測量における点検測量の較差の許容範囲

(1) 点検値と採用値の較差の許容範囲
　1) TS法

距離	水平角	鉛直角	偏心要素		
			偏心距離	偏心角	鉛直角
20mm	6000/s 秒	7500/s 秒	15mm	4500/e 秒	7500/e 秒

備考　Sは測点間距離（m単位），eは偏心距離（m単位）とする。

　2) GPS法

重複する基線ベクトルの較差	
ΔN，ΔE	ΔU
20mm	30mm

備考　1.　ΔNは水平面の南北方向の閉合差，ΔEは水平面の東西方向の閉合差，ΔUは高さ方向の閉合差
　　　2.　偏心点で点検を実施した場合は，偏心補正後，本点間の基線ベクトルによる比較を

行う。

(2) 点検測量実施箇所の選定等

実施箇所の選定	点検測量の数量は新設点数の概ね10%とし，次の事項を勘案して実施箇所を選定する。 1. 観測時の状況等（GPSアンテナタワー使用観測箇所，偏心観測箇所等） 2. 点検計算結果（方向角及び座標の閉合差，環閉合差，重複辺の較差） 3. 網平均計算結果（新点位置の標準偏差）
比較点検計算	1. 比較点検計算は，(点検値) - (採用値) とする。 2. TS法による鉛直角の点検測量は，片方向の観測とし，同一方向の採用値との比較を行う。ただし，許容範囲を超過した場合は，正反観測の平均値による比較を行う。
点検測量手簿等の整理	1. 観測手簿等上部余白部には点検測量と記載する。 2. 観測手簿等任意の箇所に比較点検計算結果を整理する。
再測等	点検測量の較差の許容範囲を超過した場合は，原因を調査し，再測又は観測点を追加して観測を行うなど必要な処置を講じる。
備考	点検測量実施後は，観測値等の点検を本作業と同様に実施する。

第9項は，点検測量の数量を定めたもので，新設した地籍図根三角点の点数の概ね10%としています。

点検測量の実施箇所は，別表第10の（2）に示してあるとおり，次の点を考慮して決定します。

① GPSアンテナタワーを使用して観測した測点や偏心観測を行った測点箇所等，通常の観測と異なる方法で実施した測点

② 点検計算結果，方向角及び座標の閉合差，環閉合差，重複辺の較差が比較的大きい路線に含まれる測点

③ 網平均計算結果，新点位置の標準偏差が比較的大きい測点

第4章 地籍測量

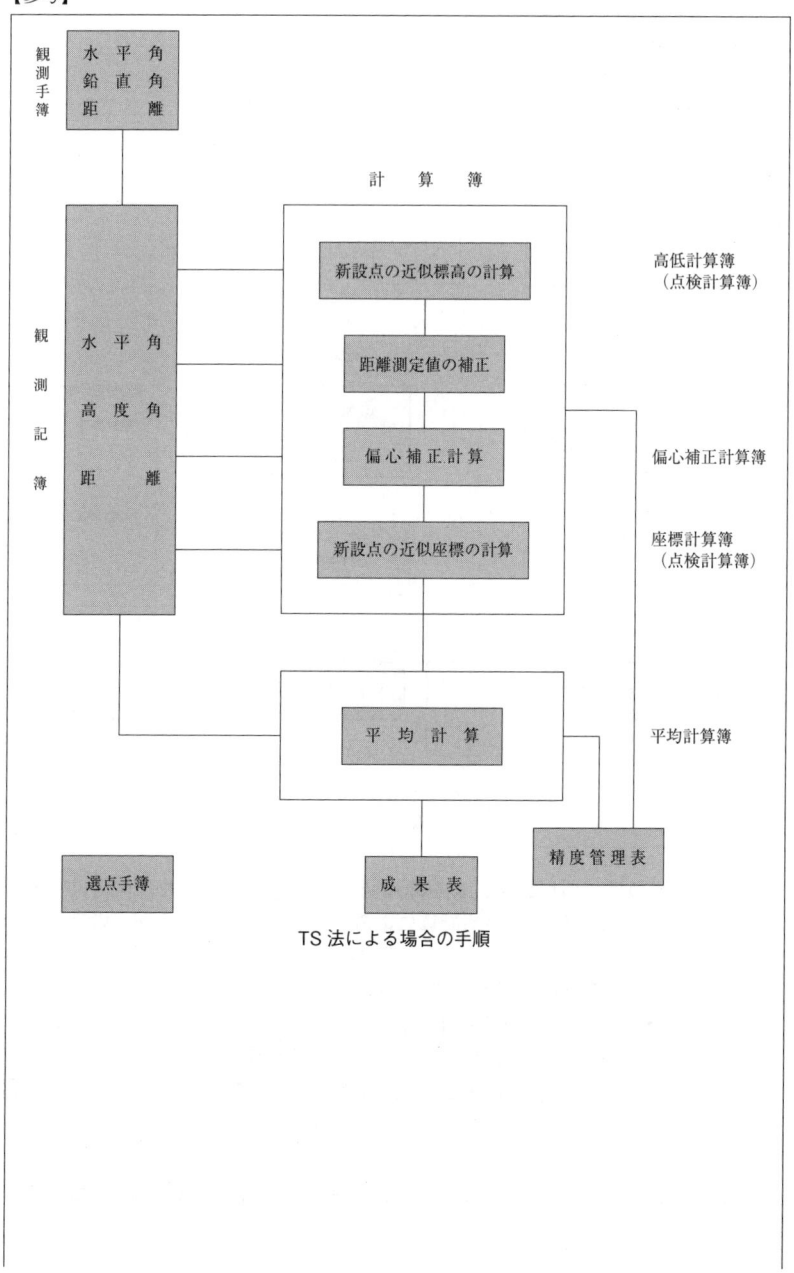

【参考】

```
観測手簿: 水平角 / 鉛直角 / 距離

観測記簿: 水平角 / 高度角 / 距離

計算簿:
  新設点の近似標高の計算  ── 高低計算簿（点検計算簿）
  距離測定値の補正
  偏心補正計算          ── 偏心補正計算簿
  新設点の近似座標の計算  ── 座標計算簿（点検計算簿）

平均計算 ── 平均計算簿

選点手簿    成果表    精度管理表
```

TS法による場合の手順

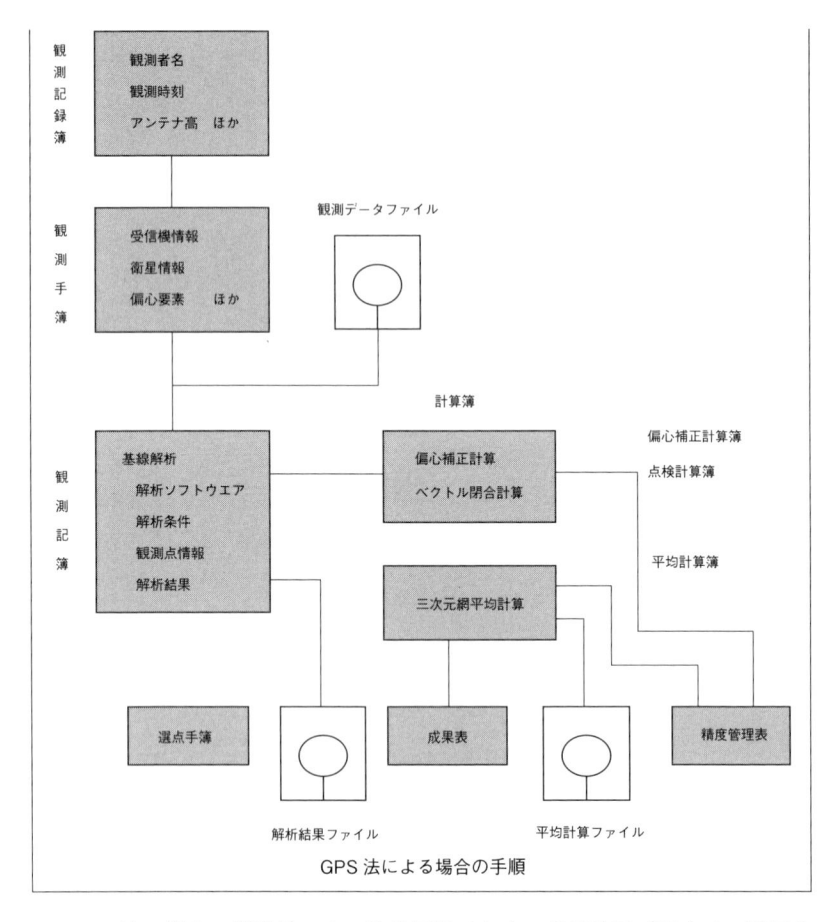

```
観測記録簿
    ┌─────────────┐
    │ 観測者名      │
    │ 観測時刻      │
    │ アンテナ高 ほか│
    └─────────────┘

観測手簿
    ┌─────────────┐        観測データファイル
    │ 受信機情報    │        ┌─────────────┐
    │ 衛星情報      │        │      ○      │
    │ 偏心要素 ほか │        └─────────────┘
    └─────────────┘

                                        計算簿
観測記簿
    ┌─────────────┐    ┌─────────────┐        偏心補正計算簿
    │ 基線解析      │    │ 偏心補正計算 │        点検計算簿
    │ 解析ソフトウエア│    │ベクトル閉合計算│
    │ 解析条件      │    └─────────────┘
    │ 観測点情報    │                           平均計算簿
    │ 解析結果      │    ┌─────────────┐
    └─────────────┘    │ 三次元網平均計算│
                        └─────────────┘

    ┌──────┐  ┌─────┐  ┌─────┐  ┌─────┐  ┌─────┐
    │ 選点手簿│  │  ○  │  │ 成果表│  │  ○  │  │精度管理表│
    └──────┘  └─────┘  └─────┘  └─────┘  └─────┘
              解析結果ファイル      平均計算ファイル

              GPS法による場合の手順
```

Q1. TS法の場合の単路線による地籍図根三角点の座標値及び標高は，運用基準第25条6項で簡易網平均計算によることとされていますが，厳密網平均計算で行ってもよいですか。また，単路線を厳密網平均で行う場合は，与点からの方向角の取り付けは省略できますか。

A1. 厳密平均計算は，簡易網平均計算より高精度な計算方法です。単路線であっても厳密網平均計算で行って下さい。単路線を厳密網平均計算で行う場合は，与点からの方向角の取り付けがなくても計算は可能ですが，図形の強さを考慮して，できるだけ取り付けるようにして下さい。

Q2. 多角網が与点を挟んで分離している場合，一括して厳密網平均計算を行ってもよいですか。

A2. 多角網が分離している場合は，それぞれの多角網ごとに単位重量当たりの標準偏差が制限値内にあるか確認するため，分割して厳密網平均計算を行って下さい。

Q3. 地籍測量及び地積測定における作業の記録及び成果の記載例に，GPS法の場合の地籍図根三角測量における三次元仮定網平均計算の例が示されていますが，この計算は必ず行う必要がありますか。

A3. 仮定網平均計算は，与点の成果に異常があると推定される場合に，異常な与点の検出のために行うもので，通常は行わなくてもよいです。

Q4. GPS測量において，①（図1）セッションABC，セッションBDE，セッションCEFに囲まれた環閉合BCE，このような観測を行ったとき，外周ABDEFCを，環閉合と呼ぶのでしょうか。また，（図2）セッションABC，セッションBDCがあって，BCは重複観測を行った場合，外周ABDCを，環閉合として点検を行うことになるのでしょうか。

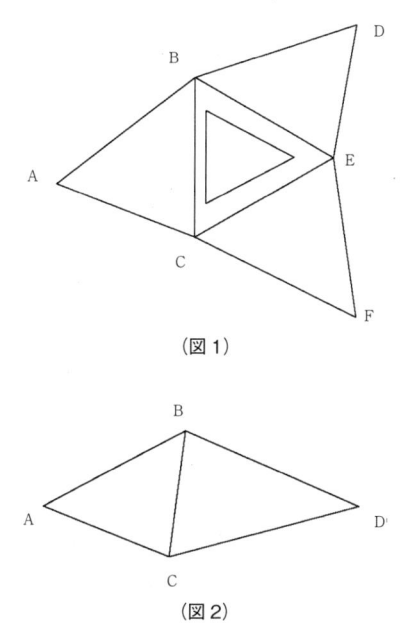

（図1）

（図2）

A4. 異なるセッションの組み合わせによる点検は，例の場合はBCEの環について行います。従って，外周ABCDEFは環閉合とは呼びません。異なるセッションによる点検は，異なるセッションの重複した辺について行います。従って，外周ABCDについて環閉合の点検は行いません。

Q5. 地籍図根三角測量において，与点に不整合（与点間の座標の閉合差が制限を超過）が生じた場合はどのように対応したらよろしいのでしょうか。

A5. 座標の閉合差が制限を超過した場合は，仮定網平均計算（与点1点を固定した網平均計算）を行って，与点の成果が異常なのか，それとの観測値が不良なのか見極める必要があります。与点が異常と判断された場合は，当該点の管理機関（基本三角点，四等三角点は国土地理院）に報告し与点の改測を依頼するなどの対応を求めます。なお，多角路線の選定条件を満たしている場合は，異常な与点を新点扱いして網平均計算を行うことも可能ですが，条件が満たされなくなる場合は，他の与点に変更するなどの対応が必要です。

第3款　地籍図根多角測量

> **地籍図根多角点の選定**
> 第五十三条　地籍図根多角点は，後続の測量を行うのに便利であり，かつ，標識の保存が確実である位置に選定するものとする。

解説

　地籍図根多角点は，後続の細部図根測量及び一筆地測量の与点として用いるために設置するもので，後続の測量が終了するまでは当然のことですが，将来の筆界点の復元や他の公共測量等への利活用の観点からも標識の保存が確実な場所に設置することが重要です。

　地籍図根多角点の選定とは，地籍図根多角点を新たに設置する場合に，測量に先立ってあらかじめ，その設置場所を決める作業をいいます。

　本条は，地籍図根多角点の選定の条件を定めたもので，後続の測量の細部図根測量及び一筆地測量を実施する上で利用し易く，しかも，利用の際に標識が滅失しないよう保存が確実な位置に選定することとしています。

（運用基準）

> **地籍図根多角本点の選定**
> 第26条　地籍図根多角点のうち，後続の測量に資するため，多角網の交点及びそれに相当する点並びにこれらの点からの見通しの良好な他の点を，2点を1組として地籍図根多角本点に選定することができる。
> 2　地籍図根多角本点を選点した場合の密度の標準は，別表第1に定めるところによるものとする。

解説

　地籍図根多角点は，地籍図根三角点に比べて設置する数量が多くなり，全ての点に永久性のある標識を設置するのは，経費等の面から実際的でないことから，平成22年に運用基準が改正されるまでは，その標識の規格は定め

られていませんでした。このため，将来の利活用に資するため地籍図根多角点のうち，後続の測量等で利用し易い点を地籍図根多角本点として選定し，永久性のある標識を設置することとしています。

第1項は，地籍図根多角本点の選定の方法を定めたもので，多角網の交点及びそれに相当する点並びにこれらの点からの見通しの良好な他の点を，2点を1組として地籍図根多角本点として選定できるとしています。

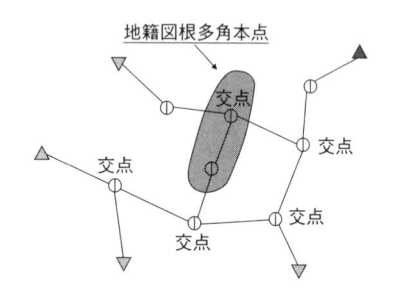

第2項は，地籍図根多角本点を選点する場合の密度の標準を定めたもので，別表第1に縮尺区分毎に1図郭当たりの点数が示されています。

別表第1　点配置密度の標準　（2）地籍図根多角本点，航測図根本点又は筆界基準杭

縮尺区分	1／250	1／500	1/1000，1/2500 又は1/5000
1図郭当たり点数	2〜3点	3〜6点	8〜12点

備考　航測図根本点は，必要に応じてこの標準より密度を増加させるものとする。

Q.　地籍図根多角測量において，二次路線の接続点も一次路線の交点になりますか。また，地籍図根多角本点とする点は，交点にするよう指導されていますが，交点は全て本点とする必要がありますか。運用基準別表第1に示された地籍図根多角本点，航測図根本点又は筆界基準杭の1図郭当たりの点数との関係はどのように解釈したらよいでしょうか。

A.　交点とは，同一次数の多角網において異なる与点（又は交点）から出発した3つ以上の多角路線が交差する点をいい，異なる次数の多角路線が交差する点は，交点ではありません。地籍図根多角本点は1図郭当たりの点数を満たしていれば，交点を全て本点にする必要はありません。

多角路線の選定

第五十四条　地籍図根多角測量における多角路線（以下第五十六条まで

において単に「多角路線」という。）の選定に当たっては，地籍図根点等を結合する多角網又は単路線を形成するように努めなければならない。
2　多角路線の与点となる地籍図根多角点は，当該路線についての地籍測量の精度区分以上の精度区分に属するものでなければならない。
3　多角路線の次数は，地籍図根三角点等を基礎として三次までとする。

解説

　第1項は，地籍図根多角測量における多角路線の選定方法を定めたもので，使用できる与点は，地籍図根点等（基本三角点，四等三角点，地籍図根三角点及び地籍図根多角点）とし，これらの与点を結合する多角網又は単路線を形成するように努めなければならないとしています。

　第2項は，既設の地籍図根多角点を与点として使用する場合の扱いを定めたもので，使用する既設の地籍図根多角点は，当該地籍測量の精度区分以上の精度区分に属するものでなければならないとしています。

　地籍図根多角測量及び地籍細部測量の工程では，作業の効率化，経済性を考慮して，精度区分ごとにその測量方法を定めています。甲二精度と甲三精度では，水平角の対回数や観測差及び倍角差の制限値が異なっています。このため，甲三精度で測量した地籍図根多角点の座標値は，甲二精度で測量した地籍図根多角点より精度が低いことになります。新点の座標値の精度は，与点の座標値の精度に影響されますので，甲二精度の地籍図根多角測量の与点として，甲三精度で設置された地籍図根多角点を使用することはできません。

　第3項は，地籍図根多角測量における次数について定めたもので，与点の誤差の累積を考慮して，多角路線の次数は，地籍図根三角点等を基礎として三次までとしています。

（運用基準）

多角路線
第27条　地籍図根多角測量における多角網は，地籍図根三角点等を与

点とした一次の多角路線で構成することを標準とする。
2 地籍図根多角点を与点とした場合の多角路線の次数は，与点の最大次数に一次を加えるものとする。ただし，厳密網平均計算を行った場合で，かつ，与点数のうち地籍図根三角点等を1／2以上含む場合は，与点とした地籍図根多角点の最大次数をもって多角路線の次数とすることができる。
3 多角網に必要な与点の数は，3点以上とし，単路線に必要な与点の数は，2点とする。
4 多角網の外周路線に属する新点は，外周路線に属する隣接与点を結ぶ直線から外側50度以下の地域内に選定することを標準とし，路線の中の夾角は，60度以上を標準とする。
5 多角路線の長さは，電子基準点のみを与点とする場合における与点から交点までの路線の長さを除き，1.5キロメートル以内を標準とする。ただし，二次及び三次の多角路線にあっては，1.0キロメートル以内を標準とするものとする。
6 同一の多角路線に属する測点間の距離は，なるべく等しく，かつ，30メートルより短い距離はなるべく避け，見通し障害等によりやむを得ない場合にあっても10メートルより短い距離は避けるものとする。
7 同一の多角路線に属する測点の数は，一次の多角路線（単路線を含む。以下この項において同じ。）にあっては50点以内，二次の多角路線にあっては30点以内，三次の多角路線にあっては20点以内とする。
8 当該地籍測量の精度区分が国土調査法施行令（昭和27年政令第59号。以下「令」という。）別表第4に定める乙一，乙二及び乙三の地域において，GPS法により実施する場合で，かつ，電話通信が困難な地域においては，電子基準点のみを与点とすることができる。
9 前項の場合における地籍図根多角測量に必要な与点は，作業地域に最も近い電子基準点3点以上とする。
10 電子基準点のみを与点とするGPS法における多角網は，与点から最も近い新点を交点とする多角路線で構成するものとする。

11　当該作業地域の新点全てを電子基準点のみを与点とするGPS法で行った場合は，周辺の地籍図根点等との整合を図るものとする。

解説

　第1項は，地籍図根多角測量における多角網（3個以上の多角路線によって構成される網）の次数について定めたもので，地籍図根三角点等（一等～四等三角点及び地籍図根三角点）を与点とした一次の多角路線で構成することを標準とすることとしています。

　一次の多角路線で構成することを標準とするとされていますので，特に，理由がない場合は一次としますが，隣接地区との整合等を図るために過年度に設置した地籍図根多角点を与点として用いる必要がある場合には，二次又は三次とすることができます。

　第2項は，与点に既設の地籍図根多角点が含まれた場合の多角路線の次数の扱いを定めたもので，簡易網平均計算で行った場合の多角路線の次数は，与点とした地籍図根多角点の最大次数（最も精度の低い次数）に一次を加えた次数とします。

　ただし，厳密網平均計算で行った場合の多角路線の次数は，与点数のうち地籍図根三角点等を1／2以上含む場合は，与点とした地籍図根多角点の最大次数をもって多角路線の次数とすることができます。

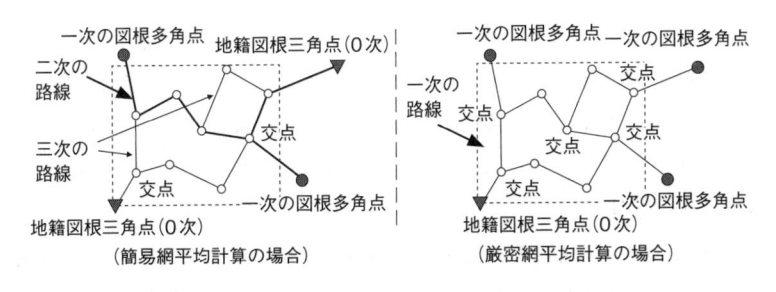

（簡易網平均計算の場合）　　（厳密網平均計算の場合）

　第3項は，地籍図根多角測量の多角網に必要な与点の数を定めたもので，与点（方向角の取り付けのみに使用した点を除く。）数は，3点以上とします。ただし，単路線の場合に必要な与点の数は，2点とします。

第4項は，新点位置の精度に影響する多角網の図形（与点の位置と新点の位置関係）の条件を定めたものです。多角網の外側に新点が配置（「突き出し点」ともいう。）されると新点の位置精度が低下しますので，できるだけ外側に出ないように新点の位置を選定します。本項では，外周路線に属する新点は，外周路線に属する与点から外側に50度以下の地域に選定することを標準とし，また，路線の中の夾角は60度以下を標準とするよう定めています。

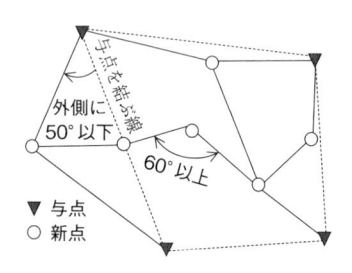

　第5項は，多角路線の長さの制限を示したものです。観測誤差は，多角路線の長さに比例して増大しますので，骨格となる一次は1.5 km以内，一次を基礎とする二次及び二次を基礎とする三次は1.0 km以内を標準としています。ただし，電子基準点のみを与点とする場合には，電子基準点の密度が10～20 kmであることから，与点とした電子基準点から交点までの距離は，この規定から除外されます。

　第6項は，同一の多角路線に属する測点間の距離の制限を示したものです。測点間の距離が極端に短いところがあると観測誤差が新点の精度に影響しますので，測点間の距離は，なるべく等しくし，30 mより短い距離はなるべく避けます。見通し障害等によりやむを得ない場合にあっても10 mより短い距離は避けます。

　第7項は，同一多角路線に属する測点数の制限を示したものです。観測誤差は，測点数に比例して増大しますので，一次の多角路線（単路線を含む。）にあっては50点以内，二次の多角路線にあっては30点以内，三次の多角路線にあっては20点以内とします。

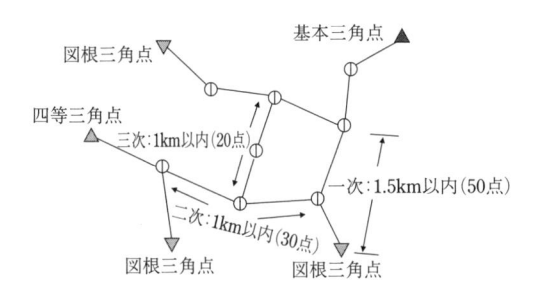

[図: 基本三角点・図根三角点・四等三角点の配置、一次:1.5km以内(50点)、二次:1km以内(30点)、三次:1km以内(20点)]

　第8項から第11項までは，電子基準点のみを与点とするGPS法について定めたものです。

　電子基準点は，国土地理院により設置されたGNSS受信機（GPS衛星やGLONAS衛星などの電波を受信）が組み込まれている基本三角点で，全国に10〜20km間隔で約1,200点設置されています。

電子基準点

　第8項は，電子基準点のみを与点とするGPS法を用いることができる条件を定めたもので，その条件の1つが採用できる地域を精度区分乙一〜乙三地域としています。もう1つの条件は電話通信が困難（ネットワーク型RTK-GPS法ができない地域）な地域としています。

第9項は，電子基準点のみを与点とするGPS法に用いる電子基準点の数量を定めたもので，作業地域に最も近い電子基準点3点以上を用いることとしています。

第10項は，電子基準点のみを与点とするGPS法を用いる場合の多角網の構成方法を定めたもので，電子基準点から最も近い新点を交点（3つ以上の多角路線が交わる点）とする多角路線で構成することとしています。

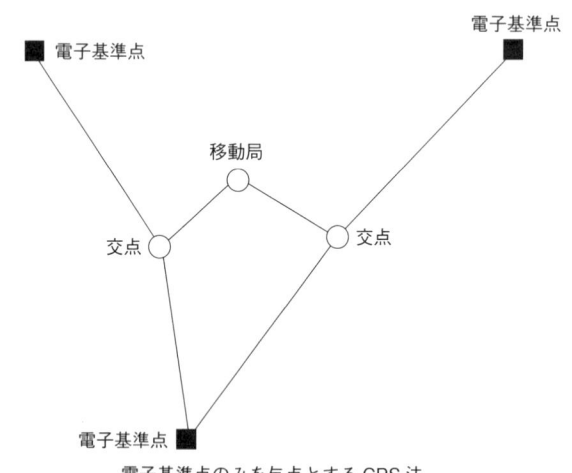

電子基準点のみを与点とするGPS法

第11項は，電子基準点のみを与点とするGPS法を行った場合の精度検証について定めたものです。調査地域から遠く（10 km以上）離れた電子基準点を用いますので，調査地域と電子基準点が設置されている地域における地殻変動等の差異により生じる座標値の不整合が生じる可能性があります。このため，周辺に設置されている細部図根点等と新点の取り付け観測を行い整合性の確認を行うよう定めています。

Q1. 運用基準第27条第2項の規定により，地籍図根多角測量においては，既設の地籍図根多角点を半数以上使用すると次数が下がるとされております。これを回避するために地籍図根三角点を設置したいのですが，過年度に設置した地籍図根三角点と近接することになり，別表第1の配点密度の制限を超えてしまいます。この場合，次数と配点密度のどちらの規定を優先させて選点すべきでしょうか。

A1. このケースの場合は，精度に影響する次数の制限を優先して下さい。地籍

図根多角測量は，一次が標準ですが，準則第54条で三次まで認められています。過年度に設置した地籍図根多角点を与点として使用する場合は，地籍図根三角点等が与点数の1/2以上であれば，与点として使用した地籍図根多角点と同じ次数とすることができます。なお，別表第1は，標準的な配置点数を示したもので，この密度の標準を超過しても問題ありません。

Q2. 地籍図根多角測量において，既設の地籍図根多角点を与点として使用したいのですが，使用する地籍図根多角点に標高データが無い場合はどのように対応すればよいのでしょうか。

A2. ①使用する既設の地籍図根多角点の多角路線において，測定データ（高度角，距離，器械高，目標高）がある場合は，その測定データにより標高既知の地籍図根三角点等から標高計算を行い当該地籍図根多角点の標高を求めます。②測定データがない場合は，近傍の標高既知の地籍図根三角点等との標高取り付け観測（間接水準測量法又は直接水準測量法による）を行い，当該地籍図根多角点の標高を求めます。

Q3. 運用基準第19条の3第3項では，「3級基準点，街区多角点及び補助基準（主として宅地が占める地域におけるもの）は，一次の地籍図根多角点と同等なものとして取り扱う。」とありますが，3級基準点を与点として地籍図根多角測量を実施して問題ないでしょうか。また気を付ける点があればお教えて下さい。

A3. 特に問題ありません。3級基準点は，一次の地籍図根多角点相当の扱いになりますので，厳密網平均計算で行う場合は，与点に使用した地籍図根三角点等が半数以上含まれていれば，新点の次数は一次，与点の半数以上が3級基準点若しくは一次の地籍図根多角点であれば二次とします。また，簡易網平均計算で行う場合は，新点の次数は二次となります。なお，3級基準点等公共基準点を使用する場合は，あらかじめ，当該点が法第19条第5項に指定されているか又は公共測量の手続きがなされ，国土地理院の長の審査を受けている点であることを確認しておく必要があります。

Q4. TS法による地籍図根多角測量において，下図のような多角網を選定しました。この場合，新点Cは交点として扱ってよいでしょうか。また，厳密網平均計算を行う場合，一括で網平均計算を行ってよいでしょうか。

```
          △ 与点
              \
               \
                ○ 交点
               /|\
              / | \
             /  |  \        B        C              与点
            /   |   ○────────○────────○──────────△
         D ○   |              \      /
            \  |               \    /
             \ |                \  /
              ○ E                ○ F
              |
              |
              △ 与点
```

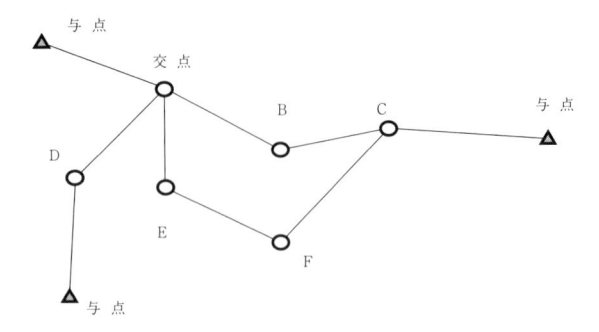

A4. 本件は，同一多角路線の与点から交点間，交点から他の交点間において2つの多角路線が構築（いわゆる「ぶらさがり路線」といわれるもの）されたもので，本事例の場合は，新点E，Fを経由する多角路線は，B，Cを経由する多角路線内に作られたものであることから，新点Cは交点として扱うことはできません。したがって，運用基準第27条に規定された多角路線の長さ，同一多角路線に属する測点間距離及び測点数は，与点1から交点A，与点2からDを経由して交点A，与点3からC，Bを経由して交点A点，与点3からC，F，Eを経由して交点A間の多角路線での数量となります。

なお，厳密網平均計算は，特に理由がない限り一括して計算して下さい。

Q5. 運用基準第27条第4項には，「多角網の外周路線に属する新点は，外周路線に属する隣接与点を結ぶ直線から外側50度以下の地域内に選定することを標準とし，路線の中の夾角は60度以上を標準とする。」と定められていますが，隣接与点には，既設多角点（認証済み）も含むと考えてもよいのでしょうか。

A5. 与点とは，当該多角路線の出発点又は結合点に使用した既設点をいい，使用していない既設点又は方向角の取り付けのみに使用した既設点は与点ではありません。当該多角網の最外周にある与点を結ぶ線を基準として50度以内に新点が配置されるように選定します。

地籍図根多角交会点の選定

第五十五条 後続の測量に資するために必要がある場合には，地籍図根多角測量に伴って多角路線外に地籍図根多角交会点を選定することができる。

2　地籍図根多角交会点は，地籍図根多角測量における与点とすることができない。

解説

地籍図根多角交会点とは，3点以上の地籍図根点等を基礎として，角の観測だけ（三角測量方式）で位置（座標値）を求めた点をいいます。

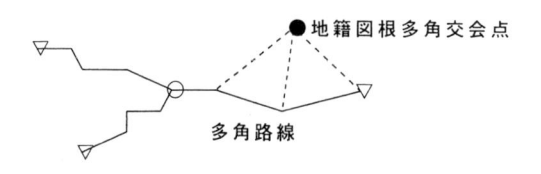

地籍図根多角交会点

第1項は，地籍図根多角交会点を選定する場合の条件を定めたもので，後続の細部図根測量又は一筆地測量を行う上で，必要がある場合には多角路線外に地籍図根多角交会点を選定することができるとしています。

第2項は，地籍図根多角交会点の利用条件を定めたもので，地籍図根多角交会点は，地籍図根多角点より精度が劣ることから地籍図根多角測量の与点とすることができず，細部図根測量又は一筆地測量の与点として利用します。

（運用基準）

地籍図根多角交会点の選定

第28条　地籍図根多角交会点は，同一の又は相隣る多角路線に属する3個以上の地籍図根点等を基礎として，2個以上の三角形を構成するように選定しなければならない。

2　前項の三角形の各内角は25度以上とし，それぞれの三角形の1内角の観測を行わないことができる。

解説

第1項は，地籍図根多角交会点の選定方法を定めたもので，地籍図根多角点との整合性を考慮して，同一の又は相隣る多角路線に属する3個以上の地籍図根点等を基礎として，2個以上の三角形を構成するように選定しなければならないとしています。

第2項は，地籍図根多角交会点の選定の条件を定めたもので，三角法による位置決定の精度を高めるため，三角形の各内角は25度以上としています。また，三角法では三角形の内角の2つがあれば計算が可能なことから，それぞれの三角形の1内角の観測を省略できるとしています。

> (選点図)
> 第五十六条　地籍図根多角点及び多角路線の選定の結果は，地籍図根多角点選点図に取りまとめるものとする。

(解説)

　選点図とは，新点及び多角路線の選定作業の結果を既存の地図に示したものをいいます。選点図には，新点の予定位置，使用する与点，視通可能な方向線などを記入します。

　選点図に基づき，網平均計算に使用する与点及び新点の配置，多角路線の構成を示した地籍図根多角測量平均図（以下「平均図」という。）を作成します。

　工程管理者（外注の場合は監督職員）は，観測開始前に平均図に記載された使用する与点，多角路線等の網構成が準則の規定に適合しているどうか確認し，平均図に承諾した年月日及び承諾者の氏名（自署）を記載し，押印します。

　本条は，地籍図根多角点の設置位置及び多角路線の選定結果を地籍図根多角点選点図（以下「選点図」という。）に取りまとめるよう定めたものです。

（運用基準）

> (縮尺)
> 第29条　地籍図根多角点選点図及び地籍図根多角点網図の縮尺は，1万分の1，5千分の1又は2千5百分の1とする。

解説

　網図とは，選点図に基づいて，実際に測量した新点，与点の位置，多角路線などを白紙に記入したものをいいます。

　本条は，地籍図根多角点の選点図と網図の縮尺を定めたもので，地籍図根多角点の設置範囲を考慮して 1／10,000，1／5,000 又は 1／2,500 で作成します。

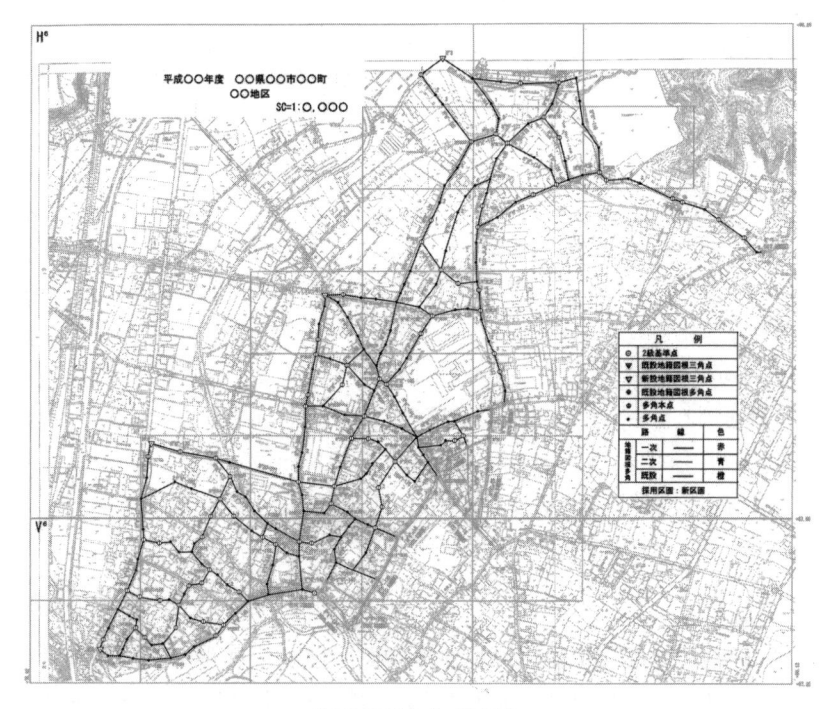

地籍図根多角点　選点図

標識

第五十七条　地籍図根多角点には，標識を設置するものとする。ただし，自然物又は既設の工作物を利用することを妨げない。

> 【解説】

　地籍図根多角点は，後続の細部図根測量及び一筆地測量の基礎とするためのものですので，それらの測量に利用するためには地籍図根多角点の位置を示す標識が必要です。

　本条は，地籍図根多角点の標識の扱いについて定めたもので，地籍図根多角点には標識を設置することとしています。ただし，当該点の位置に自然物又は既設の工作物がある場合には，それを利用することを妨げないとしています。

（運用基準）

> 【標識の規格】
>
> 第30条　地籍図根多角点は，永久的な標識を設置するように努めるものとし，地籍図根多角点及び地籍図根多角本点の標識の規格は，別表第2に定めるところによるものとする。
> 2　前項の標識については，滅失，破損等の防止及び後続の測量の容易化を図るため，その設置状況を写真により記録するものとする。
> 3　前項により記録した標識の写真は，電磁的記録又はフィルムにより保存し管理するよう努めるものとする。

> 【解説】

　第1項は，地籍図根多角点及び地籍図根多角本点の標識の規格を定めたもので，将来の利活用に資する観点から永久性のある標識とするように努めることとし，その寸法，形状及び材質等については，別表第2に示されたものとします。

第4章　地籍測量

別表第2　標識の規格

(1) （略）
(2) 地籍図根多角点，航測図根点

区　分	説　明
寸法及び形状	4.5cm × 4.5cm × 45cm 角柱又はこれと同等以上のものとする。なお，「地籍図根多角点」「航測図根点」を識別できるよう努めるものとする。
材　質	プラスチック（難燃性でありJIS規格のものを標準とする。），コンクリート，石又はこれらと同等以上の強度を有する
中心標示の方法	直径3mm以下

(3) 地籍図根多角本点，航測図根本点及び筆界基準杭

区　分	説　明
寸法及び形状	7cm × 7cm × 60cm 角柱又はこれと同等以上のものとする。ただし，山林部においては，4.5cm × 4.5cm × 45cm 角柱又はこれと同等以上のものを使用できる。なお，「地籍図根多角本点」「航測図根本点」「筆界基準杭」を識別できるよう努めるものとする。
材　質	プラスチック（難燃性でありJIS規格のものを標準とする。），鉄線入りコンクリート又は石とし，空洞のものは除く。
中心標示の方法	直径3mm以下

(4) 標識の規格の特例

区　分	地籍図根三角点及び標定点	地籍図根多角点，航測図根点，地籍図根多角本点，航測図根本点及び筆界基準杭	凡　例
金属標の寸法及び形状 D×L	ϕ75×90mm 以上	ϕ50×70mm 以上	
材　質	真鍮又はこれと同等以上の合金（JIS規格のものを標準とする．）		
中心標示の方法	直径3mm以下		

備考　建築物の屋上に設ける場合又は市街地等において表土の露出部分がなくコンクリート杭等の設置が困難な場合においては，金属標によることができる．この場合において，建築物の屋上に設ける場合に限り，金属標の頭部のみを接着剤等により固定することを妨げない．なお「地籍図根三角点」「標定点」等を識別できるよう努めるものとする．

　第2項は，地籍図根多角点及び地籍図根多角本点の標識を滅失，破損等の防止及び後続の測量の容易化を図る観点から，その設置状況を写真により記録することとしています．

(1) 金属標の設置
　1) 設置前

　2) 設置中

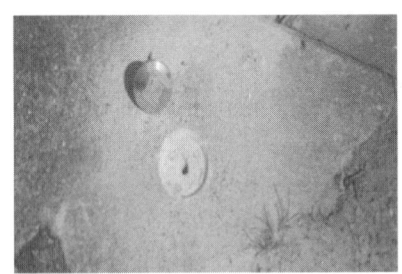

　3) 設置後

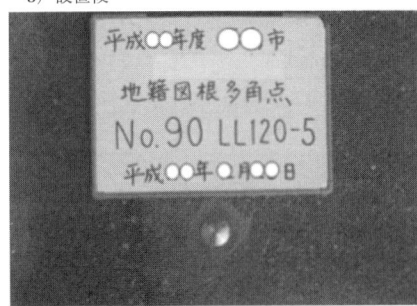

注：地籍図根多角点の標識の設置状況は，写真により記録し，電磁的記録又はフィルムにより保存し管理するよう努める。

(2) 山間部のプラスチック杭の設置
　1）設置前

　2）設置使用杭

　3）設置後

注1：地籍図根多角点の標識の設置状況は，写真により記録し，電磁的記録又はフィルムにより保存管理するよう努める。

　なお，地籍図根多角点を設置した場合は，その設置位置を明示した選点手簿を作成します。

地籍図根多角点選点手簿

測点名及び標識	図郭番号	次数	1	精度区分	甲3
Vⁱ 交37 (50φ*70mm金属標)				●プラープラスチック	
Vⁱ 交36 (7cm*7cm*60cmプラ)・Vⁱ 交38 (7cm*7cm*60cmプラ)・Vⁱ Vⁱ-130-1 (7cm*7cm*60cmプラ)					
Vⁱ 交43 (4.5cm*4.5cm*45cmプラ)・Vⁱ Vⁱ-130-2 (4.5cm*4.5cm*45cmプラ)・Vⁱ Vⁱ-147-1 (4.5cm*4.5cm*45cmプラ)					
Vⁱ 交32・Vⁱ 交39・Vⁱ 交45・Vⁱ 交46・Vⁱ 交55					
Vⁱ Vⁱ-132-1・Vⁱ Vⁱ-135-1・Vⁱ Vⁱ-145-1・Vⁱ Vⁱ-145-2・Vⁱ Vⁱ-161-1					

要図 SC=1:1000

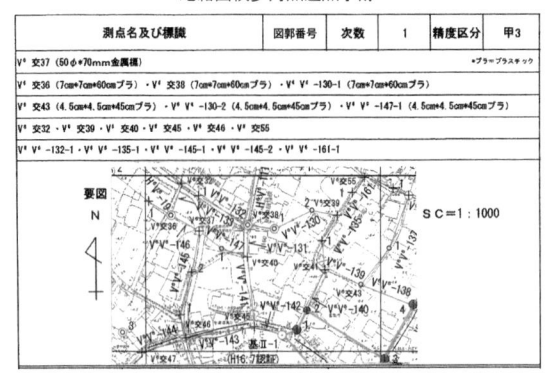

地籍図根多角点選点手簿

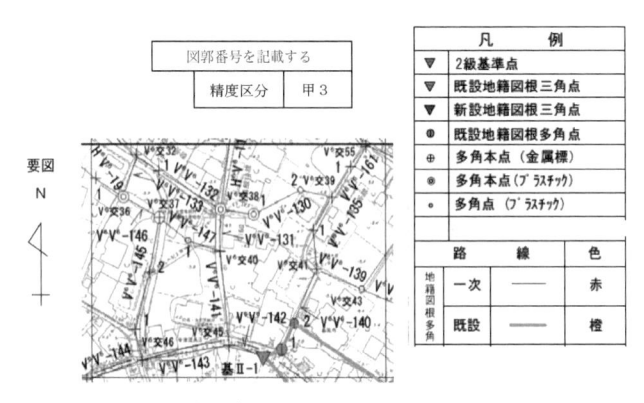

図郭番号を記載する
精度区分 甲3

凡	例
▽	2級基準点
▽	既設地籍図根三角点
▼	新設地籍図根三角点
⊕	既設地籍図根多角点
⊕	多角本点（金属標）
●	多角点（プラスチック）
○	多角点（プラスチック）

路	線	色
地籍図根多角	一次	赤
	既設	橙

第3項は，記録した写真の管理方法を定めたもので，写真は電磁的記録又はフィルムとしており，デジタルカメラ，光学カメラのどちらでも可です。

Q. 地籍図根多角点の写真撮影の際に，黒板等に表示する点名は，任意の仮番号でよいですか（正式な点名は設置時には確定していないため）。

A. 標識の設置は，平均図承認後に実施することから，標識設置の際には多角路線番号，測点名は確定していなければなりません。したがって，写真撮影の際に仮番号を付与する必要はありません。なお，平均図の変更，測点の追加や削除等があって，やむを得ず測点番号が変更となった場合は，測点番号の対照表を添付するなどの対応が必要となります。

> **観測，測定及び計算**
>
> **第五十八条** 地籍図根多角測量における観測及び測定は，地籍図根多角測量により設置された地籍図根多角点を基礎として行う一筆地測量及び地積測定において，令別表第四に定める限度以上の誤差が生じないように行うものとする。
>
> 2 地籍図根多角点の座標値及び標高は，前項の観測及び測定の結果に基づいて求めるものとし，その結果は，地籍図根多角点網図及び地籍図根多角点成果簿に取りまとめるものとする。

解説

第1項は，地籍図根多角測量の観測及び測定について定めたもので，国土調査法施行令別表第四に定める一筆地測量及び地積測定の誤差の限度以上の誤差が生じないように行うこととしております。なお，観測及び測定の方法は，運用基準で定めています。

第2項は，地籍図根多角点の成果である座標値及び標高の求め方について定めたもので，座標値及び標高は，地籍図根多角測量の観測及び測定の結果に基づいて算出し，その結果については，地籍図根多角点網図及び地籍図根多角点成果簿に取りまとめるものとしています。

地籍図根多角点網図（拡大図）

地籍図根多角点成果簿（世界測地系）

路線名	H^6H^6-117	座標系	Ⅳ	精度区分	甲3	
測点名	標識区分	X座標（m）	Y座標（m）	標高（m）	距離（m）	方向角
H^6交15	本	68113.426 ✓	79735.762 ✓	5.165 ✓	48.463 ✓	142-47-22 ✓
H^6H^6-117-1	本	68074.829 ✓	79765.070 ✓	5.746 ✓	32.851 ✓	166-01-14 ✓
H^6H^6-117-2		68042.951 ✓	79773.006 ✓	6.055 ✓	32.698 ✓	170-36-54 ✓
H^6交21		68010.691 ✓	79778.338 ✓	6.495 ✓		
				測点数	4点	
				路線長	114.012	
				最短距離	32.698	

作成年月日　○○○○年○○月○○日　記入者　○○　○○　　点検者　○○　○○

注1：標識区分欄には、地籍図根多角本点を「本」と記載する。
注2：自動的に計算処理を行い成果簿を作成するシステムを用いて出力した場合は、点検（検符）を省略することができる。
注3：自動的に計算処理を行わない場合は、方向角の計算書（S.T計算）を添付する。

（運用基準）

（観測，測定及び計算）

第31条　地籍図根多角測量における観測及び測定は，必要に応じて，水平角，鉛直角，器械高，目標の視準高，距離，気圧，温度及び基線

ベクトルについて行うものとする。
2 前項における観測及び測定の方法は，別表第11に定めるところによるものとする。
3 地籍図根多角測量における計算の単位及び計算値の制限は，別表第12に定めるところによるものとする。ただし，地籍図根多角交会点の座標値を求める場合における計算の単位及び計算値の制限は，別表第13に定めるところによるものとする。
4 地籍図根多角点の座標値及び標高は，第25条第5項及び第6項の規定を準用して求めるものとする。ただし，厳密網平均計算又は三次元網平均計算に用いる重量は，別表第14に定める数値を用いて計算するものとする。
5 地籍図根多角交会点の座標値は，地籍図根多角交会点と与点とによって構成される三角形を解いた結果を用いて求めるものとする。ただし，厳密網平均計算を行って求めることができる。
6 観測，測定及び計算結果が別表第11から別表第13までに定める制限を超えた場合は，再測をしなければならない。なお，再測は，観測中の諸条件を吟味し，許容範囲を超えた原因を考慮して行うものとする。
7 地籍図根多角測量を行った場合は，別表第15に定めるところにより点検測量を行わなければならない。
8 前項の点検測量における点検の数量は，新設した地籍図根多角点数の概ね5％とする。

【解説】
　第1項は，地籍図根多角測量における観測及び測定について定めたもので，座標値及び標高を求めるために必要に応じて水平角，鉛直角，器械高，目標の視準高，距離，気圧，温度及び基線ベクトルについて観測及び測定を行うこととしています。
　TS法による場合は，水平角，鉛直角，器械高，目標の視準高，距離，気

圧，温度の測定が必要です。また，GPS法による場合は，GPS衛星から送られてくる電波を受信して基線ベクトルを測定する必要があります。

第2項は，前項の観測及び測定の方法を定めたもので，別表第11に示す方法で行うこととしています。

TS法の角観測については，別表第11の(1)に精度区分別に，TS等の性能別に水平角観測の対回数，観測差，倍角差，定数差（高度定数差）の制限が示されています。最小目盛値10秒以下のセオドライト及びトータルステーションとは2級，最小目盛値20秒以下のセオドライト及びトータルステーションとは3級のセオドライト及びトータルステーションのことです。

距離測定については，(2)にTSと鋼巻尺による距離測定のセット数，較差の制限，測定単位，各種補正（器差補正，気象補正，傾斜補正，基準面からの高さの補正，s／S補正）の要否が示されています。「要」とは当該補正を行わなければならない，「否」とは当該補正を行わないという意味ですが，計算システムで行う場合で自動的に補正が行われる場合には，「否」であっても補正しても差し支えありません。

GPS法の場合は，別表第11の(3)に観測方法，GPS観測のために設定する項目，単位及び位，観測時間等，GPS衛星の条件，異なるセッションによる閉合多角形ができない場合の検測について示されています。観測時間等欄に，スタティック法，短縮スタティック法，キネマティック法，RTK法及びネットワーク型RTK-GPS法と記載されていることから，地籍図根多角測量においてはこれらの方法で行うことができます。

別表第11の(4)には，電子基準点のみを与点とするGPS法の観測方法，GPS観測のために設定する項目，単位及び位，観測時間等，GPS衛星の条件が示されています。観測方法は，スタティック法又は短縮スタティック法で行うこととしています。

別表第 11　地籍図根多角測量における観測及び測定の方法〔第 31 条〕

(1) TS 法による角の観測

区　分		精　度　区　分				
		甲一	甲二	甲三及び乙一	乙二及び乙三	
セオドライト及びトータルステーションの種類		最小目盛値 10 秒以下	最小目盛値 10 秒以下	最小目盛値 10 秒以下	最小目盛値 20 秒以下	最小目盛値 20 秒以下
水平角	対回数	2	2	1	2	1
	輪郭	0 度, 90 度	0 度, 90 度	任意	0 度, 90 度	任意
	較差	−	−	20 秒以内	−	40 秒以内
	観測差	20 秒以内	40 秒以内	−	40 秒以内	−
	倍角差	30 秒以内	60 秒以内	−	60 秒以内	−
鉛直角	対回数	1	1	1	1	1
	定数差	60 秒以内	60 秒以内	60 秒以内	60 秒以内	60 秒以内

備考　精度区分が甲及び乙一において，辺長が 200m を超えるものについては，別表第 6 によるものとする。

(2) TS 法による距離の測定

区分			規　格　条　件	精　度　区　分					
				甲一	甲二	甲三	乙一	乙二	乙三
光波測距儀及びトータルステーション		1	器差補正	要	要	要	要	要	要
		2	気象補正	要	要	要	要	要	要
		3	傾斜補正	要	要	要	要	要	要
		4	測定単位	mm	mm	mm	mm	mm	mm
		5	読取回数	2 セット	2 セット	2 セット	1 セット	1 セット	1 セット
		6	読取値の較差	15mm	20mm	25mm	30mm	30mm	30mm
鋼巻尺		7	器差補正	要	要	否	否	否	否
		8	温度補正	要	要	否	否	否	否
		9	傾斜補正	要	要	要	要	要	要
		10	張力計の使用	要	要	否	否	否	否
		11	往復測定	要	要	要	要	要	要
		12	往復測定の較差	$1\text{mm}\sqrt{S}$	$2\text{mm}\sqrt{S}$	$4\text{mm}\sqrt{S}$	$6\text{mm}\sqrt{S}$	$10\text{mm}\sqrt{S}$	$10\text{mm}\sqrt{S}$
		13	読取単位	mm	mm	mm	mm	mm	mm
		14	片道の読取回数	2	2	1	1	1	1

	15	片道の読取値の較差	3mm	3mm	−	−	−	−
共通事項	16	基準面からの高さの補正	要	要	要	要	否	否
	17	s／S補正	要	要	要	要	否	否

備考 1. 乙二又は乙三における温度補正，基準面からの高さの補正及びs／S補正で否については，影響が著しい場合には，要とするものとする。
2. 較差の欄のSは，測定距離をm単位で表した数を示す。
3. 往復測定は，独立2回測定とすることができる。
4. 水平距離補正機能付光波測距儀を使用する場合には，鉛直角，器械高及び目標の視準高を測定して傾斜補正を行ったものとみなす。

(3) GPS法による基線ベクトルの観測
 1) 観測方法
  観測は，干渉測位方式で行うものとし，次表により観測値の良否を点検できるよう，多角網路線が閉じた多角形を形成するものとする。

区分	測定方法
環閉合差による方法	環閉合差を求め，点検するための異なるセッションの組み合わせによる多角網を形成する。
重複辺による方法	異なるセッションによる点検のため，1辺以上の重複観測を行う。

 2) GPS観測のために設定する項目，単位及び位

設定項目	単位	位	備　　考
経度・緯度	度分秒	1	自動入力装置のある機種は，自動入力で行う。
楕円体高	m	10	（同上）
アンテナ高	m	0.001	

 3) 観測時間等

測定方法	観測時間	データ取得間隔
スタティック法	30分以上	30秒
短縮スタティック法	10分以上	15秒
キネマティック法	1分以上	5秒
RTK法及びネットワーク型RTK-GPS法	FIX解を得てから10エポック以上	1秒

備考 1. RTK法において，角GPS衛星から固定点と移動点で同時に受信する1回の信号を1エポックとする。また，ネットワーク型RTK-GPS法における間接観測法においても同様とする。
2. RTK法において，固定点と移動点の観測距離は，500m以内を標準とする。

 4) GPS衛星の条件

項　　目	制　　限
受信高度角	15°以上を標準とする

衛星の数	スタティック法	4箇以上
	短縮スタティック法	5箇以上
	キネマティック法	
	RTK法及びネットワーク型RTK-GPS法	

備考　受信高度角は，上空視界の確保が困難な場合は30°まで緩和することができる。

 5）検測
  GPS観測の結果，異なるセッションによる閉合多角形ができない場合には，当該セッションの1辺以上について再度GPS観測を行うか，又は，異なるセッションの組み合わせができるようにGPS観測を追加して実施し，検測する。
（4）電子基準点のみを与点とするGPS法
 1）基線ベクトルの観測方法
  観測は，1級GPS測量機を使用し，干渉測位方式で行うものとする。
 2）GPS観測のために設定する項目，単位及び位

設定項目	単位	位	備　　　考
経度・緯度	度分秒	1	自動入力装置のある機種は，自動入力で行う。
楕円体高	m	10	（同上）
アンテナ高	m	0.001	

 3）観測時間等

測定方法	観測時間	データ取得間隔
スタティック法	60分以上	30秒
短縮スタティック法	20分以上	30秒

 4）GPS衛星の条件

項　　目		制　　限
受信高度角		15°以上を標準とする
衛星の数	スタティック法	5箇以上
	短縮スタティック法	6箇以上

備考　受信高度角は，上空視界の確保が困難な場合は30°まで緩和することができる。

　第3項は，地籍図根多角測量における計算の単位及び計算値の制限を定めたもので，それらは別表第12に示されています。
　計算の単位は，TS法では角度の数値は秒位，辺長値，座標値，標高など長さに関する数値はmm位，GPS法では基線ベクトル成分，座標値，標高のいずれについても長さに関する数値ですので，mm位とします。
　TS法における計算値の制限は，方向角の閉合差，座標の閉合差及び閉合比，標高の閉合差，新点位置の標準偏差，単位重量の標準偏差及び高低角の

標準偏差について示されています。

　方向角の閉合差，座標の閉合差及び閉合比，標高の閉合差は，点検計算により求め，新点位置の標準偏差，単位重量の標準偏差及び高低角の標準偏差は，厳密網平均計算により求めます。

　点検計算は，与点から新点を経由し他の与点に結合させる最短の路線（結合路線）で行います。この場合，出発した与点と結合した与点において方向角の取り付けを相互に行った場合は，方向角の閉合差の許容範囲は環閉合差（制限式の定数項を省いた式）により算出し，座標の閉合差の許容範囲は定数項を入れた式で求めます。

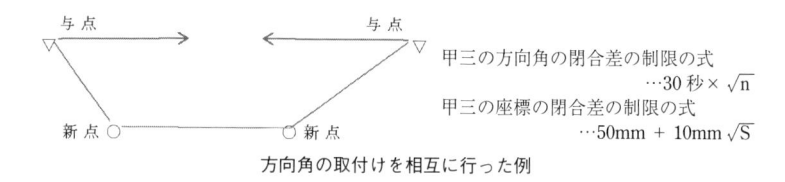

甲三の方向角の閉合差の制限の式
　　　…30秒 × $\sqrt{n}$
甲三の座標の閉合差の制限の式
　　　…50mm + 10mm $\sqrt{S}$

方向角の取付けを相互に行った例

　また，与点から新点を経由し同一の与点に閉合する路線（環閉合）により行った場合の閉合差の許容範囲は，各制限式の定数項を省いて求めます。

　なお，座標値を厳密網平均計算で算出する場合は，方向角の計算を省略できるとしていますが，図形の強さを考慮し，可能な限り方向角の取り付けを行うことが望まれます。

　GPS法における計算値の制限は，環閉合差及び重複辺の較差について示されています。

　環閉合差又は重複辺の較差は，点検計算により求め，水平位置及び標高の標準偏差は，三次元網平均計算により求めます。

　環閉合差は，異なるセッションの辺を組み合せて構成される多角形（1つのセッションとして観測されない多角形）について，各辺が属するセッションで得られた基線ベクトルの3成分（△X，△Y，△Z）をそれぞれ合計して求めます。

　重複辺の較差は，異なるセッションの重複した辺について基線ベクトルの3成分の差をとって求めます。

別表第12 地籍図根多角測量の計算の単位及び計算値の制限

(1) TS法

精度区分	制限項目	計算の単位				計算値の制限							
		角値	辺長値	座標値	標高	方向角の閉合差	座標の閉合差	閉合比	標高の閉合差		新点位置の標準偏差		単位重量の標準偏差	高低角の標準偏差
									直接法	間接法	水平位置	標高		
甲	一	秒位	mm位	mm位	mm位	10秒+15秒√n	20mm+4mm√S	1/3,000 (標準)						
甲	二	秒位	mm位	mm位	mm位	15秒+20秒√n	50mm+6mm√S		150mm+15mm√S	200mm+50mm√N	10cm	20cm	20″ (標準)	30″ (標準)
甲	三	秒位	mm位	mm位	mm位	20秒+30秒√n	50mm+10mm√S							
乙	一	秒位	mm位	mm位	mm位	20秒+45秒√n	60mm+15mm√S	1/2,000						
乙	二	秒位	mm位	mm位	mm位	40秒+55秒√n	100mm+20mm√S		150mm+30mm√S	250mm+50mm√N				
乙	三	秒位	mm位	mm位	mm位	40秒+65秒√n	120mm+25mm√S							

備考 1. nは当該多角路線の測点数，Nは2与点間の辺数，Sは路線の長さをm単位で示した数である．
2. 厳密網平均計算の場合は，方向角の閉合差の点検を省略できるものとする．
3. 環閉合差により点検する場合は，方向角，座標及び標高の各制限式の定数項を省いたものとする．

(2) GPS法

計算の単位				計算値の制限			
辺長値	基線ベクトル3成分	座標値	標高	(ア) 環閉合差	(イ) 重複辺の較差	(ウ) 三次元網平均計算による標準偏差	
						水平位置	標高
mm位	mm位	mm位	mm位	水平（ΔN, ΔE）20mm√N 高さ（ΔU）30mm√N (N：辺数)	水平（ΔN, ΔE）20mm 高さ（ΔU）30mm RTK法の場合は，Δx, Δy, Δzの各成分毎に25mm以下	10cm	20cm

備考 1. 点検計算の制限は，上記（ア）又は，（イ）の方法による．ただし，ΔN, ΔE, ΔUはベクトル終点において，Δx, Δy, Δzから計算式により算出する．
2. ΔNは，水平面の南北方向の閉合差又は較差，ΔEは，水平面の東西方向の閉合差又は較差，ΔUは，高さ方向の閉合差又は較差である．

(3) 電子基準点のみを与点とするGPS法
　1) 観測値の点検

観測値の点検箇所等	点検数等
電子基準点間の閉合差の点検数	使用した電子基準点数－1（点検路線は最短路線とする）
重複辺の較差，環閉合差の点検	電子基準点間の閉合差の点検に含まれない重複辺，環閉合差
備考	点検値の制限を超過した場合は，再測を行い，再び制限値を超過した場合は，セミ・ダイナミック補正による補正計算を行う．

　2) 電子基準点間の閉合差の制限

区　　　分		閉合差の制限	摘　　要
結合多角方式	水平（$\Delta N, \Delta E$）	60 mm + 20 mm$\sqrt{N}$	N：辺数 ΔN：水平面の南北方向の閉合差 ΔE：水平面の東西方向の閉合差 ΔU：高さ方向の閉合差
	高さ（ΔU）	150 mm + 30 mm$\sqrt{N}$	

　3) 計算値の制限

計　算　の　単　位				計　算　値　の　制　限			
辺長値	基線ベクトル3成分	座標値	標高	(ア)環閉合差	(イ)重複辺の較差	(ウ)三次元網平均計算による標準偏差	
						水平位置	標高
mm位	mm位	mm位	mm位	水平（$\Delta N, \Delta E$） 20 mm$\sqrt{N}$ 高さ（ΔU） 30 mm$\sqrt{N}$ （N：辺数）	水平（$\Delta N, \Delta E$） 20 mm 高さ（ΔU） 30 mm	10 cm	20 cm

　4) 地籍図根点等との整合の確認

地籍図根点等との取付距離の制限		1,500 m 以内を標準	
GPS法による座標の較差	精度区分	水平（$\Delta N, \Delta E$）	高さ（ΔU）
	乙一	60 mm + 20 mm$\sqrt{N}$	150 mm + 30 mm$\sqrt{N}$
	乙二		
	乙三		
TS法による座標の較差	精度区分	方向角の閉合差	座標の閉合差
	乙一	20 秒 + 45 秒$\sqrt{N}$	60 mm + 15 mm$\sqrt{S}$
	乙二	40 秒 + 55 秒$\sqrt{N}$	100 mm + 20 mm$\sqrt{S}$
	乙三	40 秒 + 65 秒$\sqrt{N}$	120 mm + 25 mm$\sqrt{S}$

ただし，地籍図根多角交会点の座標値を求める場合における計算の単位及び計算値の制限は，別表第13に定めるところによるものとする．

別表第13　地籍図根多角交会点の計算の単位及び計算値の制限〔第31条〕

計算の単位			計算値の制限		
角値	辺長値	座標値	三角形の閉合差	座標の出合差	辺長の出合差
秒位	mm位	mm位	30秒以内	100 mm 以内	250 mm 以内

　第4項は，地籍図根多角測量の成果である座標値及び標高の算出方法を定めたもので，座標値及び標高は，第25条第5項及び第6項を準用してTS法による場合には厳密網平均計算により求めることを標準とし，GPS法による場合にはジオイドモデルを使用する三次元網平均計算により求めます。

　厳密網平均計算又は三次元網平均計算に用いる重量は，別表第14に定められています。

別表第14　地籍図根多角測量における厳密網平均計算又は三次元網平均計算に用いる重量

	角の重量		10
TS法	距離の重量の係数	長さに比例しない標準偏差（Ms）	10mm
		長さによる誤差の比例定数（γ）	5×10^{-6}
		角の一方向の標準偏差（Mt）	13.5秒
GPS法	平均計算に用いる重量は，次のいずれかの分散・共分散行列の逆行列を用いる。 ① 基線解析で求められた値 ② 水平及び標高の分散を固定値として求めた値 　分散は dN= $(0.004m)^2$, dE= $(0.004m)^2$, dU= $(0.007m)^2$, とする。		

　なお，TS法による場合には厳密網平均計算により行うことを基準としますが，地籍測量の精度区分が乙二又は乙三地区の場合は，簡易網平均計算により座標及び標高を求めることができます（平成21年2月26日国土交通省土地・水資源局国土調査課補佐事務連絡より）。

　第5項は，地籍図根多角交会点の座標値の算出方法を定めたもので，地籍図根多角交会点は与点2点から角観測を行う方法ですので，構成される既知の辺長と三角形の内角によって与点から地籍図根多角交会点間の距離と方向角を求め，地籍図根多角交会点の座標値を求めます。ただし，与点2点の座標値と内角を入力データとした厳密網平均計算を行って座標値を求めることもできます。

　第6項は，観測，測定及び計算において制限を超えた場合の扱いを定めた

もので，別表第11から第13までに定められた制限を超えた場合は，観測中の諸条件を吟味し，許容範囲を超えた原因を考慮して再測（再度，観測又は測定を行うこと。）しなければならないとしています。

観測中の諸条件とは，風雨等の天候条件，観測点の地盤の強弱，樹木等の障害の有無などをいいますが，通常，これらの条件の悪い箇所は，点検計算の結果，閉合差の大きい多角路線に反映されます。したがって，再測する場合は，閉合差の大きい多角路線を優先に行うことにより，不良な測点の割り出しが容易になる場合があります。なお，高低角の標準偏差が制限（30秒）を超過した場合は，次のような対応を行います。

① 1点あたりの標準偏差で制限値内になっていないものがないかを点検し，すべて制限値であった場合，その中で最も精度の低い点と網の構成状態を点検して再測箇所を抽出する（標準偏差の値が最も大きい新点のある路線を抽出する。）。

② 抽出した路線の再測を行う。

第7項は，点検測量について定めたもので，その方法が別表第15に示されています。

別表第15　地籍図根多角測量における点検測量の較差の許容範囲

(1) 点検値と採用値の較差の許容範囲
　1) TS法

距離	水平角	鉛直角	偏心要素		
			偏心距離	偏心角	鉛直角
15mm	4500/s 秒	7500/s 秒	15mm	4500/e 秒	7500/e 秒

備考　sは測点間距離（m単位），eは偏心距離（m単位）とする。

　2) GPS法

重複する基線ベクトルの較差	
ΔN，ΔE	ΔU
20mm	30mm

備考　1. ΔNは水平面の南北方向の閉合差，ΔEは水平面の東西方向の閉合差，ΔUは高さ方向の閉合差。
　　　2. 偏心点で点検を実施した場合は，偏心補正後，本点間の基線ベクトルによる比較を行う。

(2) 点検測量実施箇所の選定等

実施箇所の選定	点検測量の数量は新設点数の概ね5％とし，次の事項を勘案して実施箇所を選定する。 1. 観測時の状況等（GPSアンテナタワー使用観測箇所，偏心観測箇所等） 2. 点検計算結果（方向角及び座標の閉合差，環閉合差，重複辺の較差） 3. 網平均計算結果（新点位置の標準偏差）
比較点検計算	1. 比較点検計算は，（点検値）－（採用値）とする。 2. TS法による鉛直角の点検測量は，片方向の観測とし，同一方向の採用値との比較を行う。ただし，許容範囲を超過した場合は，正反観測の平均値による比較を行う。
点検測量手簿等の整理	1. 観測手簿等上部余白部には点検測量と記載する。 2. 観測手簿等任意の箇所に比較点検計算結果を整理する。
再測等	点検測量の較差の許容範囲を超過した場合は，原因を調査し，再測又は観測点を追加して観測を行うなど必要な処置を講じる。
備考	点検測量実施後は，観測値等の点検を本作業と同様に実施する。

第8項は，点検測量の数量を定めたもので，新設した地籍図根多角点の点数の概ね5％としています。

Q1. 地籍図根多角測量においては，一次だけでなく二次の場合も厳密網平均計算を採用すると考えてよいでしょうか。

A1. 二次の場合も厳密網平均計算を採用して下さい。なお，一次の多角路線と二次の多角路線が分離されていない場合は，一括して網平均計算を行うことにより，全ての新点が一次となります。

Q2. 三次の多角路線の場合は，簡易網平均計算を採用した方がよいでしょうか。

A2. 厳密網平均計算を標準とされていますので，三次の多角路線の場合であっても，特に簡易網平均計算を採用する理由がなければ厳密網平均計算で行ってください。

第4款　細部図根測量

> **細部図根測量の方法**
> 第五十九条　細部図根測量は，多角測量法によることを原則とする。ただし，見通し障害等によりやむを得ない場合には，放射法によることができる。

解説

　細部図根測量は，一筆地測量を行う上で地籍図根多角点等では基礎となる点が不足する場合に，新たに細部図根点を設置するために行う測量です。

　一筆地測量においては，地形等の状況により全ての筆界点の測量を行うことが不可能な場合があります。このような場合に，必要な箇所に設置する図根点が細部図根点です。

　本条は，細部図根測量の測量方法を定めたもので，多角測量法によることを原則としています。細部図根点は一筆地測量の基礎となる点であることから，測量の誤差が検出でき，その点の精度評価が可能な測量方法を原則としているのです。

　ただし，見通し障害等によりやむを得ない場合には，放射法によることができるとしています。

　放射法は，多角測量法のように与点から他の与点に結合しないことから，測量の誤差や使用した与点の異常の有無などの検出ができず，精度確認ができない測量方法です。このため，住宅地内等で通り抜けができない袋地や樹木等の障害物があるなど，やむを得ない場合に限定しているものです。

第4章 地籍測量

放 射 法

（運用基準）

> 細部図根測量の方法
>
> 第32条　細部図根測量は，GPS法又はTS法により行うものとする。ただし，当該地籍測量の精度区分が令別表第4に定める乙三の地域においては，デジタル方位距離計を用いる測量方法（以下「デジタル方位距離計法」という。）により行うことができるものとする。

解説

　GPS法は上空視界が，TS法は水平方向の視界が開けていれば測量は可能です。都市部では建物による障害，山林部では谷間や樹木等の障害があるなどわが国の特有の地形状況等がありますので，細部図根測量の実施に当たっては，地形状況等に応じて部分的にTS法又はGPS法を用いる方法が有効です。

　デジタル方位距離計とは，図解法が使用されていた時代に平板法と合わせて使用していた森林測量用のポケットコンパスを，地球磁場に基づいて電気的に磁方位角を測定できるようにし，合わせて光波距離計による距離測定と鉛直角が計測でき，計測データを自動記録する装置を有する測量器械です。

　デジタル方位距離計法は，特に，急峻な地形に適した測量方法であり，乙三地区の山林部においては効率的な方法ですが，デジタル方位距離計は磁石を用いていることから，測量地域の磁場の影響を受けて思わぬ誤差を生じる

ことがありますので，磁場の影響を受けないよう細心の注意が必要です。

デジタル方位距離計による測量は，磁方位角の観測と鉛直角及び距離の計測を同時に行って，観測結果をPDA等の磁気媒体に記録します。作業は，デジタル法距離計を操作する観測者と，進行方向の観測点に目標板を設置する補助者の最低2名で実施することも可能です。

【参考】

本条は，細部図根測量に用いる測量手法を定めたもので，GPS 法又は TS 法により行うこととしています。ただし，精度区分が乙三地区においては，デジタル方位距離計法で行うことができるとしています。

> 細部図根点
> 第六十条　細部図根測量により決定された点を細部図根点という。
> 2　前項の細部図根点のうち多角測量法により決定された点を細部多角点という。

解説

第1項は，細部図根測量で決定された点の名称を定めたもので，細部図根点と呼ぶこととしています。

第2項は，多角測量法によって決定された細部図根点の名称を定めたもので，多角測量法によって決定された細部図根点は精度評価が行われていることから，将来の利用の便のため，放射法によって決定された細部図根点と区別して細部多角点と呼ぶこととしています。

> 細部図根点の選定
> 第六十一条　細部図根点は，後続の測量を行うのに便利であり，かつ，標識の保存が確実である位置に選定するものとする。

解説

本条は，細部図根点の設置する位置について定めたもので，後続の一筆地測量を行うのに便利で，将来の利用のために標識の保存が確実な位置に選定することとしています。

(運用基準)

細部図根点等の密度

第33条　細部図根点等の密度の標準は，別表第16に定めるところによるものとする。

解説

本条は，細部図根点等の密度について定めたもので，密度の標準は別表第16に示されています。

別表第16　細部図根点等の密度の標準（1図郭当たり点数）〔第33条〕

見通し区分	縮尺区分 地形傾斜区分	$\frac{1}{250}$	$\frac{1}{500}$	$\frac{1}{1,000}$	$\frac{1}{2,500}$	$\frac{1}{5,000}$
A級見通し地区	急傾斜	8～9	14～19	37～59	—	—
	中傾斜	7～8	11～17	22～52		
	平坦	6～7	8～15	15～44		
B級見通し地区	急傾斜	7～8	11～17	30～44	22～146	30～183
	中傾斜	6～8	9～12	22～37		
	平坦	6～7	6～9	15～30		
C級見通し地区	急傾斜	7～8	11～17	30～44		
	中傾斜	6～8	8～11	22～37		
	平坦	6～7	6～9	15～30		

備考　1．A級見通し地区とは，家屋密集その他の状況により見通し距離が著しく短い地区をいう。
　　　　B級見通し地区とは，樹木その他の障害により見通しが比較的困難な地区をいう。
　　　　C級見通し地区とは，見通しが良好が地区をいう。
　　2．急傾斜とは，概ね15度以上，中傾斜とは3～15度，平坦とは3度以下の傾斜区分をいう。
　　3．図郭当たり点数とは，一の図郭の区域における細部図根点等の数をいう。
　　4．準則第42条に基づき作業の一部を省略して実施した場合，細部図根点等は必要に応じてこの標準より増加させるものとする。
　　5．航測図根点等は，必要に応じてこの標準より密度を増加させるものとする。

地籍図の1図郭当たりの面積は，地籍図の縮尺によって変わりますので，それに応じて1図郭の中に設置される細部図根点等の配置密度が異なります。また，建物や樹木等の障害や地形の傾斜による障害で見通しが悪くなり，

測点間の距離を短くすることから，細部図根点等の配置密度を高める必要があります。このことから，家屋や樹木等による視通障害や，地形の傾斜度の度合いによって1図郭当たりの標準点数が定められています。

> **標識**
> 第六十二条　細部図根点には，標識を設置するものとする。ただし，自然物又は既設の工作物を利用することを妨げない。

解説

本条は，細部図根点の標識について定めたもので，細部図根点には標識を設置することとしています。この標識の規格は，特に定められていませんが通常，鋲やプラスチック杭が使用されています。なお，ただし書きで，自然物又は既設の工作物を利用することを妨げないとしています。

【参考】

（鋲の例）　　　（プラスチック杭の例）

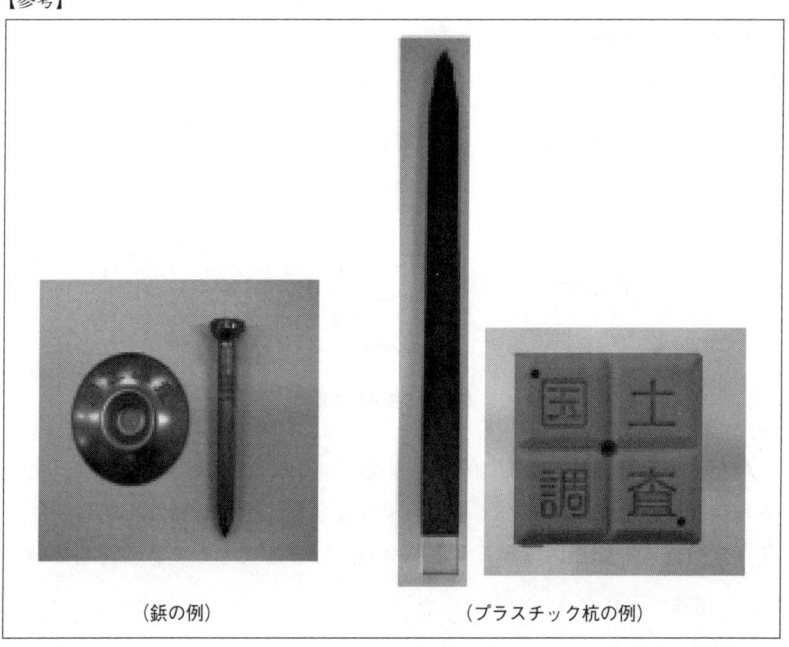

多角測量法による細部図根測量

第六十三条 多角測量法による細部図根測量における多角路線（以下この条において単に「多角路線」という。）の選定に当たっては，地籍図根点等又は細部多角点（以下「細部多角点等」と総称する。）を結合する多角網又は単路線を形成するように努めなければならない。ただし，見通し障害等により真にやむを得ない場合には，閉合路線を形成することができる。

2　多角路線の与点となる細部多角点等は，当該路線についての地籍測量の精度区分以上の精度区分に属するものでなければならない。

3　多角路線の次数は，地籍図根点等を基礎として二次までとする。

解説

第1項は，多角路線の選定方法を定めたもので，使用できる与点は地籍図根点等又は細部多角点とし，これらの与点を結合する多角網又は単路線を形成するように努めなければならないとしています。

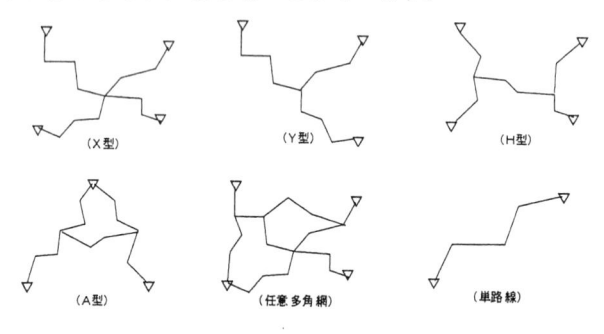

(X型)　(Y型)　(H型)

(A型)　(任意多角網)　(単路線)

結合する多角網の種類

ただし，宅地部の袋地や山林部の崖地等において，出発点と異なった細部多角点等に結合することができない場合など真にやむを得ない場合には，出発点と閉合点を同一の与点とする閉合路線によることができるとしています。

第4章 地籍測量

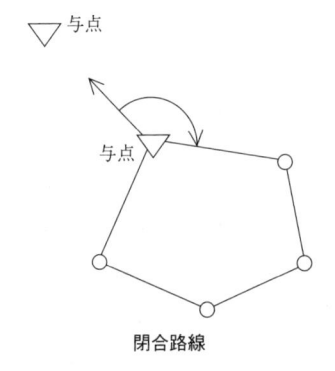

閉合路線

　第2項は，与点の扱いを定めたもので，与点とする地籍図根多角点及び細部多角点は，当該路線についての地籍測量の精度区分以上の精度区分に属するものでなければならないとしています。

　地籍図根多角測量及び地籍細部測量の工程では，作業の効率化，経済性を考慮して，精度区分ごとにその測量方法を定めています。甲二精度と甲三精度では，水平角の対回数や観測差及び倍角差の制限値が異なっています。このため，甲三精度で測量した細部多角点の座標値は，甲二精度で測量した細部多角点より精度が低いことになります。新点の座標値の精度は，与点の座標値の精度に影響されますので，甲二精度の細部図根測量の与点として，甲三精度の細部多角点を使用しても甲二精度は確保できません。このため，多角路線の与点とする地籍図根多角点及び細部多角点は，当該路線についての地籍測量の精度区分以上の精度区分に属するものでなければならないとしています。

　第3項は，多角路線の次数の制限を定めたもので，与点の誤差の累積を考慮して，多角路線の次数は，地籍図根点等を基礎として二次までとしています。

（運用基準）

[多角測量法による細部図根測量]
第34条　多角測量法による細部図根測量の多角路線の長さは，1.0キ

ロメートル以内を標準とする。ただし，デジタル方位距離計法による場合は多角路線の長さは 500 メートル以内とし，その測点間の距離は 5 メートル以上 25 メートル以内，測点の数は 20 点以内とする。

2 　多角測量法による細部図根測量における観測及び測定の方法は，別表第 17 に定めるところによるものとする。

3 　多角測量法による細部図根測量における計算の単位及び計算値の制限は，別表第 18 に定めるところによるものとする。

4 　細部多角点の座標値は，TS 法の場合には厳密網平均計算又は簡易網平均計算により求めるものとし，GPS 法による場合にはジオイドモデルを使用する三次元網平均計算により求めるものする。この場合において，厳密網平均計算又は三次元網平均計算に用いる重量は，別表第 14 に定める数値を用いて計算するものとし，簡易網平均計算における方向角の閉合差は測点数，座標の閉合差は路線長に比例して配布するものとする。

5 　観測，測定及び計算結果が別表第 17 及び別表第 18 に定める制限を超えた場合は，再測をしなければならない。なお，再測は，観測中の諸条件を吟味し，許容範囲を超えた原因を考慮して行うものとする。

6 　細部図根測量を行った場合は，別表第 19 に定めるところにより点検測量を行わなければならない。

7 　前項の点検測量における点検の数量は，新設した細部図根点数の概ね 2％とする。

【解説】

　第 1 項は，多角路線の長さの制限を示したもので，多角路線は 1.0km 以内を標準としています。ただし，デジタル方位距離計法による場合は，機械の性能から多角路線の路線長を 500m 以内とし，さらに，該当路線内の測点間距離を最短 5m 以上で最長 25m 以内，測点の数を 20 点以内としています。

　第 2 項は，多角測量法による細部図根測量の観測及び測定の方法について定めたもので，観測及び測定の方法は別表第 17 に示されています。

別表第17の（1）（2）はTS法，（3）はGPS法，（4）はデジタル方位距離計法による場合の観測及び測定の方法を示しています。

TS法においては，（1）の1）に多角路線の長さが500m以上の場合，（1）の2）に500m未満の場合の角の観測，（2）の1）に多角路線の長さが500m以上の場合，（2）の2）に多角路線の長さが500m未満の場合の距離の測定方法が精度区分及び使用する測量機器に応じて示されています。なお，測定距離に対する補正計算については，精度区分によってその要否が示されています。「要」とは当該補正を行わなければならない，「否」とは当該補正を行わないという意味ですが，計算システムで行う場合で自動的に補正が行われる場合には，「否」であっても補正しても差し支えありません。

GPS法においては，観測値の点検方法，観測方法，観測時間，データ取得間隔，GPS衛星の条件など地籍図根多角測量と同じ方法で行うこととしています。

デジタル方位距離計方においては，測定項目，測定方法，測定単位，読取値の較差の許容範囲が示されています。

別表第17　多角測量法による細部図根測量における観測及び測定の方法〔第34条及び第35条〕

（1）　TS法による角の観測

1）　多角路線の長さ500m以上の場合

区　　分		精　度　区　分					
		甲一	甲二	甲三及び乙一		乙二及び乙三
セオドライト及びトータルステーションの種類		最小目盛値10秒以下	最小目盛値10秒以下	最小目盛値10秒以下	最小目盛値20秒以下	最小目盛値20秒以下
水平角	対回数	2	2	1	2	1
	輪　郭	0度，90度	0度，90度	任意	0度，90度	任意
	較　差	－	－	20秒以内	－	40秒以内
	観測差	20秒以内	40秒以内	－	40秒以内	－
	倍角差	30秒以内	60秒以内	－	60秒以内	－
鉛直角	対回数	1	1	1	1	1
	定数差	60秒以内	60秒以内	60秒以内	60秒以内	60秒以内

備考　精度区分が甲及び乙一において，辺長が200mを超えるものについては，別表第6によるものとする。

2) 多角路線の長さ500m未満の場合

精度区分	甲一及び甲二	甲三及び乙一	乙二及び乙三
セオドライト及びトータルステーションの種類	最小目盛値 20秒以下		
水平角	対回数	1		
	輪郭	任意		
	較差	40秒以内	60秒以内	
鉛直角	対回数	1		
	定数差	90秒以内		

(2) TS法による距離の測定

1) 多角路線の長さ500m以上の場合

区分		規格条件	精度区分					
			甲一	甲二	甲三	乙一	乙二	乙三
光波測距儀及びトータルステーション	1	器差補正	要	要	要	要	要	要
	2	気象補正	要	要	要	要	要	要
	3	傾斜補正	要	要	要	要	要	要
	4	測定単位	mm	mm	mm	mm	mm	mm
	5	読取回数	2セット	2セット	2セット	1セット	1セット	1セット
	6	読取値の較差	15mm	20mm	25mm	30mm	30mm	30mm
鋼巻尺	7	器差補正	要	要	否	否	否	否
	8	温度補正	要	要	否	否	否	否
	9	傾斜補正	要	要	要	要	要	要
	10	張力計の使用	要	要	否	否	否	否
	11	往復測定	要	要	要	要	要	要
	12	往復測定の較差	$1mm\sqrt{S}$	$2mm\sqrt{S}$	$4mm\sqrt{S}$	$6mm\sqrt{S}$	$10mm\sqrt{S}$	$10mm\sqrt{S}$
	13	読取単位	mm	mm	mm	mm	mm	mm
	14	片道の読取回数	2	2	1	1	1	1
	15	片道の読取値の較差	3mm	3mm	−	−	−	−
共通事項	16	基準面からの高さの補正	要	要	要	要	否	否
	17	s／S補正	要	要	要	要	否	否

備考　1.　較差の欄のSは，測定距離をm単位で示した数を示す。
　　　2.　往復測定は，独立2回測定とすることができる。

第4章　地籍測量

3. 水平距離補正機能付光波測距儀を使用する場合には，鉛直角，器械高及び目標の視準高を測定して傾斜補正を行ったものとみなす。

2) 多角路線の長さ500m未満の場合

精度区分	甲一及び甲二		甲三及び乙一		乙二及び乙三	
測距機器の種類	光波測距儀及びトータルステーション	鋼巻尺	光波測距儀及びトータルステーション	鋼巻尺	光波測距儀及びトータルステーション	鋼巻尺
距離 器差補正	要					否
気象補正	要	−	要	−	要	−
温度補正	−	要	−	否	−	否
傾斜補正	要					
張力計の使用	−	要	−	否	−	否
往復測定	−	要	−	要	−	要
往復測定の較差	−	甲一 $1\mathrm{mm}\sqrt{S}$ 以内 甲二 $2\mathrm{mm}\sqrt{S}$ 以内	−	甲三 $4\mathrm{mm}\sqrt{S}$ 以内 乙一 $6\mathrm{mm}\sqrt{S}$ 以内	−	$10\mathrm{mm}\sqrt{S}$ 以内
読取単位	mm					
片道の読取回数	1セット	1回	1セット	1回	1セット	1回
読取値の較差	甲一 10mm 以内 甲二 15mm 以内	−	甲三 20mm 以内 乙一 30mm 以内	−	30mm 以内	−
基準面からの高さの補正	否					
s/S補正	否					

備考　1. 較差欄のSは，測定距離をm単位で表した数とする。
　　　2. 往復測定は，独立2回測定とすることができる。

(3) GPS法による基線ベクトルの観測
1) 観測方法
　　観測は，干渉測位方式で行うものとし，次表により観測値の良否を点検できるよう，多角網路線が閉じた多角形を形成するものとする。

区　分	測　定　方　法
環閉合差による方法	環閉合差を求め点検するための，異なるセッションの組み合わせによる多角網を形成する。

重複辺による方法	異なるセッションによる点検のため，1辺以上の重複観測を行う。

2) GPS観測のために設定する項目，単位及び位

設定項目	単位	位	備　　考
経度・緯度	度分秒	1	自動入力装置のある機種は，自動入力で行う。
楕円体高	m	10	（同上）
アンテナ高	m	0.001	

3) 観測時間等

観　測　方　法	観　測　時　間	データ取得間隔
スタティック法	30分以上	30秒
短縮スタティック法	10分以上	15秒
キネマティック法	1分以上	5秒
RTK法及びネットワーク型 RTK－GPS法	FIX解を得てから 10エポック以上	1秒

備考　1. RTK法において，各GPS衛星から固定点と移動点で同時に受信する1回の信号を1エポックとする。また，ネットワーク型RTK－GPS法における間接観測法においても同様とする。
　　　2. RTK法において，固定点と移動点の観測距離は，500m以内を標準とする。

4) GPS衛星の条件

項　　目	制　　限
受信高度角	15°以上を標準とする。
衛星の数　スタティック法	4個以上
短縮スタティック法	5個以上
キネマティック法	
RTK法及びネットワーク型RTK－GPS法	

備考　受信高度角は，上空視界の確保が困難な場合は30°まで緩和することができる。

5) 検測

GPS観測の結果，異なるセッションによる閉合多角形ができない場合には当該セッションの一辺以上について再度GPS観測を行うか，又は，異なるセッションの組合せができるようにGPS観測を追加して実施し，検測とする。

(4) デジタル方位距離計法による観測及び測定の方法

区　分	測定方法	測定回数	測定単位	読取値の較差
磁方位角	正又は反	2回以上	0.1度以下	6分$\sqrt{S}$以下
鉛直角				6分$\sqrt{S}$以下
距離			cm	3cm以内

備考　作業開始前に機器の調整及び点検を実施するものとする。

第3項は，多角測量法による細部図根測量における計算の単位及び計算値の制限を定めたもので，別表第18に示されています。

　計算の単位は，TS法では角度の数値は秒位，辺長値，座標値など長さに関する数値はmm位，GPS法では基線ベクトル成分，座標値，標高のいずれについても長さに関する数値ですので，mm位とします。

　TS法の計算値の制限は，別表第18の（1）の1）に多角路線の長さが500m以上の場合，2）に500m未満の場合の方向角の閉合差，座標の閉合差及び閉合比の制限が精度区分に応じて示されています。

　方向角の閉合差，座標の閉合差及び閉合比は，点検計算により求めます。点検計算は，与点から新点を経由し他の与点に結合させる最短の路線（結合路線）で行います。この場合，出発した与点と結合した与点において方向角の取り付けを相互に行った場合は，方向角の閉合差の許容範囲を環閉合差（制限式の定数項を省いた式）により算出し，座標の閉合差の許容範囲を定数項を入れた式で求めます。また，与点から新点を経由し同一の与点に閉合する路線（環閉合）により行った場合の閉合差の許容範囲は，各制限式の定数項を省いて求めます。なお，座標値を厳密網平均計算で算出する場合は，方向角の計算を省略できますが，図形の強さを考慮し，可能な限り方向角の取り付けを行うことが望まれます。

　GPS法における計算値の制限は，環閉合差及び重複辺の較差，水平位置の標準偏差について示されています。

　環閉合差及び重複辺の較差は，点検計算により求め，水平位置の標準偏差は，三次元網平均計算により求めます。

　環閉合差は，異なるセッションの辺を組み合せて構成される多角形（1つのセッションとして観測されない多角形）について，各辺が属するセッションで得られた基線ベクトルの3成分（△X，△Y，△Z）をそれぞれ合計して求めます。

　重複辺の較差は，異なるセッションの重複した辺について基線ベクトルの3成分の差をとって求めます。

　デジタル方位距離計法における計算値の制限は，座標の閉合差及び新点の水平位置の標準偏差について示されています。なお，座標値の最確値につい

ては、デジタル方位距離計法における測定距離と方位角の精度比較ができていないことから、距離の重量の係数がないため簡易網平均計算で行います。

別表第18 多角測量法による細部図根測量の計算の単位及び計算値の制限〔第34条〕

(1) TS法

1) 多角路線の長さ500m以上の場合

精度区分＼制限項目	計算の単位 角値	計算の単位 辺長値	計算の単位 座標値	計算値の制限 方向角の閉合値	計算値の制限 座標の閉合値
甲 一	秒位	mm位	mm位	10秒 + 15秒√n	20mm + 4mm√S
甲 二	秒位	mm位	mm位	15秒 + 20秒√n	50mm + 6mm√S
甲 三	秒位	mm位	mm位	20秒 + 30秒√n	50mm + 10mm√S
乙 一	秒位	mm位	mm位	20秒 + 45秒√n	60mm + 15mm√S
乙 二	秒位	mm位	mm位	40秒 + 55秒√n	100mm + 20mm√S
乙 三	秒位	mm位	mm位	40秒 + 65秒√n	120mm + 25mm√S

備考 1. nは当該多角路線の測点数、Sは路線の長さをm単位で示した数である。
　　 2. 簡易網平均計算による場合の閉合比の制限は、1/2,000を標準とする。
　　 3. 環閉合差により点検する場合は、方向角及び座標の各制限式の定数項を省いたものとする。

2) 多角路線の長さ500m未満の場合

精度区分＼制限項目	計算の単位 角値	計算の単位 辺長値	計算の単位 座標値	計算値の制限 方向角の閉合値	計算値の制限 座標の閉合値
甲 一	秒位	mm位	mm位	20秒 + 20秒√n	20mm + 4mm√S
甲 二	秒位	mm位	mm位	25秒 + 25秒√n	50mm + 7mm√S
甲 三	秒位	mm位	mm位	30秒 + 35秒√n	100mm + 10mm√S
乙 一	秒位	mm位	mm位	30秒 + 50秒√n	100mm + 15mm√S
乙 二	秒位	mm位	mm位	50秒 + 60秒√n	150mm + 20mm√S
乙 三	秒位	mm位	mm位	50秒 + 70秒√n	150mm + 20mm√S

備考 1. nは当該多角路線の測点数、Sは路線の長さをm単位で示した数である。
　　 2. 簡易網平均計算による場合の閉合比の制限は、1/2,000を標準とする。
　　 3. 環閉合差により点検する場合は、方向角及び座標の各制限式の定数項を省いたものとする。

(2) GPS法

計算の単位 辺長値	計算の単位 基線ベクトル3成分	計算の単位 座標値	計算の単位 標高	計算値の制限 (ア) 環閉合差	計算値の制限 (イ) 重複辺の較差	計算値の制限 (ウ) 三次元網平均計算による標準偏差 水平位置

mm位	mm位	mm位	mm位	水平（ΔN, ΔE） 20 mm√N 高さ（ΔU） 30 mm√N （N：辺数）	水平（ΔN, ΔE） 20 mm 高さ（ΔU） 30 mm RTK法の場合は， Δx, Δy, Δzの 各成分毎に25 mm 以下	10 cm

備考 1. 点検計算の制限は，上記（ア）又は，（イ）の方法による．ただし，ΔN，ΔE，ΔUはベクトル終点において，Δx，Δy，Δzから計算式により算出する．
　　2. ΔNは，水平面の南北方向の閉合差又は較差，ΔEは，水平面の東西方向の閉合差又は較差，ΔUは，高さ方向の閉合差又は較差である．

　第4項は，TS法及びGPS法による場合の細部多角点の座標値の算出方法を定めたもので，TS法の場合には厳密網平均計算又は簡易網平均計算により求め，GPS法の場合にはジオイドモデルを使用する三次元網平均計算により求めます。厳密網平均計算又は三次元網平均計算に用いる重量は，別表第14に示されています。なお，簡易網平均計算で行う場合は，方向角の閉合差は測点数，座標の閉合差は路線長に比例して配布するものとしています。
　第5項は，観測，測定及び計算において別表第17と別表第18に定められた制限を超えた場合の扱いを定めたものです。制限を超えた場合は，観測中の諸条件を吟味し，許容範囲を超えた原因を考慮して再測（再度，観測又は測定を行うこと。）しなければならないとしています。
　第6項は，多角測量法による場合の点検測量について定めたもので，その方法が別表第19に示されています。

別表第19　細部図根測量における点検測量の較差の許容範囲〔第34条〕

（1）点検値と採用値の較差の許容範囲
　1）TS法

距離	水平角	鉛直角	偏心要素		
			偏心距離	偏心角	鉛直角
15 mm	4500/S 秒	7500/S 秒	15 mm	4500/e 秒	7500/e 秒

備考　Sは測点間距離（m単位），eは偏心距離（m単位）とする．
　2）GPS法

重複する基線ベクトルの較差	
ΔN，ΔE	ΔU

20 mm	30 mm

備考 1. ＮＮは水平面の南北方向の閉合差，ΔＥは水平面の東西方向の閉合差，ΔＵは高さ方向の閉合差．
　　 2. 偏心点で点検を実施した場合は，偏心補正を行い，本点同士の基線ベクトルの比較を行う．

第7項は，多角測量法による場合の点検測量の数量を定めたもので，新設した細部図根点の点数の概ね2％としています。

- Q. TS法による多角測量法の細部図根測量を実施していますが，地籍調査作業規程準則及び運用基準の別表第17と別表第18において多角路線の長さ500m以上と500m未満の表がありますが，「多角路線の長さ」はどのように解釈するのでしょうか。
- A. 別表第17の「多角路線の長さ」は，多角網の場合は，与点から交点間の路線長又は交点から他の交点間の路線長，単路線の場合は与点から他の与点間の路線長と解釈して下さい。別表第18の「多角路線の長さ」は，点検計算を与点から他の与点に結合する方法で行った場合はその路線長，環閉合の方法で行った場合は出発点から新点を経由して出発点までの路線長と解釈して下さい。

放射法による細部図根測量

第六十四条 放射法による細部図根測量は，細部多角点等を与点として行うものとする。

2 放射法による細部図根測量は，地籍図根測量又は多角測量法による細部図根測量に引き続き行う場合を除き，あらかじめ与点の点検測量を行うものとする。

3 放射法による細部図根測量において水平角の観測を行う場合は，与点と同一の多角路線に属する相隣る細部多角点等を基準方向とし，与点から細部図根点までの距離は，与点から基準方向とした細部多角点等までの距離より短くするものとする。

4 放射法による細部図根点の次数は，地籍図根点等を基礎として二次までとする。

解説

　第1項は，放射法による細部図根測量に使用できる与点について定めたもので，与点は細部多角点等としています。したがって，放射法により設置された細部図根点は与点として使用できません。

　第2項は，放射法による場合の与点の点検測量について定めたもので，地籍図根測量又は多角測量法による細部図根測量に引き続き行う場合を除き，あらかじめ与点の点検測量を行うこととしています。

　引き続きとは，使用する与点の測量が当該年度に実施した場合であり，過年度に設置した地籍図根点や細部多角点を与点として使用する場合は，放射法の測量に先立ち当該点の異常の有無や測点番号の誤りなどを確認する点検測量を行います。当該年度の作業に実施している場合は，当該点の移動や測点番号の誤りが生じる可能性がないことから点検は省略できます。

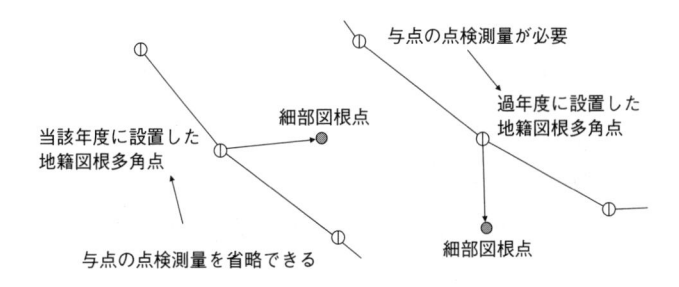

　第3項は，放射法による場合の方向角の取り付けのために用いる点の選定方法を定めたもので，方向角の基準方向に使用する点は，異なる多角路線間で座標値の不整合が生じる可能性があることから，使用した与点と同一の多角路線に属する相隣る細部多角点等としています。したがって，同じ多角網であっても別の多角路線に含まれる点は基準方向には使用できません。

　また，方向角の観測を行う場合，距離に比例した測量誤差が生じますが，特に放射法の場合はこの誤差が新点の座標値に影響します。このため，精度確保の観点から，与点から細部図根点までの距離は，与点から基準方向とした細部多角点等までの距離より短くするとしています。

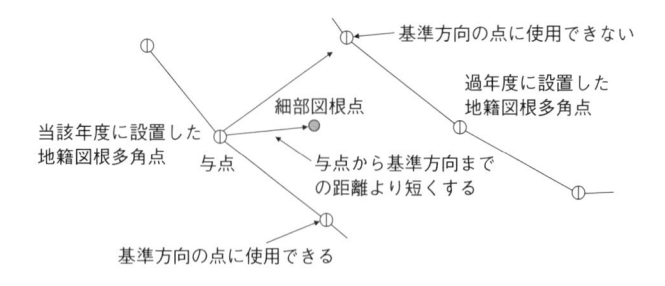

[図: 放射法による細部図根点の設置例]
- 基準方向の点に使用できない
- 過年度に設置した地籍図根多角点
- 当該年度に設置した地籍図根多角点
- 細部図根点
- 与点
- 与点から基準方向までの距離より短くする
- 基準方向の点に使用できる

　第4項は，放射法による細部図根点の次数について定めたもので，地籍図根点等を基礎として二次までとしています。第1項では，放射法により設置された細部図根点は与点として使用できないとしていますので，二次になるのは一次の細部多角点を与点とした場合です。したがって，二次の細部多角点からは，放射法による細部図根点は設置できません。

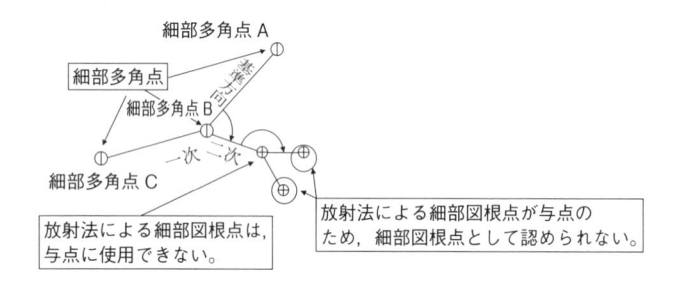

[図: 細部多角点A・B・Cと放射法による細部図根点の関係]
- 細部多角点A
- 細部多角点
- 細部多角点B
- 一次
- 細部多角点C
- 放射法による細部図根点は，与点に使用できない。
- 放射法による細部図根点が与点のため，細部図根点として認められない。

- Q. 準則第64条第4項に放射法による細部図根点の次数は，地籍図根点等を基礎として二次までとすると定められていますので，放射法で設置された一次の細部図根点を与点として二次の放射法による細部図根点を設置してもよいでしょうか。
- A. 準則第64条第1項には，放射法による細部図根点は，細部多角点等を与点として行うものとすると定められていますので，放射法による細部図根点を与点とすることはできません。

（運用基準）

　放射法による細部図根測量

第35条　放射法による細部図根測量における観測及び測定の方法は，別表第20に定めるところによるものとする。

2　あらかじめ行う与点の点検測量は，TS法による場合は同一の多角路線に属する他の細部図根点等までの距離の測定又は基準方向と同一の多角路線に属する他の細部図根点等との夾角の観測を，GPS法による場合は基線ベクトルの観測を行い，当該点の移動等の点検を行うものとする。

3　前項の点検に当たっては，別表第17に定める観測及び測定の方法によるものとし，点検の較差の標準は別表第21に定めるところによるものとする。

4　放射法による細部図根測量における計算の単位及び計算値の制限は，別表第22に定めるところによるものとする。

5　観測，測定及び計算結果が別表第20から別表第22までに定める制限を超えた場合は，再測をしなければならない。なお，再測は，観測中の諸条件を吟味し，許容範囲を超えた原因を考慮して行うものとする。

6　放射法により求めた細部図根点の概ね10パーセントについては，他の細部多角点等からの同一方法の観測又は当該点から他の細部多角点等への取付観測により点検を行い，その座標値の較差が別表第23の制限内にあれば，最初に求めた位置を採用する。

【解説】

　第1項は，放射法による細部図根測量の観測及び測定の方法について定めたもので，別表第20に示すとおり行うこととしています。

　別表第20の(1)(2)はTS法，(3)はGPS法による場合の観測及び測定の方法がそれぞれ示されています。

　TS法においては，角の観測，距離の測定方法が精度区分及び使用する測量機器に応じて示されています。なお，測定距離に対する補正計算については，精度区分によってその要否が示されています。「要」とは当該補正を行わなければならない，「否」とは当該補正を行わないという意味ですが，計算システムで行う場合で自動的に補正が行われる場合には，「否」であって

も補正しても差し支えありません。

　GPS法においては，RTK法又はネットワーク型RTK-GPS法により行うこととしています。観測においてはFIX解を得てから10エポック以上を1セットとした観測を2セット行います。2セット目の観測は，1セット目の一連の観測が終了後に，再初期化を行ってから行います。また，RTK法においては，固定点と移動点の観測距離は，500m以内を標準とします。

別表第20　放射法による細部図根測量における観測及び測定の方法〔第35条〕

(1) TS法による角の観測

精度区分		甲一及び甲二		甲三及び乙一		乙二及び乙三
セオドライト及びトータルステーションの種類		最小目盛値10秒以下	最小目盛値20秒以下	最小目盛値10秒以下	最小目盛値20秒以下	最小目盛値20秒以下
水平角	対回数	1	2	1	2	1
	輪　郭	任意	0度，90度	任意	0度，90度	任意
	較　差	20 (1000/S)秒以内	－	30 (1500/S)秒以内	－	40 (2000/S)秒以内
	観測差	－	40 (2000/S)秒以内	－	60 (3000/S)秒以内	－
	倍角差	－	60 (3000/S)秒以内	－	80 (4000/S)秒以内	－
鉛直角	対回数	1				
	定数差	90 (4500/S) 秒以内				

備考　1.　測定距離が50m未満の場合には，（　）内の値とし，この場合のSは測定距離をm単位で表した数とする。

(2) TS法による距離の測定

精度区分		甲一及び甲二		甲三及び乙一		乙二及び乙三	
測距機器の種類		光波測距儀及びトータルステーション	鋼巻尺	光波測距儀及びトータルステーション	鋼巻尺	光波測距儀及びトータルステーション	鋼巻尺
距離	器差補正	要					否
	気象補正	要	－	要	－	要	－
	温度補正	－	要	－	否	－	否
	傾斜補正	要					
	張力計の使用	－	要	－	否	－	否

第4章 地籍測量

往復測定	-	要	-	要	-	要
往復測定の較差	-	甲一 5mm 以内 甲二 10mm 以内	-	20mm 以内	-	30mm 以内
読取単位	mm					
片道の読取回数	1セット	1回	1セット	1回	1セット	1回
読取値の較差	10mm	-	甲三 15mm 以内 乙一 20mm 以内	-	20mm 以内	-
基準面からの高さの補正	否					
s/S補正	否					
測定距離の制限	-	50m 以内	-	50m 以内	-	50m 以内

備考　往復測定は，独立2回測定とすることができる。

(3) GPS法による基線ベクトルの観測

1) 観測方法

観測は，干渉測位方式で行うものとする。

2) GPS観測のために設定する項目，単位及び位

設定項目	単　位	位	備　考
経度・緯度	度分秒	1	自動入力装置のある機種は，自動入力で行う。
楕円体高	m	10	
アンテナ高	m	0.01	

3) 観測時間等

観測方法	観測時間	データ取得間隔
RTK法及びネットワーク型RTK-GPS法	FIX解を得てから10エポック以上を1セットとし，2セットの観測を行う。	1秒

備考　1. RTK法において，各GPS衛星から固定点と移動点で同時に受信する1回の信号を1エポックとする。
　　　2. 1セット目の一連の観測が終了後に，再初期化を行ってから2セット目の観測を行う。
　　　3. RTK法において，固定点と移動点の観測距離は，500m以内を標準とする。

4) GPS衛星の条件

項　目	制　限
受信高度角	15°以上を標準とする

衛星の数	5個以上

備考　受信高度角は，上空視界の確保が困難な場合は30°まで緩和することができる。

　第2項は，あらかじめ行う与点の点検測量について定めたもので，TS法の場合は同一の多角路線に属する他の細部図根点等までの距離の測定又は基準方向と同一の多角路線に属する他の細部図根点等との夾角の観測を行い，当該点の異動の有無等を点検します。この場合，放射法により決定された細部図根点は与点として使用できませんので，本条の細部図根点等には放射法による細部図根点は含みません。

　また，GPS法の場合は当該点と同一の多角路線に属する他の細部図根点等間の基線ベクトルの観測を行い，当該点の移動の有無等の点検を行います。

　第3項は，あらかじめ行う与点の点検測量の観測及び測定の方法並びに点検の較差の制限について定めたもので，観測及び測定は別表第17のとおり行い，点検の較差の標準は別表第21のとおりとします。

別表第17　多角測量法による細部図根測量における観測及び測定の方法〔第34条及び第35条〕

(1)　TS法による角の観測
1)　多角路線の長さ500m以上の場合

区　　　分		精　度　区　分				
		甲一	甲二	甲三及び乙一		乙二及び乙三
セオドライト及びトータルステーションの種類		最小目盛値10秒以下	最小目盛値10秒以下	最小目盛値10秒以下	最小目盛値20秒以下	最小目盛値20秒以下
水平角	対回数	2	2	1	2	1
	輪　　郭	0度, 90度	0度, 90度	任意	0度, 90度	任意
	較　　差	－	－	20秒以内	－	40秒以内
	観測差	20秒以内	40秒以内	－	40秒以内	－
	倍角差	30秒以内	60秒以内	－	60秒以内	－
鉛直角	対回数	1	1	1	1	1
	定数差	60秒以内	60秒以内	60秒以内	60秒以内	60秒以内

備考　精度区分が甲及び乙一において，辺長が200mを超えるものについては，別表第6によるものとする。

2) 多角路線の長さ500m未満の場合

精度区分		甲一及び甲二	甲三及び乙一	乙二及び乙三
セオドライト及びトータルステーションの種類		最小目盛値 20秒以下		
水平角	対回数	1		
	輪郭	任意		
	較差	40秒以内	60秒以内	
鉛直角	対回数	1		
	定数差	90秒以内		

(2) TS法による距離の測定

1) 多角路線の長さ500m以上の場合

区分		規格条件	精度区分					
			甲一	甲二	甲三	乙一	乙二	乙三
光波測距儀及びトータルステーション	1	器差補正	要	要	要	要	要	要
	2	気象補正	要	要	要	要	要	要
	3	傾斜補正	要	要	要	要	要	要
	4	測定単位	mm	mm	mm	mm	mm	mm
	5	読取回数	2セット	2セット	2セット	1セット	1セット	1セット
	6	読取値の較差	15mm	20mm	25mm	30mm	30mm	30mm
鋼巻尺	7	器差補正	要	要	否	否	否	否
	8	温度補正	要	要	否	否	否	否
	9	傾斜補正	要	要	要	要	要	要
	10	張力計の使用	要	要	否	否	否	否
	11	往復測定	要	要	要	要	要	要
	12	往復測定の較差	$1mm\sqrt{S}$	$2mm\sqrt{S}$	$4mm\sqrt{S}$	$6mm\sqrt{S}$	$10mm\sqrt{S}$	$10mm\sqrt{S}$
	13	読取単位	mm	mm	mm	mm	mm	mm
	14	片道の読取回数	2	2	1	1	1	1
	15	片道の読取値の較差	3mm	3mm	－	－	－	－
共通事項	16	基準面からの高さの補正	要	要	要	要	否	否
	17	s／S補正	要	要	要	要	否	否

備考 1. 較差の欄のSは，測定距離をm単位で示した数を示す。
　　　2. 往復測定は，独立2回測定とすることができる。

3. 水平距離補正機能付光波測距儀を使用する場合には，鉛直角，器械高及び目標の視準高を測定して傾斜補正を行ったものとみなす。

2) 多角路線の長さ500m未満の場合

精度区分		甲一及び甲二		甲三及び乙一		乙二及び乙三	
測距機器の種類		光波測距儀及びトータルステーション	鋼巻尺	光波測距儀及びトータルステーション	鋼巻尺	光波測距儀及びトータルステーション	鋼巻尺
距離	器差補正	要					否
	気象補正	要	－	要	－	要	－
	温度補正	－	要	－	否	－	否
	傾斜補正	要					
	張力計の使用	－	要	－	否	－	否
	往復測定		要		要		要
	往復測定の較差	－	甲一 $1\text{mm}\sqrt{S}$ 以内 甲二 $2\text{mm}\sqrt{S}$ 以内	－	甲三 $4\text{mm}\sqrt{S}$ 以内 乙一 $6\text{mm}\sqrt{S}$ 以内	－	$10\text{mm}\sqrt{S}$ 以内
	読取単位	mm					
	片道の読取回数	1セット	1回	1セット	1回	1セット	1回
	読取値の較差	甲一 10mm以内 甲二 15mm以内	－	甲三 20mm以内 乙一 30mm以内	－	30mm以内	－
	基準面からの高さの補正	否					
	s/S補正	否					

備考 1. 較差欄のSは，測定距離をm単位で表した数とする。
　　 2. 往復測定は，独立2回測定とすることができる。

(3) GPS法による基線ベクトルの観測

1) 観測方法
　　観測は，干渉測位方式で行うものとし，次表により観測値の良否を点検できるよう，多角網路線が閉じた多角形を形成するものとする。

区　分	測　定　方　法
環閉合差による方法	環閉合差を求め点検するための，異なるセッションの組み合わせによる多角網を形成する。

| 重複辺による方法 | 異なるセッションによる点検のため，1辺以上の重複観測を行う。 |

2) GPS観測のために設定する項目，単位及び位

設定項目	単位	位	備　考
経度・緯度	度分秒	1	自動入力装置のある機種は，自動入力で行う。
楕円体高	m	10	（同上）
アンテナ高	m	0.001	

3) 観測時間等

観測方法	観測時間	データ取得間隔
スタティック法	30分以上	30秒
短縮スタティック法	10分以上	15秒
キネマティック法	1分以上	5秒
RTK法及びネットワーク型RTK－GPS法	FIX解を得てから10エポック以上	1秒

備考　1. RTK法において，各GPS衛星から固定点と移動点で同時に受信する1回の信号を1エポックとする。また，ネットワーク型RTK－GPS法における間接観測法においても同様とする。
　　　2. RTK法において，固定点と移動点の観測距離は，500m以内を標準とする。

4) GPS衛星の条件

項目		制限
受信高度角		15°以上を標準とする。
衛星の数	スタティック法	4個以上
	短縮スタティック法	5個以上
	キネマティック法	
	RTK法及びネットワーク型RTK－GPS法	

備考　受信高度角は，上空視界の確保が困難な場合は30°まで緩和することができる。

5) 検測

　GPS観測の結果，異なるセッションによる閉合多角形ができない場合には当該セッションの一辺以上について再度GPS観測を行うか，又は，異なるセッションの組合せができるようにGPS観測を追加して実施し，検測とする。

(4) デジタル方位距離計法による観測及び測定の方法

区分	測定方法	測定回数	測定単位	読取値の較差
磁方位角	正又は反	2回以上	0.1度以下	$6分\sqrt{S}$以下
鉛直角				$6分\sqrt{S}$以下
距離			cm	3cm以内

備考　作業開始前に機器の調整及び点検を実施するものとする。

別表第21　放射法等による細部図根測量における与点点検の較差の標準〔第35条〕

点検項目＼精度区分	甲一	甲二	甲三	乙一	乙二	乙三
距離	40mm以内	60mm以内	100mm以内	120mm以内	160mm以内	200mm以内
角度	20秒以内	30秒以内	40秒以内	40秒以内	80秒以内	80秒以内

　第4項は，放射法による細部図根測量における計算の単位及び計算値の制限を定めたもので，別表第22に示されています。

別表第22　放射法による細部図根測量の計算の単位及び計算値の制限〔第35条〕
（1）TS法

制限項目＼精度区分	計算の単位			
	角値	辺長値	座標値
甲一	秒位	mm位	mm位
甲二	秒位	mm位	mm位
甲三	秒位	mm位	mm位
乙一	秒位	mm位	mm位
乙二	秒位	mm位	mm位
乙三	秒位	mm位	mm位

（2）GPS法

計算の単位	計算値の制限
座標値	X座標，Y座標のセット間較差（ΔN，ΔEの比較でも可）
mm位	20mm以下

備考　1．座標値は，2セットの観測から求めた平均値とする．
　　　2．ΔNは，水平面の南北方向の較差，ΔEは，水平面の東西方向の較差である．

　TS法による放射法では，多角測量法のように座標の閉合差等を算出できないことから閉合差等の制限はなく，角度の単位（秒位），辺長値，座標値の単位（mm位）のみ示されています。

　GPS法では，座標値の単位をmm位とし，X座標，Y座標のセット間較差（ΔN，ΔEの比較でも可）の制限値が20mm以下としています。なお，採用する座標値は，2セットの観測から求めた座標の平均値とします。

　第5項は，観測，測定及び計算において別表第20から別表第22までに定

められた制限を超えた場合の扱いを定めたもので，制限を超えた場合は，観測中の諸条件を吟味し，許容範囲を超えた原因を考慮して再測（再度，観測又は測定を行うこと。）しなければならないとしています。

　第6項は，放射法により求めた細部図根点の座標値の点検方法について定めたもので，点検方法は，細部図根点の概ね10％について，他の細部多角点等からの同一方法の観測又は当該点から他の細部多角点等への取付観測を行って座標値を点検することとしています。点検値と採用値の較差の制限は，別表第23に示されており，較差が制限内であれば，最初に求めた座標値を採用することとしています。

別表第23　放射法による細部図根点の点検の較差の制限〔第35条〕

精度区分	甲一	甲二	甲三	乙一	乙二	乙三
較差の制限	40 mm	60 mm	100 mm	120 mm	160 mm	200 mm

【参考】

> 　RTK測位は，2台の受信機（1つは固定基準局，もう一つは移動局）で衛星から送られてくる搬送波（信号）を同時に受信し，受信機から衛星までの距離を求めます。受信した搬送波は，受信した最初の衛星データの1サイクル以下の少数部（端数）はわかりますが，データの記録を開始した時にある波の整数部（整数値バイアスという。）はわかっていません。このために，RTK測位では，それぞれの受信機において観測される搬送波位相を測定し，波長の数を決めて，整数値バイアスを決定する必要があります。この整数値バイアスの決定には先ず，2台の受信機のそれぞれの単独測位によって得られた解から整数値の候補を推測し，次に推測解から収束解を得る計算を行います。この推測解からをFloat解（その精度は20cm CEP RMS）といい，収束した解をFIX解（その精度は2cm CEP RMS）といいます。
> 　エポックとは，衛星データを記録する時刻（区切り）をいい，RTK法においては各GPS衛星から固定点と移動点で同時に受信する1回の信号を1エポックといいます。「データ取得間隔が1秒で，エポック10の観測」とは，1秒間隔で衛星データを取得（これを1エポック）という。）しながら，10秒間に10回の観測を行うことをいいます。

> 観測，測定及び計算
>
> 第六十七条　細部図根測量における観測及び測定は，細部図根測量により設置された細部図根点を基礎として行う一筆地測量及び地積測定において，令別表第四に定める限度以上の誤差が生じないように行うものとする。
> 2　細部図根測量の結果は，図郭の区域ごとに，細部図根点配置図及び細部図根点成果簿に取りまとめるものとする。
> 3　前項の場合において，細部図根点配置図は，地籍図根多角点網図において取りまとめることができるものとする。

解説

第1項は，細部図根測量における観測及び測定方法について定めたもので，一筆地測量及び地積測定において施行令別表第四に定める誤差の限度以上の誤差が生じないように行うこととしております。その観測及び測定の方法は，第六十三条及び第六十四条に示されています。

第2項は，細部図根測量により得られた結果のまとめ方について定めたもので，細部図根測量の配置状況については，図郭の区域ごとに，細部図根点配置図に表示し，座標値については細部図根点成果簿に取りまとめることとしています

第3項は，前項の細部図根点配置図については，地籍図根多角点網図に表示することができるとしたもので，細部図根点配置図は地積図根多角点網図と兼用することができます。

第4章　地籍測量

地籍図根多角点網図兼細部図根点配置図

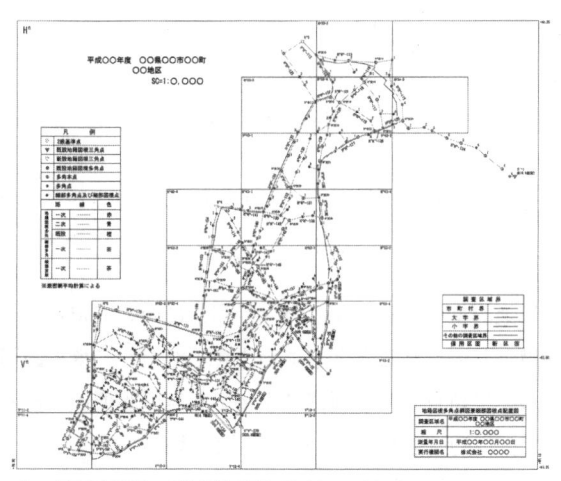

注1：細部図根点配置図は、地籍図根多角点網図に取りまとめることができる。
注2：多角測量法による細部図根点測量における路線の辺の色は、一次路線は茶色、二次路線は黒色で表示する。
注3：放射法による細部図根点測量における辺の色は、一次の細部図根点は茶色、二次の細部図根点は黒色で表示する。

（運用基準）

（縮尺）
第36条　細部図根点配置図の縮尺は，1万分の1，5千分の1，2千5百分の1又は千分の1とする。

（解説）
本条は，細部図根点配置図の縮尺を定めたもので，細部図根点の設置範囲を考慮して1／10,000，1／5,000，1／2,500又は1,000のいずれかの縮尺を選び作成します。

第5款　一筆地測量

> **一筆地測量の基礎とする点**
> 第六十八条　一筆地測量は，単点観測法によるものを除き，地籍図根点等及び細部図根点（以下「細部図根点等」という。）を基礎として行うものとする。

解説

本条は，一筆地測量の基礎とする点（与点）について定めたもので，細部図根点等を基礎として行うこととしています。ただし，単点観測法は，与点での観測を行わずに新点のみの観測によって新点の座標値を得ることができる方法ですので，「単点観測法によるものを除き」としています。

> **一筆地測量の方法**
> 第七十条　一筆地測量は，放射法，多角測量法，交点計算法又は単点観測法によるものとする。

解説

本条は，一筆地測量の測量方法について定めたもので，放射法，多角測量法，交点計算法又は単点観測法によるものとしています。

【参考】

> 交点計算法とは，新点（筆界点）に測量機器を設置できないような状況等において，2箇所の与点の座標値から計算によって新点の座標値を求める方法をいいます。交点計算法には，様々な方法がありますが，地籍測量においては，次の2つの方法が示されています。このうち，①の2直線4点座標の方法では，2箇所の与点と新点を結ぶそれぞれの直線上の点 P_2，P_4 に仮設の表示杭を設置します。
> ①　2直線4点座標による方法
> 　　この方法は，2箇所の与点と新点を結ぶ直線上に設けた仮表示杭（交点計算法以外の測量方法で座標値を求めた点）の点を与点として，新点の座標値を計算で求める方法です。
> 　　下図のように，与点 P1 と新点 P を結ぶ直線上に仮表示杭 P2 を，与点 P3 と新

点Pを結ぶ直線上に仮表示杭P4を設置し，放射法等（交点計算法以外の法）により測量し，P2及びP4の座標値を求めて，次式によりPの座標値を求めます。

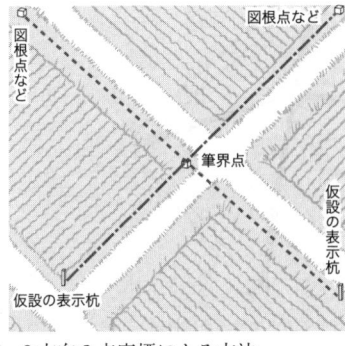

$$X_P = (\beta - \delta)/(\gamma - \alpha)$$
$$Y_P = (\beta \cdot \gamma - \alpha \cdot \delta)/(\gamma - \alpha)$$

ただし，
$$\alpha = (Y_{a2} - Y_{a1})/(X_{a2} - X_{a1})$$
$$\beta = Y_{a1} - X_{a1} \cdot \alpha$$
$$\gamma = (Y_{b2} - Y_{b1})/(X_{b2} - X_{b1})$$
$$\delta = Y_{b1} - X_{b1} \cdot \gamma$$

② 2方向2点座標による方法

この方法は，2箇所の与点において新点の方向角を観測して，与点2点の座標値と方向角を用いて新点の座標値を計算で求める方法です。

下図のように，TS等により与点P1とP2において新点Pの方向角α，βをそれぞれ観測し，次式によりPの座標値を求めます。

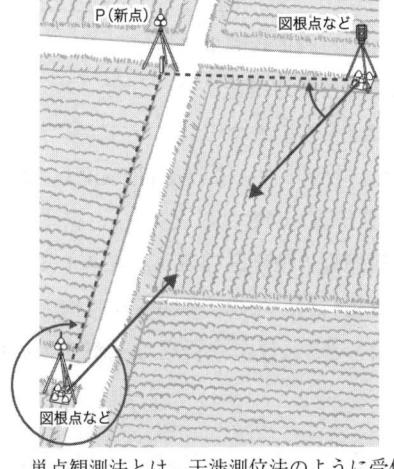

$$S_1 = (\Delta Y_1 \cdot \cos\beta - \Delta X_1 \cdot \sin\beta) \cdot \csc\theta$$
$$S_1 = (\Delta Y_1 \cdot \cos\beta - \Delta X_1 \cdot \sin\beta) \cdot \csc\theta$$

ただし，$\theta = \beta - \alpha$

$\Delta X_2 = S_1 \cdot \cos\alpha \quad \Delta X_3 = S_2 \cdot \cos\beta$
$\Delta Y_2 = S_1 \cdot \sin\alpha \quad \Delta Y_3 = S_2 \cdot \sin\beta$

$X_p = X_1 + \Delta X_2 \quad Y_p = Y_1 + \Delta Y_2$
$X_p = X_2 + \Delta X_3 \quad Y_p = Y_2 + \Delta Y_3$

より求点座標(X_p, Y_p)を算出する。

単点観測法とは，干渉測位法のように受信データから求めた基線ベクトルを観測値とした三次元網平均計算によって座標値を算出する方法でなく，測位によって得られた受信データから直接座標値を算出する方法です。

単点観測法には，ネットワーク型RTK-GPS法による単点観測法とDGPS法による単点観測法があります。

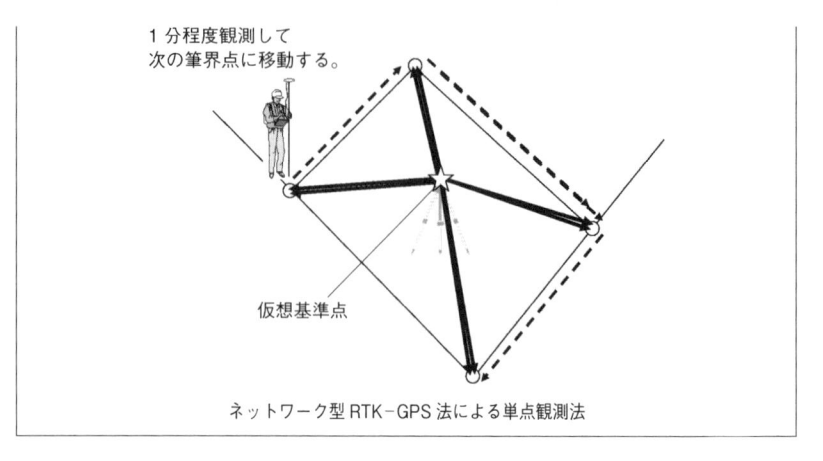

1分程度観測して次の筆界点に移動する。

仮想基準点

ネットワーク型RTK-GPS法による単点観測法

(運用基準)

一筆地測量の方法

第37条 放射法又は多角測量法による一筆地測量は、GPS法又はTS法により行うものとする。ただし、当該地籍測量の精度区分が令別表第4に定める乙二又は乙三の地域の一筆地測量においては、デジタル方位距離計法により行うことができるものとする。

2 単点観測法による一筆地測量は、ネットワーク型RTK-GPSによる測量方法(以下「ネットワーク型RTK-GPS法」という。)により行うものとする。ただし、当該地籍測量の精度区分が令別表第4に定める乙二又は乙三の地域の一筆地測量については、DGPS測量機を用いる測量方法(以下「DGPS法」という。)により行うことができるものとする。

(解説)

第1項は、放射法又は多角測量法による一筆地測量の方法について定めたもので、原則、GPS法又はTS法により行うこととしています。ただし、乙二又は乙三地域においては、求める筆界点の位置誤差が乙二で50cm、乙三で100cmということもあり、デジタル方位距離計法により行うことができ

るとしています。

　第2項は，単点観測法による一筆地測量の方法について定めたもので，ネットワーク型RTK-GPS法により行うこととしています。ただし，乙二又は乙三地域においては，DGPS法により行うことができるとしています。

> **放射法による一筆地測量**
>
> 第七十条の二　放射法による一筆地測量は，細部図根点等を与点として行うものとする。
> 2　放射法による一筆地測量は，地籍図根測量又は細部図根測量に引き続き行う場合を除き，あらかじめ与点の点検測量を行うものとする。
> 3　放射法による一筆地測量において水平角の観測を行う場合は，与点と同一の多角路線に属する相隣る細部図根点等を基準方向とし，与点から筆界点までの距離は，与点から基準方向とした細部図根点等までの距離より短くするものとする。

解説

　第1項は，放射法による一筆地測量に使用できる与点について定めたもので，与点は細部図根点等としています。したがって，他の筆界点を与点として使用することはできません。

　第2項は，放射法による場合の与点の点検測量について定めたもので，地籍図根測量又は細部図根測量に引き続き行う場合を除き，あらかじめ与点の点検測量を行うこととしています。

　引き続きとは，使用する与点の測量が当該年度に実施した場合であり，過年度に設置した地籍図根点や細部図根点を与点として使用する場合は，放射法の測量に先立ち当該点の異常の有無や測点番号の誤りなどを確認する点検測量を行います。当該年度の作業に実施している場合は，当該点の移動や測点番号の誤りが生じる可能性がないことから点検は省略できるとしています。

　第3項は，放射法による場合の方向角の取り付けのために用いる点の選定方法を定めたもので，方向角の基準方向に使用する点は，異なる多角路線間

で座標値の不整合が生じる可能性があることから，使用した与点と同一の多角路線に属する相隣る細部図根点等としています。したがって，同じ多角網であっても別の多角路線に含まれる点は基準方向には使用できません。

また，方向角の観測を行う場合，距離に比例した測量誤差が生じますが，特に放射法の場合はこの誤差が新点の座標値に影響します。このため，精度確保の観点から，与点から筆界点までの距離は，与点から基準方向とした細部図根点等までの距離より短くするとしています。

(運用基準)

放射法による一筆地測量

第38条　放射法による一筆地測量においてあらかじめ行う与点の点検測量は，TS法による場合は同一の多角路線に属する他の細部図根点等までの距離の測定又は基準方向と同一の多角路線に属する他の細部図根点等との夾角の観測を，GPS法による場合は基線ベクトルの観測を，デジタル方位距離計法による場合は同一の多角路線に属する他の細部図根点等までの距離の測定を行い，当該点の移動，番号の誤り等の点検を行うものとする。

2　前項の点検に当たっては，別表第24に定める観測及び測定の方法によるものとし，点検の較差の標準は別表第25に定めるところによるものとする。

3　放射法等による一筆地測量における観測及び測定の方法は，別表第24に定めるところによるものとする。

4　放射法等による一筆地測量における計算の単位及び計算値の制限は，別表第26に定めるところによるものとする。

5　観測，測定及び計算結果が別表第24から別表第26までに定める制限を超えた場合は，再測をしなければならない。なお，再測は，観測中の諸条件を吟味し，許容範囲を超えた原因を考慮して行うものとする。

解説

　第1項は，あらかじめ行う与点の点検測量について定めたもので，TS法の場合は同一の多角路線に属する他の細部図根点等までの距離の測定又は基準方向と同一の多角路線に属する他の細部図根点等との夾角の観測を行い，当該点の異動の有無等を点検します。なお，デジタル方位距離計法の場合は，距離のみの点検測量となります。

　また，GPS法の場合は当該点と同一の多角路線に属する他の細部図根点等間の基線ベクトルの観測を行い，当該点の移動の有無等の点検を行います。

　第2項は，あらかじめ行う与点の点検測量について定めたもので，観測及び測定は別表第24のとおり行い，点検の較差の標準はTS法の場合は別表第25の(1)，デジタル方位距離計法の場合は別表第25の(2)のとおりとしています。

別表第24　放射法等による一筆地測量における観測及び測定の方法〔第38条〕

(1) TS法による角の観測

精度区分		甲一及び甲二	甲三及び乙一	乙二及び乙三
セオドライト及びトータルステーションの種類		最小目盛値 10秒以下	最小目盛値 20秒以下	最小目盛値 20秒以下
水平角	対回数	1 [0.5]	2 [0.5]	1 [0.5]
	輪郭	任意 [任意]	0度, 90度 [任意]	任意 [任意]
	較差	20 (100/S) 秒以内 [－]	－ [－]	40 (2000/S) 秒以内 [－] ／ 60 (3000/S) 秒以内 [－]
	観測差	－ [－]	40 (2000/S) 秒以内 [－]	－ [－]
	倍角差	－ [－]	60 (3000/S) 秒以内 [－]	－ [－]
鉛直角	対回数	1 [0.5]		
	定数差	90 (4500/S) 秒以内 [－]		

備考　1. 測定距離が50m未満の場合には，( )内の値とし，この場合のSは測定距離をm単位で表した数とする。
　　　2. 鉛直観測は，高度角が20度未満の場合には，対回数を0.5とする。
　　　3. トータルステーションによる場合には [ ] 内の値とする。

(2) TS法による距離の測定

精度区分		甲一及び甲二		甲三及び乙一		乙二及び乙三	
測距機器の種類		光波測距儀及びトータルステーション	鋼巻尺	光波測距儀及びトータルステーション	鋼巻尺	光波測距儀及びトータルステーション	鋼巻尺
距離	器差補正	要					否
	気象補正	要	−	要	−	要	−
	温度補正	−	要	−	否	−	否
	傾斜補正	要					
	張力計の使用	−	要	−	否	−	否
	往復測定	−	否	−	否	−	否
	読取単位	mm					
	片道の読取回数	0.5セット	2回	0.5セット	2回	0.5セット	2回
	読取値の較差		5mm以内		甲三 8mm以内 乙一 10mm以内		20mm以内
	測定距離の制限	−	50m以内	−	50m以内	−	50m以内

(3) GPS法による基線ベクトルの観測
 1) 観測方法
  観測は、干渉測位方式で行うものとする。
 2) GPS観測のために設定する項目，単位及び位

設定項目	単位	位	備 考
経度・緯度	度分秒	1	自動入力装置のある機種は，自動入力で行う。
楕円体高	m	10	
アンテナ高	m	0.01	

 3) 観測時間等

観測方法	観 測 時 間	データ取得間隔
RTK法及びネットワーク型RTK−GPS法	FIX解を得てから10エポック以上を1セットとし，2セットの観測を行う。	1秒

 備考 1. RTK法においては，各GPS衛星から固定点と移動点で同時に受信する1回の信号を1エポックとする。
   2. 1セット目の一連の観測が終了後に，再初期化を行ってから2セット目の観測を行う。
   3. RTK法においては，固定点と移動点の観測距離は，500m以内を標準とする。

4) GPS衛星の条件

項　　目	制　　限
受 信 高 度 角	15°以上を標準とする
衛 星 の 数	5個以上

備考　受信高度角は，上空視界の確保が困難な場合は30°まで緩和することができる。

(4) デジタル方位距離計法による観測及び測定の方法

区　分	測定方法	測定回数	測定単位	読取値の較差
磁方位角	正又は反	2回以上	0.1度以下	6分$\sqrt{S}$以下
鉛直角				6分$\sqrt{S}$以下
距離			cm	3cm以内

別表第25　放射法等による一筆地測量における与点点検の較差の標準〔第38条〕

(1) TS法

点検項目＼精度区分	甲一及び甲二	甲三及び乙一	乙二及び乙三
距　離	50mm以内	100mm以内	200mm以内
角　度	60秒以内	90秒以内	120秒以内

(2) デジタル方位距離計法

点検項目＼精度区分	乙二	乙三
距離	160mm	200mm

　第3項は，放射法による一筆地測量の観測及び測定の方法について定めたもので，別表第24のとおり行うこととしています。

　別表第24の(1)，(2)はTS法，(3)はGPS法，(4)はデジタル方位距離計法による場合の観測及び測定の方法がそれぞれ示されています。

　TS法においては，角の観測，距離の測定方法が精度区分及び使用する測量機器に応じて示されています。なお，測定距離に対する補正計算については，精度区分によってその要否が示されています。「要」とは当該補正を行わなければならない，「否」とは当該補正を行わないいという意味ですが，計算システムで行う場合で自動的に補正が行われる場合には，「否」であっても補正しても差し支えありません。

　GPS法においては，RTK法又はネットワーク型RTK-GPS法により行う

こととしています。観測においてはFIX解を得てから10エポック以上を1セットとした観測を2セット行います。2セット目の観測は，1セット目の一連の観測が終了後に，再初期化を行ってから行います。また，RTK法においては，固定点と移動点の観測距離は，500m以内を標準とします。

デジタル方位距離計法においては，磁方位角，鉛直角及び距離の測定方法，測定回数，測定単位及び読取値の較差の制限が示されています。

第4項は，放射法による一筆地測量における計算の単位及び計算値の制限を定めたもので，別表第26に示されています。

別表第26の（1）はTS法，（2）はGPS法，（3）はデジタル方位距離計法による場合の計算の単位及び計算値の制限がそれぞれ示されています。

別表第26　放射法等による一筆地測量の計算の単位及び計算値の制限〔第38条及び42条〕

（1）　TS法

精度区分	制限項目	計算の単位 角値	計算の単位 辺長値	計算の単位 座標値	計算値の制限 放射法の出合差
甲	一	秒位	mm位	mm位	30 mm
甲	二	秒位	mm位	mm位	50 mm
甲	三	秒位	mm位	mm位	90 mm
乙	一	秒位	mm位	mm位	120 mm
乙	二	秒位	mm位	mm位	160 mm
乙	三	秒位	mm位	mm位	200 mm

備考　放射法の出合差とは，2点以上の細部図根点等を基礎として測定した場合の筆界点の座標値の差をいう．

（2）　GPS法

計算の単位	計算値の制限
座標値	X座標，Y座標のセット間較差（ΔN，ΔEの比較でも可）
mm位	20 mm以下

備考　1．座標値は，2セットの観測から求めた平均値とする．
　　　2．ΔNは，水平面の南北方向の較差，ΔEは，水平面の東西方向の較差である．

（3）　デジタル方位距離計法

精度区分	制限項目	計算の単位 角値	計算の単位 辺長値	計算の単位 座標値	計算値の制限 放射法の出合差
乙二		秒位	mm位	mm位	160 mm
乙三		秒位	mm位	mm位	200 mm

TS法による放射法では，多角測量法のように座標の閉合差等を算出できないことから閉合差の制限はなく，角度の単位（秒位），辺長値，座標値の単位（mm位）のみ示されています。なお，放射法の出合差の制限は，第72条の筆界点の位置の点検のために行う測量結果の制限を示したものです。

GPS法では，座標値の単位をmm位とし，X座標，Y座標のセット間較差（ΔN，ΔEの比較でも可）の制限値が20mm以下としています。なお，採用する座標値は，2セットの観測から求めた座標の平均値とします。

デジタル方位距離計法では，計算の単位と放射法の出合差の制限が示されていますが，出合差の制限は，第72条の筆界点の位置の点検のために行う測量結果の制限を示したものです。

第5項は，観測，測定及び計算において制限を超えた場合の扱いを定めたもので，別表24から別表第26までに定められた制限を超えた場合は，観測中の諸条件を吟味し，許容範囲を超えた原因を考慮して再測しなければならないとしています。

多角測量法による一筆地測量

第七十条の三　多角測量法による一筆地測量における多角路線の選定に当たっては，細部図根点等を結合する多角網又は単路線を形成するよう努めなければならない。ただし，見通し障害等により真にやむを得ない場合には，閉合路線を形成することができる。

解説

本条は，多角測量法による一筆地測量の実施方法を定めたもので，使用できる与点は細部図根点等とし，これらの与点を結合する多角網又は単路線を形成するように努めなければならないとしています。

ただし，宅地部の袋地や山林部の崖地等において，出発点と異なった細部図根点等に結合することができない場合など真にやむを得ない場合には，出発点と結合点を同一の与点とする閉合路線によることができるとしています。

（運用基準）

> **多角測量法による一筆地測量**
>
> 第39条　多角測量法による一筆地測量の多角路線の長さは，当該地籍測量の精度区分が令別表第4に定める甲一又は甲二にあっては300メートル以内，甲三又は乙一にあっては400メートル以内，乙二又は乙三にあっては500メートル以内を標準とする。ただし，デジタル方位距離計法による場合は多角路線の長さは500メートル以内とし，その測点間の距離は5メートル以上25メートル以内，測点の数は20点以内とする。
>
> 2　多角測量法による一筆地測量における観測及び測定の方法は，別表第27に定めるところによるものとする。
>
> 3　多角測量法による一筆地測量における計算の単位及び計算値の制限は，別表第28に定めるところによるものとする。
>
> 4　多角測量法による筆界点の座標値は，第34条第4項の規定を準用して求めるものとする。
>
> 5　観測，測定及び計算結果が別表第27及び別表第28に定める制限を超えた場合は，再測をしなければならない。なお，再測は，観測中の諸条件を吟味し，許容範囲を超えた原因を考慮して行うものとする。

（解説）

第1項は，多角路線の長さの制限について定めたもので，甲一又は甲二の地区は300m以内，甲三又は乙一の地区は400m以内，乙二又は乙三の地区は500m以内を標準としています。ただし，デジタル方位距離計法による場合は，測量機器の性能から多角路線の路線長を500m以内とし，さらに，該当路線内の測点間距離を最短5m以上で最長25m以内，測点の数を20点以内としています。

第2項は，観測及び測定の方法について定めたもので，別表第27のとおり行うこととしています。

別表第27の(1)，(2)はTS法，(3)はGPS法，(4)はデジタル方位距

離計法による場合の観測及び測定の方法が示されています。

TS法においては，(1)に角の観測，(2)に距離の測定方法が精度区分及び使用する測量機器に応じて示されています。なお，測定距離に対する補正計算については，精度区分によってその要否が示されています。「要」とは当該補正を行わなければならない，「否」とは当該補正を行わないという意味ですが，計算システムで行う場合で自動的に補正が行われる場合には，「否」であっても補正しても差し支えありません。

GPS法においては，観測値の点検方法，観測方法，観測時間，データ取得間隔，GPS衛星の条件などが示されており，観測方法は短縮スタティック法，キネマティック法，RTK法及びネットワーク型RTK-GPS法で行うこととしています。

デジタル方位距離計方においては，測定項目，測定方法，測定単位，読取値の較差が示されています。

別表第27　多角測量法及び割込法による一筆地測量における観測及び測定の方法〔第39条〕

(1) TS法による角の制限

精度区分		甲一及び甲二	甲三及び乙一	乙二及び乙三
セオドライト及びトータルステーションの種類		最小目盛値 20秒以下		
水平角	対回数	1		
	輪郭	任　意		
	較差	40秒以内	60秒以内	
鉛直角	対回数	1		
	定数差	90秒以内		

(2) TS法による距離の測定

精度区分		甲一及び甲二		甲三及び乙一		乙二及び乙三	
測距機器の種類		光波測距儀及びトータルステーション	鋼巻尺	光波測距儀及びトータルステーション	鋼巻尺	光波測距儀及びトータルステーション	鋼巻尺
距離	器差補正	要					否
	気象補正	要	−	要	−	要	−
	温度補正	−	要	−	否	−	否
	傾斜補正	要					

張力計の使用	–	要	–	否	–	否
往復測定	–	要	–	要	–	要
往復測定の較差	–	甲一 1mm√S 以内 甲二 2mm√S 以内	–	甲三 4mm√S 以内 乙一 6mm√S 以内	–	10mm√S 以内
読取単位	mm					
片道の読取回数	1セット	1回	1セット	1回	1セット	1回
読取値の較差	甲一 10mm 以内 甲二 15mm 以内	–	甲三 20mm 以内 乙一 30mm 以内	–	30mm 以内	–
基準面からの高さの補正	否					
s/S 補正	否					

備考　1.　較差欄のSは，測定距離をm単位で表した数とする。
　　　2.　往復測定は，独立2回測定とすることができる。

(3)　GPS法による基線ベクトルの観測
1)　観測方法
　　観測は，干渉測位方式で行うものとし，次表により観測値の良否を点検できるよう，多角網路線が閉じた多角形を形成するものとする。

区　　　　　分	測　定　方　法
環閉合差による方法	環閉合差を求め点検するための異なるセッションの組み合わせによる多角網を形成する。
重複辺による方法	異なるセッションによる点検のため，1辺以上の重複観測を行う。

2)　GPS観測のために設定する項目，単位及び位

設定項目	単位	位	備　　　考
経度・緯度	度分秒	1	自動入力装置のある機種は，自動入力で行う。
楕円体高	m	10	(同上)
アンテナ高	m	0.01	

3)　観測時間等

観　測　方　法	観測時間又は観測回数	データ取得間隔
短縮スタティック法	10分以上	15秒
キネマティック法	1分以上	5秒

| RTK法及びネットワーク型
RTK－GPS法 | FIX解を得てから
10エポック以上 | 1秒 |

備考 1. RTK法において，各GPS衛星から固定点と移動点で同時に受信する1回の信号を1エポックとする。
　　 2. 固定点と移動点の観測距離は，500m以内を標準とする。

4) GPS衛星の条件

項　目	制　限
受　信　高　度　角	15°以上を標準とする
衛　星　の　数	5個以上

備考 受信高度角は，上空視界の確保が困難な場合は30°まで緩和することができる。

5) 検測
　GPS観測の結果，異なるセッションによる閉合多角形ができない場合には当該セッションの一辺以上について再度GPS観測を行うか，又は，異なるセッションの組合せができるようにGPS観測を追加して実施し，検測とする。

(4) デジタル方位距離計法による観測及び測定の方法

区　分	測定方法	測定回数	測定単位	読取値の較差
磁方位角	正又は反	2回以上	0.1度以下	6分$\sqrt{S}$以下
鉛直角				6分$\sqrt{S}$以下
距離			cm	3cm以内

備考 作業開始前に機器の調整及び点検を実施するものとする。

　第3項は，計算の単位及び計算値の制限を定めたもので，別表第28のとおり行うこととしています。

　計算の単位は，TS法及びデジタル方位距離計法では角度の数値は秒位，辺長値，座標値など長さに関する数値はmm位，GPS法では基線ベクトル3成分，座標値，標高のいずれについても長さに関する数値ですので，mm位とします。

　TS法における計算値の制限は，方向角の閉合差と座標の閉合差が精度区分に応じて示されています。

　方向角の閉合差と座標の閉合差は，点検計算により求めます。点検計算は，与点から新点を経由し他の与点に結合させる最短の路線（結合路線）で行います。この場合，出発した与点と結合した与点において方向角の取り付けを相互に行った場合は，方向角の閉合差の許容範囲を環閉合差（制限式の定数項を省いた式）により算出し，座標の閉合差の許容範囲は定数項を入れた式

で求めます。また、与点から新点を経由し同一の与点に閉合する路線（環閉合）により行った場合の閉合差の許容範囲は、各制限式の定数項を省いて求めます。なお、座標値を厳密網平均計算で算出する場合は、方向角の計算を省略できますが、図形の強さを考慮し、可能な限り方向角の取り付けを行うことが望まれます。

　GPS法における計算値の制限は、環閉合差及び重複辺の較差について示されています。

　環閉合差又は重複辺の較差は、点検計算により求め、水平位置の標準偏差は、三次元網平均計算により求めます。

　環閉合差は、異なるセッションの辺を組み合せて構成される多角形（1つのセッションとして観測されない多角形）について、各辺が属するセッションで得られた基線ベクトルの3成分（△X、△Y、△Z）をそれぞれ合計して求めます。

　重複辺の較差は、異なるセッションの重複した辺について基線ベクトルの3成分の差をとって求めます。

　デジタル方位距離計法における計算値の制限は、座標の閉合差及び新点の水平位置の標準偏差について示されています。なお、座標値の最確値については、デジタル方位距離計法における測定距離と方位角の精度比較ができていないことから、距離の重量の係数がないため、簡易網平均計算で行います。

別表第28　多角測量法及び交点計算法による一筆地測量の計算の単位及び計算値の制限
〔第39条から第42条〕

（1）　TS法

精度区分	制限項目	計算の単位			計算値の制限	
		角値	辺長値	座標値	方向角の閉合値	座標の閉合値
甲	一	秒位	mm位	mm位	30秒 + 25秒$\sqrt{n}$	20 mm + 4 mm$\sqrt{S}$
甲	二	秒位	mm位	mm位	35秒 + 30秒$\sqrt{n}$	50 mm + 7 mm$\sqrt{S}$
甲	三	秒位	mm位	mm位	40秒 + 40秒$\sqrt{n}$	100 mm + 10 mm$\sqrt{S}$
乙	一	秒位	mm位	mm位	40秒 + 55秒$\sqrt{n}$	100 mm + 15 mm$\sqrt{S}$
乙	二	秒位	mm位	mm位	60秒 + 65秒$\sqrt{n}$	150 mm + 20 mm$\sqrt{S}$
乙	三	秒位	mm位	mm位	60秒 + 75秒$\sqrt{n}$	150 mm + 25 mm$\sqrt{S}$

備考 1. nは当該路線の測点数，Sは路線の長さをm単位で示した数である．
　　 2. 環閉合差により点検する場合は，方向角及び座標の各制限式の定数項を省いたものとする．

（2）GPS法

計算の単位				計算値の制限		
辺長値	基線ベクトル3成分	座標値	標高	（ア）環閉合差	（イ）重複辺の較差	（ウ）三次元網平均計算による標準偏差
						水平位置
mm位	mm位	mm位	mm位	水平（ΔN，ΔE）20 mm√N̄ 高さ（ΔU）30 mm√N̄（N：辺数）	水平（ΔN，ΔE）20 mm 高さ（ΔU）30 mm RTK法の場合は，Δx，Δy，Δzの各成分毎に25 mm以下	10 cm

備考 1. 点検計算の制限は，上記（ア）又は（イ）の方法による．ただし，ΔN，ΔE，ΔUはベクトル終点において，Δx，Δy，Δzから計算式により算出する．
　　 2. ΔNは，水平面の南北方向の閉合差又は較差，ΔEは，水平面の東西方向の閉合差又は較差，ΔUは，高さ方向の閉合差又は較差である．

（3）デジタル方位距離計法

制限項目 精度区分	計算の単位			計算値の制限	
	角値	辺長値	座標値	座標の閉合差	新点位置の標準偏差
					水平位置
乙二	秒位	mm位	mm位	150 mm + 50 mm√S	50 cm
乙三	秒位	mm位	mm位	150 mm + 65 mm√S	100 cm

　第4項は，多角測量法による筆界点の座標値の算出方法を定めたもので，運用基準第34条第4項を準用して求めるとしています．

　したがって，TS法の場合には厳密網平均計算又は簡易網平均計算により求め，GPS法の場合にはジオイドモデルを使用する三次元網平均計算により求めます．厳密網平均計算又は三次元網平均計算に用いる重量は，別表第14に定められています．なお，簡易網平均計算で行う場合は，方向角の閉合差は測点数，座標の閉合差は路線長に比例して配布するものとしています．

　第5項は，観測，測定及び計算において別表第27と別表第28に定められた制限を超えた場合の扱いを定めたものです．制限を超えた場合は，観測中の諸条件を吟味し，許容範囲を超えた原因を考慮して再測（再度，観測又は

測定を行うこと。）しなければならないとしています。

> **交点計算法による一筆地測量**
> 第七十条の四　交点計算法による一筆地測量における仮設の表示杭の測量は，交点計算法以外によるものとする。
> 2　仮設の表示杭は，筆界点の近傍に設置するよう努めなければならない。

解説

第1項は，仮設の表示杭の座標値を求める測量方法を定めたもので，交点計算法以外の多角測量法又は放射法により行います。

第2項は，仮設の表示杭を設置する場合の扱いを定めたもので，測量の誤差をできるだけ少なくするために筆界点の近傍に設置するよう努めなければならないとしています。

（運用基準）

> **交点計算法による一筆地測量**
> 第40条　交点計算法による一筆地測量における計算の単位は，別表第28に定めるところによるものとする。
> 2　観測，測定及び計算結果が別表第28に定める制限を超えた場合は，再測をしなければならない。なお，再測は，観測中の諸条件を吟味し，許容範囲を超えた原因を考慮して行うものとする。

解説

第1項は，計算の単位を定めたもので，別表第28のとおり行うこととしています。

第2項は，仮設の表示杭を設置した場合の閉合差等の制限と再測の扱いを定めたもので，制限は別表第28に示された値とし，制限を超過した場合は

再測を行わなければならないとしています。なお，再測に当たっては，観測中の諸条件を吟味し，許容範囲を超えた原因を考慮して行うこととしています。

> **単点観測法による一筆地測量**
> **第七十条の五** 観測に使用する測位衛星の数は五以上とし，受信高度角は十五度以上とする。
> 2　単点観測法により観測された筆界点の座標値は，周辺の細部図根点等との整合性の確保を図るよう努めなければならない。

解説

第1項は，単点観測法におけるGPS衛星の観測条件を定めたもので，観測に使用する衛星の数は5個以上とし，水平線から15度以上の衛星を受信して行うこととしています。

第2項は，単点観測法により求めた筆界点座標値の精度確認の方法について定めたもので，単点観測法が既設の基準点等を使用しない測量方法であることから周辺の細部図根点等との整合性を図るよう努めることとしています。

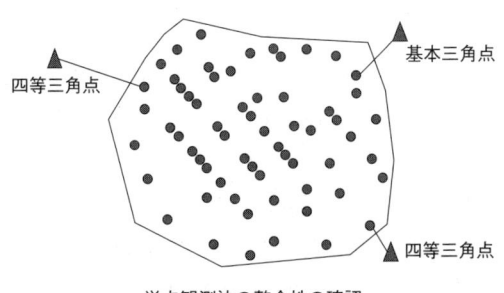

単点観測法の整合性の確認

(運用基準)

単点観測法による一筆地測量

第41条　単点観測法における観測及び測定の方法は，別表第29に定めるところによるものとする。

2　単点観測法による一筆地測量における計算の単位及び計算値の制限は，別表第30に定めるところによるものとする。

3　単点観測法により得られた筆界点と周辺の細部図根点等との整合性を確保するための細部図根点等の数は3点以上を標準とし，努めて当該地区の周辺を囲むように選点するものとする。

4　ネットワーク型RTK-GPS法による整合性の確保は，ネットワーク型RTK-GPS法により得られた細部図根点等の座標値と細部図根点等の成果値の比較により行うものとする。

5　前項により比較した座標値の較差が，別表第30に定める制限を超過した場合は，平面直角座標系上において前項で比較した細部図根点等を与点として座標補正を行い水平位置の整合処理を行うものとする。なお，座標補正の変換手法は，ヘルマート変換を標準とする。

6　前項の場合における座標補正の点検は，座標補正後の筆界点の座標値と与点とした細部図根点等の成果値による計算距離と，筆界点から与点とした細部図根点等までの距離を単点観測法以外の法により求めた実測距離との比較により行うものする。

7　前項により比較した距離の較差が別表第30に定める制限を超過した場合は，水平位置の整合処理に用いた与点を変更し再度第5項による比較を行うものとする。

8　DGPS法による観測は，細部図根点等の観測を行いDGPS補正情報の質を確認した後に，筆界点の観測を行うものとする。

9　前項により得られた細部図根点等の座標値と細部図根点等の成果値との較差が別表第30に定める制限を超過した場合は，観測条件を変更し再度観測を行うものとする。

解説

第1項は，単点観測法における観測及び測定の方法を定めたもので，別表第29にネットワーク型RTK-GPS法による場合とDGPS法による場合の観測及び測定方法が示されています．

別表第29 単点観測法による一筆地測量における観測及び測定の方法〔第41条〕

（1） ネットワーク型RTK-GPS法
　1） 観測のための設定項目，単位及び位

設定項目	単　位	位	備　　考
経度・緯度	度分秒	1	自動入力装置のある機種は，自動入力で行う．
楕円体高	m	10	（同上）
アンテナ高	m	0.001	

　2） 観測回数，データ取得間隔

使用衛星数	観　測　時　間	データ取得間隔	セット間間隔
5個以上	FIX解を得てから10エポック以上を1セットとし，2セットの観測を行う	1秒	5分

　3） 観測の諸条件

項　　目	条　　件
受信高度角	15°以上を標準とする．
アンテナの整置	三脚又はアンテナポール

　4） 筆界点の整合性確保のために使用する細部図根点等までの距離

精度区分	筆界点から細部図根点等までの距離
甲一及び甲二	500 m 以内
甲三及び乙一	1,000 m 以内
乙二及び乙三	1,500 m 以内

備考　地形の形状によりやむを得ない場合にはこの限りでない．

（2） DGPS法
　1） 観測回数，データ取得間隔等

使用衛星数	観　測　回　数	データ取得間隔	セット間間隔
6個以上	DGPS解を得てから10エポックを1セットとして4セット．このうち，前半の2セットの平均値を成果値とし，後半2セットの平均値を点検用とする．	1秒	5分

　2） 観測の諸条件

項　　目	条　　件
受信高度角	15°以上を標準とする．

アンテナの整置	三脚又はアンテナポール
DGPS 補正情報	1. 世界測地系に基づいて生成されたディファレンシャル補正情報 2. 公的サービスによるディファレンシャル補正情報

備考　公的サービスによるディファレンシャル補正情報とは，海上保安庁のDGPS局からの補正情報や，国土交通省航空局のMSASからの補正情報をいう．
　3）　筆界点の整合性確保のために与点とする細部図根点等までの距離

精度区分	筆界点から細部図根点等までの距離
乙二及び乙三	1,500 m 以内

　ネットワーク型 RTK-GPS 法による単点観測法の場合は，FIX 解を得てから10 エポック以上を1セットとし，2セットの観測を行います．データ取得間隔は1秒，セット間間隔は5分とします．

　DGPS 法による単点観測法の場合は，DGPS 解を得てから10 エポックを1セットとし，4セットの観測を行います．データ取得間隔は1秒，セット間間隔は5分とします．

　第2項は，単点観測法による一筆地測量における計算の単位及び計算値の制限を定めたもので，別表第30にネットワーク型 RTK-GPS 法による場合と DGPS 法による場合の計算の単位及び計算値の制限が示されています．

　　別表第30　単点観測法による一筆地測量の計算の単位及び計算値の制限〔第41条〕
（1）　ネットワーク型 RTK-GPS 法
　1）　基線解析の計算結果の表示単位

区分項目	単位	位
基線ベクトル成分	m	0.001

　2）　計算値の制限

計算の単位	計　算　値　の　制　限
座標値	X 座標，Y 座標のセット間較差（ΔN，ΔE の比較でも可）
mm 位	20 mm 以下

備考　1．座標値は，2セットの観測から求めた平均値とする．
　　　2．ΔN は，水平面の南北方向の較差，ΔE は，水平面の東西方向の較差である．
　　　3）　細部図根点等における座標の較差の許容範囲

精度区分	甲一	甲二	甲三	乙一	乙二	乙三
許容範囲	2 cm	7 cm	15 cm	25 cm	50 cm	100 cm

第4章 地籍測量

4) 座標補正の点検における計算距離と実測距離の較差の許容範囲

点検距離	許容範囲
500m 以内	50 mm
500m 以上	点検距離の 1/10,000

(2) DGPS 法
1) 観測値及びセット間較差の制限

精度区分	計算の単位		観測値の制限	
	座標値	標高	観測値の較差	セット間の較差
乙二	mm 位	mm 位	±0.50m 以内を標準とする.	
乙三	mm 位	mm 位	±1.00m 以内を標準とする.	

備考 セット間の較差については，4セットの最大値と最小値の較差とし，制限値を超えた場合は再測を行うものとする.

2) 細部図根点等における座標の較差の許容範囲

精度区分	乙二	乙三
許容範囲	50 cm	100 cm

　ネットワーク型 RTK-GPS 法では，座標値の単位を mm 位とし，X 座標，Y 座標のセット間較差（ΔN，ΔE の比較でも可）の制限値が 20mm 以下としています．なお，採用する座標値は，2セットの観測から求めた座標の平均値とします．

　DGPS 法では，座標値と標高の単位を mm 位とし，観測値の較差及びセット間較差について乙二地区では ±0.50m 以内を標準，乙二地区では ±1.00m 以内を標準とします．

　第3項は，周辺の細部図根点等との整合性を確保するための選定条件を定めたもので，整合性を確保するために取り付ける細部図根点等の数は3点以上を標準とし，調査地区の一方に偏らないように努めて当該地区の周辺を囲むように選点することとしています．

　第4項から第7項までは，ネットワーク型 RTK-GPS 法による場合の整合性を確保するための作業方法を定めたものです．

　第4項は，ネットワーク型 RTK-GPS 法による整合性の確保の方法を定めたもので，ネットワーク型 RTK-GPS 法により得られた細部図根点等の座標値と細部図根点等の成果値の比較によって行うこととしています．

　第5項は，座標値の較差の制限値を定めたもので，ネットワーク型 RTK-

GPS法により得られた細部図根点等の座標値と細部図根点等の成果値の較差は，X座標，Y座標とも20mm以下としています。この制限を超過した場合は，比較のため使用した細部図根点等を与点として平面直角座標系上において座標補正を行い，水平位置の整合処理（座標の較差を筆界点に補正すること）を行うこととしています。座標補正の変換手法は，ヘルマート変換（相似補正）を標準としています。

　第6項は，座標補正した座標値の点検方法を定めたもので，座標補正後の筆界点の座標値と与点とした細部図根点等の成果値による計算距離と，筆界点から与点とした細部図根点等までの距離を単点観測法以外の法（多角測量法又は放射法）により求めた実測距離との較差を求めます。

　第7項は，前項により比較した距離の較差が制限を超過した場合の扱いについて定めたもので，較差が別表第30に定める制限を超過した場合は，水平位置の整合処理に用いた与点を別の点に変更し，再度第5項による比較を行って整合性の確認を行うこととしています。

　第8項は，DGPS法による単点観測法の観測方法について定めたものです。

　DGPS法では，海上保安庁等が提供するDGPS補正情報を利用して座標値を求めますが，この補正情報の質が座標値の精度に大きく影響します。このため，DGPS法による単点観測法で筆界点の観測を行うに当たっては，あらかじめ既設の細部図根点等においてDGPS観測を行い，補正情報の質を確認することとしています。

　第9項は，DGPS法による単点観測法の場合の整合性の確保の方法を定めたもので，前項により得られた細部図根点等の座標値と細部図根点等の成果値との較差を求め，その較差が別表第30に定める制限内であれば筆界点の観測を行い，制限を超過した場合は，観測時間帯や補正情報などの観測条件を変更して再度観測を行うこととしています。

【参考】

　ヘルマート変換とは，座標変換の1つで相似補正とも呼ばれます。相似補正とは，変換前と変換後では図形の形が変わらないことを意味し，スケール（縮尺）さえ同じであれば，変換前と変換後の面積が変わることはありません。

　一方，ヘルマート変換に類似した変換手法として，アフィン変換があります。ア

フィン変換は，ヘルマート変換とは異なり，変換前と変換後の図形は相似形ではないので，面積が変わります。

次数の制限

第七十一条 一筆地測量（単点観測法によるものを除く。）における筆界点の次数は，細部図根点等を基礎として，多角測量法にあっては二次まで，その他の方法にあっては一次までとする。この場合において，地籍図根三角点等を基礎として求めた筆界点の通算次数は，六次までとする。

解説

本条は，筆界点の次数について定めたもので，細部図根点等を基礎として，多角測量法にあっては二次まで，その他の方法（放射法又は交点計算法）にあっては一次までとするとしています。なお，単点観測法は，階層的な方法でなく，GPS観測の観測データに補正情報を加えて筆界点の座標値を求める方法であり周辺の与点を使用しませんので，一筆地測量の次数の扱いから除くとしています。

一次，二次と次数が高くなるにつれ与点のもつ誤差や測量の誤差が累積していきます。このため，累積誤差が筆界点の座標値に与える影響を考慮し，地籍図根三角点等を基礎として求めた筆界点の通算次数は，六次までとしています。

			事例1	事例2	事例3	事例4	事例5	事例6	事例7
基礎となる点	基準点等 地籍図根三角点 (一次～三次)		基礎とする点(零次)						
新点	地籍図根多角点	一次	一次	一次	一次	一次	──	一次	一次
		二次	二次	二次	二次	二次	──	二次	──
		三次	三次	三次	──	──	──	──	──
	細部図根点	一次	四次	四次	三次	──	──	三次	──
		二次	五次	──	四次	──	──	──	──
	筆界点	一次	六次	五次	五次	三次	一次	四次	二次
		二次	──	六次	六次	四次	二次	五次	三次

注：各事例に該当する新点の次数は、地籍図根三角点等を基礎とした通算次数であり、各工程の次数とは異なる。

【参考】

次数とは，網平均計算を行う際の新点及び多角路線のランクを示す数値をいい，新点の精度は使用した与点の誤差を含むことになりますので，新点の次数は与点の次数より1ランク下にします。したがって，細部図根点等を与点とした場合の一筆地測量の多角路線の次数は1次，1次の筆界点を与点とした場合は2次とします。

筆界点の位置の点検

第七十二条 筆界点の位置は，その位置が現地の位置を正しく表示しているかどうかを点検するように努めなければならない。

解説

地籍測量の目的は，筆界点の位置（座標値）を求め，正確な地籍図を作成し，正確な土地の面積を算出することです。筆界点の座標値が現地の位置と異なっていれば正確な地籍図は作成できません。また，誤った面積を算出することになり，土地所有者等に多大な不利益を被らせてしまうことになりま

す。

　本条は，地籍測量で得られた筆界点の座標値の精度の確認について定めたもので，筆界点の位置が現地の位置を正しく表示しているかどうかを点検するように努めなければならないとしています。その点検方法は，運用基準に定められています。

（運用基準）

> 筆界点の位置の点検
>
> 第42条　筆界点の位置の点検は，単位区域の総筆界点（多角測量法による一筆地測量により求めた筆界点を除く。）から概ね2パーセントを抽出して行うものとする。この点検においては，その位置の較差が別表第26，別表第28又は別表第30に示す制限値以内にある場合には，最初に求めた位置を採用するものとする。

解説

　本条は，筆界点の位置の点検方法を定めたもので，多角測量法以外の測量方法で求めた筆界点の概ね2％を抽出して再度一筆地測量を行い，点検することとしています。

　再度行う一筆地測量においては与点を変更して行うなど当初の一筆地測量と条件を変えた方が点検の精度を上げることができます。

　この点検では，当初の座標値と点検測量による座標値の較差が放射法による場合は別表第26，交点計算方による場合は別表第28，単点観測方による場合は別表第30に示す制限値以内にあるかどうか確認します。制限内である場合には，最初に求めた位置（座標値）を採用し，制限を超過した場合は再度点検を行うなどして正しい座標値を求めます。なお，制限を超過した筆界点が多くある場合は抽出数を追加するなどの対応も必要です。

なお，多角測量法は，測量の誤差を検出し誤差の補正も行われていることから，多角測量法で一筆地測量を行った筆界点については，点検の対象から除いています。

> **原図の作成**
> 第七十四条　原図は，仮作図を行い図形その他の事項に誤りがないことを確かめた後，地籍図の様式を定める省令（昭和六十一年総理府令第五十四号）に基づいて必要な事項を表示した上，原図用紙に製図して作成するものとする。
> 2　前項の作業を終えたときは，筆界点番号図，筆界点成果簿及び地籍図一覧図を作成するものとする。

解説

　原図とは，一筆地調査及び地籍測量から得られたデータを用いて地籍図の様式を定める省令に基づいて，記号化等を行いながら編集・製図を行い，地図の形にしたものをいいます。

　仮作図とは，筆界点の位置，筆界線，注記事項などを記載して図形や注記事項を点検するために行う原図作成のための中間的な作業をいいます。

　また，筆界点番号図とは，地籍図毎に筆界点の測点番号を表示した図面をいい，筆界点成果簿とは，筆界点の座標値を表示した簿冊をいい，地籍図一覧図とは，地籍図の接合関係を一覧できるように調査区域ごとに表示した図面をいいます。

　第1項は，原図の作成方法について定めたもので，原図の作成に当たっては，あらかじめ仮作図を行って各筆の図形や表記事項に誤りがないことを確認した後に，地籍図の様式を定める省令に基づいて基準点や境界標識の記号，図郭線，その他装飾事項を表示した上で，原図用紙に製図して作成することとしています。

第4章　地籍測量

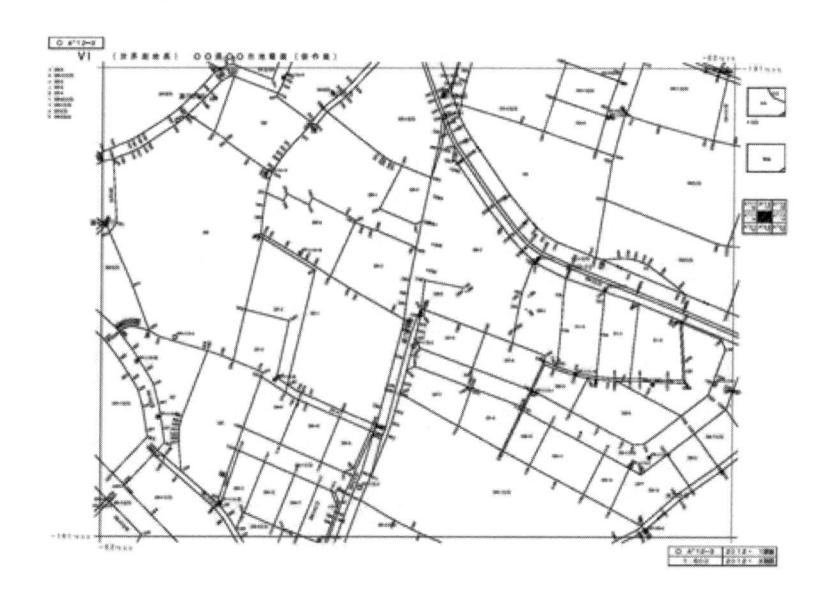

仮作図：図の中央部分の結線が不足している例

地籍図原図の例

第2項は，地籍図に関連する参考資料について定めたもので，原図の作成を終えたときは，筆界点番号図，筆界点成果簿及び地籍図一覧図を作成することとしています。

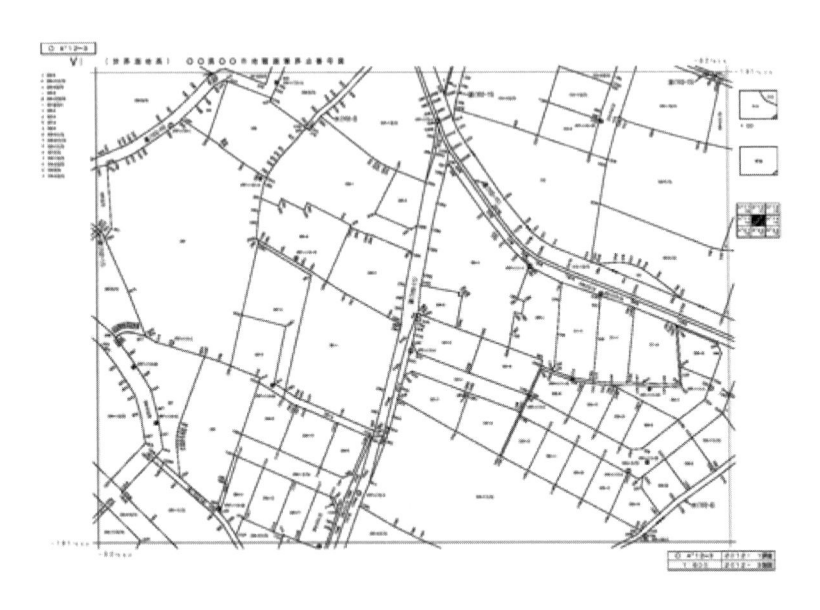

筆界点番号図の例

筆界点成果簿（世界測地系）

番号	測点名	X座標 (m)	Y座標 (m)	測定方法	筆界杭
			座標系 IV	精度区分 甲3	
1	09-001	67701.436	79490.684	TS	
2	09-002	67708.412	79492.442	TS	
3	09-003	67719.147	79508.855	TS	
4	09-004	67719.477	79509.322	TS	
5	09-005	67719.834	79509.794	TS	
6	09-006	67720.624	79510.694	TS	
7	09-007	67721.514	79511.603	TS	
8	09-008	67721.905	79511.951	TS	基準杭
9	09-009	67722.367	79512.323	TS	
10	09-010	67723.930	79513.386	TS	
11	09-011	67724.900	79513.948	TS	
12	09-012	67794.654	79552.653	TS	
13	09-013	67797.081	79554.076	TS	
14	09-014	67798.795	7955.206	TS	
15	09-015	67800.432	79556.472	TS	
16	09-016	67801.841	79557.775	TS	
17	09-017	67803.371	79559.419	TS	基準杭
18	09-018	67804.595	79561.086	TS	
19	09-019	67805.447	79562.399	TS	
20	09-020	67806.646	79564.615	TS	

作成年月日　○○○○年○○月○○日　記入者　○○　点検者　○○　○○

注：システムを用いて，自動的に連続して成果簿を出力した場合は点検（検符）を省略することができる。

筆界点成果簿の例

第4章　地籍測量

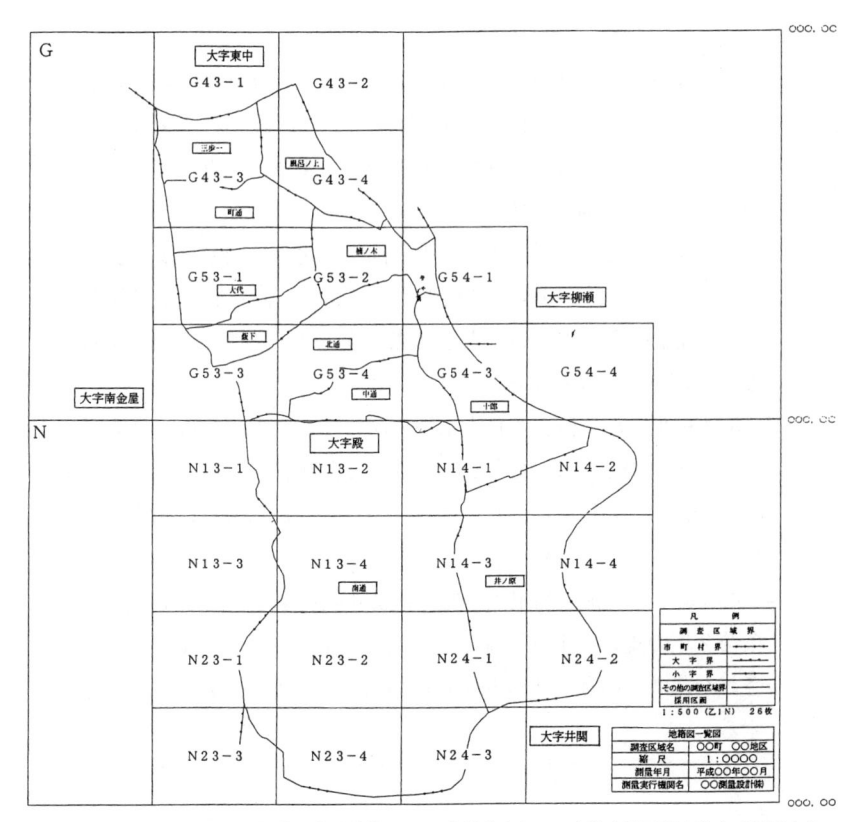

1) 区画および図郭枠の座標値の表示単位は，kmを単位として，小数点以下第2位まで表示する。
2) 旧区画を用いて地籍図を作成する場合は，座標値変換ソフト等により新区画座標値を求め，kmを単位として，小数点以下第2位まで表示する。
3) 採用区画欄に旧区画または新区画の名称を記載する。

地籍図一覧図の例

(運用基準)

原図の作成

第43条　原図は，自動製図機（プロッタ等）を用いて作成するものとする。

2　地籍図の様式を定める省令（昭和61年11月18日総理府令第54号）に定めのない基準点の表示は，次の各号に従い表示するものとす

る。
一　1級基準点は基準点（補助基準点を除く。）の記号により表示する。国土調査法第19条第2項の規定により認証され，又は同条第5項の規定により指定された基準点のうち1級基準点に相当するものについても，同様とする。
二　2級基準点及び街区三角点は地籍図根三角点の記号により表示する。国土調査法第19条第2項の規定により認証され，又は同条第5項の規定により指定された基準点のうち2級基準点に相当するものについても同様とする。
三　3級基準点及び街区多角点は地籍図根多角点の記号により表示する。国土調査法第19条第2項の規定により認証され，又は同条第5項の規定により指定された基準点のうち3級基準点に相当するものについても同様とする。
四　4級基準点は細部図根点の記号により表示する。国土調査法第19条第2項の規定により認証され，又は同条第5項の規定により指定された基準点のうち4級基準点に相当するものについても，同様とする。

（解説）

　第1項は，原図作成に用いる機器を定めたもので，自動製図機（プリンタ等）により作成することとしています。

　なお，別表第4の備考欄に，プリンタ等にはラスタプロッタを含むとし，その性能又は規格は解像度300dpi以上，距離精度±0.2％以内とし，ラスタプロッタを使用した場合で，かつ，ポリエステルベースの原図用紙を使用する場合は当該機種専用紙を使用することとしています。専用紙を使用することを規定しているのは，当該機種以外のポリエステルベースの用紙を使用した場合，当該機種のインクが十分用紙に浸透せず，作図後に素手で触っただけで簡単に線が消えてしまうという事例があったためです。

別表第4 地籍測量又は地積測定に用いる器械及び性能又は規格〔第18条〕

(2) 製図機器等

種　　類	性能又は規格
自動製図機（プリンタ等）	描画精度：0.1 mm 以内 位置精度：0.2 mm 以内
原図用紙	大きさ：A3（JIS規格） 伸縮率：1/2,000 以下 アルミケント紙の場合には，500 g/m² 以上であること． ポリエステルベースの場合には，#300 以上，かつ，熱処理済みであること．

備考　プリンタ等にはラスタプロッタを含む．なお，ラスタプロッタの性能又は規格は解像度300dpi以上，距離精度±0.2%以内とする．なお，ラスタプロッタを使用した場合で，かつ，ポリエステルベースの原図用紙を使用する場合は当該機種専用紙を使用すること．

　第2項は，地籍図の様式を定める省令（昭和61年11月18日総理府令第54号）に定めのない公共基準点や街区基準点の扱いを定めたもので，1級基準点は基準点（四等三角点のこと．補助基準点を除く．）の記号により表示します．また，国土調査法第19条第2項の規定により認証され，又は同条第5項の規定により指定された基準点のうち1級基準点に相当するものについても同様とします．

　2級基準点及び街区三角点は地籍図根三角点の記号により表示します．また，国土調査法第19条第2項の規定により認証され，又は同条第5項の規定により指定された基準点のうち2級基準点に相当するものについても同様とします．

　3級基準点及び街区多角点は地籍図根多角点の記号により表示します．また，国土調査法第19条第2項の規定により認証され，又は同条第5項の規定により指定された基準点のうち3級基準点に相当するものについても同様とします．

　4級基準点は細部図根点の記号により表示します．また，国土調査法第19条第2項の規定により認証され，又は同条第5項の規定により指定された基準点のうち4級基準点に相当するものについても同様とします．

【参考】

○地籍図の様式を定める省令（昭和六十一年十一月十八日総理府令第五十四号）

最終改正：平成 14 年 2 月 20 日国土交通省令第 10 号

　国土調査法施行令第二条第二項の国土交通省令で定める地籍図の様式は，別記のとおりとする。

（平 12 総府令 103 一部改正）

　　　附　則（抄）

この府令は，昭和六十二年四月一日から施行する。

別記

（平 14 国交令 10 一部改正）

　　　　　地籍図様式
　目次
　第 1 部　記号
1　基準点及び境界標等の表示
2　一筆地調査事項の表示
3　土地利用及び工作物の現況の表示
4　注記の表示
5　表示についての注意事項
　第 2 部　整飾
　第 3 部　略字及び用語

第4章 地籍測量

第1部 記号

1 基準点及び境界標等の表示

区　　分	記号 形状及び大きさ	線幅及び線色	記号の表示の方法又は図例
基本三角点 四等三角点	△ 2.0 / 1.0 / 3.0 / 3.5	0.2 赤	0.2、1.0、3.5等の数字は、それぞれ0.2㎜、1.0㎜、3.5㎜等を表示するものとする（以下同じ。）。
基本多角点 基準多角点	⊙ 2.5	0.2 赤	
地籍図根三角点（地籍図根三角点に相当する標定点を含む。以下同じ。）	▽ 3.0 / 3.5	0.1 赤	
地籍図根多角点	⊖ 2.5	0.1 赤	
航測図根点	⊖ 2.5	0.1 赤	
細部図根点	⊕ 2.0	0.1 赤	
基本水準点 基準水準点	□ 2.5 / 2.5	0.2 赤	
市町村境界標	⊗ 2.0	0.2 赤	永久的な標識を設置したものを表示するものとする。
筆界基準杭	○ 2.0	0.2 赤	筆界点の中心に円の中心を合わせて表示するものとする。

特定の記号が他の事項を兼ねて表示する場合の付加記号			主体となつている記号の右下に当該付加記号を表示する。ただし、筆界その他重要な図形と重複する場合には、指摘を誤らない範囲で適宜の場所に表示することができる。
(1) 市町村境界標又は筆界基準杭が地籍図根多角点、航測図根点又は細部図根点を兼ねて表示する場合	PP ‾1.5 |1.5	0.1 赤	○PP ‾1.5 |1.5 （筆界基準杭が地籍図根多角点を兼ねる場合の例）
(2) 地籍図根三角点等が市町村境界標を兼ねて表示する場合	界‾1.5 |1.5	0.1 赤	△界‾1.5 |0.5 （基本三角点が市町村境界標を兼ねる場合の例）

2 一筆地調査事項の表示

区 分	記 号		記号の表示の方法又は図例
	形状及び大きさ	線幅及び線色	
地番区域界			地番区域界の記号は、地番区域界である筆界の線上に当該筆界の一辺ごとに、そのおおむね中央に表示するものとする。ただし、おおむね5cm以上の長さの辺にあつては、おおむね5cmごとに表示するものとする。
市町村の境界である場合	・・・| 0.3 |2.0|	黒	
大字の境界である場合	・・| 0.3 |2.0|	黒	地番区域の境界が市町村、大字又は字の境界以外の境界である場合には、字の境界である場合の記号で表示するものとする。

字の境界である場合	・｜ 0.3 ｜2.0｜	黒	筆界の長さが短いため、地番区域界の記号を筆界の記号の線上に表示することができない場合には、次の要領によって当該地番区域界を表示することができる。 (1) 指摘を誤らない範囲で当該記号を構成する各点の間隔を短縮する。 (2) 地番区域界特示記号を付加する。 (3) 筆界の当該辺の長さが5mm未満の場合には、当該筆界の記号の線上に直径が0.3mmの大きさの1個の円点を表示する。

Q. 別表第4(2)において製図機器等の種類等が定められていますが，自動製図機（プリンタ等）については，描画（0.1mm以内）及び位置精度（0.2mm以内）が規格内であればインクジェットプリンタを用いてもよいということでしょうか。また，インクジェットプリンタを用いる場合には，装置の精度を証明する書類等は必要でしょうか。

A. 描画及び位置精度が規格内であれば原図作成にインクジェットプリンタを使用しても問題ありません。また，インクジェットプリンタの精度を証明する書類等については，発注自治体で自動製図機の性能・規格を確認するために必要となるので，担当者（業者）と協議し，精度を証明する書類が発行可能な場合は，提出させた方がよいでしょう。

> **地籍明細図**
>
> **第七十五条** 原図の一部について当該部分に属する一筆地の状況が当該原図の縮尺では，所要の精度をもって表示されることが困難である場合には，当該部分について所要の精度を表示するに足りる縮尺の地籍明細図を別に作成することができる。

解説

　地籍図の縮尺は，単位区域ごとの各筆の面積の中央値に従って決めるため（運用基準第5条），極端な形や面積の小さい筆が含まれていて中央値による縮尺では必要な精度で表示することが困難な場合があります。地籍明細図は，

所定の精度で表示することが困難な部分について，原図より大きな縮尺で作成した図面をいいます。

本条は，地籍明細図について定めたもので原図に表示する土地が周辺の土地に比べて小さいため，当該地籍図の縮尺では原図に表示できない場合に当該部分について所要の精度を表示するに足りる縮尺の地籍明細図を別に作成することができるとしています。

（運用基準）

> (地籍明細図)
> 第44条　地籍明細図の縮尺は，2千5百分の1，千分の1，500分の1，250分の1，100分の1又は50分の1とする。
> 2　地籍明細図には，原図に表示すべき事項のほか，次の各号に掲げる事項を表示するものとする。
> 　一　地籍明細図の図郭線及びその座標値
> 　二　地籍明細図の図郭番号
> 　三　地籍明細図の精度及び縮尺の区分

(解説)

第1項は，地籍明細図の縮尺を定めたもので，拡大する土地の大きさにより1／2,500，1/1,000，1/500，1/250，1/100又は1/50とします。

第2項は，地籍明細図に表示する事項について定めたもので，原図に表示すべき事項のほか，地籍明細図の図郭線及びその座標値，地籍明細図の図郭番号，地籍明細図の精度及び縮尺の区分を表示することとしています。

第4章 地籍測量

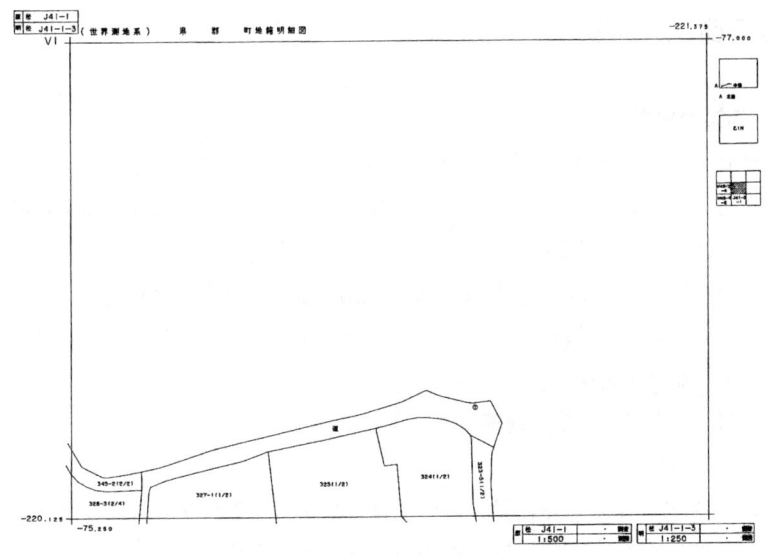

地籍明細図の例

第３節　航測法

> **作業の順序**
> 第七十六条　航測法による地籍測量は，次の各号に掲げる作業の順序に従って行うものとする。ただし，第三号の作業は，第二号の作業の前に行うことができる。
> 一　対空標識の設置（標定点及び航測図根点の選定を含む。）
> 二　空中写真撮影
> 三　標定点測量
> 四　空中三角測量（補備測量を含む。）
> 五　図化
> ２　併用法による地籍測量については，第四十二条及び前項に規定する作業の順序を考慮してその順序を定めるものとする。

解説

　航測法とは，図根点の設置から筆界点の位置を求める地籍測量の全ての工程を航空機から地上を撮影した写真（以下「空中写真」という。）を用いて測量する方法をいいます。

　併用法とは，図根点の設置を航測法で行い，筆界点の位置の測量を地上法で行う方法をいいます。

　第１項は，航測法による地籍測量の作業の順序を定めたもので，作業は，①対空標識の設置（標定点及び航測図根点の選定を含む。），②空中写真撮影，③標定点測量，④空中三角測量（補備測量を含む。），⑤図化の順序で行うこととしています。ただし，標定点測量は，空中写真撮影とは関係なく作業を行うことができることから，撮影の前に行うことができるとしています。

　第２項は，併用法による地籍測量の作業の順序を定めたもので，併用法は，航測法と地上法を併用する方法であることから，併用法の作業の順序は，航測法の作業の順序と第四十二条に規定する地上法の作業の順序を考慮して行うこととしています。

第4章 地籍測量

【参考】

　航測法とは，航空機から撮影した空中写真を用いて地上の状態を相似に再現（立体模造）し，形状，位置を計測する測量で，空中写真測量ともいいます。航測法では，撮影されたネガフィルムから密着ポジフィルムを作成し，ポジフィルム上で種々の計測（空中三角測量，図化等）を行います。

　測定精度は，測定機器（座標読取機，図化機等）の性能と写真固有の解像度等により決定され，写真上で $20 \sim 30 \mu m$ 程度と考えられます。したがって，フィルム画面の大きさが23cm×23cm，画面距離15cmの広角カメラを用いた場合，1/4,000の写真で水平位置 $8 \sim 12cm$，標高 $12 \sim 18cm$ 程度の精度が得られます。

　（航測法の原理）

地表の状態を表すには，通常，地球上の地物，地形を適当な大きさの1枚の紙に縮小表現した「地図」が用いられます。

　地図は，地球の形は球体であることから，球体から平面に変換する「投影法」，実際の長さを縮めて表す「縮尺」，そして地表面の形を地図に表すための記号，線の太さ等を規定した「図式」といった3つの約束により作られています。

　航空機など上空から地上を撮影した写真を空中写真といいます。

空中写真

　空中写真は，地図と非常に似た点がありますがその性質は異なります。地図は全面一様な縮尺ですが，空中写真はカメラの焦点距離と地上までの距離の比が縮尺となるので，地上の標高に応じて各測点の縮尺に違いが生じます。また，カメラのレンズを中心として投影されることから，写真の中心から周辺に離れるに従って，被写体（地上）を斜に見る状態となりその位置の偏移が大きくなります。

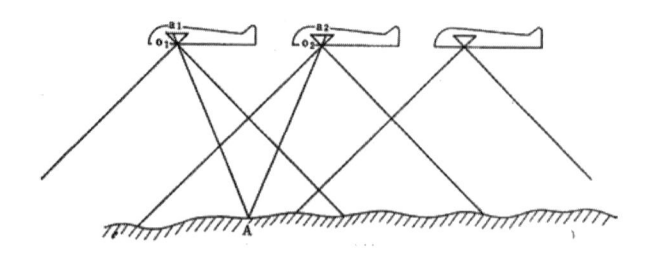

私たちが物を見ると遠近と立体感を感じます。これは2つの目で見るからで，航測法は，この原理を応用して地上を立体的に再現して位置を計測する方法です。
　すなわち，一定の時間間隔で連続して撮影した2枚の空中写真には，地上のA点が重複して写ります。空中写真が目の役割となり，2枚の写真を同時に見ることでA点が立体的に再現できます。

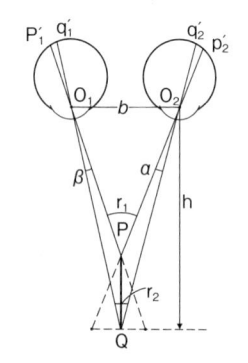

　この関係は，任意の点が両方の写真に写ってさえいれば，つまり重複してさえいればどの点についても成り立つこととなります。両方の写真の対応する点から出た光の交点の集合は，被写体（地上）の表面と一致します。この対応する光の集合をモデル（実体視によって形成される立体像）といいます。
　航測法は，図化機等を用いて，重複撮影した2枚の空中写真による実体視で，地上の状態をバーチャル的に再現し，地上と相似の立体モデルを作り，そのモデルを使って地図を作る技術の応用です。
　（航測法の主要機器）
　航測法に用いられる主要機器・機材としては，空中写真を撮るための航空機と航空カメラ，そして地上を立体的に再現して位置を計測するための図化機等が必要となります。
① 航空機
　撮影に使用される航空機は，安全飛行，写角の確保，数少ない撮影可能な機会を逃すことなく効率よく作業が行えることなど，撮影に必要な条件を満足するため，上昇スピードが早いこと，航続距離が長いこと，振動が少ないこと等の性能が要求

されます。航空機の床面に航空カメラを装着し，撮影するための穴が開けられています。

② 航空機カメラ

　航空カメラは，画面距離及び歪曲収差が0.01mmまで正確に測定されているもので，重複撮影のために必要な自動間隔調整器を備えているものが用いられます。

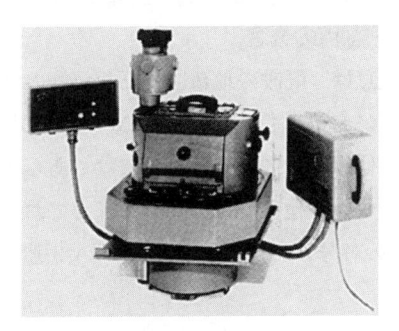

航空カメラRC10

③ 図化機

　空中写真を用いて地上の立体的状況を再現し，測点の位置を計測する機器を図化機といいます。

　航測法では，隣接する2枚の空中写真を用いて，撮影された地上の地形・地物等を実体視により相似的に再現し，再現した立体画像と地上との対応付けをコンピューターで処理します。また，空中三角測量（写真上の座標値を計測し，地上の座標に解析計算する作業）も同時にできる解析図化機という装置も用いられます。

解析図化機

標定点及び航測図根点の選定

第七十七条　標定点は，既設の地籍図根三角点等のほか，必要な場合には新設点をこれに充てるものとする。この場合において，既設の地籍図根三角点等が他市町村に属する場合には，あらかじめ標定点として使用することについて他市町村に了解を求めておくものとする。

2　標定点は，次の各号に掲げる条件に基づいて選定しなければならない。
　一　対空標識が明瞭に撮影される地点であること。
　二　多角測量法により著しい困難を伴うことなく当該地点の位置を決定することができる地点であること。
　三　後続の測量を行うのに便利な地点であること。
　四　対空標識及び標識の設置が容易であり，かつ，これらが確実に保存される地点であること。

3　前二項の選定の結果は，標定点選点図に取りまとめるものとする。
4　航測図根点は，第二項第一号，第三号及び第四号に掲げる条件に基づいて選定しなければならない。
5　前項の選定の結果は，航測図根点選点図に取りまとめるものとする。
6　標定点及び航測図根点（以下「航測図根点等」という。）には，標識

> を設置するものとする。ただし，航測図根点にあっては，自然物又は
> 既設の工作物を利用することを妨げない。

解説

　航測法は，空中写真を用いて地上の位置を測量する方法であることから，写真上の位置と地上の位置とを正確に対応付けする必要があります。この対応付けを行うことを空中写真の標定といいます。

　標定点とは，空中写真の標定を行うために用いる基準点をいい，標定点には既設の基準点を利用しますが，既設の基準点では標定点が不足する場合には，新たに標定点を新設します。新たに標定点を設置するための測量を標定点測量といいます。

　写真上の位置と地上の位置の対応付けを行うためには，既設の基準点や標定点が空中写真上で容易に識別できなければなりません。

　地上の点が空中写真上で容易に識別できるように設置する標識を対空標識といいます。対空標識は，空中写真上で識別が容易に行えるように撮影縮尺に応じた大きさにする必要があります。

　航測図根点とは，後続の地籍細部測量に利用する目的で，航測法により座標値を求めた図根点をいいます。航測図根点には，空中写真の撮影前に対空標識を設置します。

　第1項は，標定点とする基準点の種類を定めたもので，既設の地籍図根三角点等のほか，必要な場合（運用基準に定める標定点の密度の標準から判断して不足する場合）は，新たに標定点を設置してこれに充てることとしています。なお，既設の地籍図根三角点等が他市町村に属する場合には，使用することについて当該市町村の了解を得ておくこととしています。

　第2項は，標定点を新たに設置する場合の選定条件を定めたもので，その選定条件は，①対空標識が明瞭に撮影される地点であること，②多角測量法が可能な地点であること，③補備測量に便利な地点であること，④標定点の標識及び対空標識の設置が容易であり，かつ，これらの標識が確実に保存される地点であることとしています。

第3項は，標定点の選定結果の扱いについて定めたもので，選定結果は標定点選点図に取りまとめることとしています。

　第4項は，航測図根点を設置する場合の選定条件を定めたもので，選定条件は，①対空標識が明瞭に撮影される地点であること，②補備測量に便利な地点であること，③航測図根点の標識や対空標識の設置が容易であり，かつ，これらの標識が確実に補残される地点であることとしています。

　第5項は，航測図根点の選定結果の扱いについて定めたもので，選定結果は航測図根点選点図に取りまとめることとしています。

　第6項は，標定点及び航測図根点には標識を設置するよう定めたものです。ただし，航測図根点は，自然物又は既設の工作物を利用しても差し支えないとしています。

（運用基準）

──────────────────────────
　標定点及び航測図根点

第45条　標定点（既設点を含む。）の密度の標準は別表第31に，航測図根点等の密度の標準は別表第1に定めるところによるものとする。

2　新設した標定点は地籍図根三角点と，航測図根点は1次の地籍図根多角点と同格とする。

3　標定点選点図及び標定点網図の縮尺は，2万5千分の1，1万分の1又は5千分の1とし，航測図根点選点図及び航測図根点配置図の縮尺は，1万分の1，5千分の1又は2千5百分の1とする。

4　航測図根点のうち，後続の測量に資するため，地上法における地籍図根多角本点に相当する点を，2点を1組として航測図根本点に選定することができる。

5　航測図根本点を選点した場合の密度の標準は，別表第1に定めるところによるものとする。
──────────────────────────

解説

　第1項は，標定点及び航測図根点の密度の標準を定めたもので，標定点の

必要数は，空中三角測量の調整計算の方法によって異なりますので，別表第31に調整計算の方法別に平均的な密度が示されています。また，航測図根点の必要数は，地籍図の縮尺，視通状況，地形の傾斜状況によって異なりますので，別表第1の（1）に視通状況及び地形の傾斜状況に応じて，地籍図の縮尺別に1図郭当たりの密度の標準が示されています。

別表第31　標定点の密度の標準

区　分	調整計算の方法	
	多項式法	独立モデル法及びバンドル法
平均的密度	2モデルごとに1点	3モデルごとに1点
コースの両端のモデル	必ず1点	必ず1点

備考　ブロックの最外周のモデルにおける標定点は，原則としてブロックの最外周線の近傍に配置するものとし，その他の標定点は，標高のみの標定点として使用することができる。

別表第1　点配置密度の標準（1図郭当たり点数）

（1）地積図根点又は航測図根点等

区分	縮尺区分　地形傾斜区分	1/250	1/500	1/1,000	1/2,500	1/5,000
A級見通し地区	急傾斜	5〜8	7〜11	20〜30	－	－
	中傾斜	4〜6	6〜9	15〜26		
	平坦	4〜5	5〜8	14〜19		
B級見通し地区		4〜6	6〜9	19〜26	22〜110 ただし，地籍図根三角点等のみの場合には，6以上とする。	
		4〜5	5〜7	14〜22		
		4〜5	4〜6	11〜15		
C級見通し地区		4〜6	6〜8	15〜22		
		4〜5	4〜6	11〜19		
		4〜5	4〜5	9〜14		

備考　1. A級見通し地区とは，家屋密集その他の上京により見通し距離が著しく短い地区をいう。
B級見通し地区とは，樹木その他の上京により見通しが比較的困難な地区をいう。
C級見通し地区とは，見通しが良好な地区をいう。
2. 急傾斜とは，概ね15度以上，中傾斜とは3〜15度，平坦とは3度以下の傾斜区分をいう。
3. 1図郭当たり点数とは，一の図郭の区域における地籍図根三角点等又は航測図根点等の数をいう。
4. 航測図根点等は，必要に応じてこの標準より密度を増加させるものとする。
　だたし，概ねすべての筆界点に永久的な標識を設置する場合には，航測図根点を航測図根本点のみとすることができる。
5. 地籍図根三角点の密度の標準は，いかに定めるところによるものとする。

(1) 主として宅地が占める地域及びその周辺の地域においては，1km^2 当たり 3 点以上とする。
(2) 主として田，畑又は塩田が占める地域及びその周辺の地域においては，1km^2 当たり 2 点以上とする。
(3) 主として山林，牧場又は原野が占める地域及びその周辺の地域においては，1km^2 当たり 1 点以上とする。

第 2 項は，標定点及び航測図根点の精度の位置づけを定めたもので，標定点は地籍図根三角点，航測図根点は 1 次の地籍図根多角点と同格と位置づけています。

第 3 項は，標定点及び航測図根点の選点図，網図又は配置図の縮尺について定めたものので，標定点選点図及び標定点網図は 1/25000，1/10000 又は 1/5000 とし，航測図根点選点図及び後続図根点配置図は 1/10000，1/5000 又は 1/2500 としています。

第 4 項は，航測図根本点の選定の方法を定めたもので，地上法の地籍図根多角本点（多角網の交点及びそれに相当する点）に相当する点を，2 点を 1 組として航測図根本点として選定できるとしています。

航測図根点は，標定点に比べて設置する数量が多くなり，全ての点に永久性のある標識を設置するのは，経費等の面から実際的でないことから，一部の点を航測図根本点として選定し，将来の利活用に資するため永久性のある標識を設置することとしていました。なお，平成 22 年に準則が改正され，航測図根本点以外の点にも永久性のある標識を設置することとしています。

第 5 項は，航測図根本点を選点した場合の密度の標準を定めたもので，別表第 1 に縮尺区分毎に 1 図郭当たりの点数が示されています。

別表第 1　点配置密度の標準

(2) 地籍図根多角本点，航測図根本点又は筆界基準杭

縮尺区分	1／250	1／500	1/1000，1/2500 又は 1/5000
1 図郭当たり点数	2～3 点	3～6 点	8～12 点

備考　航測図根本点は，必要に応じてこの標準より密度を増加させるものとする。

(運用基準)

> **（標識）**
> **第46条** 航測図根点は，永久的な標識を設置するように努めるものとし，新設の標定点及び航測図根本点の標識の規格は，別表第2に定めるところによるものとする。
> 2 新設の標定点については，保護石及び表示板等を設置するように努めるものとする。
> 3 第1項の標識については，減失，破損等の防止及び後続の測量の容易化を図るため，その設置状況を写真により記録するものとする。
> 4 前項により記録した標識の写真は，電磁的記録又はフィルムにより保存し管理するよう努めるものとする。

（解説）

第1項は，標定点と航測図根点の標識の規格を定めたもので，標定点と航測図根本点については永久性のある標識を設置することは当然ですが，平成22年に準則が改正され，航測図根点についても将来の利活用に資する観点から永久性のある標識とすることとしています。別表第2に標定点，航測図根本点及び航測図根点の標識の寸法，形状及び材質等が示されています。

別表第2 標識の規格

(1) 地籍図根三角点及び標定点

区　分	説　明
寸法及び形状	10cm × 10cm × 70cm 角柱又はこれと同等以上のものとする。（プラスチックの場合は，9cm × 9cm × 70cm 角柱も可） なお，「地籍図根三角点」「標定点」を識別できるよう努めるものとする。
材　質	プラスチック（難燃性でありJIS規格のものを標準とする。），コンクリート，石又はこれらと同等以上の強度を有する
中心標示の方法	直径 3mm 以下

(2) 地籍図根多角点, 航測図根点

区　　分	説　　明
寸法及び形状	4.5cm × 4.5cm × 45cm 角柱又はこれと同等以上のものとする。なお、「地籍図根多角点」「航測図根点」を識別できるよう努めるものとする。
材　　質	プラスチック（難燃性でありJIS規格のものを標準とする。）、コンクリート、石又はこれらと同等以上の強度を有する
中心標示の方法	直径3mm以下

(3) 地籍図根多角本点, 航測図根本点及び筆界基準杭

区　　分	説　　明
寸法及び形状	7cm × 7cm × 60cm 角柱又はこれと同等以上のものとする。ただし、山林部においては、4.5cm × 4.5cm × 45cm 角柱又はこれと同等以上のものを使用できる。なお、「地籍図根多角本点」「航測図根本点」「筆界基準杭」を識別できるよう努めるものとする。
材　　質	プラスチック（難燃性でありJIS規格のものを標準とする。）、コンクリート、石とし、空洞のものは除く。
中心標示の方法	直径3mm以下

(4) 標識の規格の特例

区　　分	地籍図根三角点及び標定点	地籍図根多角点, 航測図根点, 地籍図根多角本点, 航測図根本点及び筆界基準杭	凡　例
金属標の寸法及び形状 D×L	φ75×90mm 以上	φ50×70mm 以上	
材　　質	真鍮又はこれと同等以上の合金（JIS規格のものを標準とする.）		
中心標示の方法	直径3mm以下		

備考　建築物の屋上に設ける場合又は市街地等において表土の露出部分がなくコンクリート杭等の設置が困難な場合においては、金属標によることができる。この場合において、建築物の屋上に設ける場合に限り、金属標の頭部のみを接着剤等により固定することを妨げない。なお「地籍図根三角点」「標定点」等を識別できるよう努めるものとする。

　第2項は、新設した標定点を保護する施設の設置について定めたもので、標識を滅失、破損等から防止するとともに後続の測量の容易化を図るため、保護石、表示板等を設置するように努めることとしています。

　第3項は、設置した標識を管理するための記録方法を定めたもので、標定点、航測図根本点及び航測図根点の標識を滅失、破損等の防止及び後続の測量の容易化を図るため、その設置状況を写真により記録することとしています。

　第4項は、記録した写真の管理方法を定めたもので、記録は電磁的記録又はフイルムとしており、デジタルカメラ、光学カメラのどちらでも可です。

第4章 地籍測量

> **対空標識の設置**
>
> **第七十八条** 対空標識は，航測図根点等及び筆界点に設置するものとする。ただし，所要点の位置を間接的に決定できるような地点に設置することができる。

解説

対空標識とは，撮影した空中写真上で標定点，航測図根点又は筆界点の位置が識別できるよう，撮影前にこれらの点に設置する標識をいいます。対空標識が空中写真上で容易に識別できるようにするには，対空標識を空中写真の撮影縮尺に応じた大きさにする必要があります。

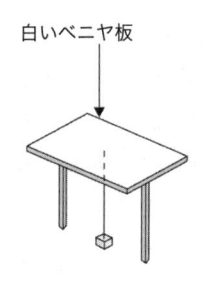

白いベニヤ板

本条は，航測図根点等及び筆界点の位置が空中写真上で識別できるよう対空標識に設置することとしています。ただし，当該点の周辺に樹木や工作物があって対空標識を設置しても空中写真上で識別できないような場合は，当該点の位置を間接的に決定できるような地点に対空標識を設置することができるとして，当該点から偏心して設置することができます。この場合，撮影後，偏心の補正が可能なように，偏心要素（偏心距離と偏心角）を測定し，記録に残します。

（運用基準）

> **対空標識**
>
> **第47条** 対空標識の規格の標準は，別表第32に定めるところによる

ものとし，これを水平に設置するものとする。ただし，周囲の状況その他の事情により，2枚以上の対空標識によって1点の対空標識とし，又は明瞭な自然物を利用することができる。
2　対空標識は，撮影時までの保存に支障を起こす恐れのある人畜に対する配慮及び地表面の植生の色調等を考慮して設置し，所要の作業が終了するまで確実に保存されるように努めるものとする。
3　併用法においては，原則として筆界点に対空標識を設置しないものとする。

(解説)

　第1項は，対空標識の規格の標準と設置方法を定めたもので，別表第32に撮影縮尺に応じた対空標識の大きさ及び形状の標識を水平にして設置することとしています。ただし，周囲の状況その他の事情により，規格の対空標識が設置できないような場合には，2枚以上の対空標識によって1点の対空標識とする方法や近傍にある明瞭な自然物を利用することができます。

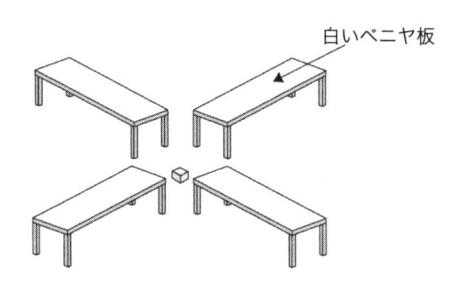

白いベニヤ板

別表第32　対空標識の規格

標準撮影縮尺 規格項目	大きさ及び形状
1/4000 〜 1/5000	18cm × 18cm の方形
1/5000 〜 1/6000	22cm × 22cm の方形
1/7000 〜 1/8000	30cm × 30cm の方形
1/9000 〜 1/11000	45cm × 45cm の方形
1/12000 〜 1/15000	60cm × 60cm の方形

　備考　対空標識の材料は，原則として表面に白色塗装を施した耐水ベニヤ板とする。

第2項は，対空標識の保存についてを定めたもので，対空標識は，人や家畜等により滅失，破損されないように保存を考慮して設置するとともに，空中写真に対空標識が確実に写るように上空視界の確保や陰影，地表面の植生の色調等も考慮し，所要の作業が終了するまで確実に保存するよう努めることとしています。

　第3項は，併用法における対空標識の設置について定めたもので，併用法においては，一筆地測量を地上法で行いますので，筆界点は空中写真に写す必要ないことから，原則として筆界点には対空標識を設置しないこととしています。

空中写真撮影

第七十九条 空中写真撮影は，次の各号に掲げる条件に従って行わなければならない。

一　空中写真撮影及び空中三角測量に使用する器械及び器材の組合せ並びに地形その他の条件を考慮して，適切な撮影縮尺を選定すること。

二　同一コースに属する相隣る写真画面は，コース方向について，その六割の画面が重複するのを原則とすること。

三　相隣るコースに属する各コースの相隣る写真画面は，コース方向に直角な方向について，その三割の画面が重複するのを原則とすること。

四　写真画面の水平面に対する傾斜角は，五度以内であること。

五　写真画面のコース方向に対する水平回転角は，十度以内であること。

六　空中写真撮影は，原則として，気象条件が良好で，かつ，撮影に適した時期に行うこと。

七　露出時間は，飛行速度，使用フィルム，フィルター，撮影高度等を考慮して，画像が十分な鮮明さを保つよう適正に定めること。

2　前項の空中写真撮影を終えた後，引き伸ばした空中写真を用いる現地確認により，対空標識の確認を行うものとする。

解説

　空中写真の撮影は，飛行機に搭載したカメラによって行われます。カメラは，レンズからフィルムまでの距離が一定（固定焦点）で，写真指標（画面とカメラレンズとの関係を示す目印）が同時に写し込まれるなど，特別仕様のものが使われます。

　空中写真の縮尺は，撮影高度（対地上高度）で決まりますので，撮影コース毎に，撮影基準面（撮影地区の平均標高）を設定し撮影高度を決めます。地形図の上で必要な区域が撮影できるよう撮影コースを設定します。

　撮影は，標定点及び航測図根点等の対空標識設置完了後，地表が鮮明に写るように晴天で気流の安定した日に行います。

　航測法は，空中三角測量によって航測図根点や筆界点の位置を計測する方法ですので，撮影に当たっては，天候条件，露出時間，シャッタースピードなどを十分考慮する必要があります。

　第1項は，空中写真の撮影の条件について定めたもので，次の条件に従って行わなければならないとしています。

① 撮影に使用するカメラ及び空中三角測量に使用する図化機などの組み合わせ並びに地形その他の条件を考慮して，適切な撮影縮尺を選定する。

② 図化機の中で地上を立体画像で再現するため，同一コースに属する相隣る写真画面がコース方向に原則60％重複して撮影する。

③ 図化機の中で地上を立体画像を接続するため，相隣るコースにおいては原則30％重複して撮影する。

④ 写真画面の傾斜度は，水平面から5度以内とする。

⑤ 写真画面のコース方向に対する水平回転角は，10度以内とする。

⑥ 空中写真の撮影時期は，原則として気象条件が良好で，かつ，撮影に適した時期に行う。

⑦ 露出時間は，飛行速度，使用フィルム，フィルター，撮影高度等を考慮して，画像が十分な鮮明を保つよう適正に設定する。

　第2項は，空中写真の撮影の確認について定めたもので，空中写真の撮影を終えた後に，引き延ばした空中写真を用いて現地において対空標識の確認を行うこととしています。

（運用基準）

> (撮影縮尺)
> 第48条　空中写真撮影における撮影縮尺の標準は，別表第33に定めるところによるものとする。

解説

本条は，撮影縮尺について定めたもので，別表第33のとおり調査地域の精度区分及び適用する地籍図の縮尺に応じて撮影縮尺の標準が示されています。

別表第33　撮影縮尺の標準

区　　分		標準撮影縮尺
甲三	1/2500	1/4000 ～ 1/5000
乙一	1/500	1/5000 ～ 1/6000
乙一又は乙二	1/1000	1/6000 ～ 1/7000
乙一	1/2500	1/7000 ～ 1/8000
乙二又は乙三	1/2500	1/8000 ～ 1/11000
乙二又は乙三	1/5000	1/11000 ～ 1/15000

> (標定点測量)
> 第八十条　第四十三条第二項，第四十五条，第四十九条及び第五十二条の規定は，標定点測量を行う場合について準用する。
> 2　前項の測量の結果は，標定点網図及び標定点成果簿に取りまとめるものとする。

解説

空中写真から地図を作成する場合，空中写真の位置や傾きを撮影時の状態に再現させる必要があります。撮影時の位置や傾きを再現する作業を標定といいます。

空中写真の標定作業には，座標が既知の基準点が最低3点以上写真に写し

込まれている必要があります。

　標定点測量とは，標定に必要な基準点が既設の点では不足する場合に，地籍図根三角点と同格の基準点を新たに設置する測量をいいます。

　第1項は，標定点測量の実施方法を定めたもので，標定点が地籍図根三角点と同格のものであることから，地籍図根三角測量について定めた第四十三条第2項，第四十五条，第四十九条及び第五十二条の規定を準用するとしています。

　第2項は，標定点の設置位置及び多角路線の選定結果を標定点網図及び標定点成果簿に取りまとめることとしています。

空中三角測量
第八十一条　空中三角測量における調整及び座標計算は，解析法によるものとする。

解説

　空中三角測量とは，空中写真を図化機にセットして標定を行うことにより，連続する空中写真及び隣接コースの空中写真間の相対的な位置関係を定め，空中写真に写っている対空標識などで地上との位置関係を定めて，図根点や筆界点などの位置を求める測量をいいます。

　空中三角測量の方法には，解析法と機械法がありますが，解析法は機械法に比べ，写真像のゆがみや大気の屈折等についても補正が可能である点や測定時間が短く作業効率が高い等利点が多いことから，通常，解析法が用いられます。

　本条は，空中三角測量の方法について定めたもので，解析法によることとしています。

第4章　地籍測量

(運用基準)

> (パスポイント及びタイポイントの選定)
> 第49条　パスポイント及びタイポイントは，空中写真の標定上適切な位置に，かつ，空中写真上で座標を正確に測定できる地点に選定するものとし，努めて対空標識を利用するものとする。

(解説)

パスポイントとは，空中三角測量において，撮影コース上の隣接する写真を接合するため，重複する部分に両方から明瞭に把握できるところを示した点をいいます。

タイポイントとは，撮影コース間を接合するため，コースの重複する部分に両方から明瞭に把握できるところを示した点をいいます。

本条は，パスポイント及びタイポイントの選定方法を定めたもので，パスポイント及びタイポイントは，精度よく標定ができるように空中写真の標定上適切な位置に，かつ，空中写真上で座標を正確に測定できる地点に選定することとしています。また，努めて対空標識が設置された点を利用することとしています。

(運用基準)

> (測定及び調整)
> 第50条　空中三角測量の測定の方法は，別表第34に定めるところによるものとする
> 2　空中三角測量の調整は，多項式法，独立モデル法又はバンドル法により行うものとする。
> 3　調整計算においては，原則として地球曲率の影響を補正するものとする。

> **解説**

　測定とは，空中三角測量において，標定点，パスポイント，タイポイントなどの点について，写真上の座標を計測する作業をいいます。

　調整とは，空中三角測量において，空中写真の位置や傾き等を再現させて測定点の座標値を求める計算をいいます。

　第1項は，空中三角測量において標定点，パスポイント，タイポイントなどの測定の方法を定めたもので，別表第34に測定対象，測定回数及び2回測定の較差の制限値が示されています。

別表第34　空中三角測量の測定の方法

測定対象	空中写真の指標，標定点，航測図根点，筆界点（航測法の場合），パスポイント及びタイポイント
測定回数	独立2回測定
2回測定の較差	密着ポジフィルム上で0.015mm以内

備考　1. 独立モデル法又はバンドル法による調整を行う場合には，原則としてコンパレータ又は解析図化機を使用する。
　　　2. 図化機を使用する場合には，空中写真の指標を正確に乾板保持器の指標線に合わせて内部標定し，計算による内部標定は行わない。
　　　3. 航測図根点及び筆界点の測定は，標定点，パスポイント及びタイポイントの測定と独立に行うことができる。

　第2項は，調整計算の方法について定めたもので，多項式，独立モデル又はバンドル法により行うこととしています。

　第3項は，調整計算で行う補正計算について定めたもので，地球が球体であることの影響を受けて標高に誤差が生じることから，調整計算においては，原則として地球曲率の影響を補正することとしています。

（運用基準）

> **多項式法**

　第51条　多項式法による調整は，次の各号に掲げるところにより行うものとする。

　一　コースの長さは，8モデル以内であること。

　二　内部標定は，航空カメラの歪曲収差補正を行った上，検査値によ

　　　　る指標の座標値及び焦点距離を用い，かつ，4つ以上の指標を用い
　　　　て空中写真座標を決定すること。
　　　三　相互標定は，パスポイント及び投影中心のほか，原則としてモデ
　　　　ルに含まれるすべての標定点を使用すること。
　　　四　接続標定は，パスポイント及び投影中心のほか，原則として隣接
　　　　するモデルとの共通部分に含まれるすべての標定点を使用すること。
　　　五　調整計算は，すべての標定点及びタイポイントを使用し，水平位
　　　　置にあっては2次の等角写像変換式に，標高にあっては2次の多項
　　　　式によること。ただし，5モデル以内の場合には，1次の等角写像
　　　　変換式又は1次の多項式によることができる。
　　2　各コースの変換式の係数は，同時平均によって決定すること。ただ
　　　し，水平位置の調整計算及び標高の調整計算は，独立に行うことがで
　　　きる。

【解説】

　空中三角測量において，図化機の投影器の投影中心と写真面の関係位置を正しくセットすることを内部標定，実体モデルを構成する1組の写真について撮影時の相対的な位置関係を再現することを相互標定，隣接する2つの実体モデルの縮尺及び方位をつなげることを接続標定，基準点の地上座標系に合致するよう座標変換を行うことを絶対標定といいます。

　多項式法とは，複数コースの調整を行うのに単コース毎に接続標定を行った後，隣接コースに重複して含まれる基準点を合致させ，タイポイントがお互いに同値になるように条件を加えて，各コースごとの変換の多項式の係数を同時に求める方法をいいます。

　第1項は，多項式による調整の方法を定めたもので，次のとおり行うこととしています。

　①　コースの長さは，8モデル以内であること。
　②　内部標定は，航空カメラの歪曲収差補正を行った上，検査値による指標の座標値及び焦点距離を用い，かつ，4つ以上の指標を用いて空中写

真座標を決定すること。
③　相互標定は，パスポイント及び投影中心のほか，原則としてモデルに含まれるすべての標定点を使用すること。
④　接続標定は，パスポイント及び投影中心のほか，原則として隣接するモデルとの共通部分に含まれるすべての標定点を使用すること。
⑤　調整計算は，すべての標定点及びタイポイントを使用し，水平位置にあっては2次の等角写像変換式に，標高にあっては2次の多項式によること。ただし，5モデル以内の場合には，1次の等角写像変換式又は1次の多項式によることができる。

　第2項は，各コースの変換式の係数の求め方を定めたもので，係数は同時平均によって決定することとしています。ただし，水平位置の調整計算及び標高の調整計算は，独立に行うことができるとしています。

（運用基準）

独立モデル法

第52条　独立モデル法による調整の内部標定及び相互標定は，前条第2号及び第3号の規定を準用して行うものとする。

2　独立モデル法による調整の調整計算は，すべての標定点，パスポイント，投影中心及びタイポイントを使用するものとし，原則として，水平位置と標高を同時に調整する場合には縮尺を考慮した三次元直交座標変換式，独立に調整する場合には水平位置についてヘルマート変換式，標高について1次多項式によるものとする。

3　独立モデル法による調整の各モデルの変換式の係数は，同時平均によって決定するものとする。ただし，水平位置の調整計算と標高の調整計算とは，独立に行うことができる。

（解説）

　独立モデル法とは，複数のモデルについて相互標定を行った後，筆界点，パスポイント及びタイポイントを用いて，各モデルを絶対標定する未知係数

を最小二乗法によりブロック全体で同時に決定する方法をいいます。

　第1項は，独立モデル法による調整の内部標定及び相互標定の方法について定めたもので，多項式による方法に準じて行うこととしています。

　第2項は，独立モデル法による調整計算の方法について定めたもので，すべての標定点，パスポイント，投影中心及びタイポイントを使用し，原則として，水平位置と標高を同時に調整する場合には縮尺を考慮した三次元直交座標変換式，独立に調整する場合には水平位置についてヘルマート変換式，標高について1次多項式によるものとしています。

　第3項は，独立モデル法による調整の各モデルの変換式の係数について定めたもので，同時平均によって決定することとしています。ただし，水平位置の調整計算と標高の調整計算とは，独立に行うことができるとしています。

【参考】
> 　内部標定とは，航空カメラの歪曲収差補正を行った上，検査値による指標の座標値及び焦点距離を用い，かつ，4つ以上の指標を用いて空中写真座標を決定することです。
> 　相互標定とは，パスポイント及び投影中心のほか，原則としてモデルに含まれるすべての標定点を使用することです。

（運用基準）

【バンドル法】
　第53条　バンドル法による調整の内部標定は，第51条第1項第2号の規定を準用して行うものとする。
2　バンドル法による調整の調整計算は，すべての標定点，パスポイント及びタイポイントを使用するものとし，原則として，写真の傾き及び投影中心の位置を未知数とした射影変換式によるものとする。ただし，系統的誤差に対応したセルフキャリブレーション項を付加することができる。
3　バンドル法による調整の各空中写真の変換式の係数は，同時平均によって決定するものとする。

（解説）

バンドル法とは，ブロック内の個々の写真の光束について，基準点，パスポイント及びタイポイントの誤差の二乗和が最小となるように各写真の外部標定要素を最小二乗法により同時に決定する方法をいいます。

第1項は，バンドル法による調整の内部標定の方法について定めたもので，多項式による方法に準じて行うこととしています。

第2項は，バンドル法による調整の調整計算の方法について定めたもので，すべての標定点，パスポイント及びタイポイントを使用し，原則として，写真の傾き及び投影中心の位置を未知数とした射影変換式によることとしています。ただし，系統的誤差に対応したセルフキャリブレーション項を付加することができるとしています。

第3項は，バンドル法による調整の各空中写真の変換式の係数について定めたもので，同時平均によって決定することとしています。

（運用基準）

（内部標定等の制限値）

第54条　前3条の内部標定，相互標定，接続標定及び調整計算における制限値は，別表第35に定めるところによるものとする。

（解説）

本条は，空中三角測量における内部標定，相互標定，接続標定及び調整計算における制限値を定めたもので，これらの制限値が別表第35に示されています。

別表第35　空中三角測量における内部標定等の制限値

制限項目	調整方法	多項式法	独立モデル法	バンドル法
内部標定	平均計算の結果における指標の残存誤差	0.01mm 以内		

相互標定	標定後の残存縦視差	0.02mm 以内	-	
接続標定	隣接モデル間のパスポイントの較差	0.05％以内	-	-
調整計算	標定点の残渣	標準偏差 0.04％以内 最大値 0.08％以内	標準偏差　0.02％以内 最大値　　0.04％以内	
	同一ブロック内のタイポイントの較差	標準偏差 0.04％以内 最大値 0.08％以内	-	-
	隣接ブロック間のタイポイントの較差	0.09％以内		
	同一ブロック内のパスポイント及びタイポイントの調整値からの残渣若しくは交会残渣	-	標準偏差 0.02％以内 最大値 0.04％以内	標準偏差 0.015％以内 最大値 0.030％以内

備考　1.　接続標定及び調整計算の欄における％表示の制限値は，対地高度に対する比率を示す。
　　　2.　相互標定及び調整計算の欄における mm 表示の制限値は，密着ポジフィルム上における値を示す。
　　　3.　接続標定及び調整計算の欄における制限値は，水平位置及び標高とも同一とする。根本点のみとすることができる。

（運用基準）

> **航測図根点の点検**
>
> 第55条　空中三角測量により求めた航測図根点の概ね2パーセントについては，航測図根点間の辺長点検を行い，当該辺長の較差が別表第12に定める座標の閉合差の値以内であれば，空中三角測量により求めた位置を採用するものとする。

解説

　航測図根点の座標値は，航測法で求めたものであることから，現地と整合がとれているかどうか点検する必要があります。

　膨大な数量の航測図根点の全てを現地で点検するのは，多大な労力を要することから，現地での点検においては，一部を抽出する方法がとられます。点検は，抽出した航測図根点間の現地距離を測定して，航測図根点の座標値

から求めた距離と現地で測定した距離を比較して行います。これを辺長点検といいます。

本条は、航測図根点の点検方法を定めたもので、航測図根点の概ね2％を抽出して辺長点検を行い、当該辺長の較差が別表第12に定める座標の閉合差の制限値以内であれば、空中三角測量により求めた位置を採用することとしています。

別表第12　地籍図根多角測量の計算の単位及び計算値の制限

(1) TS法

制限項目／精度区分	角値	計算の単位 辺長値	座標値	標高	方向角の閉合差	座標の閉合差	閉合比	標高の閉合差 直接法	標高の閉合差 間接法	新点位置の標準偏差 水平位置	新点位置の標準偏差 標高	単位重量の標準偏差	高低角の標準偏差
甲 一	秒位	mm位	mm位	mm位	10秒＋15秒√n	20mm＋4mm√S	$\frac{1}{3,000}$（標準）						
甲 二	秒位	mm位	mm位	mm位	15秒＋20秒√n	50mm＋6mm√S		150mm＋15mm√S	200mm＋50mm√N				
甲 三	秒位	mm位	mm位	mm位	20秒＋30秒√n	50mm＋10mm√S				10cm	20cm	20″（標準）	30″（標準）
乙 一	秒位	mm位	mm位	mm位	20秒＋45秒√n	60mm＋15mm√S	$\frac{1}{2,000}$（標準）						
乙 二	秒位	mm位	mm位	mm位	40秒＋55秒√n	100mm＋20mm√S		150mm＋30mm√S	250mm＋50mm√N				
乙 三	秒位	mm位	mm位	mm位	40秒＋65秒√n	120mm＋25mm√S							

備考　1. nは当該多角路線の測点数、Nは2与点間の辺数、Sは路線の長さをm単位で示した数である。
　　　2. 厳密網平均計算の場合は、方向角の閉合差の点検を省略できるものとする。
　　　3. 環閉合差により点検する場合は、方向角、座標及び標高の各制限式の定数項を省いたものとする。

補備測量等

第八十二条　対空標識の破損その他の理由により航測図根点及び筆界点の位置が求められない場合には、補備測量を行わなければならない。

2　第四十五条、第四十六条、第五十四条、第五十八条から第六十四条まで、第六十七条、第六十八条及び第七十条から第七十一条までの規

定は，補備測量を行う場合について準用する。この場合において，航測図根点等の配置状況等によりやむを得ない場合には，航測図根点と同等の精度を有すると認められる筆界点を一筆地測量の基礎とすることができる。ただし，当該一筆地測量の次数は，一次までとする。
3　前二項の補備測量を終えたとき又は補備測量を必要としないときには，第七十二条に規定する点検を行うものとする。

解説

　補備測量とは，対空標識のき損その他の理由により空中写真上で航測図根点や筆界点が確認できない箇所がある場合や現地調査以降に対空標識の設置位置の変化が生じた場合などで，現地において地上法により行う測量をいいます。

　第1項は，補備測量の必要な場合について定めたもので，対空標識の破損その他の理由により航測図根点及び筆界点の位置が求められない場合に行うこととしています。

　第2項は，補備測量の実施方法を定めたもので，補備測量は地上法により行うものであることから，地上法の地籍図根多角測量，細部図根測量及び一筆地測量に関する規定の第四十五条，第四十六条，第五十四条，第五十八条から第六十四条まで，第六十七条，第六十八条及び第七十条から第七十一条を準用して補備測量を行うこととしています。なお，補備測量で一筆地測量を行う場合において，航測図根点等の配置状況等によりやむを得ない場合には，航測図根点と同等の精度を有すると認められる筆界点を基礎とすることができるとしています。この場合，基礎とする筆界点の次数は，一次までとします。

　第3項は，筆界点の位置の点検について定めたもので，補備測量を終えたとき又は補備測量を必要としないときには，第七十二条に規定する点検を行うこととしています。

　点検は，単位区域の総筆界点（一筆地測量を多角測量法により行った点を除く。）から概ね2％を抽出して地上法で行います。

航測法で得られた座標値と点検値との較差が，放射法による場合は別表第26，交点計差法による場合は別表第28，単点観測法による場合は別表第30に示す制限値以内であれば航測法で得た座標値を採用します。制限値を超えた場合は，その原因を考量して当該点の再測を行わなければなりません。

> **航測図根点配置図等**
> 第八十三条　前2条の測量の結果は，航測図根点配置図，航測図根点成果簿，筆界点番号図及び筆界点成果簿に取りまとめるものとする。

解説

本条は，空中三角測量及び補備測量の結果の扱いについて定めたもので，その結果は航測図根点配置図，航測図根点成果簿，筆界点番号図及び筆界点成果簿に取りまとめることとしています。

> **原図の作成**
> 第八十四条　第七十四条及び第七十五条の規定は，航測法において原図を作成する場合について準用する。

解説

本条は，航測法による場合の地籍図原図の作成方法を定めたもので，地上法の原図の作成方法の第七十四条及び第七十五条の規定を準用して作成することとしています。

〔國見利夫〕

第5章

地積測定

> **地積測定の方法**
> **第八十五条** 地積測定は，現地座標法により行うものとする。

解説

地積測定とは，一筆ごとの土地について水平面に投影した地積（面積）を求める作業をいいます。地積測定によって得られた各筆界点の位置は，平面直角座標値で求められていますので，各筆界点を結んだ境界線内の土地は，平面直角座標面上の水平面に投影した広さとして表されます。水平面に投影した地積は，投影による誤差を伴うことになりますが，採用されている座標系の範囲内においては，誤差の許容範囲内であり十分正確に求められます。

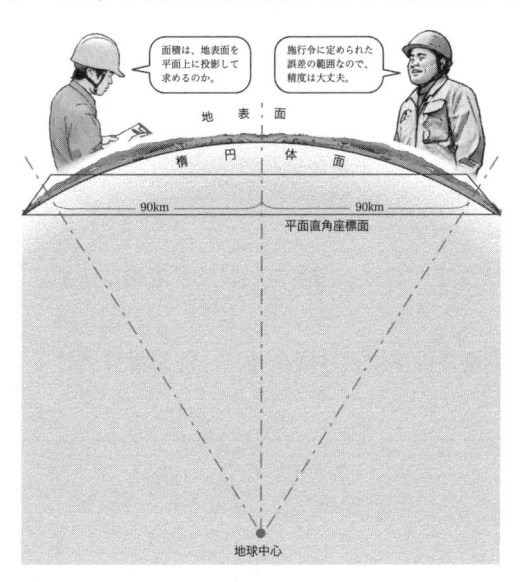

本条は，地積測定の方法を定めたもので，筆界点の平面直角座標値を用いて地積を算出する現地座標法により行うこととしています。

【参考】

現地座標法とは，求積区域（土地）の形状が多角形であって，多角形の各頂点（筆界点等）の座標値が既知である場合に，各頂点から座標のX軸又はY軸に垂線を下ろしたときに形成される台形の面積について計算し，求積区域の面積を求める方法です。

図において，平面上3点 (x_1, y_1)，(x_2, y_2)，(x_3, y_3) で囲まれた三角形の面積Sは，次式で求まります。

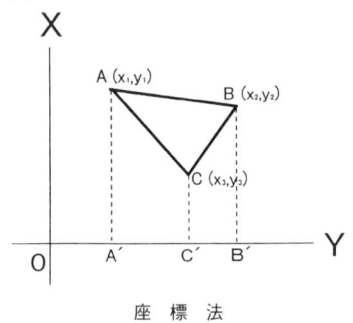

座 標 法

S = 台形(ABB'A') － 台形(ACC'A') － 台形(CBB'C')
   = $(y_2 - y_1)(x_2 + x_1)/2 - (y_3 - y_1)(x_3 + x_1)/2 - (y_2 - y_3)(x_2 + x_3)/2$
   = $(x_1(y_2 - y_3) + x_2(y_3 - y_1) + x_3(y_1 - y_2))/2$

したがって，n点からなる多角形の面積S0は，次式により求まります。

$S_n = (x_1(y_2 - y_n) + x_2(y_3 - y_1) + \cdots + x_{n-1}(y_n - y_{n-2}) + x_n(y_1 - y_{n-1}))/2$

(運用基準)

(記録及び成果)

第56条　地積測定における作業の記録及び成果は，別表第5に掲げるものとする。

2　前項の記録及び成果における地積は，別記計算式により求めるものとする。

解説

地積測定は，現地において取得した筆界点の平面直角座標値を用いて現地座標法による計算を行って各筆の地積（面積）を求めるものです。

作業の記録とは，地積測定の計算過程を記録した資料をいい，成果とは，各筆の地積（面積）を記載した成果簿をいいます。

第1項は，地積測定における作業の記録及び成果の内容を定めたもので，その内容は別表第5に示されています。

別表第5　地籍測量又は地積測定における作業の記録及び成果〔第19条及び第56条〕

単位作業		記録及び成果
1. 各単位作業共通		①工程表 ②検査成績表 ③その他測量工程上必要な資料
2. 地上法による地籍測量	（1）地籍図根三角測量	①基準点等成果簿写 ②地籍図根三角点選点手簿 ③地籍図根三角点選点図〔準則第50条〕 ④地籍図根三角測量観測計算諸簿 ⑤地籍図根三角点網図〔準則第52条〕 ⑥地籍図根三角点成果簿〔準則第52条〕 ⑦精度管理表 ⑧測量標の設置状況写真
	（2）地籍図根多角測量	①地籍図根多角点選点手簿 ②地籍図根多角点選点図〔準則第56条〕 ③地籍図根多角測量観測計算諸簿 ④地籍図根多角点網図〔準則第58条〕 ⑤地籍図根多角点成果簿〔準則第58条〕 ⑥精度管理表 ⑦測量標の設置状況写真
	（3）地籍細部測量	①細部図根測量観測計算諸簿 ②細部図根点配置図〔準則第67条〕 ③細部図根点成果簿〔準則第67条〕 ④一筆地測量観測計算諸簿 ⑤筆界点番号図〔準則第74条〕 ⑥筆界点成果簿（番号図区域ごとにまとめる）〔準則第74条〕 ⑦精度管理表 ⑧地籍図一覧図〔準則第74条〕 ⑨原図〔準則第74条〕 ⑩地籍明細図（必要な場合〔準則第75条〕）

3. 航測法による地籍測量	（1）対空標識の設置	①基準点等成果簿写 ②標定点選点手簿 ③標定点選点図〔準則第77条〕 ④航測図根点選点図〔準則第77条〕
	（2）空中写真撮影	①写真標定図 ②写真フィルム ③密着印画 ④撮影記録 ⑤対空標識確認写真〔準則第79条〕
	（3）標定点測量	①標定点測量観測計算諸簿 ②標定点網図〔準則第80条〕 ③標定点成果簿〔準則第80条〕 ④精度管理表
	（4）空中三角測量	①対空標識の機械座標読定値 ②空中三角測量計算簿 ③航測図根点配置図〔準則第83条〕 ④航測図根点成果簿〔準則第83条〕 ⑤筆界点番号図〔準則第83条〕 ⑥筆界点成果簿〔準則第83条〕 ⑦補備測量観測計算諸簿 ⑧補備測量成果 ⑨精度管理表 ⑩測量標の設置状況写真
	（5）図化	2の(3)の⑧〜⑩〔準則第84条〕
4. 地積測定		①地積測定観測計算諸簿 ②地積測定成果簿〔準則第87条〕 ③筆界点座標値等の電磁的記録 ④精度管理表

備考　1. 観測計算諸簿とは，観測手簿，観測記簿，計算簿並びに平均図及び観測図である。ただし，一筆地測量観測計算諸簿及び地積測定観測計算諸簿にあっては座標差による方向角計算簿を要しない。
　　　2. 平均図は，選点図に基づき作成し，観測図は平均図に基づき作成する。
　　　3. 記録及び成果（原図及び地籍明細図を除く）は電磁的記録によることができる。
　　　4. 補備測量成果とは，筆界点成果簿等である。
　　　5. 選点手簿，選点図，観測手簿及び対空標識確認写真は，作業用のものを記録及び成果とする。
　　　6. 記録及び成果の記載例等については，別に国土調査課長が定めるものとする。
　　　7. 併用法による地籍測量の場合には，3の(1)〜(3)，3の(4)①〜④及び⑦〜⑨並びに2の(3)を記録及び成果とする。

　第2項は，地積測定における作業の記録及び成果に記載する地積測定に用いる計算方法を定めたもので，別記計算式に示された計算式を用いて求める

こととしています。

面積の計算

（座標法）

$$A = \frac{1}{2}\left\{\begin{array}{l} x_1(y_2 - y_n) + x_2(y_3 - y_1) + x_3(y_4 - y_2) + \\ \cdots\cdots + x_{n-1}(y_n - y_{n-1}) + x_n(y_1 - y_{n-1}) \end{array}\right\}$$

または、

$$A = \frac{1}{2}\left\{\begin{array}{l} y_1(x_2 - x_n) + y_2(x_3 - x_1) + y_3(x_4 - x_2) + \\ \cdots\cdots + y_{n-1}(x_n - x_{n-1}) + y_n(x_1 - x_{n-1}) \end{array}\right\}$$

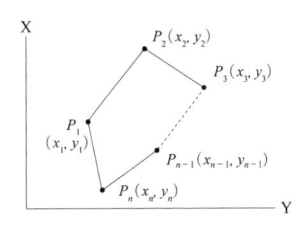

（運用基準）

──────────────────────────
（地積測定の方法）

第57条　筆界未定地の地積測定は，関係土地を一括して行うものとする。
──────────────────────────

（解説）

　本条は，筆界未定地の地積測定の扱いについて定めたもので，筆界未定地があった場合はその筆に隣接する筆界線も確認できないことから，関係土地を一括して地積測定を行うこととしています。

地積測定観測計算書 (世界測地系)

※地積（1平方メートルの千分の1未満の端数を四捨五入）

地区名	平成○○年 ○○○地区		
大字	1：○○	字	2：○○

地番	実測地積	精度区分	地籍図番号			
	現場点名	X座標	Y座標	辺長	方向角 ° ′ ″	

地番	実測地積	現場点名	X座標	Y座標	辺長	方向角
316-1	87.054 ㎡ 甲3			K 35-2, L 31-1		
		21-5475	-171,813.007	59,506.764	4.864	217 22 52
		1.931K	-171,816.872	59,503.811	5.448	217 22 37
		21-5474	-171,821.201	59,500.504	10.818	325 09 40
		1.929K	-171,812.322	59,494.324	7.356	45 21 29
		1.930K	-171,807.153	59,499.558	9.284	129 05 23
316-2	96.577 ㎡ 甲3			K 35-2, L 31-1		
		21-5475	-171,813.007	59,506.764	9.284	309 05 23
		1.930K	-171,807.153	59,499.558	10.678	83 24 24
		1.985K	-171,805.927	59,510.165	10.088	168 26 14
		21-5874	-171,815.810	59,512.187	6.138	202 22 12
		21-5875	-171,821.486	59,509.851	7.601	307 22 35
		1.931K	-171,816.872	59,503.811	4.864	37 22 52
317	142.008 ㎡ 甲3			K 35-2, L 31-1		
		21-5474	-171,821.201	59,500.504	12.275	229 55 02
		21-5473	-171,829.106	59,491.112	1.097	229 32 45
		21-5465	-171,829.817	59,490.277	11.049	327 03 13
		21-5463	-171,820.545	59,484.268	0.760	65 59 57
		21-5873	-171,820.236	59,484.962	12.259	49 47 28
		1.929K	-171,812.322	59,494.324	10.818	145 09 40
318	171.409 ㎡ 甲3			K 35-2		
		21-5463	-171,820.545	59,484.268	11.049	147 03 13
		21-5465	-171,829.817	59,490.277	5.478	231 04 08
		21-5466	-171,833.259	59,486.016	0.739	316 48 31
		21-5467	-171,832.720	59,485.510	5.782	250 50 51
		21-5455	-171,834.617	59,480.048	8.867	314 00 47
		21-5456	-171,828.456	59,473.671	5.069	331 40 32
		21-5457	-171,823.994	59,471.266	5.063	52 29 14
		21-5458	-171,820.911	59,475.282	8.993	87 40 03
319	339.777 ㎡ 甲3			K 35-2		
		21-5452	-171,849.407	59,476.172	10.649	341 05 25
		21-5453	-171,839.333	59,472.721	8.322	56 32 00
		21-5454	-171,834.744	59,479.663	0.405	71 44 38
		21-5455	-171,834.617	59,480.048	5.782	70 50 51
		21-5467	-171,832.720	59,485.510	0.739	136 48 31
		21-5466	-171,833.259	59,486.016	2.307	197 49 20
		21-5468	-171,835.455	59,485.310	2.111	189 52 22
		21-5469	-171,837.535	59,484.948	2.969	184 25 26
		21-5470	-171,840.496	59,484.719	10.696	181 57 59
		21-5471	-171,851.184	59,484.352	4.785	174 26 05
		21-5472	-171,855.946	59,484.816	10.369	257 51 47
		1.996K	-171,858.126	59,474.679	7.948	169 22 17
		1.995K	-171,865.938	59,476.145	4.739	251 25 52
		21-5431	-171,867.447	59,471.653	1.345	250 13 54
		21-5432	-171,867.902	59,470.387	12.882	338 54 06
		21-5433	-171,855.884	59,465.750	1.402	335 27 53
		21-5434	-171,854.609	59,465.168	12.172	64 41 53
321-1	77.001 ㎡ 甲3			K 35-2		
		21-5430	-171,862.540	59,486.261	10.671	251 25 57
		1.995K	-171,865.938	59,476.145	7.948	349 22 17
		1.996K	-171,858.126	59,474.679	10.369	77 51 47
		21-5472	-171,855.946	59,484.816	6.750	167 38 23
322	140.017 ㎡ 甲3			K 35-2, K 35-4		
		21-5361	-171,876.045	59,474.863	9.178	339 31 38
		21-5431	-171,867.447	59,471.653	4.739	71 25 52
		1.995K	-171,865.938	59,476.145	10.671	71 25 57
		21-5430	-171,862.540	59,486.261	9.338	162 58 54
		21-5364	-171,871.469	59,488.994	14.853	252 03 24
323	138.932 ㎡ 甲3			K 35-2, K 35-4		
		21-5364	-171,871.469	59,488.994	9.597	159 25 25
		21-5363	-171,880.454	59,492.367	13.664	251 09 43
		21-5362	-171,884.356	59,479.435	6.032	331 26 17

作成者	○○ ○○	点検者	○○ ○○

第5章 地積測定

地積測定成果簿 （世界測地系） ※地積（1平方メートルの千分の1未満の端数を四捨五入）

地区名	平成○○年 ○○○地区		
大字	1：○○	字	2：○○

地番	実測地積(m²)	登記地目	地積図番号	精度
316-1	87.054	宅地	K 35-2(1/2), L 31-1(2/2)	甲3
316-2	96.577	公衆用道路	K 35-2(1/2), L 31-1(2/2)	
317	142.008	畑	K 35-2(1/2), L 31-1(2/2)	
318	171.409	宅地	K 35-2	
319	339.777	宅地	K 35-2	
321-1	77.001	畑	K 35-2	
322	140.017	畑	K 35-2(1/2), K 35-4(2/2)	
323	138.932	畑	K 35-2(1/2), K 35-4(2/2)	
324	148.790	畑	K 35-4	
325	332.176	畑	K 35-4	
326	165.134	雑種地	K 35-2(1/2), K 35-4(2/2)	
328	204.021	畑	K 35-2	
328-1	363.344	畑	K 35-2	
329	610.008	畑	K 35-2(1/2), K 35-4(2/2)	
330	241.749	畑	K 35-2(1/2), K 35-4(2/2)	
332	112.247	雑種地	K 35-2	
333	145.418	畑	K 35-4	
335	233.759	畑	K 35-4	
336	164.967	畑	K 35-4	
338	259.205	畑	K 35-4	
339	382.440	畑	K 35-4	
340	219.622	畑	K 35-4	
341	298.600	畑	K 35-2(1/2), K 35-4(2/2)	
342	138.534	畑	K 35-2	
343	161.586	畑	K 35-2	
344	208.206	畑	K 35-2	
345	388.076	畑	K 35-2	
346	58.836	畑	K 35-2	
348	223.909	畑	K 35-2	
349	531.144	畑	K 35-2	
350	288.319	畑	K 35-2	
352	257.264	宅地	K 35-2	
353-1	168.800	畑	K 35-2	
353-2	69.152	雑種地	K 35-2(1/2), L 31-1(2/2)	
355	125.976	畑	K 35-2	
356-1	291.029	山林	K 35-2	
356-3	79.245	山林	K 35-2	
357-1	92.001	畑	K 35-2	
357-3	594.229	畑	K 35-2	
358-1	47.938	畑	K 35-2	
359-1	46.793	畑	K 35-2	
360-1	30.553	畑	K 35-2	
361-1	33.962	畑	K 35-2	
361-3	232.214	畑	K 35-2	
362-1	108.781	畑	K 35-2	
364	444.320	畑	K 35-2	
365	46.693	山林	K 35-2	
365-1	769.190	宅地	K 35-2	
366	105.204	山林	K 35-2	
367-1	541.263	畑	K 25-4(1/2), K 35-2(2/2)	

地番号：( )は分筆を表す　作成者　○○ ○○　点検者　○○ ○○

点検

第八十六条　地積測定を行った場合には，原則として単位区域ごとに，単位区域を構成する各筆の面積の合計と当該単位区域の面積が等しくなるかどうかを点検するものとする。

解説

　一般的に，現地座標法による地積測定では，コンピュータを利用して行われますので計算の誤りはありませんが，測定漏れの筆，結線誤り，入力データに間違いがないかどうかについては点検が必要です。

地積測定精度管理表

〇〇県〇〇郡〇〇町　　　　　　　　　　　　　全体

地目	筆数	面積	備考（登記面積）
田	2	1,209.1289235	
畑	64	51,835.5391540	
宅地	158	67,373.4646700	
塩田			
鉱泉地			
池沼			
山林	12	10,696.8236520	
牧場			
原野			
墓地	23	499.9248155	
境内地			
運河用地			
水道用地			
用悪水路	3	37.4456180	
ため池			
堤			
井溝			
保安林			
公衆用道路	54	5,639.0480415	
公園			
鉄道用地			
学校用地			
雑種地	21	4,757.6229085	
国道			
県道	1	3,949.2199195	
町道	7	3,491.0939135	
農道			
林道			
道	11	1,769.8015180	
水	10	1,327.3094025	
河川	1	905.3320815	
堤	2	587.4151310	
筆界未定	2	3,382.7234625	
合計	371	157,461.8932115	
全体面積		157,461.8932115	
較差		0.0000000 ✓	

作成年月日：　〇〇年〇月〇日　記入者　〇〇　〇〇　　　　点検者　〇〇　〇〇

第5章 地積測定

本条は，地積測定の点検方法を定めたもので，原則として単位区域ごとに単位区域を構成する各筆の面積の合計を求め，当該単位区域の面積と合致するかどうか点検することとしています。

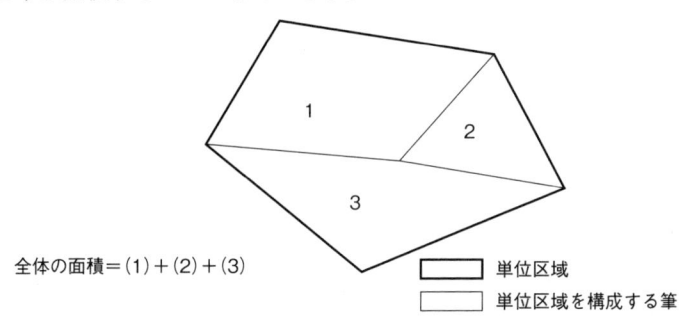

全体の面積＝(1)＋(2)＋(3)　　□ 単位区域
　　　　　　　　　　　　　　　□ 単位区域を構成する筆

地積測定成果簿

第八十七条 地積測定の結果は，地積測定成果簿に取りまとめるものとする。

2　地積測定成果簿における地積は，平方メートルを単位とし，1平方メートルの1,000分の1未満の端数を四捨五入して表示するものとする。

解説

第1項は，地積測定の結果の取りまとめ方法を定めたもので，地積測定成果簿に取りまとめることとしています。なお，地積測定成果簿においては，各筆の面積を表示する他，地積測定精度管理表として地目別の集計，大字別の集計，字毎地目別地積の集計も算出し地積測定精度管理表として取りまとめます。

第2項は，地積測定成果簿に表示する地積の単位と末位の取扱いについて定めたもので，地積は平方メートルを単位とし，1平方メートルの1,000分の1未満の端数を四捨五入して表示することとしています。

　　　例：$23.4125\text{m}^2 \rightarrow 23.413\text{m}^2$

# 第6章

〔國見利夫　猪木幹雄〕

地籍図及び地籍簿の作成

> **地籍簿案**
>
> 第八十八条　一筆地調査，地籍測量及び地積測定を終了したときは，地籍簿案を作成するものとする。
> 2　前項の地籍簿案は，地籍調査票，調査図，原図及び地積測定成果簿に基づいて，地籍簿用紙に必要な事項を記載して作成するものとする。
> 3　地籍簿案における地積は，次の各号に掲げるところに従つて表示するものとする。
> 　一　宅地及び鉱泉地の地積は，平方メートルを単位とし，一平方メートルの百分の一未満の端数は，切り捨てる。
> 　二　宅地及び鉱泉地以外の土地の地積は，平方メートルを単位とし，一平方メートル未満の端数は，切り捨てる。ただし，一筆の地積が十平方メートル未満のものについては，一平方メートルの百分の一未満の端数は，切り捨てる。

解説

　国土調査法第十七条に，国土調査を行った者は，地図及び簿冊を作成した場合においては，遅滞なく，その旨を公告し，当該調査を行った者の事務所において，その公告の日から20日間当該地図及び簿冊を一般の閲覧に供しなければならないとあり，地図及び簿冊に測量若しくは調査上の誤又は政令で定める限度以上の誤差があると認めたときは，遅滞なく，当該地図及び簿冊を修正しなければならない旨規定されています。

　地籍簿案とは，この公告・閲覧の手続きを経ていない簿冊の案をいいます。

第1項は，地籍簿案の作成に関することを定めたもので，一筆地調査，地籍測量及び地積測定を終了したときに地籍簿案を作成することとしています。

第2項は，地籍簿案の作成方法を定めたもので，地籍簿案は，地籍調査票，調査図，原図及び地積測定成果簿に基づいて，地籍簿の様式を定める省令に定められた地籍簿用紙に地籍調査前と後の土地の表示事項を記載して作成することとしています。

第3項は　地籍簿案に記載する地積の表示方法について定めたもので，次のとおり表示することとしています。

① 宅地，鉱泉地及び一筆の土地が $10m^2$ 未満の土地の地積
　m^2 を単位とし，$1m^2$ の百分の一未満の端数は，切り捨てる（小数点3位以下の数値を切り捨て小数点2位で表示）。

② $10m^2$ 以上の宅地及び鉱泉地以外の土地の地積
　m^2 を単位とし，$1m^2$ 未満の端数は，切り捨てる（小数点以下の数値を切り捨て）。

【参考】

○地籍簿の様式を定める省令（昭和53年3月25日総理府令第3号）
　国土調査法施行令第2条第2項の国土交通省令で定める地籍簿の様式は，別記様式のとおりとする。

別記様式

（平元総府令12，平14国交令12一部改正）

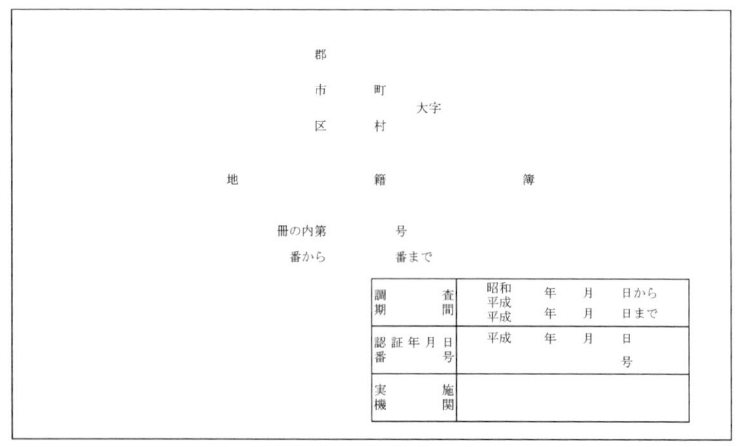

```
                        郡
                    市   町
                         　　大字
                    区   村

                    地        籍        簿

                    冊の内第      号
                    番から       番まで

                    ┌─────┬──────────────┐
                    │調　査│昭和　年　月　日から│
                    │      │平成              │
                    │期　間│平成　年　月　日まで│
                    ├─────┼──────────────┤
                    │認証年月日│平成　年　月　日│
                    │番　　号│            号   │
                    ├─────┼──────────────┤
                    │実　施│                │
                    │機　関│                │
                    └─────┴──────────────┘
```

（この用紙の大きさは，日本工業規格A4とする。）

第6章　地籍図及び地籍簿の作成　　　437

地籍調査前の土地の表示						地籍調査後の土地の表示						原因及びその日付	地図番号
字名	地番	地目	地積			所有者の住所及び氏名又は名称	字名	地番	地目	地積			所有者の住所及び氏名又は名称
			ha	a	㎡					ha	a	㎡	

(この用紙の大きさは、日本工業規格A4とする。)

Q1. 地籍調査において，調査前（登記）の地積と大きくことなる場合は，地積錯誤ではなく地積更正として処理するのですか。

A1. 地籍調査において，調査前（登記）の地積と調査後の地積が異なった場合は，地積の大きさに関係なく地籍簿案の「原因及びその日付」欄に「地積錯誤」と記載します。

Q2. 調査前は $10m^2$ 未満だった公衆用道路について，調査後は $10m^2$ を超える地積となった場合，小数点以下第2位まで表示する必要はあるのですか。

A2. 調査前の地積に関わらず，宅地と鉱泉地を除く地目の場合は，地積が $10m^2$ 未満の場合は小数点以下第2位まで表示し，$10m^2$ を越える場合は小数点以下を表示する必要はありません。

（運用基準）

[地籍簿案の作成]

第58条　地籍簿案の作成については，「地籍簿案の作成要領」（昭和49年8月5日付49国土第3号国土庁土地局長通達）に基づいて行うものとする。

【解説】

本条は，地籍簿案の作成方法を定めたもので，地籍簿案は，昭和49年8月5日付49国土国第3号国土庁土地局長通達の地籍簿案の作成要領に基づいて作成することとしています。

【参考】

○地籍簿案の作成要領について
（昭和49年8月5日付け49国土国第3号国土庁土地局長通達）

　地籍簿案は，地籍簿の様式を定める総理府令（昭和37年総理府令第55号）で定める用紙に，地籍簿案作成要領（昭和32年10月24日付け経企土第179号経済企画庁総合開発局長通達）に基づいて，地籍調査の結果を記載して作成することとなっているが，上記要領はいわゆる登記所の台帳と登記簿の一元化前において使用された1筆1用紙（上記府令別表甲）の様式による地籍簿用のものであって，現行の10筆1用紙（同別表乙）の様式による地籍簿の作成には大部分が適合しなくなったため，別紙のとおり地籍簿案作成要領を定めたので，ご了知のうえ，この旨関係市町村等に周知方お取り計らい願いたい。

　なお，このことについては，法務省とも協議済みであるから念のため申し添える。おって，次の通達は廃止する。
「調査図表示例等について」（昭和32年10月24日付け経企土第179号経済企画庁総合開発局長通達）中別紙「地籍簿案作成要領」

（別紙）
地籍簿案作成要領
（趣旨）
第1　地籍簿案の作成については，地籍調査作業規程準則の定めるもののほか，この要領によるものとする。
（地籍簿案の作成）
第2　地籍簿案は，「地籍簿の様式を定める総理府令」（昭和37年総理府令第55号）により定める別表乙の用紙（表紙，地籍簿用紙），及び共有者氏名表（別紙様式）を用いて作成する。
第3　地籍簿案は，土地10筆ごとに地籍簿用紙1枚を使用して地番の順序に記載し，閲覧の終了後その写しの作成のために2部謄写する。
第4　(1)　共有者氏名表は，未登記の共有地で原則として共有者が3名以上の場合に作成する。
　　(2)　共有者氏名表は，2筆以上連記できるものとし，地番の順序に記載する。
　　(3)　既登記の共有地については，「所有者の住所及び氏名又は名称」の欄に「何某外何名」の記載をもって足り，共有者氏名表の作成を要しない。
（記載上の注意）
第5　(1)　文字の記載は横書きとし，固有名詞以外の数字については，アラビア

　　　　　数字を用いる。
　　　(2)　文字は明りょうに記載し，改変してはならない。もし，訂正，加入又は削除をするときは，その旨及び字数を欄外に記載し，削除した文字の前後にカッコを付して，その文字はなお読むことができるようにしておかなければならない。
　　　　　なお，正本及び登記所へ送付する写しについては，欄外記載文字の箇所に取扱責任者が押印する。
第6　文字の記載にかえて印判等を使用して差し支えない。
（記載要領）
第7　(1)　地籍簿用紙の「地籍調査前の土地の表示」の欄には，土地登記簿から所要の事項を記載する。
　　　(2)　「地籍調査後の土地の表示」の欄には，地籍調査の結果により所要の事項を記載する。ただし，土地の異動のないものについては，「原因及びその日付」の欄に「異動なし」の記載をもって足りる。
第8　(1)　「字名」の欄には，大字が地番区域である場合に限り，字名を記載するものとし，字が地番区域である場合には，表紙に当該字名を記載するにとどめ，各筆についての記載を省略することができる。
　　　(2)　地番区域の全部について変更があったときは，表紙の旧名称を朱まつした後，その下部に新名称及び変更年月日を記載するのみで足りる。郡，市，区，町，村の区域全部について変更があったときも同様とする。
第9　未登記の土地について記載するには，「地番」の欄に例えば「仮509-2」のごとく地番に「仮」の文字を冠するものとする。
第10　(1)　「所有者の住所及び氏名又は名称」の欄に所有者の住所を記載する場合には，その住所と土地の所在との表示に同一の部分があるときは，その部分の記載を省略し，異なる部分のみを記載すれば足りる。ただし，地番を省略してはならない。なお，所有者及びその住所が，上段の行と同一の場合は，単に「同上」と記載すれば足りる。
　　　(2)　「字名」欄に字名を記載するにあたって，上段の行と同一の場合は，単に「〃」と記載すれば足りる。
　　　(3)　地籍調査後の土地の表示について，地籍調査前の土地の表示と同一の場合は，当該欄の記載を省略する。
　　　(4)　その他の場合は，原則として省略しない。
第11　宅地及び鉱泉地について他の地目への変更の調査をした場合，又は他の地目について宅地及び鉱泉地への変更の調査をした場合に，地積の異動が1㎡未満の端数であるときは，「原因及びその日付」の欄に地目変更の事項のみ記載し，地積錯誤の記載は要しない。（準則141条参照）
第12　表紙及び地籍簿用紙の記載については，前各号に定めるほか別紙記載例による。
（地籍簿案の編成）
第13　地籍簿用紙及び共有者氏名表用紙の記載を終えたときは，各用紙を地番の順序に編綴し，これに表紙を付する。

第14　共有者氏名表は，当該地籍簿の末尾に編綴する。
第15　地籍簿案は，地番区域ごとに別冊とする。ただし，分冊することができる。分冊するには，表紙を除き50枚ごとに一冊とし，表紙には分冊番号を記載する。

(別紙様式)

<table>
<tr><td colspan="9" align="center">共　有　者　氏　名　表</td></tr>
<tr><td rowspan="2">地　番
(仮地番)</td><td colspan="2">共　有　者</td><td rowspan="2">持　分</td><td rowspan="2">備　考</td><td rowspan="2">地　番
(仮地番)</td><td colspan="2">共　有　者</td><td rowspan="2">持　分</td><td rowspan="2">備　考</td></tr>
<tr><td>住　所</td><td>氏名又は名称</td><td>住　所</td><td>氏名又は名称</td></tr>
<tr><td></td><td></td><td></td><td></td><td></td><td></td><td></td><td></td><td></td><td></td></tr>
<tr><td></td><td></td><td></td><td></td><td></td><td></td><td></td><td></td><td></td><td></td></tr>
<tr><td></td><td></td><td></td><td></td><td></td><td></td><td></td><td></td><td></td><td></td></tr>
<tr><td></td><td></td><td></td><td></td><td></td><td></td><td></td><td></td><td></td><td></td></tr>
<tr><td></td><td></td><td></td><td></td><td></td><td></td><td></td><td></td><td></td><td></td></tr>
<tr><td></td><td></td><td></td><td></td><td></td><td></td><td></td><td></td><td></td><td></td></tr>
<tr><td></td><td></td><td></td><td></td><td></td><td></td><td></td><td></td><td></td><td></td></tr>
<tr><td></td><td></td><td></td><td></td><td></td><td></td><td></td><td></td><td></td><td></td></tr>
<tr><td></td><td></td><td></td><td></td><td></td><td></td><td></td><td></td><td></td><td></td></tr>
<tr><td></td><td></td><td></td><td></td><td></td><td></td><td></td><td></td><td></td><td></td></tr>
</table>

(この用紙の大きさは，日本工業規格A4とする。)

地籍簿案記載例目次

表紙 ———————————————————————————————— 1
1. 所在及び地番を変更した場合 ———————————————————— 2
2. 地番のみを変更した場合 —————————————————————— 2
3. 地目に変更があった場合 —————————————————————— 2
4. 地積が誤って登記されている場合 —————————————————— 2
5. (1)　分　筆　(枝番がない場合) ——————————————————— 2
　　(2)　〃　　(枝番がある場合) ——————————————————— 3
　　(3)　〃　　(一部地目変更による場合) —————————————— 3
　　(4)　〃　　(地番変更を伴う場合) ———————————————— 3
　　(5)　〃　　(所有者の住所変更を伴う場合) ———————————— 4
6. (1)　合　筆　(枝番がない場合) ——————————————————— 4
　　(2)　〃　　(枝番がある場合で他に枝番がない場合) ——————— 4
　　(3)　〃　　(合筆地の他に枝番がある場合) ———————————— 5
　　(4)　〃　　(合筆地本地の地目変更を伴う場合) —————————— 5
　　(5)　〃　　(合筆地本地及び被合筆地の地目変更を伴う場合) ——— 5
　　(6)　〃　　(地番変更を伴う場合) ———————————————— 6
　　(7)　〃　　(登記名義人の表示の変更(更正)を伴う場合) ———— 6
7. (1)　分合筆　(一部地目変更による場合) —————————————— 6
　　(2)　〃　　(3地目に変更された場合) ——————————————— 7

- (3) 〃（2地目に分合筆された場合）———————————— 7
- (4) 〃（合筆後分筆された場合）—————————————— 8
8. (1) 一部滅失の場合 ———————————————————— 8
- (2) 全部滅失の場合 ———————————————————— 8
9. (1) 新たに土地の表示登記をすべき場合（新たに土地が生じた場合）— 9
- (2) 〃　　　　　（従来からある土地で未登記の場合）—— 9
10. 筆界未定地の取扱いをした場合 ——————————————— 9
11. (1) 現地確認不能地の取扱いをした場合（村道になっている場合）— 9
- (2) 〃　　　　　（都道府県道になっている場合）— 9
- (3) 〃　　　　　（河川敷になっている場合）———10
12. (1) 不存在の取扱いをした場合（重複して登記されている場合）——10
- (2) 〃　　　　（最初から存在しない場合 ————10
13. (1) 所有者の住所が変更されている場合 ———————————10
- (2) 所有者の住所が変更（移転）され，さらに住居表示が実施されている場合 ——————————————————————————— 10
- (3) 共有者のうち1名の住所が変更されている場合 ——————11
- (4) 共有者のうち数名の住所が変更（又は錯誤）されている場合 ——11
- (5) 所有者の住所が最初から誤って登記されている場合 ————11
- (6) 所有者の住所が最初から誤って登記されている場合で，さらに住所移転があった場合 ———————————————————11
14. (1) 氏名が変更（改氏，改名，婚姻，離婚等）されている場合 ——11
- (2) 氏名が最初から誤って登記されている場合 ————————13
15. 異動がない場合 ————————————————————13
共有者氏名表 ————————————————————————14

```
　　　　東海郡千代田村大字霞が関

　　　　　　地　　　籍　　　簿

　　　　5冊の内　　　第　1　号
　　　　1番から　300番まで

　　　　　　　　調査　昭和48年　5月　1日から
　　　　　　　　期間　昭和48年　6月　2日まで
　　　　　　　　認証年月日　昭和48年12月20日
　　　　　　　　認証番号　　48耕第　812　号
　　　　　　　　実施機関　　千　代　田　村
```

（この用紙の大きさは、日本工業規格A4とする。）

地籍調査前の土地の表示					地籍調査後の土地の表示					原因及びその日付	地図番号
字名	地番	地目	地積 m²	所有者の住所及び氏名又は名称	字名	地番	地目	地積 m²	所有者の住所及び氏名又は名称		
1 所在及び地番を変更した場合												
川向	101	山林	3753	166 山田 一郎	小山	9				昭和49年4月1日所在変更 9と地番変更	G 34-1
2 地番のみを変更した場合												
小山	10-イ	山林	1234	167 川田 二郎		10-1				10-1と地番変更	B 11-1
3 地目に変更があった場合												
小山	11	山林	265	171 大山 三郎			宅地	265.34		昭和30年以下不詳地目変更	B 12-1
4 地積が誤って登記されている場合												
小山	12	畑	541	25 畑中 四郎				550		地積錯誤	B 12-2
5-(1) 分筆（枝番がない場合）												
小山	20	畑	1650	201 小木 一郎		20-1		1550		20-1、20-2に分筆	B 14-2
						20-2		986		20から分筆	B 14-2
5-(2) 分筆（枝番がある場合）												
5-(3) 分筆（一部地目変更による場合）												
小山	21-1	畑	860	202 中林 二郎				430		21-1、21-3に分筆	B 14-3
〃	21-2	畑	552	213 大林 三郎				352		昭和30年8月1日一部地目変更 21-2、22-4に分筆	B 14-3
						21-3		560		21-1から分筆	B 14-3
						21-4	宅地	530.00		21-2から分筆	B 14-3
5-(4) 分筆（地番変更を伴う場合）												
小山	22-甲	山林	1440	224 小林 町子		22-1		820		昭和20年9月 日不詳一部地目変更 22-1、22-3に分筆	B 14-4
〃	22-乙	山林	800	同上		22-2		1010		22-2と地番変更	B 14-4 14-5
						22-3	畑	700		22-甲から分筆	B 14-5
5-(5) 分筆（所有者の住所変更を伴う場合）												
小山	22-5	畑	543	225 林 耕造				343	中野市大野111番地	昭和49年4月1日住所移転 22-5、22-6に分筆	B 15-1
						22-6		350		22-5から分筆	B 15-1
6-(1) 合筆（枝番がない場合）												
小山	23	山林	3645	301 小松 一郎				5580		24を合筆	B 15-2
〃	24	山林	1122	同上						23に合筆	B 15-2
6-(2) 合筆（枝番がある場合で他に枝番がない場合）												
小山	25-1	公園	5570	東海町		25		19000		25-2を合筆	B 15-3 35-1
〃	25-2	公園	13456	同上						25-1に合筆	B 15-3 C 11-1

第6章 地籍図及び地籍簿の作成

6-(3) 合筆（合筆地の他に枝番がある場合）

小山	26-1	宅地	290|35	26-1 大松 三郎			304|27	26-2を合筆	C 11-2
〃	26-2	宅地	|75	同上				26-1に合筆	C 11-2 11-3

6-(4) 合筆（合筆地本地の地目変更を伴う場合）

小山	26-3	原野	818|	314 高松 四郎		畑	1340|	昭和40年5月10日地目変更 27を合筆	C 25-2
〃	27	畑	300|	同上				26-3に合筆	C 25-3 25-4

6-(5) 合筆（合筆地本地及び被合筆地の地目変更を伴う場合）

小山	28	畑	150|	中野郡大野村 大字杉並123 佐藤 一郎		田	580|	年月日不詳地目変更 29を合筆	C 34-3
〃	29	山林	300|	同上				年月日不詳地目変更 28に合筆	C 34-3

6-(6) 合筆（地番変更を伴う場合）

小山	30-イ	山林	500|	65 鈴木 二郎	30-1	畑	1200|	昭和48年7月1日地目変更 30-ハを合筆	C 34-3 34-4
〃	30-ハ	山林	435|	同上				昭和48年7月1日地目変更 30-イに合筆	C 34-4 35-2

6-(7) 合筆（登記名義人の表示の変更（更正）を伴う場合）

小山	31-1	雑種地	230|	115 川上 昇			1540|	31-2を合筆	D 21-3
〃	31-2	雑種地	1170|	230 川上 昇				昭和47年4月1日住所移転 31-1に合筆	D 21-3

7-(1) 分合筆（一部地目変更による場合）

小山	32	田	500|	110 加藤 清			1000|	33の一部を合筆	H 11-1
〃	33	畑	1300|	同上			900|	昭和30年以下不詳 一部地目変更 32に一部合筆	H 11-3

7-(2) 分合筆（3地目に変更された場合）

小山	34	山林	1500|	33 斎藤 正	34-1		500|	年月日不詳一部地目変更 35に一部合筆 昭和45年8月1日一部地目変更 34-1、34-2に分筆	H 11-2
					34-2	畑	980|	34から分筆	H 11-2 11-4
〃	35	田	750|	同上			1120|	34の一部を合筆	H 11-4

7-(3) 合筆（2地目に分合筆された場合）

小山	36	宅地	1004|25	36 安藤 隆			1580|12	37の一部を合筆	H 21-2
〃	37	山林	2876|	同上				昭和48年10月10日一部地目変更 36に一部合筆 昭和48年11月1日地目変更 38に合筆	H 21-2
〃	38	畑	1630|	同上			3200|	37の一部を合筆	H 21-2 21-4

7-(4) 分合筆（合筆後分筆された場合）

小山	39	田	500	37 田中 太一		39-1	810		40、41を合筆 39-1、39-2に分筆	H 22-4
						39-2	510		39から分筆	H 22-4
〃	40	田	280	同上					39に合筆	H 22-4
〃	41	田	320	同上					39に合筆	H 22-4

8-(1) 一部滅失の場合

小山	17-1	田	1000	里野98 西海 勝		原野	500		昭和33年以下不詳 一部海没 昭和34年以下不詳 地目変更	B 13-2

8-(2) 全部滅失の場合

小山	17-2	田	2000	里野98 西海 勝					年月日不詳海没	B 13-2

9-(1) 新たに土地の表示登記をすべき場合（新たに土地が生じた場合）

					小山	仮 17-4	雑種地	2000	東京都千代田区霞 が関三丁目1番1号 総合開発株式会社	昭和49年4月1日公 有水面埋立	B 13-4

9-(2) 新たに土地の表示登記をすべき場合（従来からある土地で未登記の場合）

					小山	仮 17-3	田	190	新開33 新田 耕一外3名	原因不詳 （未登記）	B 13-3

10 筆界未定地の取扱いをした場合

小山	18	宅地	1500.00	18 角用 一男					19との筆界未定	B 13-4
〃	19	畑	2600	19 荒山 寅吉		宅地			年月日不詳地目変 更 18との筆界未定	B 14-1

11-(1) 現地確認不能地の取扱いをした場合（村道になっている場合）

小山	20	畑	80	33 畑野 道夫					現地確認不能 （現況道路－村 道）	B 15-1

11-(2) 現地確認不能地の取扱いをした場合（都道府県道になっている場合）

小山	21	公衆用 道路	150	東京都					現地確認不能 （現況道路－都道 7号線）	B 15-2

11-(3) 現地確認不能地の取扱いをした場合（河川敷になっている場合）

小山	22	河川敷	100	100 原野 一男		雑種地			現地確認不能 （現況河川－多摩 川）	H 22-4

12-(1) 不存在の取扱いをした場合（重複して登記されている場合）

小山	17-甲	原野	1000	78 三重 登					不存在 （17と重複）	

12-(2) 不存在の取扱いをした場合（最初から存在しない場合）

小山	17-乙	原野	100	79 山梨 無人					不存在 （錯誤）	

13-(1) 所有者の住所が変更されている場合

小山	13-1	田	130	大川131 田中 五郎				東京都千代田区霞 が関三丁目1番1号	昭和47年3月28日住 所移転	B 12-3

13-(2) 所有者の住所が変更（移転）され、さらに住居表示が実施されている場合

小山	13-2	畑	1000	大川132 山田 一郎				東京都文京区本郷 一丁目1番1号	昭和45年4月1日住 所移転 昭和48年1月1日住 居表示実施	B 12-4

第6章　地籍図及び地籍簿の作成

13-(3)　共有者のうち1名の住所が変更されている場合

| 小山 | 13-3 | 原野 | 1000 | 東京都千代田区霞が関三丁目3番3号 都千代子 外3名 | | 共有者 都和夫の住所 東京都杉並区下高井戸二丁目2番2号 | 昭和49年4月1日住所移転 | B 12-4 |

13-(4)　共有者のうち数名の住所が変更(又は錯誤)されている場合

| 小山 | 13-4 | 山林 | 5000 | 134 山本 四郎 外30名 | | | 別紙のとおり | B 12-4 |

13-(5)　所有者の住所が最初から誤って登記されている場合

| 小山 | 14-1 | 原野 | 4000 | 新宿区新宿一丁目1番1号 原野 六郎 | | 新宿区西新宿一丁目1番1号 | 住所錯誤 | B 13-1 |

13-(6)　所有者の住所が最初から誤って登記されている場合で、さらに住所移転があった場合

| 小山 | 14-2 | 原野 | 1400 | 77 小野 七郎 | | 原町111番地 | 住所錯誤 昭和49年4月1日住所移転 | B 13-1 |

14-(1)　氏名が変更、改氏、改名、婚姻、離婚等されている場合

| 小山 | 15 | 宅地 | 1500,55 | 15 三宅 光子 | | 千代田町12番地 山本 光子 | 昭和48年11月10日住所移転 同年11月3日氏名変更 | B 13-1 |

〔別紙(13-(4)関係)〕

共有者氏名表

地番(仮地番)	共有者 住所	氏名又は名称	持分	備考	地番(仮地番)	共有者 住所	氏名又は名称	持分	備考
13-4	千代田村大字神田5	甲野 一郎		昭和48年4月1日住所移転					
	〃 10	甲野 二郎		昭和48年4月15日住所移転					
	東京都千代田区霞が関一丁目1番1号	乙野 三郎		昭和49年3月10日住所移転					
	〃	乙野 四郎		同上					
	205	乙野 五郎		錯誤					

(この用紙の大きさは、日本工業規格A4とする。)

14-(2)　氏名が最初から誤って登記されている場合

| 小山 | 16-1 | 田 | 300 | 16 高田 高次 | | 高田 高治 | 氏名錯誤 | B 13-1 |

15　異動がない場合

| 小山 | 25 | 宅地 | 300,00 | 25 内田 定人 | | | 異動なし | B 13-4 |

共有者氏名表

地番 (仮地番)	共有者 住所	共有者 氏名又は名称	持分	備考	地番 (仮地番)	共有者 住所	共有者 氏名又は名称	持分	備考
仮17-2	甲郡乙村新開33番地	新田 耕一	1/4						
	中野郡大野町55番地	新田 二郎	1/4						
	同所 101番地	花畠 咲子	1/4						
	東京都千代田区霞が関三丁目3番3号	東 竜男	1/4						
仮100	甲市乙町一丁目1番1号	甲野 花子	3/9						
	同所 同番 同号	甲野 一郎	2/9						
	同所 同番 同号	甲野 二郎	2/9						
	同所 同番 同号	甲野 三郎	2/9						

(この用紙の大きさは、日本工業規格A4とする。)

○地籍簿案の作成について（昭和49年8月5日付け国土庁土地局国土調査課長指示）

　地籍簿案の作成要領については，本日付け国土国第3号をもって通達されたところであるが，上記通達の運用及び関係市町村等の指導にあたっては，特に下記事項に留意されたい。

　なお，昭和37年10月3日付けで通知した「国土調査法第20条第1項の規定による地籍簿の送付が，不動産登記法の一部を改正する等の法律附則第2条第2項の期日後となる場合における地籍簿の作成について」は廃止する。

　おって，従来の要領に基づき既に作成済の分については，原則として訂正する必要はない。

1　地籍簿は，地籍図と一体となって地籍調査の最終的成果をなすものであり，かつ，写しは登記所に送付され，それに基づいて登記簿の記載事項が修正されるものであるから，作成にあたっては慎重を期されたい。
2　地籍簿案の記載例については，上記通達に示されているが，これを参考にしてもなお処理が困難な特異なケースについては，その都度指示を受けること。
3　記載例について
　(1)　調査後の地積が登記簿上の地積と一致しない場合は，従来，「原因及びその日付」の欄に「地積更正」と記載する取り扱いであったが，原因は錯誤であること，登記簿上との関連があること，及び他の原因記載内容との均衡もあり，上記通達で「地積錯誤」と記載することとされたものである。
　(2)　既登記の共有者のうち数名について名義人の表示に変更（更正）があり，「原因及びその日付」の欄に記載することができない場合は便宜共有者氏名表を利用することとし，変更（更正）後の住所，氏名は「住所・氏名」の欄に，

第6章　地籍図及び地籍簿の作成　　　447

原因及びその日付は備考欄にそれぞれ記載する（持分の記載は要しない。）。この場合には，地籍簿用紙の「原因及び日付」の欄に「別紙のとおり」と記載する。

　なお，別紙は，新たに表示登記をする場合の共有者氏名表との混同を避けるため，当該地籍簿用紙の次に編綴する。

(3)　記載例6－(5)は，登記簿上地目を異にする各土地について地目変更の調査により，地籍簿上合筆の条件を整えたうえ，合筆の調査をしたものである。
　　　記載例6－(5)

(4)　記載例6－(7)は，登記簿上所有者の表示（住所，氏名）を異にする各土地について名義変更の調査により，合筆の条件を整えたうえ，合筆の調査をしたものである。
　　　記載例6－(7)

(5)　記載例7－(2)，7－(3)，7－(4)は，下図のような場合である。

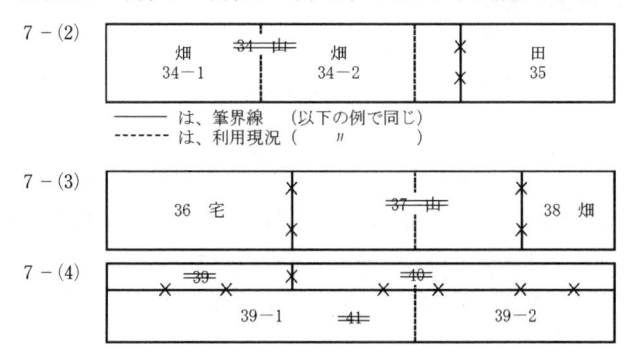

```
7-(2)  | 畑 34-1 | 畑 34-2 |××| 田 35 |
         ――― は、筆界線　（以下の例で同じ）
         ----- は、利用現況（  〃  ）

7-(3)  | 36 宅  ×|×  37田  |× 38 畑 |

7-(4)  |× 39 ×| 39-1  ×|× 40 ×|× 39-2 |
                    41
```

　　　この場合，地籍簿用紙の「原因及び日付」の欄に，次のように記載することもできる。

　　　39…40，41の各一部を合筆
　　　40…39に一部合筆，41の一部を合筆
　　　41…39に一部合筆，40に一部合筆

(6)　新たに表示登記をすべき土地が共有の場合，地籍簿の所有者欄には，甲外何名と記載するが，共有者氏名表には，甲を含めて記載する。（記載例9）

(7)　筆界未定の場合に地目変更の調査ができるのは，筆界未定に係る土地の全部が現況において同一地目になっている場合のみである。（記載例10）

(8)　現地確認不能地の取り扱いをした場合で，長狭物に名称等があるものについては，それをも記載する。（記載例11－(1)，(2)，(3)）

　　　なお，現地確認不能地の取り扱いをした場合に，従来は，地籍簿へは記載せず，別に現地確認不能地調書を作成して，地籍簿の写しに添付して登記所へ送付する取り扱いがなされてきたところであるが，昭和49年8月5日付け49国

土国第2号をもって局長通達がなされ，地籍簿へ記載し，現地確認不能地調書の作成及び送付の必要がなくなったので特に注意すること。
(9) 記載例13-(2)は，所有者が，登記簿上の住所から現住所に移転したのち，住居表示が実施された場合である。
(10) 記載例13-(6)は，所有者の住所が登記簿上は誤って甲地（77番地）と登記されているが，実際は，最初から乙地に住所があり，乙地から現住所に移転した場合である。
  なお，数次にわたり，住所を移転している場合は，最後の移転の年月日を原因の日付として記載する。

> **地籍図及び地籍簿**
> 第八十九条　原図及び地籍簿案について，法第十七条の規定による手続が終了したときは，それぞれを地籍調査の成果としての地籍図及び地籍簿とする。
> 2　地籍図及び地籍簿は，そのままで保管しなければならない。ただし，地籍調査後の土地の異動等については，地籍図写及び地籍簿写又は電磁的記録を用いて継続的に補正するものとする。

解説

第1項は，原図及び地籍簿案の扱いについて定めたもので，国土調査法第十七条の公告・閲覧，誤り等があった場合は修正が終了したときは，原図を地籍図，地籍簿案を地籍簿とするとしています。

第2項は，地籍図及び地籍簿の保管方法について定めたもので，地籍図及び地籍簿は，地籍調査の調査経過などを示す重要な資料ともなるものであることから，地籍調査の成果の原本である地籍図及び地籍簿は，そのままで保管することとして，地籍調査後の移動等があった場合は，地籍図及び地籍簿の写し又は写しをコンピュータで管理している場合は電磁的記録を用いて継続的に補正することとしています。

Q．地籍簿案について，土地所有者の所有権移転等の対応は，いつまでに行えばよいのですか。
A．準則第89条に「原図及び地籍簿案について，法第17条（地図及び簿冊の

閲覧）の規定による手続きが終了したときは，それぞれを地籍調査の成果としての地籍図及び地籍簿とする。」とありますので，この手続きが完了するまでに土地所有者が変更になった場合は，土地所有者の所有権移転等の対応を行う必要がありますが，手続き完了後は地籍簿案を修正する必要はありません。

（運用基準）

(法第17条の規定による手続き等)

第59条　法第17条の規定による手続等については，「国土調査事業事務取扱要領」（昭和47年5月1日付け経企土第28号経済企画庁総合開発局長通達）に基づいて行うものとする。

2　準則第89条第2項に規定する補正に関する事項については，別に国土調査課長が定めるものとする。

3　地籍集成図については，必要に応じこれを作成するものとし，これに関する事項については，別に国土調査課長が定めるものとする。

(解説)

　第1項は，国土調査法第十七条の規定による手続等の方法について定めたもので，昭和47年5月1日付け経企土第28号経済企画庁総合開発局長通達の国土調査事業事務取扱要領に基づいて手続きを行うこととしています。

【参考】

○国土調査事業事務取扱要領（抜粋）
第2節　閲覧
（公告）
第5　法第17条第1項の規定に基づく公告は，別記様式第1によるこのとする。
（閲覧）
第6　法第17条第1項の規定に基づく閲覧は，同項に定める事務所において行うほか，当該調査が行われた市町村の事務所（地籍調査にあっては，当該調査を行った者の事務所）において地図及び簿冊の写しによって併せて行うことができる。
（調査成果の確認のための措置）
第7　国土調査を行った者は，当該調査を行った土地の所有者等に対し，法第17条第1項に基づく閲覧を行う旨，あらかじめ通知する等，調査成果の確認が得ら

れるよう所要の措置をするものとする。
  2　前項の措置は，当該国土調査を行った土地の所有者等が当該市町村内に在住する場合であっても行うことができる。
(誤り等訂正申し出)
第8　国土調査を行った者は，法第17条第1項に基づく公告，閲覧をした結果，同上第2項の規定に基づき誤り等訂正の申し出をする者がある時に，その者に別記様式第2による「誤り等訂正申出書」を提出させるようにするものとする。
(再調査及び通知)
第9　誤り等申し出のあった事項については，関係地図及び簿冊の記載と照合調査するとともに，必要に応じ実地に再調査等を行い，事実であると認められるときは，法第17条第3項の規定に基づき修正し，当該申出人，土地所有者又は利害関係人に対し，別記様式第3により通知するものとし，また，その事実がないと認めるときは，遅滞なく当該申出人に対し，その旨別記様式第4により通知するものとする。
  2　誤り等訂正申し出事項については，処理の内容がわかるよう関係事項を整理し，事務取扱者が記名押印して，保管しておくものとする。

地籍調査の成果の誤り等の処理について
　　　　(昭和38年4月5日付け経済企画庁総合開発局国土調査課長指示)
　このことについては，昭和32年7月23日付長野県農地経済部長の照会に対する同年8月2日付経済企画庁総合開発局国土調査課長回答の趣旨により処理することになっているが，なお，地籍図簿を登記所へ送付後発見された誤り等については，地方税法(昭和25年法律第226号)第381条第7項の規定に準じ，当該地籍調査を実施した市町村の長から管轄登記所に対し，書面(修正等に必要な資料添付)をもって修正等を申し出る取扱いとするから御了知の上，この旨関係市町村等に周知方お取り計らい願いたい。
　なお，このことについては，法務省とも協議ずみであるので念のため申し添える。おって地籍調査の実施に当たっては，関係法令及び実施要領等の研究を怠ることなく，又各作業工程間においては，細心の注意を払い，調査測量の結果に誤りを生じないよう一層管理指導の徹底を期するとともに，所定の工程検査を励行し，いやしくも成果にかしの存しないよう万全を期せられたい。

地籍調査の成果に誤りがあることを発見した場合の処理について
　　　　(昭和32年8月2日経済企画庁総合開発局国土調査課長回答
　　　　　〔長野県農地経済部長照会〕)
(照会)
　認証後登記所または市町村において地籍図(簿)に誤りを発見した場合の事務処理方法如何。
(回答)

昭和32年7月23日付32農地第237号をもって照会のあった標記について下記のとおり回答する。

記

1　認証後地籍図及び地籍簿をまだ登記所へ送付しない前にその記載に誤りのあることを発見した場合においては，再調訂正の上，遅滞なく当該土地の所有者及び利害関係人に当該訂正事項を通知すること。
2　登記所へ送付後市町村が誤りを発見した場合は，市町村は遅滞なくその誤りを登記所へ通知すること。
3　前項の通知に係る誤り及び登記所へ送付後登記所が発見した誤りの処理に関し登記所から協議を受けた場合は，その誤りが軽微，かつ，明白なものは登記所と協議の上訂正し，1に準じて通知し，然らざるものは個々につきその処理方法に関し伺い出ること。

地籍調査の成果の誤り等の処理について
（昭和48年10月24日付け経済企画庁総合開発局国土調査課長指示）

　地籍調査の成果が登記所に送付された後，当該成果に係る誤りが発見された場合には，地方税法（昭和25年法律第226号）第381条第7項の規定に準じて修正を申し出る取扱いをするよう指示したところであるが（昭和38年4月5日付国土調査課長指示），当該申出書の様式を別紙のとおり定めたので，下記事項に留意のうえ，関係市町村等に周知方お取り計らい願いたい。

記

1　修正の目的欄には，「地図訂正」，「地目訂正」，「地積更正」等の修正申出の目的を記載する。
2　修正の申出書には，申出書副本及び地積測量図を添付しなければならない。但し，地目の訂正等地籍図の修正を要しないものについては，地積測量図の添付を要しない。
3　修正の申出をする場合には，あらかじめ修正される土地の所有者またはその代理人の同意を得ておかなければならない。但し，登記所において特に要求がある場合を除き，同意書の添付を要しない。
4　地図訂正の場合並びに地積更正で面積が増加する場合には，あらかじめ，隣接土地所有者並びに利害関係人の承諾を得ておかなければならない。但し，登記所において特に要求がある場合を除き，承諾書の添付を要しない。

（地積測量図の様式記載例は省略する。）

地籍調査の成果の誤り等の処理について
（昭和48年10月18日民三第7689号法務省民事局第三課長通知
〔経済企画庁総合開発局国土調査課長照会〕）

　標記の件について別紙甲号のとおり経済企画庁総合開発局国土調査課長から照会

があり，別紙乙号のとおり回答したので，この旨貴管下登記官に周知方しかるべく取り計らわれたい。

(別紙甲号)
　　　　　　　　　　〈編注〉
　別紙甲号は，「地籍調査の成果の誤り等の処理について」(昭和48年10月24日付け経済企画庁総合開発局国土調査課長指示)と同内容であり，省略する。

(別紙乙号)
　本年8月29日付けで照会のあった標記の件については，貴案によられて差し支えないものと考える。

　第2項は，地籍調査後に生じた土地の異動等の地籍図及び地籍簿の補正の取扱いについて定めたもので，補正に関する事項については，別に国土調査課長が定めるとしています。

【参考】

　　　　　　　　　　土地の異動等の取扱について
　　　　　(昭和35年12月8日付け経済企画庁総合開発局国土調査課長指示)

　このことについては，地籍調査を行なおうとする地番区域内の土地について，地籍調査作業規程準則第23条の規定による現地調査を終えた後に，土地の異動等(土地の表示，所有者又は登記名義人の表示，所有者及びその持分の変更等)が生じた場合には，原則として再調査を要しない。又地籍簿の表紙用紙に記載すべき調査期間は，当該地番区域内の土地について現地調査に着手した日からその終了の日までとすることに法務省と協議済であるので，とりあえず通知するからご了知の上，この旨関係市町村等に周知方お取り計らい願いたい。
　なお，地籍調査作業規程準則中これに関係のある規定も改正される予定であるから念のため申し添える。

「参考」
　国土調査法による不動産登記に関する政令(昭和32年政令第130号。昭和35年政令第60号及び昭和35年政令第263号で一部改正)第1条第1項ただし書中の「地籍調査の実施後」とは，「地籍調査作業規程準則第23条の規定による現地調査により，当該土地の現況を確認した後」の意味である。

　　　　　　　　　　土地の異動等の取扱について
　　　　　(昭和36年3月29日経済企画庁総合開発局国土調査課長回答
　　　　　〔鳥取県農林部耕地課長照会〕)

(照会)

　昭和35年12月8日付で通達のあったこのことについて，下記の点に疑義を生じたから至急回答いただきたく照会いたします。

記

　国土調査法による不動産登記に関する政令（昭和32年政令第130号。昭和35年一部改正）第1条但し書中の「地籍調査の実施後」の解釈について

1　首記通達「参考」に「当該土地を確認した後」とあるが，これは毎筆の土地について現況を確認したその時以後の意味であると解してよろしいか。
2　この解釈でもってすでに昭和34年度に現地調査を終了した地番区域についての事務処理を行ってよろしいか。

(理由)

　以上の如く解するときは，調査上誠に都合がよくまた後始末も手数が省けるのであるが，現地調査後法務局へ成果を送付するまでの間は，土地の所有者は土地の異動等が出来ないこととなり，若し異動の登記をしたときは調査の成果と一致しないことになるので，その登記を抹消しなければならないと考えられるから，通達どおり処理されることに疑義があり，事務処理上至急に解釈を確認いたしたい。

(回答)

昭和36年3月14日付受耕第73号で照会のあった標記について次のとおり回答します。

記

1について
　　貴見のとおり。
2について
　　土地の異動等の取扱についての指示（昭和35年12月8日付国土調査主管部（局）長あて本職指示）後は，すでに現地調査を終了した地番区域内の土地についても再調査を要しない。
　　なお，貴見によれば「現地調査後法務局へ成果を送付するまでの間は，土地の所有者は土地の異動等ができないこととなり……」とあるが，この間，土地の異動等を禁止する規定は存しないので，土地の所有者は，土地の異動等があったときは，不動産登記法の一部を改正する等の法律附則第2条第2項の規定による指定期日前であれば従前どおり土地台帳法による申告又は改正前の不動産登記法による申請をすることができるし，指定期日後であれば改正不動産登記法による申請ができる。
　　又異動等に関する登記をしたときは，当然地籍簿の記載と土地台帳の登録又は登記簿の記載とが一致しないこととなるが，この場合においては，昭和32年7月22日付法務省民事甲第1388号法務局長（地方法務局長）あて法務省民事局長通達〔国土調査法及び国土調査法による不動産登記に関する政令による土地台帳及び登記事務の取扱について〕により登記所が処理し，前記異動等に関する登記

　　　　　を抹消することはしない。

　地籍調査の成果である地籍図の利活用を図るため，隣接する複数の地籍図を一定の縮尺，図郭，様式等を調整し，集成編さんした一覧性の高い図面を集成図といいます。
　第3項は，集成図作成について定めたもので，地籍集成図は，必要に応じこれを作成するものとし，これに関する事項については，別に国土調査課長が定めるとしています。

【参考】

　　　　　　　　　「地籍集成図の作成要領」の制定について
　　　　　　　　　　　　　（平成 14 年 3 月 14 日付け国土国第 597 号国土交通省
　　　　　　　　　　　　　　土地・水資源局国土調査課長通知）

　「地籍調査作業規程準則運用基準」（平成 14 年 3 月 14 日付け国土国第 590 号国土交通省土地・水資源局長通知）第 57 条第 3 項の規定に基づき「地籍集成図の作成要領」を別紙のとおり定め，本年 4 月 1 日から施行することとしたので御了知の上，関係市町村等への周知方よろしくお願いします。
　なお，「地籍調査システム化の実施について（指示）」（昭和 60 年 5 月 20 日付け 60 国土国第 207 号国土庁土地局国土調査課長指示）及び「地籍調査管理事業実施要領の運用について」（昭和 53 年 7 月 4 日付け 53 国土国第 363 号国土庁土地局国土調査課長指示）は廃止します。

（別紙）
　　　　　　　　　　　　　地籍集成図の作成要領
　　　　　　　　　　　　　（平成 14 年 3 月 14 日付け国土国第 597 号国土交通省
　　　　　　　　　　　　　　土地・水資源局国土調査課長通知）

1　地籍集成図の作成
　　地籍集成図は，隣接する複数の地籍図及び国土調査法（昭和 26 年法律第 180 号）第 19 条第 5 項の指定を受けた地図の写し（土地の異動に伴う補正がなされたものに限る。）を，原則として次に示す規格に集成編さんして作成するものとする。
2　地籍集成図の縮尺
　　地籍集成図の縮尺は，市町村において整備されている次に掲げる地形図（以下，「地形図」という。）の整備状況，地籍集成図と重ね合わせて利用する地形図の状況，今後の利用方法等を勘案し，1,000 分の 1，2,500 分の 1 又は 5,000 分の 1 の中から選定するものとする。
　　(1)　国土基本図（国土交通省国土地理院作成。縮尺 2,500 分の 1 又は 5,000 分

の 1)
    (2) 都市計画図（市町村作成。原則として縮尺 2,500 分の 1）
    (3) 国有林の基本図（林野庁作成。縮尺 5,000 分の 1）
    (4) 森林計画図，森林施業図又は森林基本図（都道府県作成。縮尺 5,000 分の 1）
    (5) その他の地形図
  3 地籍集成図の図郭等
    (1) 地籍集成図の図郭の寸法は，世界測地系で作成する場合は，縦 50 センチメートル，横 70 センチメートルとし，それ以外の場合（いわゆる日本測地系で作成する場合）は，縦 60 センチメートル，横 80 センチメートルとし，その図郭の切り方は別記 1 による。
    (2) 地籍集成図の様式は，別記 2 による。
    (3) 地籍集成図の紙質は，伸縮の少ないポリエステルベースとする。

(別記 1，別記 2 省略)

地籍図写

第九十条 地籍図写は，次の各号に掲げるところに従って複製するものとする。
一 地籍図と同一縮尺であること。
二 ひずみがなく，かつ，鮮明であること。
三 十分な耐久性が保証されること。

解説

地籍調査の成果については，国土調査法第二十条に基づき，認証後に成果の写しを当該土地を管轄する登記所に送付され，登記所において地籍図写は，原則として不動産登記法第十四条地図として備え付けられ，地籍簿写は，土地登記簿の表示に関する登記の変更登記などをする基礎資料として使用されます。

また，地籍図写は，実施市町村において保管され，一般の閲覧に供されるとともに，公共事業等の各種行政資料として活用されます。

本条は，地籍図写の作成方法を定めたもので，地籍図写は，地籍図と同一

縮尺で，ひずみがなく，かつ，鮮明で，十分な耐久性が保証されるよう複製して作成することとしています。

【参考】

地籍図写しの材質について
(昭和48年3月20日付け経済企画庁総合開発局国土調査課長指示)

　国土調査法第20条第1項の規定に基づき登記所に送付する地籍図の写しについては，法務省からその材質をアルミケント紙からポリエステル・フィルム（マイラー）に変更されたい旨の要望があったので，昭和48年度に実施される地籍図の写しからマイラーの材質により作成するよう，関係市町村等に周知方お取り計らい願いたい。
　なお，市町村が保管する地籍図の写しについては，アルミケント紙又はマイラーのいずれの材質により作成しても差支えない。

(運用基準)

(複製方法)
第60条　地籍図の複製においては，地籍図に変形を与えるような方法を用いてはならない。

(解説)

　本条は，地籍図の複製に関する留意点を定めたもので，地籍調査の成果の原本である地籍図に変形を与えるような複製方法を用いてはならないとしています。

著者略歴

國見利夫（くにみ　としお）

　1946年生まれ，千葉県出身。1971年日本大学理工学部卒。国土地理院において測地測量関連業務に従事。1987年～1989年の間，国土庁に出向し地籍測量関連業務に従事。2004年国土地理院（中部地方測量部長）退職。現在，㈳全国国土調査協会（首席参事）勤務。
　著書：地籍測量，絵で見る基準点測量（共著），絵で見る地籍測量（共著），教程地籍測量（共著）（日本加除出版㈱発行）

猪木幹雄（いのき　みきお）

　1950年生まれ，徳島県出身。1969年徳島県立那賀高等学校卒。1970年より空間情報コンサルタントにおいて基準点測量，地籍測量及び一筆地調査，地籍成果を活用したGIS構築等に従事し現在に至る。1994年より2011年までの18年間，徳島大学工学部建設工学科の非常勤講師とし測量学の指導を担当する。また2008年より国土交通省の地籍アドバイザーに登録され，地籍調査の推進指導に当たっている。
　著書：GPSが地籍を変えるRTK-GPSの地籍測量への利用（日本測量協会発行）

宮原邦弘（みやはら　くにひろ）

　1971年生まれ，東京都出身。1994年情報処理系専門学校卒。㈳全国国土調査協会において地籍調査，特に都市部（東京都多摩市，町田市，日野市など）の一筆地調査に従事。2005年より本部へ異動し，国土交通省の受託業務（基本調査監督補助業務，地籍調査に係る調査業務など）や地籍調査関係の講習会講師に従事し現在に至る。

実務者のための
地籍調査作業規程準則逐条解説
定価：本体4,000円（税別）

平成25年4月5日　初版発行

編著者	國見利夫 猪木幹雄 宮原邦弘
発行者	尾中哲夫

発行所　日本加除出版株式会社

本　　社　郵便番号171-8516
　　　　　東京都豊島区南長崎3丁目16番6号
　　　　　　　ＴＥＬ（03）3953-5757（代表）
　　　　　　　　　（03）3952-5759（編集）
　　　　　ＦＡＸ（03）3951-8911
　　　　　ＵＲＬ　http://www.kajo.co.jp/

営業部　　郵便番号171-8516
　　　　　東京都豊島区南長崎3丁目16番6号
　　　　　　　ＴＥＬ（03）3953-5642
　　　　　ＦＡＸ（03）3953-2061

組版・印刷・製本　㈱平文社

落丁本・乱丁本は本社でお取替えいたします。
Ⓒ 2013
Printed in Japan
ISBN978-4-8178-4067-7 C3051 ¥4000E

JCOPY　〈㈳出版者著作権管理機構　委託出版物〉

本書を無断で複写複製（電子化を含む）することは，著作権法上の例外を除き，禁じられています。複写される場合は，そのつど事前に㈳出版者著作権管理機構（JCOPY）の許諾を得てください。
また本書を代行業者等の第三者に依頼してスキャンやデジタル化することは，たとえ個人や家庭内での利用であっても一切認められておりません。

〈JCOPY〉　ＨＰ：http://www.jcopy.or.jp/，e-mail：info@jcopy.or.jp
　　　　　電話：03-3513-6969，FAX：03-3513-6979

基礎の習得に最適。

平成22年改正 「準則」準拠
地籍測量

(社)全国国土調査協会 首席参事 國見利夫 著

2011年1月刊　A5判　340頁　定価2,940円
（商品番号：40414　略号：地測）

●基礎からその成果の管理に至るまで、初任者に向けてわかりやすく解説。

イラストを多用しながらわかりやすく解説。
第2版
絵で見る基準点測量

(社)日本測量協会 常任参与　中堀義郎　著
(社)全国国土調査協会 首席参事　國見利夫

2011年11月刊　A5判変形　168頁　定価4,095円
（商品番号：40356　略号：点測）

第2版
絵で見る地籍測量

(社)全国国土調査協会 首席参事　國見利夫
(社)全国国土調査協会 調査部長　米渓武次　著
国土交通省国土交通大学校 測量部 先端測　宮口誠司

2011年6月刊　A5判変形　192頁　定価4,095円
（商品番号：40357　略号：籍測）

●多くの工程に分かれてわかりにくい点を、一つずつ丁寧に、平易な言葉で解説。
●イメージがわきやすいイラストや、行程を整理して考えやすい図表を多く使用。

日本加除出版　〒171-8516　東京都豊島区南長崎3丁目16番6号
営業部　TEL(03)3953-5642　FAX(03)3953-2061
http://www.kajo.co.jp/
（価格は税込）